DIE INSEL-BÜCHEREI

BIBLIOGRAPHIE

1912–2012

INSEL VERLAG

Bearbeitet und herausgegeben von Herbert Kästner
Diese Bibliographie erscheint
anläßlich des Jubiläums »100 Jahre Insel-Bücherei« 2012

Zweite, ergänzte Auflage 2013

Erste Auflage 2012

Satz: Memminger MedienCentrum AG, Memmingen
Druck: Druckhaus Nomos, Sinzheim
Printed in Germany
ISBN 978-3-458-17540-7

INHALT

VORBEMERKUNG
100 Jahre Insel-Bücherei

Worauf gründet sich der Erfolg einer Buchreihe? Ist es ihr inhaltliches Konzept? Die erste Anzeige für die Insel-Bücherei beschrieb es auf der vorderen Umschlagseite des »Börsenblatts für den Deutschen Buchhandel« am 23. Mai 1912 als Widerspiegelung des Gesamtprogramms des Insel Verlags: »Sie soll kleinere Werke – Novellen, Gedichtgruppen, Essays, dramatische Dichtungen, Reden, Volksbücher – enthalten, die urheberrechtlich geschützt sind oder durch die Art der Bearbeitung oder Übertragung unser Eigentum sind, sodann Werke aus früherer Zeit, die zu Unrecht in Vergessenheit geraten sind oder denen wir eine besondere aktuelle Wirkung zu geben beabsichtigen, und gelegentlich illustrierte Bücher.«

Verdankt sie ihr Renommee der Auswahl der Autoren und deren Werke? Als Verfasser der ersten zwölf, Anfang Juli 1912 ausgelieferten Bände zeichneten (in der Nummernzählung der Reihe): Rainer Maria Rilke, Miguel de Cervantes, Henry van de Velde, Otto von Bismarck, Émile Verhaeren, Friedrich der Große, Gottfried August Bürger, Hugo von Hofmannsthal, Plato, Johann Wolfgang Goethe, Jens Peter Jacobsen, Gustave Flaubert.

Verhalfen die für die damalige Zeit außergewöhnliche, ins Auge springende Ausstattung und der niedrige Ladenpreis (50 Pfennig) den Bänden zum Durchbruch: die in individueller Typographie gesetzten, auf holzfreiem Papier gedruckten, gehefteten, in Pappe gebundenen und mit einem je eigenen Überzugspapier sowie mit Titelschildchen versehenen Einzelbände – unverwechselbare Bücher einer unverwechselbaren Reihe? Verkörperte also die Insel-Bücherei den formvollendeten Typus des »billigen, schönen Buchs«, wie in dem nicht numerierten Band »Die Insel-Bücherei 1912–1937« nachzulesen ist, und der sie bis in die Gegenwart vor allen Reihen anderer Verlage auszeichnet?

Ist die beständige Neugier auf die Insel-Bücherei dem Prestige des Insel Verlags zu verdanken, der seit seinen Anfängen neben der

Präsentation der Weimarer Klassik für seine Ausrichtung auf die Weltliteratur und die Qualität der Ausstattung seiner Ausgaben bekannt war?

Schätzten und schätzen die Käufer den Bibliotheks-Charakter der Reihe? Verfügte und verfügt, wer sie besaß und besitzt, über den Kanon deutscher und fremdsprachiger Literatur?

Diese Faktoren mögen notwendig sein für Fortgang und Fortbestehen der Insel-Bücherei, hinreichend erklären können sie deren lange Geschichte vom Anfang des »Jahrhunderts der Extreme« bis in die Gegenwart nicht. Denn jeder von ihnen wandelte sich im Verlauf der unfriedlichen Zeiten gravierend: Kleinere Werke gibt es in unzähligen Ausgaben; das Renommee von Autoren wandelt sich in kürzeren oder längeren Abständen; Taschenbücher dominieren seit langem den Markt der billigen Bücher; der Insel Verlag richtete sein Programm häufig neu aus – zwischen 1945 und 1990 gab es einen Insel Verlag in Leipzig, einen in Wiesbaden bzw. Frankfurt am Main; der Vorstellung eines Literatur-Kanons haftet etwas Obsoletes, Undemokratisches an.

Daraus läßt sich nur eine Folgerung ziehen: Der Erfolg der Insel-Bücherei ist der Erfolg der welteröffnenden, welterschließenden und durch Vorschläge für ein besseres Leben den Globus bewohnbar machenden, alle gesellschaftlichen, nationalen oder religiösen Schranken in sich zum Verschwinden bringenden Literatur und Kunst.

1672 Titel sind zwischen dem Erscheinen der ersten Bände 1912 und der Auslieferung des Jubiläumsprogramms im März 2012 erschienen. Für diejenigen, die das überprüfen wollen, hier die »Rechnung« von Herbert Kästner, der die große Arbeit der Erstellung dieser Bibliographie wieder einmal übernommen hat: »Die numerische Folge endet nach Erscheinen des Jubiläumsprogrammes bei 1365; die Nummer 1332 ist bislang nicht belegt (geplant war Shakespeare, was im großen Verlag erschien), also 1364 Titel. Es gibt insgesamt 385 Mehrfachbelegungen einer Nummer, die hierzu zu addieren sind, Summe 1749. In 77 Fällen ist ein Titel auf mehreren Nummern zu finden, ist also zu subtrahieren. Es ergibt sich mithin die gesamte Titelzahl zu 1672.«

März 2012 Raimund Fellinger

ZUR ANLAGE DER BIBLIOGRAPHIE

Anordnung. Die Bibliographie verzeichnet die in der Insel-Bücherei von 1912 – dem Jahr ihrer Gründung – bis Ende 2011 erschienenen sowie die für 2012 bereits vorgesehenen Titel in numerischer Ordnung. Die Aufnahmen erfolgten autoptisch an Hand der Bestände des Archivs im Insel Verlag Leipzig (bis 1989) und der Sammlung des Bearbeiters. Für nähere Informationen zu den seit 1990 erschienenen Erst- und Nachauflagen ist dem Verlag zu danken.

Die Nummernfolge der Insel-Bücherei reicht nunmehr, im Jubiläumsjahr, bis 1365, jedoch ist die Anzahl der bislang erschienenen Titel weitaus größer, da etliche Nummern doppelt oder gar mehrfach belegt wurden. So hat der Verlag die Nummern von absatzschwachen Titeln, für die keine Nachauflage vorgesehen war, ab 1919 neu belegt; eine Praxis, die sich bis in die sechziger Jahre hielt. Des weiteren sind derartige Doppelbelegungen auch eine Folge der Zweiteilung des Verlages in ein Leipziger und ein Wiesbadener bzw. Frankfurter Haus in den Jahren von 1945 bis 1990. In der Bibliographie werden Mehrfachbelegungen einer Nummer durch in eckige Klammern gesetzte arabische Ziffern voneinander unterschieden, wobei das Jahr der Erstauflage die Reihenfolge bestimmt.

Umgekehrt hat der Verlag in den letzten Jahren – aus bibliographisch nicht ersichtlichen Gründen – verschiedene Nummern mit dem gleichen Titel belegt; dies wird in der Bibliographie durch Querverweise vermerkt.

Mit der ersten Auflage eines Titels waren die editorischen Bemühungen des Verlags zumeist nicht abgeschlossen; es wurde stets an der Vervollkommnung von Gehalt und Gestalt gearbeitet. Dies führte von Auflage zu Auflage gelegentlich zu Veränderungen, die, sofern sie einen noch näher zu charakterisierenden Grad erreichen, als sogenannte ›Varianten‹ dieses Titels gezählt und in der Bibliographie durch der Kennziffer nachgestellte Großbuchstaben markiert werden. Da es bei Nachauflagen üblich ist, erforderliche Korrekturen anzubringen, gegebenenfalls eine Übersetzung oder ein Geleitwort zu redigieren, entsteht durch eine solche Änderung ebensowenig eine Variante wie durch einen Wechsel in der Reihenfolge der Beiträge oder durch Neusatz. Hingegen bewirken Zusätze bzw. Streichungen im Autorentext, die Aufnahme oder Veränderung illustrativer Beigaben, die Verwendung anderer Übertragungen oder erhebliche Modifikationen in den Begleittexten eine Variante. Auf kleinere Abweichungen wird gelegentlich in eckigen Klammern hingewiesen; dabei beziehen sich diese Hinweise nur auf die vorgenannte Auflage, sofern nicht durch den Zusatz ›seitdem‹ ausgedrückt ist, daß die Klammerbemerkung auch auf die darauffolgenden Auflagen zutrifft.

Autor und Titel. Es werden jeweils Autor, Titel, Untertitel und Genre nach dem Titelblatt zitiert, und zwar einheitlich in dieser Reihenfolge, sofern nicht eine besondere Prägung der Titelfassung wiederzugeben ist. Autor und Titel sind kursiv gesetzt, Untertitel nicht hervorgehoben. Treten bei verschiedenen Auflagen desselben Bandes Abweichungen in der Schreibweise des Autorennamens oder des Titels auf, so ist die heute gängige Fassung gewählt, also z. B. ›Turgenjew‹ statt ›Turgenjeff‹ und ›Aucassin und Nicolette‹ statt ›Aucasin und Nicolete‹. Auf Differenzen zwischen den auf Titelblatt und Titelschild gemachten Angaben wird nicht verwiesen; hingegen werden die Titelschilder gegebenenfalls für zusätzliche Angaben (z. B. Genrebestimmung) herangezogen. Pseudonyme sind in der Regel nicht aufgelöst, insbesondere dann nicht, wenn der Autor vorwiegend unter seinem Pseudonym bekannt ist, z. B. Klabund, Molière, Novalis, Seghers, Stendhal. In der Titelei abgekürzte Vornamen sind immer dann stillschweigend ergänzt, wenn sie in mindestens einer Auflage des Titels genannt sind, ansonsten sind sie in eckigen Klammern vervollständigt. Korrekturen und Bearbeitungen des Bibliographen stehen in eckigen Klammern.

Illustration. Bei illustrierten Bänden folgen auf die primären Daten der Titelaufnahme unmittelbar die Angaben über Anzahl und Art der Illustrationen sowie – bei künstlerischen Arbeiten – über den Illustrator. Die Anzahl der Abbildungen wird einheitlich mit Ziffern angegeben. Die genauen Formulierungen, wie z. B. ›mit

Abbildungen nach Holzstichen‹ werden dabei generell verkürzt, z. B. zu ›mit Holzstichen‹.

Übersetzer, Herausgeber. Die sekundären Angaben zur Titelbestimmung, d. h. alle Daten zu Herausgabe, Übersetzung und erläuternden Anhängen (Geleitworte, Anmerkungen, Wort- und Sacherklärungen, Namenverzeichnisse usw.), sind normiert, weil gerade sie in den verschiedenen Auflagen eines Titels oft recht unterschiedlich formuliert werden; nur eigentümliche Prägungen sind wortgetreu zitiert. Zur Vervollständigung dieser sekundären Angaben sowie zur genaueren Bestimmung der Art der Herausgebertätigkeit wurden auch Angaben aus Impressum, anderen Stellen des Bandes und Informationen aus anderen Unterlagen herangezogen.

Bei Übertragungen ist die Sprache, aus welcher übertragen wird, immer dann genannt, wenn dies im Band vermerkt ist, ansonsten wo nötig aus sekundären Quellen ergänzt.

Auf Textrevisionen, eine zusätzlich aufgenommene Vita des Autors oder Übersetzers – wie sie von 1945 bis 1949 von den alliierten Kontrollorganen gefordert wurde – wird im allgemeinen nicht verwiesen.

Erscheinungsjahr und -ort. Das Erscheinungsjahr ist aus dem Titelblatt, dem Impressum, bibliographischen Verzeichnissen oder aus Verlagsunterlagen ermittelt. Da das bislang als verläßlich angesehene Auflagenbuch des Verlages zum Teil nachträglich vorgenommene und daher unsichere Datierungen aufweist, folgt die Bibliographie dem Vorschlag (vgl. IB.M. 21), das Erscheinungsjahr der Erstauflage anhand der Deutschen Nationalbibliographie (›Deutsches Bücherverzeichnis‹) zu bestimmen. Eine besondere Kennzeichnung der nicht dem Buch entnommenen Erscheinungsjahre erfolgt nicht. Auch ist im allgemeinen nicht zwischen Druck- und Erscheinungsjahr unterschieden; so sind etwa in den siebziger und achtziger Jahren auf Grund von Engpässen in der polygraphischen Industrie etliche Leipziger Bände später ausgeliefert worden als im Impressum vermerkt.

Der Erscheinungsort ist bis 1945 Leipzig; von 1946 bis 1990 geben die Siglen L oder W bzw. F an, ob der Titel in Leipzig oder in Wiesbaden (bis September 1960) bzw. in Frankfurt am Main (ab

Oktober 1960) erschienen ist. Ausgaben, die von einem der Häuser verlegt, aber auch vom anderen Verlagshaus vertrieben wurden, sind mit L+W bzw. W+ L bzw. L+F bzw. F+ L bezeichnet. Von 1991 bis 2009 erschienen alle Titel im »Insel Verlag Frankfurt am Main und Leipzig«, seit 2010 im »Insel Verlag Berlin«; eine besondere Kennzeichnung des Verlagsortes kann daher nun wieder unterbleiben.

Auflagen. Aus Raumgründen ist es nicht möglich, eine vollständige Auflagenstatistik jedes Titels zu geben. Stets jedoch wird die erste und letzte Auflage ausgewiesen, auch innerhalb jeder einzelnen Titelvariante. Darüber hinaus werden bei Titeln, die sowohl vor 1945 als auch danach verlegt wurden, die letzte Auflage vor Kriegsende und die erste nach 1945 genannt. Des weiteren sind angegeben die letzte Auflage vor und die erste Auflage nach dem Jahr 2000, die Höhe der ersten Auflage (auch der Varianten) sowie die Höhe der Gesamtauflage des Titels in ganzen Tausendern; Bruchteile sind stets gerundet.

Der Vermerk »nicht IB« bedeutet, daß die betreffende Auflage zwar im Insel Verlag, nicht aber innerhalb der Insel-Bücherei erschienen ist. An diesen Stellen wird mit dem Sigel IK (Insel-Katalog) und der betreffenden Nummer gegebenenfalls verwiesen auf: HEINZ SARKOWSKI, *Der Insel-Verlag. Eine Bibliographie. 1899–1969.* Frankfurt am Main, Insel Verlag, zweite Auflage 1999.

Auflagen, die durch Kriegseinwirkung gänzlich oder teilweise vernichtet wurden, werden gemäß den Verlagsunterlagen gezählt; in der Bibliographie sind sie fallweise gekennzeichnet durch ›teilweise kriegsvernichtet‹ bzw. ›weitgehend kriegsvernichtet‹ bzw. ›fast vollständig kriegsvernichtet‹. Das einschränkende ›fast‹ erklärt sich aus möglicherweise vorab ausgelieferten und daher der Vernichtung entgangenen Belegexemplaren für Autor, Herausgeber und Verlag. Wahrscheinlich sind auch etliche mit ›weitgehend‹ bezeichnete Nachauflagen vollständig kriegsvernichtet; da jedoch belastbare Zahlen fehlen, wurde die schwächere Formulierung gewählt. Titel, die aus solchen oder anderen Gründen überhaupt nicht in den Buchhandel gekommen sind, werden in der Bibliographie nicht genannt, z. B. Ernst Bertram, Heiligtum der Not, geplant als IB 154,2 (Rohbögen durch Kriegseinwirkung vernichtet),

Japanische Farbenholzschnitte, geplant als IB 233,2 (Rohbögen vernichtet, später unter IB 611 erschienen), Deutsche Chronik, vorgesehen als IB 444,1 (nach Beendigung der Satzarbeiten abgelegt) oder John Heartfield, Fotomontagen, vorgesehen als IB 1023 (Rohbögen makuliert). Obwohl diese Titel nicht an den Handel ausgeliefert wurden, ist auch hier die Existenz von Einzelstücken nicht gänzlich auszuschließen; beispielsweise wurden verlagsintern 20 Bürstenabzüge von IB 154,2 in Interimsbroschur und ebenso einige Exemplare von IB 1023 im vorgesehenen Musterpapier gebunden.

Bei Titeln mit Nachauflagen wird abschließend die Anzahl aller Auflagen angeführt; nur in Ausnahmefällen werden die Auflagen verschiedener Varianten einzeln gezählt. Sind frühere Auflagen desselben Titels unter einer anderen Nummer erschienen, werden diese dort gezählt. Restauflagen der »Österreichischen Bibliothek« und der Sammlung »Pandora« in IB-Ausstattung werden nicht mitgezählt, desgleichen Auflagen außerhalb der Insel-Bücherei.

Inhalt, Umfang, Schrift, Einband. Enthält ein Titel mehrere selbständige Arbeiten, wie z. B. bei einer Gedichtauswahl oder bei mehreren Prosatexten, so werden die Einzeltitel in eckiger Klammer angegeben, sofern ihre Anzahl fünf nicht überschreitet. Eine Angabe der Seitenzahl muß unterbleiben, da sich diese z. B. durch Neusatz – bei gleichbleibendem Inhalt – gelegentlich verändert hat. Auch auf die Kennzeichnung der sogenannten ›Großbände‹ (oder ›Doppelbände‹) wird verzichtet, da diese Charakterisierung von Bänden mit mehr als 100 Seiten Umfang nicht konsequent angewendet wurde.

Obgleich typographische Varianten eines Titels häufig reizvoll sind, kann die verwendete Schrift nicht bezeichnet werden – dies würde zusätzlich die Angabe einer Vielzahl weiterer Auflagen erfordern.

Auf die Angabe der Einbandart wurde ebenfalls verzichtet, da der Pappband die Regelausstattung ist. In wirtschaftlichen Notzeiten wurden allerdings auch broschierte Ausgaben gefertigt, z. B. die Kriegsausgaben im Ersten Weltkrieg, die sogenannten Feldpost- und Frontbuchhandelsausgaben im Zweiten Weltkrieg sowie Auflagen aus der unmittelbaren Nachkriegszeit (bis etwa 1952/53). Einige wenige Titel aus diesen Zeiten, die später nicht wieder aufgelegt wurden, sind daher nur broschiert im Handel gewesen, z. B. IB 218,2 Molière, Der Menschenfeind. Auch wurden Restposten schwer absetzbarer Titel in den zwanziger und dreißiger Jahren sowie 1972 (F; sog. ›Kaufhaus-Bände‹) broschiert verkauft. In den dreißiger Jahren hat der Verlag broschierte Auflagen einiger Bildbände, allerdings im originalen Musterpapier, herausgebracht, um eine große Nachfrage rasch befriedigen zu können.

Von etlichen Titeln wurden auch Leder- und Vorzugsausgaben hergestellt, diese sind in besonderen Verzeichnissen (siehe Seite 230ff.) nachgewiesen.

Weitere Informationen, die in der Bibliographie – meist aus Platzgründen – unterbleiben müssen, z. B. zu Textrevisionen, typographischen Besonderheiten, Einbandarten, Bauchbinden und anderen Werbebeigaben des Verlags, findet man in etlichen der in den letzten Jahren veröffentlichten bibliographischen Einzeluntersuchungen zur Insel-Bücherei (vgl. die nachstehenden [unkommentierten] Literaturhinweise).

Register, Abkürzungen. Die Bibliographie wird erschlossen über ein Register der Autoren, Herausgeber, Übersetzer und Titel ohne Verfasserangabe wie auch über separate Register der Buchkünstler und Illustratoren sowie der Gestalter von Überzugspapieren. Auf ein Register der Bildbände wurde jetzt verzichtet, da die modernen Fertigungsverfahren eine reiche, auch farbige Bebilderung jedes Bandes gestatten und so die Grenzen zwischen Text- und Bildband verwischt sind. Neben den schon erwähnten Siglen werden abgekürzt »Insel-Bücherei« mit IB, »Österreichische Bibliothek« mit ÖB, Sammlung »Pandora« mit P, insel taschenbuch mit it, Vorzugsausgabe mit VA und mit IB.M. das seit 1990 erscheinende Periodikum »Insel-Bücherei. Mitteilungen für Freunde«.

Redaktionelle Bemerkung. Die vorliegende Bibliographie erscheint zum hundertsten Gründungsjubiläum der Insel-Bücherei; sie stellt eine vollständig überarbeitete, an mehreren Stellen präzisierte und erweiterte Fassung des 1999 vorgelegten Verzeichnisses *Die Insel-Bücherei. Bibliographie 1912–1999* dar, ergänzt um die seit 1999 herausgegebenen Neuerscheinungen und Nachauflagen. Genutzt wurden auch Ergebnisse von Untersuchungen zu einzelnen Aspekten der Insel-Bücherei, die Freunde und Sammler dieser

Reihe in den ›Mitteilungen‹ seither vorgelegt haben; ihnen sei herzlich gedankt.
Für die 2. Auflage wurden die im Herbst 2012 erschienenen Titel sowie die Auflagenhöhen der neuen und der wieder aufgelegten Titel nachgetragen; ferner wurden einige kleinere Berichtigungen bzw. Ergänzungen vorgenommen. Als Redaktionsschluß ist der 15. April 2013 anzusehen.

Leipzig, am 16. April 2013 Herbert Kästner

Weitere bibliographische Arbeiten zur Insel-Bücherei (Auswahl)

1. Allgemeine Verzeichnisse

[JENNE, HELMUT:] Katalog der Sammlung Jenne. Die Varianten der Erstauflagen der Insel-Bücherei und nahestehender Reihen und Gruppen. Mit über 900 Abbildungen. Zusammengestellt und bearbeitet vom Sammler. [Schriesheim:] Eigenverlag des Autors 1995.

Zweite, wesentlich erweiterte Auflage in zwei Bänden. Band 1 (2006). Band 2 (2008).

[MUSIOL, HELMUT K.:] Varianten der Insel-Bücherei. Mit über 800 Abbildungen. Verkaufskatalog 10. Murnau am Staffelsee: Antiquariat und Versandbuchhandlung Helmut K. Musiol 1989.

[PLANTENER, GERD:] Die Insel-Bücherei 1912–1984. Eine Bibliographie. Bearbeitet von Gerd Plantener. Frankfurt am Main: Selbstverlag des Autors 1985.

2. Spezielle Verzeichnisse

JAHN, BEATE: Die Insel-Bücherei in Leipzig von 1963 bis 1977. Neuerscheinungen und veränderte Nachauflagen (Varianten) der Insel-Bücherei in Leipzig 1963 bis 1977.
In: IB.M. 26 (2007), Seiten 7–66.

JAHN, BEATE: Die Insel-Bücherei des Leipziger Insel-Verlags in der Zeit der Verlagsgruppe Kiepenheuer (1978–1990). Neuerscheinungen und veränderte Nachauflagen (Varianten) der Insel-Bücherei in Leipzig 1978 bis 1990/91.
In: IB.M. 27 (2008), Seiten 7–40.

KIRBACH, KLAUS / HANS-EUGEN BÜHLER / ELKE STEENBECK: Truppenbetreuungs- und kriegsvernichtete Auflagen. Vom Büchermachen im Zweiten Weltkrieg.
In: IB.M. 9 (1994), Seiten 7–44.

KIRBACH, KLAUS / EBERHARD WESEMANN / HANS-EUGEN BÜHLER: Kriegsvernichtete Auflagen in der Insel-Bücherei.
In: IB.M. 11 (1995), Seiten 47–57.

LENGEMANN, JOCHEN: Rilke in der Insel-Bücherei. Erste Fragmente für eine Spezial-Bibliographie der gesamten Insel-Bücherei. Folgen 1–13.
In: IB.M. 2 (1990), Seiten 39–59; IB.M. 4 (1991), Seiten 48–63;

IB.M. 5 (1992), Seiten 47–55; IB.M. 6 (1992), Seiten 55–59; IB.M. 7 (1993), Seiten 45–52; IB.M. 8 (1993), Seiten 42–48; IB.M. 9 (1994), Seiten 47–52; IB.M. 11 (1995), Seiten 34–46; IB.M. 12 (1995), Seiten 29–38; IB.M. 13 (1996), Seiten 34–41; IB.M. 14 (1996), Seiten 42–48; IB.M. 15 (1997), Seiten 27–44; IB.M. 17 (1998), Seiten 23–44.

NIECHOJ, NORBERT: Vorzugsausgaben in der Insel-Bücherei. Eine Bibliographie.
In: IB.M. 20 (1999), Seiten 70–91

SARKOWSKI, HEINZ: Die ersten zwanzig Jahre der Insel-Bücherei 1912–1932. Mit Chronologie der Erstausgaben 1912–1932.
In: IB.M. 21 (2001), Seiten 5–61.

SARKOWSKI, HEINZ: Die »Insel-Bücherei« unter dem Hakenkreuz. Neuerscheinungen der Insel-Bücherei 1933–1945.
In: IB.M. 22 (2002), Seiten 7–63.

SARKOWSKI, HEINZ: Die Insel-Bücherei in Wiesbaden und Frankfurt am Main 1946–1962. Neuerscheinungen der Insel-Bücherei 1946–1962.
In: IB.M. 23 (2003), Seiten 7–57.

SARKOWSKI, HEINZ: Die Insel-Bücherei in Leipzig von 1947 bis 1962. Neuerscheinungen der Insel-Bücherei in Leipzig 1951–1962.
In: IB.M. 24 (2004), Seiten 7–51.

SCHOPF, WOLFGANG: Die Insel-Bücherei in Frankfurt am Main 1963–1970.
In: IB.M. 28 (2009), Seiten 7–51.

3. Verzeichnisse von broschierten und Kriegsausgaben

BÜHLER, HANS-EUGEN / KLAUS KIRBACH: Feldpost- und Frontbuchhandelsausgaben.
In: IB.M. 7 (1993), Seiten 28–36.

KIRBACH, KLAUS / HANS-EUGEN BÜHLER: Insel-Bücher für Feld und Lazarett.
In: IB.M. 8 (1993), Seiten 6–36.

NIECHOJ, NORBERT: Broschierte Ausgaben der Insel-Bücherei.
In: IB.M. 5 (1992), Seiten 37–43.

PLANTENER, GERD: Wiesbadener und Frankfurter Restauflagen der Insel-Bücherei als »Sonderausgaben im Insel-Verlag«.
In: IB.M. 1 (1990), Seiten 32–34.

4. Verzeichnisse zu Einbandarten

Hoppe, Dorothee: Marmorpapier-Einbände in der Insel-Bücherei.
In: ib.m. 1 (1990), Seiten 28–31.

Lipp, Elke: Bildeinbände in der Insel-Bücherei.
In: ib.m. 10 (1994), Seiten 20–53.

Lipp, Elke: Bauchbinden in der Insel-Bücherei.
In: ib.m. 4 (1991), Seiten 29–32.

Plantener, Gerd / Hans-Eugen Bühler: Ausgaben der Insel-Bücherei in Leder-Einbänden.
In: ib.m. 2 (1990), Seiten 27–36.

BIBLIOGRAPHIE

1912–2012

1 [1A] *Rainer Maria Rilke: Die Weise von Liebe und Tod des Cornets Christoph Rilke.* 1912: 1.–10. Tsd. – 1921: 230. Tsd. – 1934: 500. Tsd. – 1943: 760. Tsd. – 1949 (W): 790. Tsd. – 1959 (W): 1000. Tsd. – 1986 (F): 1125. Tsd. – 1993: 1134. Tsd. – 1999: 1141. Tsd. – 2006: 1147. Tsd. – 54 Auflagen – Seit 2012 unter IB 1350

– Reprint der Ausgabe 1912: 1978 (F): 1.–20. Tsd. – 1987 (F): 28. Tsd. – 1989 (F): 31. Tsd. – 1996: 34. Tsd. – 5 ›Reprint‹-Auflagen

– [1B] –. Mit einem Anhang [Gedichte. Widmungen. Prosa. Briefe von und an Rilke.]. Herausgegeben und mit Nachwort von Horst Nalewski. 1987 (L): 1.–15. Tsd. – Siehe auch unter ›Vorzugs- und Sonderausgaben‹

2 *Miguel de Cervantes: Geschichte des Zigeunermädchens.* Eine Novelle. Übertragung: Konrad Thorer [d. i. Felix Paul Greve]. Mit Nachwort. 1912: 1.–10. Tsd. – 1917: 40. Tsd. – 1925: 60. Tsd. – 5 Auflagen

3 [1A] *Henry van de Velde: Amo.* [Essay.] 1912: 1.–10. Tsd. – 1938: 28. Tsd.

– [1B] –. Erweitert um den Essay ›Formen‹. Mit einer Nachbemerkung. 1954 (W): 29.–34. Tsd. – 1955 (W): 38. Tsd. – 6 Auflagen

4 [1] [*Otto von*] *Bismarck: Vier Reden zur äußeren Politik.* [12.5.1871; 19.2.1878; 2.3.1885; 6.2.1888.] Mit Anmerkungen. 1912: 1.–10. Tsd. [Teil der Auflage ohne Anmerkungen.] – 1912: 30. Tsd. [Anmerkungen verändert.] – 1922: 45. Tsd. – 4 Auflagen – Seit 1939 IB 5,2

– [2] *Alte deutsche Liebeslieder.* Mit Titelholzschnitt von Hans Alexander Müller. Auswahl und Nachwort: Peter Jerusalem. [1.–15. Tsd. unter IB 281,1; ab 16. Tsd. veränderte Auswahl: 3 Lieder weggelassen, 9 Lieder hinzugefügt.] – 1937: 16.–20. Tsd. – 1940: 25. Tsd. – 2 Auflagen

5 [1] *Emile Verhaeren: Hymnen an das Leben.* Übertragung und Vorwort: Stefan Zweig. 1912: 1.–10. Tsd. – 1912: 30. Tsd. [Seitdem mit Inhaltsverzeichnis.] – 1919: 50. Tsd. – 1931: 60. Tsd. – 7 Auflagen

– [2] *Otto von Bismarck: Vier Reden zur äußeren Politik.* Mit Anmerkungen. [1.–45. Tsd. unter IB 4,1.] – 1939: 46.–50. Tsd.

6 [1] *Friedrich der Große: Drei politische Schriften.* [Fürstenspiegel. Von den Regierungsformen und den Pflichten der Könige. Betrachtungen über den gegenwärtigen Zustand des europäischen Staatenkörpers.] Übertragung aus dem Französischen: Hedwig Lachmann. Mit Anmerkungen. Nachwort: Karl Zuchardt. 1912: 1.–10. Tsd. – 1912: 25. Tsd. [Seitdem mit erweitertem Nachwort, als ›Erläuterungen‹ bezeichnet.] – 1925: 45. Tsd. [Wieder mit dem Nachwort der Erstauflage.] – 5 Auflagen

– [2] *Leo N[ikolajewitsch]. Tolstoi: Eheglück.* Ein Roman. Übertragung: Hermann Röhl. 1928: 1.–10. Tsd. – 1940: 13. Tsd. – [14.–23. Tsd. nicht IB – IK 1764.] – 2 Auflagen

7 [1A] *Gottfried August Bürger: Wunderbare Reisen zu Wasser und (zu) Lande. Feldzüge und lustige Abenteuer des Freiherrn von Münchhausen wie er dieselben bei der Flasche im Zirkel seiner Freunde selbst zu erzählen pflegt(e).* Mit Titelkupfer von Ernst Ludwig Riepenhausen. Mit Nachwort. 1912: 1.–10. Tsd. – 1943: 65. Tsd.

– [1B] –. Mit 16 Kupferstichen von Ernst Ludwig Riepenhausen auf 11 Tafeln. Mit einer Nachbemerkung und Anmerkungen. 1968 (L): 66.–85. Tsd. – 1968 (F): 86.–91. Tsd. [Anmerkungen verkürzt.] – 8 Auflagen

8 *Hugo von Hofmannsthal: Der Tod des Tizian. Idylle.* Zwei Dichtungen. 1912: 1.–10. Tsd. – 1918: 50. Tsd. – 1931: 80. Tsd. – 1941: 83. Tsd. [fast vollständig kriegsvernichtet] – 1948 (W): 88. Tsd. – 11 Auflagen

9 *Plato: Die Verteidigung des Sokrates. Kriton.* Übertragung und Erläuterungen: Emil Müller. 1912: 1.–10. Tsd. – 1919: 35. Tsd. – 1932: 45. Tsd. – 1939: 48. Tsd. [weitgehend kriegsvernichtet] – 6 Auflagen

10 *Goethes Briefe an Auguste zu Stolberg.* Mit einer Zeichnung Goethes. Auswahl, Einleitung und Anmerkungen: Max Hecker. 1912: 1.–10. Tsd. – 1924: 35. Tsd. – 1940: 38. Tsd. [weitgehend kriegsvernichtet] – 1949 (W): 47. Tsd. – 6 Auflagen – Seit 1983 veränderte Ausgabe unter IB 1015,2

11 [1A] *Jens Peter Jacobsen: Mogens.* Eine Novelle. Übertragung aus dem Dänischen: Mathilde Mann. 1912: 1.–10. Tsd.

– [1B] –. Erweitert um ›Marktszene‹ aus dem Nachlaß in der

Übertragung von Erich von Mendelssohn. 1913: 11.–25. Tsd. – 1916: 50. Tsd. – 1918: 100. Tsd. – 1940: 110. Tsd. – 9 Auflagen

12 *Gustave Flaubert: Die Sage von Sankt Julianus dem Gastfreien.* Übertragung: Ernst Hardt. 1912: 1.–10. Tsd. – 1931: 45. Tsd. – 5 Auflagen

13 *Ernst Hardt: An den Toren des Lebens.* Eine Novelle. 1912: 1.–10. Tsd. – 1916: 50. Tsd. – 1922: 100. Tsd. – 1941: 123. Tsd. – 1947 (W): 128. Tsd. – 13 Auflagen

14 [1A] *Die Geschichte von Aucassin und Nicolette.* Übertragung aus dem Altfranzösischen: Paul Hansmann. Mit Musiknoten und Nachbemerkung. 1912: 1.–10. Tsd. – 1937: 40. Tsd.

– [1B] –. Mit 17 Holzschnitten [11 Motive] und Musiknoten von Fritz Kredel. Mit Nachbemerkung. 1954 (W): 41.–50. Tsd. – [51.–60. Tsd. unter 1C.] – 1957 (W): 65. Tsd. – 1963 (F): 72. Tsd.

– [1C] –. Nachwort: Curt Beyer. 1954 (L): 51.–60. Tsd.

– [1D] –. Nachwort: Manfred Naumann. 1967 (L): 73.–92. Tsd. – 12 Auflagen – Siehe auch IB 1071

15 *Heinrich von Treitschke: Die Freiheit.* 1912: 1.–15. Tsd. – 1917: 30. Tsd. – 1940: 43. Tsd. – 7 Auflagen

16 [1A] *Fünf sehr anmutige Geschichten des vielgelästerten Giovanni di Boccaccio aus Certaldo.* [Die Geschichte von Griselda. Die Geschichte von dem Falken des verarmten Ritters. Die Geschichte von Guiscardo und Ghismonda. Die Geschichte von den drei Ringen. Die Geschichte von der Feder des Engels Gabriel und den Kohlen des heiligen Laurentius.] Mit 7 altitalienischen Holzschnitten. Mit einem Aufsatz von Friedrich Schlegel. Übertragung: Albert Wesselski. Mit Nachbemerkung. 1912: 1.–20. Tsd. – 1917: 50. Tsd. – 1921: 65. Tsd. – 1935: 80. Tsd. [Seitdem ohne Nachbemerkung.] – 1941: 90. Tsd. – 11 Auflagen

– [1B] *Giovanni di Boccaccio: Zehn sehr anmutige Geschichten aus dem Dekameron.* [Gegenüber IB 16, 1A 2 Geschichten weggelassen, 7 hinzugefügt.] Mit 11 Holzschnitten der Ausgabe von 1492 und 10 zeitgenössischen Initialen. Übertragung: Albert Wesselski. Nachwort: Fritz Adolf Hünich. 1953 (L): 1.–10. Tsd. – 1962 (L): 62. Tsd. – 5 Auflagen

17 [1A] *Friedrich Rochlitz: Tage der Gefahr.* Ein Tagebuch der Leipziger Schlacht. Als Vorwort »Goethe über die ›Tage der Gefahr‹«. 1912: 1.–10. Tsd. – 1918: 35. Tsd.

– [1B] –. Mit einer Nachbemerkung des Verlags zur Person des Autors. 1988 (L): 36.–50. Tsd. [5. statt 4. Auflage.] – 5 Auflagen

– [2] *Theodor Fontane: Die Poggenpuhls.* Ein Roman. 1929: 1.–10. Tsd. – 1939: 18. Tsd. – 1943: 28. Tsd. [weitgehend kriegsvernichtet] – 1969 (L): 38. Tsd. – 5 Auflagen

18 [1] *Plattdütsche Predigten von Jobst Sackmann Weiland Pastor to Limmer bi Hannover 1680–1718.* Mit gezeichnetem Titel von Ludwig Enders. Auswahl und Einleitung: Christian Heinrich Kleukens. 1912: 1.–15. Tsd. – 1916: 25. Tsd. – 2 Auflagen – Seit 1935 IB 476

– [2] *Alte und neue Lieder mit Weisen und mit* [32] *Bildern von Ludwig Richter.* Titelvignette: Emil Rudolf Weiß. Auswahl: Johannes Bolte. Bearbeitung der Melodien: Max Friedlaender; Lautenbegleitung: Paul Kickstat. 1932: 1.–10. Tsd. – 1937: 15. Tsd. – 1939: 20. Tsd. [weitgehend kriegsvernichtet] – 3 Auflagen

19 [1A] *Honoré de Balzac: Facino Cane. Sarrasine.* Zwei Novellen. Übertragung: Hedwig Lachmann. 1912: 1.–15. Tsd. – 1925: 45. Tsd. – 1950 (L): 55. Tsd. – 1956 (L): 66. Tsd.

– [1B] –. Nachwort: Udo Wolf. 1969 (L): 67.–76. Tsd. – 8 Auflagen

20 [1A] *Johannes Schlaf: In Dingsda.* Mit Vorwort des Autors. 1912: 1.–20. Tsd. – 1924: 55. Tsd.

– [1B] –. Ohne Vorwort. 1929: 56.–60. Tsd. – 6 Auflagen

21 [1A] *Novalis: Hymnen an die Nacht. Die Christenheit oder Europa.* Mit Nachbemerkung. 1912: 1.–10. Tsd. – 1935: 45. [statt 46.] Tsd.

– [1B] –. Nachwort: Richard Benz. 1940: 46.–50. Tsd. [teilweise kriegsvernichtet] – 1950 (W): 55. Tsd. – 1957 (W): 70. Tsd. – 12 Auflagen

22 *Ricarda Huch: Liebesgedichte.* 1912: 1.–20. Tsd. – 1917: 50. Tsd. – 1925: 75. Tsd. – 1937: 100. Tsd. – 1949 (W): 110. Tsd. – 1958 (W): 134. Tsd. – 14 Auflagen

23 *Rudolf G[eorg] Binding: Der Opfergang.* Eine Novelle. 1912: 1.–10. Tsd. – 1917: 70. Tsd. – 1924: 170. Tsd. – 1930: 300. Tsd. –

1935: 425. Tsd. – 1937: 500. Tsd. – 1939: 600. Tsd. – 1942: 720. Tsd. – 1945: 800. Tsd. – 1949 (W): 810. Tsd. – 1962 (F): 1000. Tsd. – 1997: 1003. Tsd. – 2006: 1005. Tsd. – 55 Auflagen

24 [1A] *Nicolai [Wassiljewitsch] Gogol: Der Mantel.* Eine Novelle. Übertragung und Nachwort: Rudolf Kassner. 1912: 1.–15. Tsd. – 1924: 50. Tsd. – 1939: 63. Tsd. – 1947 (L): 73. Tsd. – 1952 (W): 97. Tsd.

– [1B] –. Mit [11] Rohrfederzeichnungen von Gunter Böhmer. Übertragung und Nachwort: Arthur Luther. 1958 (W): 98.–107. Tsd. – 1996: 109. Tsd. [15. statt 18. Auflage.] – 15 Auflagen

25 [1A] *Oskar Walzel: Henrik Ibsen.* Mit Vorbemerkung des Autors. 1912: 1.–10. Tsd.

– [1B] –. Erweitert und revidiert. 1913: 11.–20. Tsd. – 1923: 31.–34. Tsd. [Nochmals leicht erweitert.] – 5 Auflagen

– [2] *Wilhelm Busch: Bilderpossen.* Katze und Maus. Der Eispeter. Krischan mit der Piepe. Hänsel und Gretel. In 70 Bildern. Nachwort: Arthur Rümann. [Querformat.] 1934: 1.–50. Tsd. – 1937: 100. Tsd. – 1943: 190. Tsd. – 1956 (L+W): 220. [statt 225.] Tsd. – 1962 (L): 232. Tsd. – 8 Auflagen

26 [1A] *Des Johannes Butzbach Wanderbüchlein.* Chronika eines fahrenden Schülers. Übertragung aus der lateinischen Handschrift, Vorwort und Nachwort: D.J. Becker. 1912: 1.–20. Tsd. – 1931: 38. Tsd.

– [1B] –. Ohne Vorwort. 1939: 39.–41. Tsd. [weitgehend kriegsvernichtet] – 6 Auflagen

27 [1A] *Sophokles: Antigone.* Eine Tragödie. Übertragung: August Böckh. Mit Nachwort. 1912: 1.–10. Tsd. – 1939: 43. Tsd. [Nachwort gekürzt.]

– [1B] –. Übertragung: Roman Woerner. Ohne Nachwort. 1947 (L): 44.–53. Tsd. – 1959 (W): 69. Tsd. – 9 Auflagen

– [1C] –. Übertragung: Friedrich Hölderlin. Mit einem Anhang ›Aus den Anmerkungen zum Ödipus‹ und ›Anmerkungen zur Antigone‹ von Friedrich Hölderlin. Nachbemerkung: Christine Hensel. 1979 (L): 1.–10. Tsd.

28 *Hugo von Hofmannsthal: Der Tor und der Tod.* [Drama.] Mit einer Titelvignette von Heinrich Vogeler. 1913: 1.–20. Tsd. – 1917: 50. Tsd. – 1921: 81.–82. Tsd. [In Halbleder und mit zusätzlicher

Schlußvignette von Emil Rudolf Weiß.] – 1942: 180. Tsd. – 1949 (W): 190. [statt 180.] Tsd. [Seitdem ohne Titelvignette.] – 1956 (W): 230. Tsd. – 1957 (L): 240. Tsd. [Untertitel ›Dramatisches Gedicht‹.] – 1966 (F): 300. Tsd. – 1984 (F): 335. Tsd. – 1990 (F): 341. Tsd. – 1992: 344. Tsd. – 1997: 349. Tsd. – 1999: 353. Tsd. – 2009: 359. Tsd. – 45 Auflagen

29 [1A] *Die Saga vom Freysgoden Hrafnkel.* Übertragung aus dem Altnordischen und Nachwort: Erich von Mendelssohn. 1913: 1.–15. Tsd. – 1936: 27. Tsd.

– [1B] –. Übertragung und Nachwort: Helmut de Boor. 1938: 28.–32. Tsd. [teilweise kriegsvernichtet] – 5 Auflagen

30 [1] [*Johann Wolfgang von*] *Goethe: Pandora.* Ein Festspiel. Mit einem Anhang. 1913: 1.–15. Tsd. – 1921: 20. Tsd. – 2 Auflagen – Seit 1938 IB 411,2

– [2] *Rainer Maria Rilke: Requiem.* Für eine Freundin. Für Wolf Graf von Kalckreuth. Für einen Knaben. [41.–50. Tsd. und seit 71.–80. Tsd.: Auf den Tod eines Knaben.] 1931: 1.–10. Tsd. – 1942: 50. Tsd. – [51.–60. Tsd. nicht IB – IK 1356.] – 1949 (W): 70. Tsd. – 1950 (W): 80. Tsd. [Seitdem mit Nachbemerkung des Verlags.] – 1959 (W): 100. Tsd. – 9 Auflagen

31 *Immanuel Kant: Beobachtungen über das Gefühl des Schönen und Erhabenen.* 1913: 1.–10. Tsd. – 1924: 50. Tsd. – 1940: 68. Tsd. – 11 Auflagen

32 [1A] *Friedrich Hebbel: Mutter und Kind.* Ein Gedicht in sieben Gesängen. Mit den Anmerkungen Hebbels, Briefauszügen und Auszügen aus Hebbels Tagebüchern. 1913: 1.–20. Tsd. – 1920: 35. Tsd. – 1925: 45. Tsd.

– [1B] –. Ohne ›Aus Hebbels Tagebüchern‹, Briefauszüge gekürzt. 1929: 46.–50. Tsd. – 1936: 53. Tsd. – 1940: 56. Tsd. [weitgehend kriegsvernichtet] – 9 Auflagen

33 [1A] *Georg Christoph Lichtenberg: Aphorismen.* Auswahl und Einleitung: Albert Leitzmann. 1913: 1.–20. Tsd. – 1936: 38. Tsd. – 1939: 43. Tsd. [weitgehend kriegsvernichtet]

– [1B] –. Auswahl und Nachwort: Hans Rössner. 1958 (W): 44.–53. Tsd. – 7 Auflagen

34 [1A] *Anakreon.* Übertragung: Eduard Mörike. Mit Nachbemerkung und Anmerkungen Mörikes. 1913: 1.–15. Tsd.

– [IB] –. Um 6 Lieder und 10 Seiten des Anhangs gekürzt. 1919: 16.–20. Tsd. – 1921: 25. Tsd. – 3 Auflagen

35 *Louise von François: Die goldene Hochzeit.* Erzählung. 1913: 1.–20. Tsd. – 1926: 45. Tsd. – 1940: 48. Tsd. [weitgehend kriegsvernichtet] – 5 Auflagen

36 [IA] *Leo N[ikolajewitsch] Tolstoi: Leinwandmesser.* Erzählung. Übertragung: Hermann Röhl. 1913: 1.–20. Tsd. – 1928: 45. Tsd. – 1948 (L): 55. Tsd. [Seitdem Untertitel ›Eine Pferdegeschichte‹.] – 1954 (L): 65. Tsd.

– [IB] –. Nachwort: Michael Wegner. 1966 (L): 66.–80. Tsd. – 8 Auflagen

37 *Björnstjerne Björnson: Synnöve Solbakken.* Erzählung. Übertragung aus dem Norwegischen: Mathilde Mann. 1913: 1.–20. Tsd. – 1917: 50. Tsd. – 1939: 100. Tsd. – 1947 (W): 105. Tsd. – 1960 (W): 122. Tsd. – 15 Auflagen

38 *Wilhelm von Humboldt: Über Schiller und den Gang seiner Geistesentwicklung.* 1913: 1.–20. Tsd. – 1937: 31. Tsd. – 4 Auflagen

39 [1] *Die Schön Magelona.* Eine fast lustige Historie von dem Ritter mit den silbern Schlüsseln und von der Schönen Magelona gar lustig zu lesen. Mit 37 [statt 40] Holzschnitten nach dem Leipziger Druck von 1598. Auswahl und Nachwort: Severin Rüttgers. 1913: 1.–20. Tsd. – 1920: 35. Tsd. – 3 Auflagen – Seit 1938 wesentlich verändert unter IB 408,2

– [2] *Theodor Fontane: Stine.* Ein Roman. 1929: 1.–10. Tsd. – 1943: 65. Tsd. – 4 Auflagen

40 *Jens Peter Jacobsen: Erzählungen.* [Ein Schuß in den Nebel. Zwei Welten. Hier sollten Rosen blühen. Die Pest in Bergamo. Frau Fönß. Ausländer.] Übertragung aus dem Dänischen: Mathilde Mann. 1913: 1.–20. Tsd. – 1917: 50. Tsd. – 1938: 90. Tsd. – 1947 (W): 95. Tsd. – 1950 (W): 106. Tsd. – 10 Auflagen

41 [IA] *Aus des Angelus Silesius Cherubinischem Wandersmann.* Mit gezeichnetem Titel von Ludwig Enders. Auswahl: Christian Heinrich Kleukens. Mit Nachbemerkung. 1913: 1.–15. Tsd. – 1920: 35. Tsd.

– [IB] *Aus des Angelus Silesius Cherubinischem Wandersmann nebst Geistlichen Liedern.* Veränderte und um ›Aus der Heiligen Seelenlust‹ erweiterte Ausgabe. Ohne Titelzeichnung. Mit Nachwort. 1924: 36.–40. Tsd. [sowie Restbestände von ›Pandora‹ 34 in IB-Ausstattung.] – 1929: 50. Tsd.

41 [1C] *Aus des Angelus Silesius Cherubinischem Wandersmann.* Erneut verändert. Wieder mit gezeichnetem Titel von Ludwig Enders. Mit erweitertem Nachwort. 1932: 51.–55. [statt 65.] Tsd. – 1941: 85. Tsd. – 12 Auflagen

42 [1A] *Alphonse Daudet: Tartarin von Tarascon.* [Roman.] Übertragung und Anmerkung: Paul Stefan. 1913: 1.–20. Tsd. – 1916: 25. Tsd. [Seitdem ohne die Anmerkung.] – 1922: 50. Tsd. – 1940: 63. Tsd. – 1948 (L): 68. Tsd.

– [1B] –. Mit [12] Holzstichen von Andreas Brylka. Zweifarbiger Druck. 1959 (L): 69.–83. Tsd. – 1962 (L): 103. Tsd. – 11 Auflagen – Seit 1962 (F) IB 742

43 *Rainer Maria Rilke: Das Marien-Leben.* [Gedichtzyklus.] Mit Widmung für Heinrich Vogeler. 1913: 1.–20. Tsd. – 1920: 50. Tsd. – 1931: 100. Tsd. – 1942: 135. Tsd. [Seitdem ohne Widmung.] – [136.–146. Tsd. nicht IB – IK 1351A.] – 1958 (W): 156. Tsd. – 1966 (F): 162. Tsd. – 1986 (F): 164. Tsd. – 1997: 167. Tsd. [17. statt 19. Auflage.] – 17 Auflagen

44 *Goethe über seinen Faust.* Auswahl, Vorwort und Anmerkungen: Hans Heinrich Borcherdt. 1913: 1.–15. Tsd. – 1919: 30. Tsd. – 1936: 42. Tsd. – 1940: 47. Tsd. [weitgehend kriegsvernichtet] – 7 Auflagen

45 [1] *Kaiser Friedrich III. Tagebuch von seiner Reise nach dem Morgenlande 1869.* 1913: 1.–10. Tsd. – 1916: 15. Tsd. – 2 Auflagen

– [2A] *Theodor Storm: Pole Poppenspäler.* Novelle. 1919: 1.–20. Tsd. – 1924: 50. Tsd. – 1939: 90. Tsd. [Seitdem Untertitel ›Erzählung‹.] – 1942: 120. Tsd.

– [2B] –. Erzählung. Mit [24] Federzeichnungen von Joachim Kölbel. 1954 (L): 121.–140. Tsd. – 10 Auflagen

46 *Hans Sachs: Drei Fastnachtsspiele.* [Das Narrenschneiden. Der fahrend Schüler im Paradeis. Der bös Rauch.] Mit 4 zeitgenössischen Holzschnitten, Nachwort und Worterklärungen. 1913: 1.–15. Tsd. – 1919: 30. Tsd. – 1937: 55. Tsd. – 8 Auflagen

47 *Lieder der alten Edda.* Übertragung: Wilhelm und Jacob Grimm. 1913: 1.–10. Tsd. – 1917: 30. Tsd. – 1935: 50. Tsd. – 1940: 55. Tsd. [weitgehend kriegsvernichtet] – 9 Auflagen

48 *Björnstjerne Björnson: Arne.* [Erzählung.] Übertragung aus dem Norwegischen: Mathilde Mann. 1913: 1.–20. Tsd. – 1917: 50. Tsd. – 1939: 95. Tsd. – 10 Auflagen

49 [1] *Johannes Schlaf: Frühling.* [Prosaverse.] 1913: 1.–20. Tsd. – 1922: 50. Tsd. – 1925: 60. Tsd. – 6 Auflagen

– [2] *Heraklit. Urworte der Philosophie.* Griechisch und deutsch. Mit Zeugnissen über Heraklits Leben. Übertragung, Nachwort und Anmerkungen: Georg Burckhardt. 1952 (W): 1.–10. Tsd. [Titelschild: ›Fragmente‹; den griechischen/lateinischen Textteil schrieb Hermann Zapf.] – 1957 (W): 17. Tsd. [Revidierte Ausgabe; fremdsprachige Texte gesetzt.] – 2 Auflagen

50 [1A] *Friedrich Hölderlin: Gedichte.* Auswahl: Wilhelm von Scholz. 1913: 1.–10. Tsd.

– [1B] –. Veränderte Auswahl: 14 Gedichte weggelassen, 10 hinzugefügt. 1916: 11.–15. Tsd. – 1925: 55. Tsd.

– [1C] –. Erneut verändert: 3 Gedichte weggelassen, 1 Gedicht hinzugefügt, 3 Gedichte erweitert gefaßt. 1931: 56.–60. Tsd.

– [1D] –. Verändert und erweitert: 9 Gedichte weggelassen, 12 hinzugefügt. 1935: 61.–70. Tsd.

– [1E] –. Wiederum verändert und erweitert: 3 Gedichte weggelassen, 8 hinzugefügt. 1937: 71.–80. Tsd. – [91.–100. Tsd. nicht IB – IK 743A.] – 1950 (W): 110. Tsd. – 1953 (W): 115. Tsd. [Seitdem Textfassung nach der Großen Stuttgarter Ausgabe.] – 1955 (W): 124. Tsd. – 13 Auflagen – Siehe auch IB 180,1

[1F] –. Neue Auswahl von Stephan Hermlin. Nachwort: Horst Nalewski. 1985 (L): 1.–15. Tsd.

51 *Jean Paul: Leben des vergnügten Schulmeisterlein Maria Wuz in Auenthal.* [Erzählung.] 1913: 1.–10. Tsd. – 1922: 50. Tsd. – 1941: 70. Tsd. [Seitdem mit Worterklärungen; weitgehend kriegsvernichtet] – 1944: 95. Tsd. – 14 Auflagen

52 *Leo N[ikolajewitsch] Tolstoi: Der Tod des Iwan Iljitsch.* Erzählung. Übertragung: Rudolf Kassner. 1913: 1.–20. Tsd. – 1938: 48. Tsd. – 1956 (W): 58. Tsd. – 7 Auflagen

53 [1A] *Oscar Wilde: Lehren und Sprüche.* Übertragung und Anmerkung: Franz Blei. 1913: 1.–15. Tsd. – 1919: 55. Tsd.

– [1B] –. Um 3 Sprüche gekürzt. 1922: 56.–65. Tsd. – 1933: 90. Tsd. – 10 Auflagen – Seit 1963 IB 781

53 [2A] *Hans Carossa: Wirkungen Goethes in der Gegenwart.* Eine Rede. [1.–55. Tsd. nicht IB – IK 293.] – 1950 (W): 56.–75. Tsd. – 1961 (F): 80. Tsd.

– [2B] –. Mit einem Bildnis Goethes als Frontispiz, zwei Seiten Faksimile der Handschrift Carossas und einer Anmerkung. 1982 (F): 81.–84. Tsd. – 3 Auflagen

54 [1] *Johann Christian Günther: Leonorenlieder.* Mit einer Vorrede Goethes über J. Chr. Günther. Auswahl und Nachwort: Conrad Höfer. 1913: 1.–10. Tsd. – 1922: 20. Tsd. – 3 Auflagen

– [2] *Das kleine Buch der Edelsteine.* Farbige Bilder [auf 24 Tafeln] von Hans Lang. Geleitwort: Friedrich Schnack. Mit Tafelverzeichnis. 1938: 1.–30. Tsd. – 1939: 76. Tsd. – 1944: 106. Tsd. – 4 Auflagen

55 [1A] *Arthur Schopenhauer: Über Schriftstellerei und Stil.* Mit ›Zusätze und Varianten aus Schopenhauers Handexemplar‹ und ›Aus Schopenhauers nachgelassenen Handschriftenbänden‹. 1913: 1.–10. Tsd. – 1922: 35. Tsd. – 1938: 45. Tsd.

– [1B] –. Textrevision und Schlußbemerkung: Wolfgang Freiherr von Löhneysen. Mit Anmerkungen Schopenhauers und Beiträgen aus dem Nachlaß. 1960 (F): 46.–51. Tsd. – 7 Auflagen

56 [1A] *Ein kurzweilig Lesen vom Till Ulenspiegel.* Mit 57 Holzschnitten der Fischart-Ausgabe von 1572 [statt 1573]. Auswahl: Christian Heinrich Kleukens. Nachwort des Verlags. 1913: 1.–20. Tsd. – 1917: 40. Tsd.

– [1B] –. Um 18 Schwänke gekürzt. Mit 42 Holzschnitten [41 aus 1A und Titelholzschnitt]. 1924: 41.–50. Tsd. – 1941: 65. Tsd. [weitgehend kriegsvernichtet] – 1950 (L): 85. Tsd. – 1955 (L): 105. Tsd. – 9 Auflagen

57 [1A] *Prosper Mérimée: Carmen.* Novelle. Übertragung: Franz Schnabel. 1913: 1.–15. Tsd. – 1922: 40. Tsd.

– [1B] –. Ohne das die Novelle erläuternde 4. Kapitel. 1951 (L): 41.–50. Tsd. – 1954 (L): 71. Tsd. – 7 Auflagen

– [1C] –. Mit Kapitel 4. Mit 7 Zeichnungen von Christiane Knorr. Nachwort: Herbert Kühn. 1973 (L): 1.–20. Tsd.

58 *Ricarda Huch: Lebenslauf des heiligen Wonnebald Pück.* Eine Erzählung. 1913: 1.–20. Tsd. – 1918: 50. Tsd. – 1936: 100. Tsd. – 1938: 110. Tsd. – 1941: 115. Tsd. [fast vollständig kriegsver-

nichtet] – 1950 (W): 125. Tsd. – 1964 (L): 207. Tsd. [20. statt 18. Auflage.] – 20 Auflagen

59 [1A] *Friedrich Hebbel: Gedichte.* Auswahl und Nachwort: Friedrich Bartels. 1913: 1.–15. Tsd.

– [1B] –. Auswahl und Nachwort: Albrecht Schaeffer. 1917: 16.–20. Tsd. – 1937: 38. Tsd.

– [1C] –. Um zwei Gedichte gekürzt. Ohne Nachwort. 1941: 39.–43. Tsd. – 7 Auflagen

60 [1A] *Kinderlieder aus des Knaben Wunderhorn.* Mit Titelbild und gezeichnetem Titel von Emil Ludwig Grimm. Nachwort des Verlags. 1913: 1.–15. Tsd. – 1929: 34. Tsd.

– [1B] –. Mit Nachtrag. 1938: 35.–40. Tsd. [Ein Lied weggelassen.] – 1956 (W): 50. Tsd. [Mit Titelvignette.]

– [1C] –. Mit anderer Titelvignette und einem Stich von Emil Ludwig Grimm. Ohne Nachtrag. Nachwort: Werner Vordtriede. 1964 (F): 51.–58. Tsd. – 8 Aufl. – Siehe auch IB 439 und 990,2

61 *Goethes Faust in ursprünglicher Gestalt.* ›Der Urfaust‹. Mit Nachwort. 1913: 1.–15. Tsd. – 1922: 50. Tsd. – 1938: 65. Tsd. – 1940: 70. Tsd. [weitgehend kriegsvernichtet] – 1952 (L): 79. Tsd. – 1955 (L): 89. Tsd. – 12 Auflagen

62 [1] *Heinrich Mann: Auferstehung.* Novelle. 1913: 1.–10. Tsd. – 1929: 50. Tsd. – 1949 (L): 59. Tsd. – 1956 (L): 79. Tsd. – 9 Aufl.

– [2] *Hermann Stehr: Gudnatz.* Eine Novelle. 1934: 1.–10. Tsd. – 1936: 20. Tsd. – 2 Auflagen

63 [1] *Hippolyte Taine: Balzac.* Ein Essay. Mit Anmerkungen Taines. Übertragung aus dem Französischen: E. von Krauss. 1913: 1.–10. Tsd. – 1919: 20. Tsd. – 3 Auflagen

– [2] *Detlev von Liliencron: Ausgewählte Gedichte.* 1933: 1.–10. Tsd. – 1940: 15. Tsd. – 2 Auflagen

64 *Per Hallström: Drei Novellen.* Thanatos. Der Kuckuck. Dornröschen. Übertragung aus dem Schwedischen: Francis Maro [d. i. Marie Franzos]. 1913: 1.–15. Tsd. – 1941: 47. Tsd. [Ohne die Untertitel.] – 6 Auflagen

65 *[Friedrich von] Stendhal: Römerinnen.* Zwei Novellen. [Vanina Vanini. Die Fürstin von Campobasso.] Übertragung und Nachbemerkung: Arthur Schurig. 1913: 1.–15. Tsd. – 1937: 48. Tsd. – 1951 (L): 58. Tsd. – 1955 (L): 78. Tsd. – 9 Auflagen

66 [1] *Rudolf Alexander Schröder: Deutsche Oden.* 1913: 1.–10. Tsd. – 1916: 15. Tsd. – 2 Auflagen

– [2] *Heinrich Hoffmann: Der Struwwelpeter oder Lustige Geschichten und drollige Bilder.* 24 farbige Tafeln. Reprint nach den ersten Ausgaben. Nachwort des Verlags. 1933: 1.–54. Tsd. – 1939: 120. Tsd. – 1956 (L+W): 170. Tsd. – 1966 (L+F): 230. Tsd. [davon F: 196.–210. Tsd.; Teilauflage mit gekürztem Nachwort.] – 1987 (F): 242. Tsd. – 1995: 245. Tsd. – 2000: 248. Tsd. – 2007: 253. Tsd. – 11 Auflagen

67 [1] *Hermann Bahr: Dialog vom Marsyas.* ›An Gerhart Hauptmann‹. 1913: 1.–20. Tsd. – 1949 (W): 25. Tsd. – 2 Auflagen

– [2] *Johann Peter Hebel: Alemannische Gedichte.* Auswahl: Eberhard Meckel. Mit Nachwort und Worterklärungen. [1.–10. Tsd. unter IB 254,1 – ab 11. Tsd. veränderte Auswahl: 5 Gedichte ausgetauscht.] – 1939: 11.–15. Tsd. – 1943: 25. Tsd. – 3 Auflagen

68 *Leo N[ikolajewitsch] Tolstoi: Volkserzählungen.* [Wovon die Menschen leben. Die Wallfahrer. Wieviel Erde braucht der Mensch ? Die drei Greise.] Übertragung: Alexander Eliasberg. 1913: 1.–15. Tsd. – 1922: 50. Tsd. – 1939: 80. Tsd. – 9 Auflagen

69 *Adalbert Stifter: Nachkommenschaften.* Erzählung. 1913: 1.–15. Tsd. – 1942: 45. Tsd. – 1951 (W): 55. Tsd. – 1955 (L): 65. Tsd. – 7 Auflagen

70 *Die schönsten Legenden des heiligen Franz.* Mit Titelholzschnitt. Übertragung aus dem Italienischen und Vorwort: Rudolf G. Binding. 1913: 1.–15. Tsd. – 1925: 50. Tsd. – 1933: 60. Tsd. [Seitdem mit Titelholzschnitt und Initiale von Ernst Dölling.] – 1937: 75. Tsd. [Seitdem ohne Initiale.] – 1942: 80. Tsd. – 1957 (W): 90. Tsd. [Nun auch ohne Titelholzschnitt.] – 12 Auflagen

71 [1] *Historie eines edeln Fürsten. Herzog Ernst von Bayern und von Österreich.* Mit 31 Holzschnitten des Erstdrucks [um 1480]. Textrevision, Nachwort: Severin Rüttgers. 1913: 1.–20. Tsd.

– [2] *Maxim Gorki: Geschichten von Landstreichern.* [Kain und Artem. Jemeljan Piliaj. Die Geschichte von den Schließen.] Übertragung: Arthur Luther. 1927: 1.–10. Tsd. – 1930: 20. Tsd. – 1948 (L): 30. Tsd. – 3 Auflagen

– [3] *Ernst Moritz Arndt: Katechismus für den deutschen Kriegs- und Wehrmann. Die deutsche Wehrmannschaft.* [1.–25. Tsd. unter IB 157,1.] – 1937: 26.–30. Tsd. – 1942: 55. Tsd. – 1943: 65. Tsd. [teilweise kriegsvernichtet] – 4 Auflagen

72 [*Ralph Waldo Emerson*]: *Natur. Zwei Essays von Emerson nebst dem Goetheschen Hymnus an die Natur.* Übertragung aus dem Amerikanischen: Thora Weigand [Natur II] und Wilhelm Weigand [Natur I]. Nachwort: Wilhelm Weigand. 1913: 1.–10. Tsd. – 1918: 20. Tsd. – 1935: 28. Tsd. – 5 Auflagen

73 *Leo N[ikolajewitsch] Tolstoi: Der Schneesturm. Die drei Tode.* Zwei Novellen. Übertragung: Alexander Eliasberg. 1913: 1.–15. Tsd. – 1919: 30. [statt 35.] Tsd. – 1925: 50. Tsd. – 1950 (L): 60. Tsd. – 5 Auflagen

74 [1A] *Portugiesische Briefe.* Die Briefe der Marianna Alcoforado. Übertragung aus dem Französischen: Rainer Maria Rilke. Nachwort: Fritz Bergemann. 1913: 1.–10. Tsd. – 1920: 25. Tsd. – 1937: 50. Tsd. – 1941: 60. Tsd. – 1949 (W): 70. Tsd. – 1950 (W): 80. Tsd.

– [1B] –. Nachwort: Rainer Maria Rilke. Nachbemerkung: Ernst Zinn. 1955 (W): 81.–90. Tsd. – 1966 (F): 95. Tsd. – 1990 (F): 97. Tsd. – 1995: 99. Tsd. – 15 Auflagen

75 [1A] *Eduard Mörike: Gedichte.* Auswahl und Nachwort: Harry Maync. 1913: 1.–10. Tsd. – 1917: 25. Tsd.

– [1B] –. Um 5 Gedichte erweitert. 1919: 26.–35. Tsd. – 1934: 55. Tsd.

– [1C] –. Nochmals um 1 Gedicht erweitert. 1938: 56.–60. Tsd. – 1940: 65. Tsd.

– [1D] –. Neue Ausgabe. Auswahl und Nachwort: Walter Höllerer. 1961 (F): 66.–74. Tsd. – 12 Auflagen

76 [1] *Gustave Flaubert: Herodias.* Übertragung: Ernst Hardt. 1913: 1.–10. Tsd. – 1924: 30. Tsd. – 4 Auflagen

– [2] *[Jean Baptiste] Molière: Tartuffe.* Komödie in fünf Akten. Übertragung: Arthur Luther. 1947 (W): 1.–5. Tsd. – 1958 (L): 32. Tsd. – 4 Auflagen

77 [1A] *Cornelius Tacitus: Die Germania.* Mit einer Karte. Übertragung, Nachwort und Erläuterungen: Paul Stefan. 1913: 1.–10. Tsd. – 1917: 25. Tsd. – 1937: 53. Tsd. [Karte neu gezeichnet.]

77 [IB] *Die Germania des Tacitus.* Mit einer Karte. Übertragung, Nachwort und Erläuterungen: Johannes Bühler. 1939: 54.–63. Tsd. – 11 Auflagen

78 *Hugo von Hofmannsthal: Das kleine Welttheater oder Die Glücklichen.* 1913: 1.–10. Tsd. – 1929: 30. Tsd. – 1949 (W): 35. Tsd. – 1952 (W): 45. Tsd. – 7 Auflagen

79 [1] *Arthur Graf Gobineau: Der Turkmenenkrieg.* Aus den asiatischen Novellen. Übertragung aus dem Französischen: Bernhard Jolles. 1913: 1.–10. Tsd. – 1922: 30. Tsd. – 4 Auflagen

– [2] *Blaise Pascal: Gedanken über Gott und den Menschen.* Auswahl, Übertragung [nach der Pascal-Ausgabe von Fortunat Strowski] und Nachwort: Wilhelm Willige. 1944: 1.–10. Tsd. – [11.–26. Tsd. nicht IB – IK 1222.] – 1960 (W): 36. Tsd. – 2 Auflagen

80 *Friedrich Hebbel:* [Meister] *Schnock.* Ein niederländisches Gemälde. Mit 22 [statt 27] Holzschnitten von Gustav Schlick nach der Erstausgabe von 1850. 1913: 1.–15. Tsd. – 1937: 40. Tsd. – 5 Auflagen

81 [1A] *Von Gottes- und Liebfrauenminne.* Lieder aus der deutschen Mystik. Übertragung ins Neuhochdeutsche und Geleitwort: Heinrich Adolf Grimm. 1913: 1.–10. Tsd. – 1917: 20. Tsd.

– [1B] *In Gottes und Marien Minne.* Lieder und Gedichte aus der Inbrunst altdeutschen Glaubens. Auswahl und Nachwort: Severin Rüttgers. 1923: 21.–25. Tsd. – 1938: 28. Tsd. – 4 Auflagen

82 *Franz Grillparzer: Der arme Spielmann.* [Erzählung.] 1913: 1.–10. Tsd. – 1918: 30. Tsd. – 1944: 61. Tsd. – 1946 (W): 66. Tsd. – 1956 (L): 87. Tsd. – 1983 (L): 124. Tsd. [Mit Initiale von Aristide Maillol. Zweifarbiger Druck.] – 16 Auflagen

83 [1A] *Briefe Kaiser Wilhelm I. an Bismarck.* Auswahl und Nachwort: Erich Brandenburg. 1913: 1.–10. Tsd.

– [1B] –. Erweitert um Anmerkungen. 1915: 11.–20. Tsd. – 1917: 30. Tsd. – 3 Auflagen

– [2] *Grigol Robakidse: Kaukasische Novellen.* [Magische Quellen. Die Tötung des heiligen Stieres. Der Imam Schamyl.] Mit Vorwort des Verfassers. Übertragung aus dem Russischen: Richard Meckelein und Käthe Rosenberg. 1932: 1.–10. Tsd. – 1943: 30. Tsd. – 4 Auflagen

84 *Aischylos: Der gefesselte Prometheus.* Übertragung: Carlo Philips. 1913: 1.–10. Tsd. – 1938: 23. Tsd. – 4 Auflagen – Siehe auch IB 573,2

85 *Leo N[ikolajewitsch] Tolstoi: Herr und Knecht.* Novelle. Übertragung: Hermann Röhl. 1913: 1.–10. Tsd. – 1916: 30. Tsd. – 1928: 50. Tsd. – 1937: 53. Tsd. – 1940: 56. Tsd. [fast vollständig kriegsvernichtet] – 9 Auflagen

86 [1] *Gottfried August Bürger: Liebeslieder.* Mit einer Silhouette auf dem Titel. Auswahl und Nachwort: Erich Ebstein. 1913: 1.–10. Tsd. – 1920: 20. Tsd. – 3 Auflagen

– [2] *Paul Heyse: Andrea Delfin.* Novelle. 1927: 1.–10. Tsd. – 1935: 15. Tsd. – 2 Auflagen

87 [1] *Henrik Pontoppidan: Aus jungen Tagen.* Blätter aus einer Dornenkrone. Übertragung aus dem Dänischen: Mathilde Mann. 1913: 1.–10. Tsd. – 1917: 25. Tsd. – 3 Auflagen

– [2] *Albrecht Schaeffer: Die Sage von Odysseus.* Neu erzählt nach den ursprünglichen Motiven. Mit Nachwort des Verfassers. 1930: 1.–10. Tsd.

– [3] *Persische Spruchgedichte.* Auswahl und Fassung von Ernst Bertram. 1944: 1.–10. Tsd. – 1949 (W): 15. Tsd. – 1951 (W): 22. Tsd. – 3 Auflagen

88 [1A] *Georg Büchner: Dantons Tod.* Ein Drama. Nachwort: Fritz Bergemann. 1913: 1.–10. Tsd. – 1918: 35. Tsd.

– [1B] –. Nach der Handschrift des Dichters revidierte Ausgabe. Vor- und Nachwort: Fritz Bergemann. 1920: 36.–45. Tsd. – 1922: 57. Tsd. – [58.–80. Tsd. unter 1C.] – 1947 (W): 81.–85. Tsd. [Mit Nachbemerkung.] – [86.–95. Tsd. nicht IB – IK 244.]

– [1C] –. Ohne Vorwort. Mit Nachbemerkung ›Zur Textgestaltung‹. 1924: 58.–63. Tsd. – 1930: 80. Tsd. – 10 Auflagen – Siehe auch IB 799

89 [1A] *Charles Dickens: Die Silvesterglocken.* Ein Märchen von Glocken, die ein altes Jahr aus- und ein neues Jahr einläuteten. Mit 11 Federzeichnungen [von John Leech] nach der Erstausgabe von 1845. Übertragung nach älteren Vorlagen: Leo Feld. 1913: 1.–15. Tsd. – 1919: 40. Tsd. [41.–60. Tsd. unter 1B bzw. 1C.] – 1988 (F): 61.–63. Tsd. – 1989 (F): 66. Tsd. – 1998: 69. Tsd. – 2001: 71. Tsd. – 2008: 74. Tsd.

89 [1B] –. Mit 9 Zeichnungen. 1923: 41.–50. Tsd. – 1929: 55. Tsd.

– [1C] –. Eine Geistergeschichte von Glocken, die ein altes Jahr aus- und ein neues Jahr einläuten. Übertragung: Richard Otto Wagner. Ohne Illustrationen. 1937: 56.–60. Tsd. – 14 Auflagen

90 [1] *Otto Friedrich von der Groeben: Guineische Reise-Beschreibung.* Auswahl, Textrevision und Nachwort: Gertrud Siemes. 1913: 1.–10. Tsd. – 1916: 15. Tsd. – 2 Auflagen

– [2] *Abraham a Sancta Clara.* Auswahl, Einleitung und Schlußwort: Richard von Kralik. [1915: 1.–10. Tsd. – 1917 (?): 15. Tsd. = ›Österreichische Bibliothek‹ Nr. 8. Restbestand 1922 in IB-Ausstattung.] – Siehe auch IB 697

– [3A] *Theodor Fontane: Mathilde Möhring.* Ein Roman. 1929: 1.–10. Tsd. – 1943: 25. Tsd. – [26.–35. Tsd. nicht IB – IK 472.]

– [3B] –. In der von Gotthard Erler nach der Handschrift hergestellten Textfassung. Mit Erläuterungen. 1977 (L): 36.–50. Tsd. – 4 Auflagen

91 [1A] *Georg Büchner: Leonce und Lena.* Ein Lustspiel. Nachwort: Fritz Bergemann. 1913 (?): 1.–10. Tsd. – 1920: 20. Tsd. – Siehe auch IB 799

– [1B] –: *Leonce und Lena. Lenz.* Nachwort: Fritz Bergemann. 1924: 21.–25. Tsd. – 1932: 39. Tsd. – 7 Auflagen

92 [1A] *Georg Büchner: Wozzeck. Lenz.* Zwei Fragmente. Mit Nachwort. 1913 (?): 1.–10. Tsd. – 1918: 20. Tsd.

– [1B] –: *Woyzeck.* Eine Tragödie. Nach den neu entzifferten Handschriften für Leser und Bühne hergestellt [und mit Nachwort] von Ernst Hardt. 1921: 21.–30. Tsd. – 1936: 43. Tsd.

– [1C] –: *Woyzeck. Lenz.* Ohne Nachwort. 1950 (W): 44.–53. Tsd.

– [1D] –. Nachwort: Fritz Bergemann. 1957 (W): 54.–63. Tsd. – 9 Auflagen – Siehe auch IB 799, 1056 und 1260

93 [1] *Richard Wagner: Das Rheingold.* Vorabend zu dem Bühnenfestspiel ›Der Ring des Nibelungen‹. 1914: 1.–20. Tsd.

– [2] *Rudolf Borchardt: Das Buch Joram.* Mit Nachwort des Verfassers. 1920: 1.–11. Tsd.

– [3] *Friedrich Hölderlin: Hyperion oder Der Eremit in Griechenland.* [Briefroman.] 1940: 1.–10. Tsd. – 1941: 20. Tsd. – [21.–30. Tsd. nicht IB – IK 746 A.] – 2 Auflagen

94 [1] *Richard Wagner: Die Walküre.* Des Bühnenfestspiels ›Der Ring des Nibelungen‹ Erster Tag. 1914: 1.–20. Tsd.

– [2] *Theodor Storm: Beim Vetter Christian. Die Söhne des Senators.* Zwei Novellen. 1920: 1.–15. Tsd. – 1940: 28. Tsd. – 4 Auflagen

95 [1] *Richard Wagner: Siegfried.* Des Bühnenfestspiels ›Der Ring des Nibelungen‹ Zweiter Tag. 1914: 1.–20. Tsd.

– [2] *Theodor Storm: Im Schloß.* Novelle. 1920: 1.–10. Tsd. – 1925: 15. Tsd. – 2 Auflagen

– [3A] *Hans Holbein d. J. Bildnisse.* 24 farbige Handzeichnungen. Geleitwort: Wilhelm Waetzoldt; Auswahl und erläuterndes Tafelverzeichnis gemeinsam mit Detlev von Einsiedel. 1938: 1.–27. Tsd. [Bindequote mit Korrekturvermerk zu den Bildgrößenmaßen.] – 1938: 55. Tsd.

– [3B] –. Eine Tafel ausgetauscht, Reihenfolge geändert. 1939: 56.–105. Tsd. – 1954 (L+W): 211. Tsd. – 5 Auflagen

96 [1] *Richard Wagner: Götterdämmerung.* Des Bühnenfestspiels ›Der Ring des Nibelungen‹ Dritter Tag. 1914: 1.–20. Tsd.

– [2] *Comenius und die Böhmischen Brüder.* Auswahl, Einleitung und bibliographische Nachbemerkung: Friedrich Eckstein. [1915: 1. Auflage = ›Österreichische Bibliothek‹ Nr. 13. Restbestand 1922 in IB-Ausstattung.]

– [3] *Carl Gustav Carus: Gedanken über große Kunst.* Auswahl und Nachwort: Paul Stöcklein. 1940: 1.–10. Tsd. – 1944: 131. Tsd. – 1947 (W): 136. Tsd. – 1958 (W): 156. Tsd. – 8 Auflagen

97 [1] *Richard Wagner: Rienzi, der letzte der Tribunen.* Große tragische Oper in fünf Akten. 1914: 1.–20. Tsd.

– [2] *Selma Lagerlöf: Eine Gutsgeschichte.* Übertragung aus dem Schwedischen: M. von Borch. 1925: 1.–10. Tsd. – 1930: 30. Tsd. – 1940: 55. Tsd. – 6 Auflagen

98 [1] *Richard Wagner: Der fliegende Holländer.* 1914: 1.–20. Tsd.

– [2A] *Honoré de Balzac: Der Pfarrer von Tours.* [Erzählung.] Übertragung: Johannes Schlaf. 1925: 1.–10. Tsd. – 1940: 13. Tsd. [weitgehend kriegsvernichtet]

– [2B] –. Erzählung. Nachwort: Udo Wolf. 1968 (L): 14.–23. Tsd. – 3 Auflagen

99 [1] *Richard Wagner: Tannhäuser und der Sängerkrieg auf der Wartburg.* 1914: 1.–20. Tsd.

99 [2] *Alexander Pope: Der Lockenraub.* Ein komisches Heldengedicht. Mit 9 Zeichnungen von Aubrey Beardsley. Übertragung und Nachwort: Rudolf Alexander Schröder. 1920: 1.–10. Tsd. – Seit 1968 IB 879

– [3] *Edwin Redslob: Des Jahres Lauf.* Ein Kalender der Feste, Bräuche und Jahreszeiten. Mit 103 Holzschnitten von Fritz Kredel und Lisa Hampe. Nachwort: Edwin Redslob. 1943: 1. – 10. Tsd. [fast vollständig kriegsvernichtet] – 1944: 21. Tsd. – 2 Auflagen

– [4] *Anna Seghers: Crisanta.* Mexikanische Novelle. 1951 (L): 1.–10. Tsd. – 1958 (L): 26. Tsd. – 3 Auflagen

100 [1] *Richard Wagner: Die Meistersinger von Nürnberg.* 1914: 1.–20. Tsd. – Seit 1937 IB 502,1

– [2] *Theodor Storm: Hans und Heinz Kirch.* Novelle. 1920: 1.–15. Tsd.

– [3] *Das kleine Buch der Vögel und Nester.* 32 farbige Bilder des Vogelbuches von Schinz [1819] nach Kupfern von W. Hartmann und J. Kull. Geleitwort: Heinz Graupner. 1934: 1.–33. Tsd. – 1934: 78. Tsd. – 1983 (F): 83. Tsd. – 1986 (F): 87. Tsd. – 1994: 90. Tsd. – 7 Auflagen

– [4A] –. [24] Farbige Bilder von Fritz Kredel. Geleitwort: Heinz Graupner. 1935: 1.–30. Tsd. – 1937: 149. Tsd. – 1940: 181. Tsd. – 1955 (L+W): 231. Tsd.

– [4B] –. Erweitert um eine Nachbemerkung des Verlags. 2001: 232.–235. Tsd. – 2007: 237. Tsd. – 8 Auflagen

101 [1] *Richard Wagner: Lohengrin.* 1914: 1.–20. Tsd.

– [2] *Nikolaus Lenau: Briefe an Sophie Löwenthal.* Auswahl und Nachbemerkung: Stefan Zweig. [1916: 1.–6. Tsd. = ›Österreichische Bibliothek‹ Nr. 16. Restbestand 1922 in IB-Ausstattung.] – 1924: 7.–11. Tsd.

– [3A] *Dantes Neues Leben.* Übertragung, Nachwort und Erläuterungen [der Danteschen Kommentare]: Friedrich Frhr. von Falkenhausen. 1942: 1.–20. Tsd.

– [3B] *Dante Alighieri: Das Neue Leben.* Italienisch und deutsch. Mit Titelbild von Sandro Botticelli. Deutsch nach der von Berthold Wiese durchgesehenen Übertragung von Karl Förster, Karl Witte und Karl Friedrich Ludwig Kannegießer.

Nachwort: Werner Bahner. 1965 (L): 21.–30. Tsd. – 2 Auflagen

102 [1] *Richard Wagner: Tristan und Isolde.* 1914: 1.–20. Tsd.

– [2] *Theodor Storm: Renate.* Novelle. 1920: 1.–10. Tsd. – 1926: 20. Tsd. – 1940: 35. Tsd. – 6 Auflagen

103 [1] *Richard Wagner: Parsifal.* Ein Bühnenweihfestspiel. 1914: 1.–20. Tsd. – 1917: 30. Tsd. – 2 Auflagen

– [2] *Slowakische Anthologie.* Auswahl, Übertragungen und Nachbemerkung: Paul Eisner. 1920: 1.–10. Tsd.

– [3] *Conrad Ferdinand Meyer: Der Schuß von der Kanzel.* Novelle. 1927: 1.–10. Tsd. – 1941: 25. Tsd. – 3 Auflagen

104 [1] *Richard Wagner: Die Wibelungen.* Weltgeschichte aus der Sage. Mit einer Anmerkung. 1914: 1.–10. Tsd.

– [2] *Menandros: Das Schiedsgericht.* Komödie in fünf Akten. Mit einem Anhang ›Chorlieder für die Bühnenaufführung‹. Übertragung aus dem Altgriechischen: Alfred Körte; ergänzt von Friedrich von Oppeln-Bronikowski. Vorwort: Alfred Körte. 1920: 1.–10. Tsd. – [11.–15. Tsd. nicht IB – IK 1094; seit 1961 stark verändert unter IB 497,2.]

– [3] *Honoré de Balzac: Leb wohl! El Verdugo.* Zwei Novellen. Übertragung: Felix Paul Greve. 1951 (L): 1.–10. Tsd. – 1955 (L): 30. Tsd. – 3 Auflagen

105 [1] *Richard Wagner: Wieland der Schmied, als Drama entworfen.* 1914: 1.–10. Tsd.

– [2A] *Walther von der Vogelweide: Gedichte und Sprüche in Auswahl.* Mit Anmerkungen. [1916: 1.–10. Tsd. = ›Österreichische Bibliothek‹ Nr. 19. Restbestände 1922 in IB-Ausstattung.] – 1922: 20. Tsd. – 1940: 40. Tsd.

– [2B] –: *Gedichte.* Auswahl, Einleitung und Anmerkungen: Carl von Kraus. 1943: 41.–50. Tsd. [fast vollständig kriegsvernichtet] – 1944: 61. Tsd. – 1947 (W): 71. Tsd. – [72.–81. Tsd. nicht IB – IK 1874.] – 1950 (W): 82.–91. Tsd. – [92.–111. Tsd. unter 2C.] – 1956 (W): 126. Tsd.

– [2C] –. Ohne Einleitung. Nachwort: Fritz Adolf Hünich. 1951 (L): 92.–101. Tsd. – 1953 (L): 111. Tsd. – 12 Auflagen

106 [1] *Richard Wagner: Jesus von Nazareth.* Ein dichterischer Entwurf. 1914: 1.–10. Tsd.

106 [2] *Tschechische Anthologie.* [Jaroslav] Vrchlický – [Antonín] Sova – [Otokar] Březina. Auswahl, Übertragungen und Nachwort: Paul Eisner. [1917: 1.–10. Tsd. = ›Österreichische Bibliothek‹ Nr. 21. Restbestände 1922 in IB-Ausstattung.]

– [3] *Heinrich von Kleist: Der zerbrochne Krug.* Ein Lustspiel. Mit 26 Holzschnitten von Adolph Menzel. 1933: 1.–20. Tsd. – 1952 (L): 40. Tsd. – 1961 (L): 58. Tsd. – 3 Auflagen

107 [1A] *Richard Wagner: Fünf Gedichte* [von Mathilde Wesendonck (!)] *für eine Frauenstimme in Musik gesetzt.* 1914: 1.–10. Tsd. – 1920: 25. Tsd. – 1939: 38. Tsd.

– [1B] *Fünf Gedichte von Mathilde Wesendonk. In Musik gesetzt von Richard Wagner.* Nachwort: Joachim Kaiser. [Querformat.] 1961 (F): 39.–48. Tsd. – 8 Auflagen

108 [1] *Richard Wagner: Ein deutscher Musiker in Paris.* Novellen und Aufsätze. 1914: 1.–15. Tsd. – 1922: 25. Tsd. – 3 Auflagen

– [2A] *Rembrandt* [*Harmenz van Rijn*]: *Handzeichnungen.* 48 Bildtafeln. Auswahl und Nachwort: Richard Graul. Mit erläuterndem Tafelverzeichnis. 1934: 1.–30. Tsd. – 1937: 91. Tsd. [Erkennungsmerkmal: Tafel 10 – Die Kreuztragung.]

– [2B] –. 10 Tafeln ausgewechselt, Reihenfolge verändert. 1939: 92.–111. Tsd. [Erkennungsmerkmal: Tafel 10 – Krankenstube.]

– [2C] –. Weitere 7 Tafeln ausgewechselt, Reihenfolge verändert. Tafeln mehrfarbig und formatgrößer. 1957 (L+W): 112.–161. Tsd.

– [2D] –. Tafel Nr. 25 ausgewechselt. Nachwort: Peter H. Feist. 1969 (L): 162.–191. Tsd.

– [2E] –. Nachwort: Richard Graul. 1970 (F): 192.–196. Tsd. – 10 Auflagen

109 [1] *Richard Wagner: Über das Dirigieren.* 1914: 1.–15. Tsd.

– [2] *Gunnar Gunnarsson: Der Königssohn.* Eine Geschichte aus dem alten Norwegen. Mit Nachwort des Verfassers ›Zur deutschen Ausgabe‹. Übertragung aus dem Dänischen: Jóhann Jónsson. 1932: 1.–10. Tsd. – 1942: 30. Tsd. – 1951 (W): 35. Tsd. – 6 Auflagen

110 [1] *Richard Wagner: Zukunftsmusik.* An einen französischen Freund (Fr. Villot). 1914: 1.–15. Tsd.

– [2] *Hans Friedrich Blunck: Der Trost der Wittenfru.* Ein Märchenbuch. [17 Märchen.] 1933: 1.–10. Tsd. – 1944: 50. Tsd. – 5 Auflagen

– [3] *Rudolf Kassner: Von der Eitelkeit.* Zwei Essays. [Über die Eitelkeit. Die Mitte.] Mit Nachbemerkung. 1951 (W): 1.–9. Tsd.

111 [1] *Richard Wagner: Beethoven.* Mit einem Vorwort des Autors. 1914: 1.–15. Tsd. – 1924: 30. Tsd. – 1937: 38. Tsd. – 6 Auflagen

– [2] *Gertrud von le Fort: Das Reich des Kindes. Die Vöglein von Theres.* Zwei Legenden. 1950 (W): 1.–10. Tsd. – 1952 (W): 36. Tsd. – 1968 (F): 59. Tsd. – 6 Auflagen

112 [1] *Richard Wagner:* [7] *Kleine Aufsätze.* Auswahl und Nachbemerkung: Paul Stefan. Mit Notenbeispielen. 1914: 1.–10. Tsd.

– [2] *Theodor Storm: Eekenhof.* Novelle. 1919: 1.–15. Tsd. – 1925: 30. Tsd. – 3 Auflagen

– [3] *Christian Morgenstern: Zeit und Ewigkeit.* Ausgewählte Gedichte. Auswahl und Nachbemerkung: Margareta Morgenstern. 1940: 1.–20. Tsd. – 1943: 70. Tsd. – 1949 (W): 80. Tsd. – 1951 (W): 100. Tsd. – 1953 (W): 120. Tsd. – 1960 (W): 139. Tsd. – 11 Auflagen

113 *Ricarda Huch: Gottfried Keller.* 1914: 1.–10. Tsd. – 1936: 43. Tsd. – 1951 (W): 48. Tsd. – 8 Auflagen

114 [1] *Die Geschichten von Karl dem Großen.* Aufgezeichnet durch Notker den Stammler. Übertragung aus dem Mittellateinischen, Anmerkungen und Nachwort: Karl Brügmann. 1914: 1.–10. Tsd. – 1916: 20. Tsd. – 2 Auflagen – Seit 1933 IB 440

– [2] *Geschichten aus Herodot.* Übertragung: Theodor Braun. Auswahl und Nachwort: Wilhelm Rechnitz. 1931: 1.–10. Tsd. – 1943: 20. Tsd. – 2 Auflagen

115 [1] *Karl Vollmoeller: Parcival.* 1914: 1.–10. Tsd. – 1919: 15. Tsd. – 2 Auflagen

– [2] *Rainer Maria Rilke: Die Sonette an Orpheus.* Geschrieben als ein Grab-Mal für Wera Ouckama Knoop. Mit [mehrfach bearbeiteten] Anmerkungen. 1930: 1.–10. Tsd. – 1942: 50. Tsd. – 1946 (W): 60. Tsd. – [61.–69. Tsd. nicht IB –

IK 1357 A.] – 1956 (W): 100. Tsd. – 1964 (F): 119. Tsd. – 1999: 124. Tsd. [Seitdem mit Textnachweisen.] – 2002: 126. Tsd. – 12 Auflagen

116 *Fjodor M[ichailowitsch] Dostojewski: Die Sanfte.* Eine phantastische Erzählung. Mit der Vorrede des Autors. Übertragung: Alexander Eliasberg. 1914: 1.–10. Tsd. – 1918: 35. Tsd. – 1922: 50. Tsd. – 1925: 65. Tsd. – 1939: 80. Tsd. – 1947 (L): 90. Tsd. – 11 Auflagen

117 [1A] *Clemens Brentano: Gedichte.* Auswahl und Nachwort: Albrecht Schaeffer. 1914: 1.–10. Tsd. – 1925: 25. Tsd.

– [1B] –. Auswahl und Nachwort: Werner Vordtriede. 1963 (F): 26.–35. Tsd. [Mit Korrekturzettel.] – 5 Auflagen

118 [1] *Christopher Marlowe: Eduard II.* Tragödie. Übertragung und Nachwort: Alfred Walter Heymel. 1914: 1.–10. Tsd.

– [2] *Alfred Walter Heymel: Gedichte. Der Tag von Charleroi. Feldpostbriefe.* Auswahl und Nachwort: Rudolf Alexander Schröder. 1925: 1.–10. Tsd.

– [3] *Stephan Hermlin: Die Zeit der Einsamkeit.* Erzählung. 1951 (L): 1.–10. Tsd. – Siehe auch IB 1094

119 [1] *Charles Baudelaire: Vers choisis des Fleurs du mal.* [Nur französisch.] 1914: 1.–10. Tsd. – 1919: 20. Tsd. – 1937: 33. Tsd. – 6 Auflagen

– [2] –: *Gedichte.* In deutschen Übertragungen. Auswahl und Nachwort: Friedhelm Kemp. 1958 (W): 1.–10. Tsd.

120 [1] *Jacob Grimm: Über die deutsche Sprache.* [Alte und neue deutsche Sprache. Deutsche Dialekte. Fremde Wörter. Über das Pedantische in der deutschen Sprache. Gegen die Puristen.] Mit einem Vorspruch des Verfassers. Nachwort: Heinz Amelung. 1914: 1.–10. Tsd. [Seite mit Vorspruch eingeklebt, jedoch nur in einem Teil der Auflage.] – 1916: 15. Tsd. [Ohne Vorspruch.] – 1937: 26. Tsd. [Mit Vorspruch; Nachwort verändert.] – 1941: 29. Tsd. [weitgehend kriegsvernichtet] – 6 Auflagen

– [2] –: *Über den Ursprung der Sprache.* Gelesen in der Preußischen Akademie der Wissenschaften am 9. Januar 1851. Anmerkungen und Nachwort: Mohammed Rassem. 1958 (W): 1.–5. Tsd.

121 [1] *Das Buch Judith.* Mit 3 Holzschnitten der Züricher Bibel (1536) nach Hans Holbein d.J. Nachwort: Martin Luther. 1914: 1.–10.Tsd.

– [2] *Das Buch Ruth. Das Buch Judith.* Mit 3 Holzschnitten und 2 Holzschnitt-Initialen der Züricher Bibel. 1919: 1.–5. [statt 11.–20.] Tsd. – Siehe auch IB 152,1

122 [1] *Stefan Zweig: Brennendes Geheimnis.* Erzählung. 1914: 1.–10.Tsd. – 1922: 55.Tsd. – 1928: 110.Tsd. – 1932: 170.Tsd. – 14 Auflagen

– [2] *Plutarch: Das Leben des Themistokles.* Übertragung und Einleitung: Wilhelm Capelle. Mit einer Karte. [1.–10.Tsd. unter IB 298,1.] – 1937: 11.–13.Tsd.

123 [1] *Walt Whitman: Hymnen für die Erde.* Übertragung und Nachbemerkung: Franz Blei. 1914: 1.–10.Tsd. – 1930: 25. Tsd. – 1946 (W): 35. [statt 25.] Tsd. – 1947 (L): 41.Tsd. [Seitdem Nachbemerkung des Verlags.] – 1958 (L): 51.Tsd. – 7 Auflagen

– [2] –: *Grashalme.* [Gesänge.] Eine Auswahl. Englisch und deutsch. Übertragung: Hans Reisiger. Auswahl und Nachwort: Hans Klähn. 1968 (L): 1.–10.Tsd.

124 [1] *Griechische Lyrik.* Auswahl und Anmerkungen: Karl Preisendanz. 1914: 1.–10.Tsd. – 1924: 25.Tsd. – 4 Auflagen – Seit 1936 wesentlich verändert unter IB 488,1A

– [2A] *Häusliches Leben.* [22] Schattenbilder [und 2 Schriftblätter] von Rudolf Koch. Nachwort: Ernst Kellner. 1934: 1.–30. Tsd.

– [2B] –. 23 Schattenbilder, Reihenfolge verändert. 1935: 31.–40.Tsd. – 1941: 60.Tsd. – 4 Auflagen

125 [1A] *Das Puppenspiel vom Doktor Johannes Faust.* Nachwort: Conrad Höfer. 1914: 1.–10.Tsd. – 1917: 15.Tsd. [Seitdem Titel ›Das Puppenspiel vom Doktor Faust‹.] – 1939: 36.Tsd.

– [1B] *Das Puppenspiel vom Doktor Faust.* Mit Nachwort des Verlags. 1951 (L): 37.–46.Tsd. – 8 Auflagen

126 [1] [*François de La Rochefoucauld:*] *Betrachtungen oder Moralische Sentenzen und Maximen des Herzogs von La Rochefoucauld.* Mit Auszügen aus des Verfassers Vorrede zur 1. Auflage 1665. Übertragung: Fritz Adler und Wilhelm Willige. Einleitung:

Wilhelm Weigand. 1914: 1.–10. Tsd. – 1917: 15. Tsd. – 1920: 20. Tsd. – 3 Auflagen – Seit 1938 IB 537

126 [2A] *Jacob Burckhardt: Größe, Glück und Unglück in der Weltgeschichte.* (Aus den ›Weltgeschichtlichen Betrachtungen‹.) 1930: 1.–10. Tsd. – 1932: 15. Tsd.

– [2B] –. Nachwort: Hermann von Braunbehrens. 1937: 16.–20. Tsd. – 1942: 45. Tsd. – 1948 (W): 50. Tsd. – 1954 (W): 67. Tsd. [Seitdem Fußnoten als Anmerkungen.] – 1959 (W): 75. Tsd. – 9 Auflagen

127 [1] *Gräfin A[lexandra] A[ndrejewna] Tolstoi: Erinnerungen an Leo N. Tolstoi.* Einleitung: Adolf Heß. 1914: 1.–10. Tsd. – 1920: 20. Tsd. – 3 Auflagen

– [2] *Maxim Gorki: Konowalow.* [Novelle.] Übertragung: Arthur Luther. 1930: 1.–10. Tsd. – 1949 (L): 20. Tsd. – 1951 (L): 30. Tsd. – 3 Auflagen

– [3] *Das Evangelium und die Briefe Sankt Johannis.* In der letzten Fassung der Lutherschen Übertragung. Mit einem Schriftblatt von Rudolf Koch. Nachwort: Adolf von Harnack. [1.–10. Tsd. ohne Schriftblatt unter IB 251,1.] – 1937: 11.–15. Tsd. [teilweise kriegsvernichtet] – Siehe auch IB 1139

128 [1A] *Die Abenteuer Sindbads des Seefahrers wie sie aufgezeichnet sind in dem Buche genannt Tausend und eine Nacht.* Nach der englischen Fassung von Burton übertragen von Felix Paul Greve. 1914: 1.–10. Tsd. – 1918: 30. Tsd.

– [1B] –. Aus dem arabischen Urtext übertragen von Enno Littmann. 1926: 31.–40. Tsd.

– [1C] *Die Abenteuer Sindbads des Seefahrers.* Wie [1A], erweitert um ›Die siebente Reise Sindbads des Seefahrers‹ nach der ersten Kalkuttaer Ausgabe. 1965 (L): 41.–59. Tsd. – 6 Auflagen

129 [1A] *Edgar Allan Poe: Phantastische Erzählungen.* Der Goldkäfer. Die Maske des roten Todes. Morella. Übertragung: Bruno Busse. Mit Nachwort. 1914: 1.–10. Tsd. – 1916: 25. Tsd. – 1925: 45. Tsd.

– [1B] –. [Die Maske des roten Todes. Der Goldkäfer. Die Wassergrube und das Pendel.] Mit 22 Federzeichnungen von Fritz Fischer. Übertragung: Grete Rambach. Ohne Nachwort. 1936: 46.–55. Tsd.

– [1C] –. Ohne Illustrationen. 1950 (L): 56.–65. Tsd. – 1955 (L): 75. Tsd.

– [1D] –. Mit [13] Zeichnungen von Hans Fronius. 1959 (W): 76.–85. Tsd. – [86.–100. Tsd. unter 1E.] – 1963 (F): 101.–109. Tsd.

– [1E] –: *Der Goldkäfer.* Phantastische Erzählungen. Inhalt wie [1B], vermehrt um ›Der Doppelmord in der Rue Morgue‹ und ›Im Wirbel des Malstroms‹. Mit [5] Zeichnungen von Walter Nauer. Übertragung: Grete Rambach, Carl W. Neumann. 1963 (L): 86.–100. Tsd. – [101.–109. Tsd. unter 1D.]

– [1F] –. Wie [1E], aber ohne Illustrationen. 1978 (L): 110.–129. Tsd. – 13 Auflagen

130 *Johann Joachim Winckelmann: Ausgewählte Schriften.* [Gedanken über die Nachahmung der griechischen Werke in der Malerei und Bildhauerkunst. Erinnerung über die Betrachtung der alten Kunst. Von der Grazie in Werken der Kunst. Beschreibung des Torso im Belvedere zu Rom.] Einleitung: Hermann Uhde-Bernays. 1914: 1.–10. Tsd. – 1939: 23. Tsd. – 4 Auflagen

131 [1] *Paul Verlaine: Meine Gefängnisse.* Übertragung: Johannes Schlaf. 1914: 1.–10. Tsd. – 1922: 25. Tsd. – 4 Auflagen

– [2] *Blumen vom Gipfel der Berge.* [24 farbige Tafeln.] Nach Aquarellen von Josef Weisz. Geleitwort und Erklärung der Tafeln: Max Hirmer. 1944: 1.–30. Tsd.

132 [1A] *Das Rollwagenbüchlein . . . an Tag bracht und zusammen gelesen durch Jörg Wickrammen, Stadtschreiber zu Burgheim, Anno 1555.* 54 Schwänke sowie ein Brief und ein Vorwort von Jörg Wickram. Mit Titelholzschnitt. Auswahl und Nachbemerkung: Christian Heinrich Kleukens. 1914: 1.–10. Tsd. – 1917: 20. Tsd.

– [1B] –. Um zwei Schwänke gekürzt. 1919: 21.–25. Tsd. – 1940: 40. Tsd.

– [1C] –. Neue Textfassung und um weitere 17 Schwänke gekürzt. Mit [24] Holzstichen von Gertraud Thieme. Auswahl: Grete Ebner-Eschenhaym. Nachwort: Fritz Adolf Hünich. Mit Worterklärungen. 1958 (L): 41.–55. [statt 50.] Tsd. – 1962 (L): 75. Tsd. – 9 Auflagen

133 [1] *Willy Seidel: Yali und sein weißes Weib. Vom kleinen Albert.* [Novellen.] 1914: 1.–10. Tsd. – 1917: 25. Tsd. – 3 Auflagen

– [2A] *Das Ständebuch.* 114 Holzschnitte [1 wiederholt] von Jost Amman mit Reimen von Hans Sachs. Nachwort: Richard Graul. Mit Worterklärungen und Verzeichnis der Stände. 1934: 1.–30. Tsd. – 1936: 40. Tsd. [Seitdem Bildreihenfolge verändert.] – 1938: 60. Tsd. – 1960 (L+W): 80. Tsd. [Holzschnitte wieder in ursprünglicher Reihenfolge.]

– [2B] *Jost Amman: Das Ständebuch.* 133 Holzschnitte [1 wiederholt] mit Versen von Hans Sachs und Hartmann Schopper. [Gegenüber 2A um 19 Holzschnitte der lateinischen Ausgabe erweitert.] Mit der Wiedergabe des Titelblattes der ersten Ausgabe 1568 sowie der Widmung und Vorrede des Druckers Sigmund Feyerabend. Nachwort, Anmerkungen, Wort- und Sacherklärungen: Manfred Lemmer. 1975 (L): 81.–97. Tsd. – 1975 (F): 98.–100. Tsd. – 1983 (F): 106. Tsd. [= 9. Tsd. (F) von 2B.] – 1988 (F): 108. Tsd. [9. statt 10. Auflage.] – 1989 (L): 123. Tsd. [10. statt 9. Auflage.] – 1995: 124. Tsd. [In mehreren Auflagen sind die Texte zu ›Der Nadler‹ und ›Der Hefftelmacher‹ irrtümlich vertauscht.] – 11 Auflagen

134 [1A] *[Josef Winckler:] Eiserne Sonette.* Der Nyland-Werke Erster Band. Mit Nachwort. 1914: 1.–10. Tsd.

– [1B] –. Ohne Nachwort. 1918: 11.–15. Tsd. – 2 Auflagen

– [2] *Hugo von Hofmannsthal: Alkestis.* Ein Trauerspiel nach Euripides. 1930: 1.–10. Tsd. – 1949 (W): 15. Tsd. – 1959 (W): 30. Tsd. – 4 Auflagen

135 *Charles Baudelaire: Gedichte in Prosa.* Übertragung: Camill Hoffmann. 1914: 1.–10. Tsd. – 1937: 28. Tsd. – 5 Auflagen

136 [1] *Leo N[ikolajewitsch] Tolstoi: Luzern. Albert.* [Erzählungen.] Übertragung: Alexander Eliasberg. 1914: 1.–10. Tsd. – 1917: 20. Tsd. – 2 Auflagen

– [2] –: *Der Morgen eines Gutsbesitzers.* Bruchstücke aus einem unvollendeten Roman ›Ein russischer Gutsbesitzer‹. Übertragung und Nachwort: Karl Nötzel. 1922: 1.–10. Tsd.

137 [1A] *Ernst Elias Niebergall: Datterich.* Lokalposse in sechs Bildern in der Mundart der Darmstädter. Mit gezeichnetem Doppeltitel von Emil Preetorius. Nachwort, Lauterklärungen

und Wortverzeichnis: Georg Fuchs. 1914: 1.–10. Tsd. – 1917: 20. Tsd.

– [1B] –. Nachwort, Wort- und Sacherklärungen: Ludwig Voltz. 1921: 21.–25. Tsd. – 1934: 35. Tsd. – 1958 (W): 42. Tsd. [Ohne gezeichneten Titel.]

– [1C] –. Mit 7 Lithographien und einer Zeichnung von Emil Preetorius [aus der 1913 als Druck der Ernst-Ludwig-Presse erschienenen Ausgabe – IK 1192.]. 1984 (F): 43.–45. Tsd. – 8 Auflagen

138 *Arthur Schopenhauer: Über Lesen und Bücher.* 1914: 1.–10. Tsd. – 1918: 25. Tsd. – 1938: 50. Tsd. – 8 Auflagen

139 [1A] *Annette von Droste-Hülshoff: Gedichte.* Auswahl und Nachwort: Albrecht Schaeffer. 1914: 1.–10. Tsd. – 1919: 25. Tsd. – 1937: 50. Tsd.

– [1B] –. 5 Gedichte in veränderter Fassung; Reihenfolge geändert. 1940: 51.–55. Tsd. – 1945: 65. Tsd. – 11 Auflagen

– [1C] –. [Neue] Auswahl, Nachwort und Anmerkungen: Elke Erb. 1989 (L): 1.–15. Tsd.

140 [1] *Serbische Volkslieder.* Auswahl, Einleitung und Anmerkungen: M. Ćurčin. Übertragungen: J. W. v. Goethe, Siegfried Kapper, Talvj [Therese von Jakob], Jacob Grimm. 1914: 1.–10. Tsd. – 1919: 15. Tsd. – 2 Auflagen – Seit 1939 IB 197,2

– [2] *Die Bildwerke des Bamberger Doms.* 46 Bildtafeln. Aufnahmen und Geleitwort: Karl Gröber. Mit Tafelverzeichnis. 1938: 1.–50. Tsd. – 1939: 70. Tsd. – 1945: 115. Tsd. [Restbestände 1958 (L + W), davon ca. 5 Tsd. (W) mit bearbeitetem Geleitwort.] – 5 Auflagen

141 *Charles Sealsfield* [Karl Anton Postl]: *Die Prärie am Jacinto.* [Erzählung.] Mit Nachwort. 1914: 1.–10. Tsd. – 1920: 30. Tsd. [Seitdem Nachwort gekürzt.] – 1940: 38. Tsd. – 1944: 98. Tsd. – 1959 (L): 108. Tsd. [Mit neuem Nachwort.] – 9 Auflagen

142 *E[rnst] T[heodor] A[madeus] Hoffmann: Musikalische Novellen und Aufsätze.* [Ritter Gluck. Don Juan. Ombra adorata! Beethovens Instrumentalmusik. Der Freischütz. Nachträgliche Anmerkungen über Spontinis Oper ›Olympia‹.] Auswahl, Anmerkungen und Literaturangaben: Paul Stefan. 1914: 1. bis

10. Tsd. – 1917: 25. Tsd. – 1932: 50. Tsd. [Seitdem ohne Literaturangaben; Anmerkungen gekürzt.] – 1938: 53. Tsd. – 1940: 58. Tsd. [weitgehend kriegsvernichtet] – 9 Auflagen

143 *André Gide: Die Rückkehr des verlorenen Sohnes.* [Erzählung.] Übertragung: Rainer Maria Rilke. 1914: 1.–10. Tsd. – 1930: 45. Tsd. – 1949 (W): 55. Tsd. – 1956 (W): 103. Tsd. – 1966 (F): 120. Tsd. – 15 Auflagen

144 [1] *Martin Luthers Geistliche Lieder.* Mit Luthers Vorrede zum Waltherschen Chorgesangbüchlein. Auswahl und Nachwort: Conrad Höfer. 1914: 1.–10. Tsd. – 1919: 25. Tsd. – 1983 (F): 30. Tsd. – 5 Auflagen

– [2A] *Ricarda Huch: Herbstfeuer.* Gedichte. 1944: 1.–10. Tsd. – [11.–25. Tsd. nicht IB – IK 796.]

– [2B] –. Verändert und erweitert: 9 Gedichte hinzugefügt, 2 Gedichte weggelassen. 1955 (W): 26.–35. Tsd. – 1966 (F): 41. Tsd. – 3 Auflagen

145 *Unser Lieben Frauen Wunder.* [7] Altfranzösische Marienlegenden. Übertragung und Nachbemerkung: Severin Rüttgers. 1914: 1.–10. Tsd. – 1922: 25. Tsd. [Nachbemerkung als Vorwort.] – 1940: 31. Tsd. – 6 Auflagen

146 [1] *Paul Claudel: Aus der Erkenntnis des Ostens.* Übertragung aus dem Französischen: Jakob Hegner. 1914: 1.–10. Tsd. – 1919: 15. Tsd. – 2 Auflagen

– [2] *Friedrich Nietzsche: Die Geburt der Tragödie aus dem Geiste der Musik.* Nachwort: Richard Oehler. 1940: 1.–10. Tsd. – 1943: 25. Tsd. – 3 Auflagen

147 *Karl Scheffler: Du sollst den Werktag heiligen.* Neun Essays. 1914: 1.–10. Tsd. – 1918: 30. Tsd. – 1939: 52. Tsd. – 1946 (W): 62. Tsd. – 9 Auflagen

148 [1] *Robert Browning: Pippa geht vorüber.* [Dramatische Dichtung.] Übertragung aus dem Englischen: Henry Heiseler. 1914: 1.–10. Tsd. – 1919: 15. Tsd. – 2 Auflagen

– [2] *Theodor Fontane: Schach von Wuthenow.* Erzählung aus der Zeit des Regiments Gensdarmes. 1929: 1.–10. Tsd. – 1943: 25. Tsd. – 3 Auflagen

149 *Fjodor M[ichailowitsch] Dostojewski: Der Großinquisitor.* [Erzählung.] Übertragung und Nachwort: Rudolf Kassner. 1914:

1.–10. Tsd. – 1919: 30. Tsd. – 1922: 55. Tsd. – 1926: 75. Tsd. – 1930: 100. Tsd. – 1937: 125. Tsd. – 1940: 135. Tsd. – 1946 (W): 145. Tsd. – 1958 (W): 197. Tsd. – 1966: (F): 215. Tsd. – 1988 (F): 227. Tsd. – 1991: 229. Tsd. – 1996: 235. Tsd. – 1999: 238. Tsd. – 2003: 240. Tsd. – 2008: 241. Tsd. – 34 Auflagen

150 [1A] *Albrecht Dürer: Tagebuch der Reise in die Niederlande.* Mit 8 Handzeichnungen [auf Tafeln]. Bearbeitung, Einführung und Anmerkungen: Fritz Bergemann. 1914: 1.–10. Tsd. – 1922: 30. Tsd. [Seitdem veränderte Bildfolge.] – 1933: 40. Tsd.

– [1B] –. Mit 16 [Handzeichnungen auf] Bildtafeln. Textrevision und Einführung: Richard Graul. Mit Erklärungen von Münzsorten, Personen- und Ortsnamen sowie einem Bildverzeichnis. 1936: 41.–50. Tsd. – 1939: 60. Tsd. [weitgehend kriegsvernichtet] – 9 Auflagen

151 [1A] *Hippokrates. Grundsätze seiner Schriftensammlung.* Auswahl und Einleitung: Erich Ebstein. Übertragung: Robert Fuchs. 1914: 1.–10. Tsd. – 1922: 15. Tsd. [U. d. T. *Grundsätze der Hippokratischen Schriftensammlung.*]

– [1B] –. Auswahl aus der Hippokratischen Schriftensammlung [und Einleitung] von Karl Sudhoff [und Georg Sticker]. Mit Quellenverzeichnis. 1939: 16.–20. Tsd. – 3 Auflagen

152 [1] [*Das Buch*] *Ruth.* Mit einem Holzschnitt. In der Übertragung Martin Luthers nach der Deutschen Bibel, Wittenberg 1545. Von Hand gesetzt und auf der Ernst-Ludwig-Presse Darmstadt auf dem handgeschöpften Wasserzeichenbütten der Presse in Rot und Schwarz gedruckt. 1914: 1.–10. Tsd. – Siehe auch IB 121,2

– [2A] *Theodor Storm: Der Schimmelreiter.* Novelle. Mit Worterklärungen ›für binnenländische Leser‹]. 1919: 1.–20. Tsd. – 1924: 50. Tsd. – 1934: 100. Tsd. – 1941: 150. Tsd.

– [2B] –. Unveränderter Text der kritisch-historischen Ausgabe von Albert Köster 1920/21. Mit 14 Zeichnungen von Hans Mau. 1968 (L): 151.–170. Tsd. – 13 Auflagen

153 [1A] *Deutsche Kriegslieder (1515–1914).* Auswahl: Fritz Adolf Hünich. 1914: 1.–8. Tsd.

– [1B] –. Veränderte Auswahl: 6 Lieder weggelassen, 11 hinzugefügt. 1914: 9.–20. Tsd.

153 [1C] –. Erneut verändert und gekürzt: 12 Lieder weggelassen, 4 hinzugefügt. 1916: 21.–30. Tsd. – 3 Auflagen

– [2A] *Thomas B[abington] Macaulay: Lord Clive.* Ein Essay. Übertragung aus dem Englischen: Annette Baudert. Mit einer Übersichtskarte ›Indien um 1750‹. 1925: 1.–10. Tsd.

– [2B] –. Einführung und Anmerkungen: Christfried Coler. 1953 (L): 11.–19. Tsd. – 2 Auflagen

154 [1A] *Deutsche Vaterlandslieder.* Auswahl: Fritz Adolf Hünich. 1914: 1.–8. Tsd.

– [1B] –. Veränderte Auswahl: 9 Lieder weggelassen, 8 hinzugefügt, eine Ode von R. A. Schröder gekürzt. 1916: 9.–20. Tsd.

– [1C] –. Gekürzt: 11 Lieder aus 1B weggelassen. 1922: 21.–25. Tsd. – 3 Auflagen

– [2] *Ernst Bertram: Gedichte und Sprüche.* Auswahl vom Verfasser. [Enthält 14 der 67 Gedichte aus dem restlos kriegsvernichteten, nicht erschienenen IB 154,2 Heiligtum der Not.] 1951 (W): 1.–9. Tsd.

155 [1A] *Deutsche Choräle.* Auswahl und Nachwort: Katharina Kippenberg. 1914: 1.–8. Tsd.

– [1B] –. Um 6 Choräle gekürzt. 1916: 9.–13. Tsd.

– [1C] –. Um weitere 10 Choräle gekürzt. 1922: 14.–18. Tsd. – 1947 (W): 23. Tsd. – 1953 (W): 43. Tsd. – 7 Auflagen

156 *Heinrich von Kleist: Die Hermannsschlacht.* Ein Drama. 1914: 1.–10. Tsd. – 1939: 28. Tsd. – 4 Auflagen

157 [1] *Ernst Moritz Arndt: Katechismus für den deutschen Kriegs- und Wehrmann. Die deutsche Wehrmannschaft.* 1914: 1.–10. Tsd. – 1916: 25. Tsd. – 3 Auflagen – Seit 1937 IB 71,3

– [2] *Bekannte und unbekannte Historien von … Rübezahl welche … zuwege gebracht hat M. Johannes Praetorius …* Mit 13 Holzschnitten. Auswahl und Nachwort: Fritz Bergemann. 1926: 1.–10. Tsd. – 1939: 15. Tsd. – 2 Auflagen

158 [1] *Lieder der Landsknechte.* Mit Holzschnitten von Hans Burgkmair [7] und Hans Schäufelein [1] aus dem ›Weiß Kunig‹. Auswahl, Nachwort, Wort- und Sacherklärungen: Fritz Adolf Hünich. 1915: 1.–10. Tsd. – 1922: 20. Tsd. – 3 Auflagen

– [2] *Maxim Gorki: Erinnerungen an Leo N. Tolstoi.* Übertragung aus dem Russischen: Erich Boehme. Mit Namenverzeichnis. 1928: 1.–10. Tsd.

– [3] *Das kleine Buch der Meereswunder.* ›Muscheln und Schnecken‹. Kolorierte Stiche [auf 24 Tafeln] von Franz Michael Regenfuß. Geleitwort: Friedrich Schnack. Wissenschaftliche Textbearbeitung: Prof. Dr. Wolff. 1936: 1.–17. Tsd. – 1937: 50. Tsd. [Seitdem mit Tafelverzeichnis.] – 1940: 72. Tsd. – 3 Auflagen

159 [1A] *Anekdoten von Friedrich dem Großen.* Mit 6 Holzschnitten [nach Federzeichnungen] von Adolph Menzel. Mit Friedrich Nicolais Vorrede zur 1788 bis 1792 erschienenen Sammlung. Auswahl, Nachwort und Anmerkungen: Emil Schaeffer. Mit Abbildungsverzeichnis. 1915: 1.–10. Tsd. – 1919: 30. Tsd. [Anmerkungen gekürzt.]

– [1B] –. Mit 5 Holzschnitten von Adolph Menzel. Ohne Friedrich Nicolais Vorrede. Herausgegeben von Arthur Schurig. 1922: 31.–40. Tsd. – 1935: 56. Tsd.

– [1C] –. Mit 12 Holzschnitten von Adolph Menzel. Auswahl und Einleitung: Reinhold Schneider. Mit Lebensdaten Friedrichs des Großen und Quellenhinweisen. 1936: 57.–70. Tsd. – 1938: 100. Tsd. – 1942: 180. Tsd. – 15 Auflagen

160 [1A] *[Johann Wolfgang von] Goethe: Geschichte Gottfriedens von Berlichingen mit der eisernen Hand.* Dramatisirt. (Der Urgötz.) Mit Nachwort. 1915: 1.–10. Tsd. – 1937: 25. Tsd.

– [1B] –. Mit neuem Nachwort. 1955 (L): 26.–35. Tsd. – 5 Auflagen

161 [1A] *Heinrich von Kleist: Michael Kohlhaas.* Aus einer alten Chronik. 1915: 1.–10. Tsd. – 1935: 50. Tsd. – 1940: 70. Tsd. – 1957 (L): 80. Tsd.

– [1B] –. Nachwort: Siegfried Streller. 1968 (L): 81.–95. Tsd.

– [1C] –. Mit 20 Zeichnungen von Gerhard Kurt Müller. 1977 (L): 96.–115. Tsd. – 11 Auflagen

162 [1] *Weimars Kriegsdrangsale in den Jahren 1806–1814.* Berichte der Zeitgenossen. Auswahl und Nachwort: Friedrich Schulze. 1915: 1.–10. Tsd. – 1917: 15. Tsd. – 2 Auflagen

– [2] *Christian Dietrich Grabbe: Scherz, Satire, Ironie und tiefere Bedeutung.* Ein Lustspiel in drei Aufzügen. Nachwort und Anmerkungen: Alfred Bergmann. 1925: 1.–10. Tsd.

– [3] *Marcus Aurelius: Selbstgespräche.* Auswahl, Nachwort und Anmerkungen: Karl Preisendanz. 1950 (W): 1.–11. Tsd.

163 [1] *Ernst Moritz Arndt: Gedichte.* Auswahl und Nachwort: Albrecht Schaeffer. 1915: 1.–10. Tsd. – 1924: 19. Tsd. – 3 Auflagen

– [2] *Jack London: Der Mexikaner Felipe Rivera. Der Schrei des Pferdes.* Zwei Erzählungen. Übertragung: Erwin Magnus. 1951 (L): 1.–10. Tsd. – 1954 (L): 42. Tsd. – 1960 (L): 62. Tsd. – 5 Auflagen

164 [1] *Krieg und Friede 1870.* Zwei Briefe von David Friedrich Strauß an Ernst Renan und dessen Antwort [Übertragung: D. F. Strauß.]. Mit einem Anhang ›Carlyle an die Times‹ [Übertragung: Hedwig Lachmann.]. 1915: 1.–10. Tsd. – 1919: 20. Tsd. – 3 Auflagen

– [2A] *Émile Zola: Der Sturm auf die Mühle.* Novelle. Übertragung: Li Wegner. 1925: 1.–10. Tsd. – 1949 (L): 20. Tsd. – 1951 (L): 30. Tsd.

– [2B] –. Mit 13 Zeichnungen von Joachim Kratsch. Nachwort: Eberhard Wesemann. 1973 (L): 31.–50. Tsd. – 4 Auflagen

– [3] *Chinesische Holzschnitte.* Bildwahl und Geleitwort: Emil Preetorius. 12 Abbildungen auf 23 Tafeln. 1942: 1.–50. Tsd. – 1954 (L+W): 100. Tsd. – 1958 (L+W): 150. Tsd. – 3 Auflagen – Siehe auch IB 611

165 [1A] *Friedrich Schiller: Belagerung von Antwerpen durch den Prinzen von Parma in den Jahren 1584 und 1585.* Mit Erläuterungen und einer Übersichtskarte [Flandern und Brabant.]. 1915: 1.–10. Tsd. – 1917: 15. Tsd. – 2 Auflagen

– [1B] –: *Merkwürdige Belagerung von Antwerpen in den Jahren 1584 und 1585.* Mit Titelkupfer und 4 Kupfern aus dem Jahre 1705. Nachwort: Karl-Heinz Hahn. Mit Anmerkungen und einer Übersichtskarte. 1975 (L): 1.–15. Tsd.

– [2A] *Stefan Zweig: Sternstunden der Menschheit.* Fünf historische Miniaturen. [Die Weltminute von Waterloo. Die Marienbader Elegie. Die Entdeckung Eldorados. Heroischer Augenblick. Der Kampf um den Südpol.] Mit einem Vorwort von Stefan Zweig. 1927: 1.–20. Tsd. – 1928: 100. Tsd. – 1929: 200. Tsd. – 1930: 250. Tsd. – 1931: 300. Tsd. – 1935: 320. Tsd. – 1948 (L): 335. Tsd. – 1952 (W): 403. Tsd. – [404. – 417. Tsd. unter 2B.] 1952 (W): 418.–426. Tsd. – 1952 (W): 436. Tsd. –

[437.–456. Tsd. unter 2B.] – 1953(W): 457.–476. Tsd. – 1955(W): 511. Tsd. – 1961 (F): 615. Tsd. – 1988 (F): 698. Tsd. – 1991: 702. Tsd. – 1998: 714. Tsd. – 1999: 718. Tsd. – 2001: 724. Tsd. – 2008: 732. Tsd

– [2B] –. Ohne das Vorwort von Stefan Zweig. 1952 (L): 404.–417. Tsd. – [418.–436. Tsd. unter 2A.] – 1953 (l): 437.–456. Tsd. – 51 Auflagen – Seit 2012 unter IB 1362

– [3] *Michelangelo [Buonarroti]: Sibyllen und Propheten.* 24 farbige Bilder nach den Fresken in der Sixtinischen Kapelle. Geleitwort: Bettina Seipp. Farbige Bildvorlagen: Richard Bender. 1939: 1.–29. Tsd. – 1939: 102. Tsd. – 1940: 154. Tsd. – 1941: 174. Tsd. [Die nach 1948 ausgelieferten Exemplare erhielten die IB-Nr. 616.] – 4 Auflagen

166 [1] *Reden Bismarcks nach seinem Ausscheiden aus dem Amte.* Mit Anmerkungen. 1915: 1.–10. Tsd. – 1916: 20. Tsd. – 2 Auflagen

– [2] *Bismarck-Brevier.* Auswahl und Vorwort: Wilhelm Schüßler. 1933: 1.–10. Tsd. – 1942: 35. Tsd. – 3 Auflagen

– [3] *Henry Becque: Die Raben.* Komödie in vier Akten. Mit einer Nachbemerkung des Autors. Übertragung aus dem Französischen und Nachwort: Karin Rohde. 1967 (L): 1.–10. Tsd.

167 [1A] *Wilhelm Weigand: Wendelins Heimkehr.* Eine Erzählung aus der Fremdenlegion. 1915: 1.–10. Tsd. – 1916: 20. Tsd.

– [1B] –. Um zwei Absätze (am Schluß) erweitert. 1919: 21.–25. [statt 26.] Tsd. – 3 Auflagen

– [2] *Max Mell: Das Apostelspiel.* [1.–4. Tsd. bei Ulrich Moser, Graz.] – 1926: 5.–14. Tsd. – 1937: 40. Tsd. – 1949 (W): 50. Tsd. – 1970 (F): 91. Tsd. – 10 Auflagen

168 [1] *Kaiser Wilhelm I.: Briefe aus den Kriegsjahren 1870/1871.* Mit Anmerkungen. 1915: 1.–10. Tsd. – 1918: 15. Tsd. – 2 Auflagen

– [2A] *Schubert im Freundeskreis.* Ein Lebensbild aus Briefen, Erinnerungen, Tagebuchblättern, Gedichten. Auswahl und Nachwort: Felix Braun. [1917: 1.–10. Tsd. = ›Österreichische Bibliothek‹ Nr. 26; ab 11. Tsd. geringfügig veränderte Auswahl.] – 1925: 11.–20. Tsd. – 1937: 28. Tsd.

– [2B] –. Ohne Nachwort. 1951 (L): 29.–38. Tsd.

168 [2C] –. Nachbemerkung: Fritz Adolf Hünich. 1954 (L): 39.–48. Tsd. – 5 Auflagen

169 [1] *General Karl von Clausewitz: Grundgedanken über Krieg und Kriegführung.* Auswahl und Vorwort: Arthur Schurig. 1915: 1.–10. Tsd. – 1938: 40. Tsd. – 1941: 50. Tsd. – 1943: 70. Tsd. – 8 Auflagen

– [2] *Der König und der Bettler.* [10] Indische Märchen [und Anfang und Schluß der Rahmenerzählung]. Übertragung aus dem Sanskrit und Nachwort: Friedrich von der Leyen. 1951 (W): 1.–8. Tsd. – 1953 (W): 13. Tsd. [Worterklärungen seitdem am Schluß.] – 1962 (F): 30. Tsd. – 4 Auflagen

170 [1] *Blüchers Briefe.* Auswahl und Einleitung: Wilhelm Capelle. 1915: 1.–10. Tsd. – 1918: 21. Tsd. – 3 Auflagen – Seit 1937 verändert unter IB 357,2

– [2] *Theodor Fontane: L'Adultera.* Ein Roman. 1929: 1.–10. Tsd.

– [3] *Die Tempel von Paestum.* 41 Bildtafeln. Aufnahmen, Erläuterungen und Begleittext ›Die Tempel von Paestum in ihrem Verhältnis zum Licht‹: Carl Lamb. Geleitwort: Ludwig Curtius. Mit schematischen Grundrissen und Bildverzeichnis. 1944: 1.–50. Tsd. – 1957 (L): 80. Tsd. [Seitdem Bildteil vor Textteil.] – 1962 (L): 110. Tsd. – 3 Auflagen

171 [1] *Der alte deutsche Kriegsgesang in Worten und Weisen.* Liedauswahl: Georg Witkowski. Bearbeitung der Weisen: Martin Seydel. Mit je einem Nachwort der Bearbeiter und mit Erläuterungen. 1915: 1.–10. Tsd. – 1918: 15. Tsd. – 2 Auflagen

– [2A] *Voltaire: Zadig oder Das Geschick.* Eine morgenländische Geschichte. Übertragung: Ernst Hardt. 1925: 1.–10. Tsd. – 1950 (L): 20. Tsd. – 1955 (L): 30. Tsd.

– [2B] –: *Zadig oder Das Schicksal.* Eine morgenländische Geschichte. Mit 38 [statt 40] Illustrationen [Radierungen] von Marcus Behmer. Mit Anmerkungen. 1975 (L): 31.–46. Tsd. – 4 Auflagen

172 [1] *Der Koran.* Auswahl und Nachwort: Ernst Harder. Mit Anmerkungen. 1915: 1.–10. Tsd. – 1921: 25. Tsd. – 3 Auflagen

– [2] *Ricarda Huch: Der letzte Sommer.* Eine Erzählung in Briefen. 1931: 1.–20. Tsd. – 1937: 50. Tsd. – 1942: 85. Tsd. – 1950 (W): 95. Tsd. – 1961 (F): 190. Tsd. – 1976 (F): 222. Tsd. – 1999: 226. Tsd. – 2001: 228. Tsd. – 2005: 229. Tsd. – 22 Auflagen

173 [1] *Emanuel Geibel: Heroldsrufe.* Ausgewählt und mit einer Schlußbemerkung [vom Verlag]. 1915: 1.–10. Tsd.

– [2] *Theodor Storm: Ein Fest auf Haderslevhuus.* Novelle. 1919: 1.–15. Tsd. – 1938: 40. Tsd. – 5 Auflagen

174 [1A] *Die deutschen Lande im deutschen Gedicht.* Auswahl und Quellenvermerk: Fritz Adolf Hünich. 1915: 1.–10. Tsd.

– [1B] –. Veränderte Auswahl: 14 Gedichte weggelassen, 8 Gedichte hinzugefügt. 1916: 11.–15. Tsd. – 1920: 25. Tsd. – 4 Auflagen – Siehe auch IB 553,1

– [2] *Wolfgang Goetz: Franz Hofdemel.* Eine Mozart-Novelle. 1932: 1.–10. Tsd.

– [3] *Stefan Zweig: Ausgewählte Gedichte.* [1.–20. Tsd. unter IB 422,1.] – 1950 (W): 21.–29. Tsd. – 1953 (W): 39. Tsd. – 2 Auflagen

175 [1A] *Clemens Brentano: Geschichte vom braven Kasperl und dem schönen Annerl.* Mit einigen [6] Soldatenliedern [Brentanos] als Anhang. 1915: 1.–10. Tsd. – 1920: 35. Tsd. – 1938: 46. Tsd.

– [1B] –. Mit Bildern [14 Federzeichnungen] von Hans Meid. Ohne Anhang. 1942: 47.–55. Tsd.

– [1C] –. Mit 14 veränderten Zeichnungen von Hans Meid zu den gleichen Motiven. Ohne Anhang. 1951 (W): 56.–65. Tsd. – 1956 (W): 66.–75. Tsd.

– [1D] –. Mit 12 Holzstichen von Helga Paditz. Ohne Anhang. Nachwort: Gerhard Seidel. 1974 (L): 76.–90. Tsd. [12. statt 10. Auflage.] – 12 Auflagen

176 [1A] *Ostpreußisches Sagenbuch.* Auswahl und Nachwort: Christian Krollmann. Mit Quellennachweis. 1915: 1.–10. Tsd. – 1917: 25. Tsd.

– [1B] –. Um eine Sage (Nr. 105) gekürzte Ausgabe. 1919: 26.–30. Tsd. – 1938: 45. Tsd. – 7 Auflagen

177 *Die schönsten Erzählungen aus Johann Peter Hebels Schatzkästlein des rheinländischen Hausfreundes.* Auswahl und Nachwort: Heinrich E. Kromer. 1915: 1.–10. Tsd. – 1935: 45. Tsd. – 1943: 115. Tsd. – 1950 (W): 125. Tsd. – 1954 (W): 135. Tsd. [Seitdem u. d. T. *J. P. Hebel: Die schönsten Erzählungen aus dem Schatzkästlein* ...] – 1958 (W): 145. Tsd. – 13 Auflagen

178 [1] *Regina Ullmann: Feldpredigt.* Dramatische Dichtung in einem Akt. 1915: 1.–10. Tsd.

178 [2] *Giovanni Verga: Sizilianische Geschichten.* [Nedda. Cavalleria rusticana. Jeli, der Hirte.] Übertragung aus dem Italienischen und Nachwort: Bettina Seipp. 1940: 1.–10. Tsd. – 1943: 40. Tsd. – 1951 (L): 50. Tsd. – 1952 (W): 60. Tsd. [Überarbeitetes Geleitwort.] – 1953 (L): 70. Tsd. – 6 Auflagen

179 [1] *Friedrich Schlegel: Fragmente.* Auswahl, Vorwort und Anmerkungen: Carl Enders. 1915: 1.–10. Tsd. – 1919: 15. Tsd. – 2 Auflagen

– [2] *Albrecht Schaeffer: Nachtschatten.* Vier Novellen aus kriegerischen Zeiten. [Der Hund. Zwillingsbrüder. Der höllische Sebastian. Der Major.] 1932: 1.–10. Tsd.

– [3] *Die Goldene Pforte zu Freiberg.* 48 Bildtafeln. Aufnahmen: Erich Kirsten unter Mitwirkung von Herbert Küas. Geleitwort: Herbert Küas. Mit schematischem Figurenplan und Bildverzeichnis. 1943: 1.–40. Tsd.

180 [1] *Friedrich Hölderlin: Hymnen an die Ideale der Menschheit.* Der ausgewählten Gedichte zweiter Teil. Auswahl und Anmerkung: Emil Lehmann. 1915: 1.–10. Tsd. – 1921: 20. Tsd. – 1930: 30. Tsd. – 5 Auflagen – Siehe auch IB 50

– [2] *Gerhart Hauptmann: Hanneles Himmelfahrt.* Traumdichtung in zwei Akten. 1942: 1.–40. Tsd. – 1949 (W): 50. Tsd. – 1957 (W): 92. Tsd. – 1963 (F): 112. Tsd. – 1970 (F): 123. Tsd. – 10 Auflagen

181 *Alfred Mombert: Musik der Welt.* Aus meinem Werk. Mit Quellenvermerk. 1915: 1.–10. Tsd. – 1925: 18. Tsd. – 1951 (W): 23. Tsd. – 1958 (W): 27. Tsd. – 5 Auflagen

182 [1] *Heinrich von Treitschke: Das deutsche Ordensland Preußen.* 1915: 1.–10. Tsd. – 1924: 25. Tsd. – 1938: 45. Tsd. – 6 Auflagen

– [2] *Das unergründliche Herz.* Drei Erzählungen. [Prosper Mérimée: Matteo Falcone. Maxim Gorki: Die Mutter des Verräters. Heinrich Mann: Das Herz.] Mit 3 Initialen und Kopfleiste von Horst Erich Wolter. 1952 (L): 1.–10. Tsd.

183 *Dumpfe Trommel und berauschtes Gong.* Nachdichtungen chinesischer Kriegslyrik [und Nachwort] von Klabund. 1915: 1.–10. Tsd. – 1921: 25. Tsd. – 1933: 35. Tsd. – 1952 (W): 45. Tsd. – 7 Auflagen

184 *Ludwig Tieck: Des Lebens Überfluß.* Erzählung. 1915: 1.–10. Tsd. – 1919: 20. Tsd. – 1922: 25. Tsd. – 1930: 30. Tsd. – 5 Auflagen

185 [1A] *[Jean de] Lafontaine:* [50] *Fabeln.* Mit [9] Holzschnitten von I[gnace] I[sidore] Grandville [nach der ersten französischen Ausgabe 1838/40 (statt 1842)]. Übertragung: Theodor Etzel. 1915: 1.–10. Tsd. – 1922: 25. Tsd.

– [1B] –: *Lafontaines Fabeln.* Neue Auswahl: 31 Fabeln [21 aus 1A, 10 hinzugefügt.]. Mit 31 Holzschnitten von Grandville. 1935: 26.–35. Tsd. – 5 Auflagen

186 [1A] *Der Wandsbecker Bote.* Eine Auswahl aus den Werken von Matthias Claudius. Auswahl und Nachwort: Hermann Hesse. 1915: 1.–10. Tsd. – 1917: 20. Tsd.

– [1B] –. Um 6 Gedichte erweitert. 1922: 21.–25. Tsd. – 1936: 35. Tsd.

– [1C] –. Nochmals [um 1 Brief] erweitert. 1940: 36.–40. Tsd. – 1944: 92. Tsd. – [93.–102. Tsd. nicht IB – IK 315.] – 1950 (W): 112. Tsd. – 1965 (F): 159. Tsd. – 15 Auflagen

187 *Gustav Theodor Fechner: Das Büchlein vom Leben nach dem Tode.* Geleitwort: Wilhelm Wundt. 1915: 1.–10. Tsd. – 1922: 40. Tsd. – 1934: 55. Tsd. – 1940: 60. Tsd. [weitgehend kriegsvernichtet] – 1950 (W): 70. Tsd. – 9 Auflagen – Siehe auch IB 1336

188 [1A] *Theodor Däubler: Das Sternenkind.* [Gedichte.] 1916: 1.–10. Tsd. – 1930: 26. Tsd. – 5 Auflagen

– [1B] –. Gedichte. Nachbemerkung von Hans-Jörg Görlich. 1986 (L): 1.–15. Tsd.

189 *Das Nibelungenlied.* Nacherzählt von August Friedrich Christian Vilmar. 1916: 1.–10. Tsd. – 1938: 26. Tsd. – 5 Auflagen

190 *E[rnst] T[heodor] A[madeus] Hoffmann: Das Fräulein von Scuderi.* Erzählung aus dem Zeitalter Ludwigs XIV. 1916: 1.–10. Tsd. – 1919: 25. Tsd. – 1920: 35. Tsd. – 1933: 45. Tsd. – 1939: 48. Tsd. [weitgehend kriegsvernichtet] – 1958 (L): 63. Tsd. [Nach der kritischen Ausgabe von Carl Georg v. Maassen.] – 8 Auflagen

191 [1] *Joachim Nettelbeck. Stücke aus seiner Lebensbeschreibung.* Auswahl und Vorwort: Wilhelm Capelle. 1916: 1.–10. Tsd. – 1922: 20. Tsd. – 3 Auflagen

191 [2] *Benjamin Franklin: Jugenderinnerungen.* Übertragung: Hedwig Lachmann-Landauer. Nachwort: Fritz Bergemann. [1.–15. Tsd. unter IB 223,1.] – 1952 (L): 16.–25. Tsd.

192 *Hans Christian Andersen: Bilderbuch ohne Bilder.* Übertragung aus dem Dänischen: Bernhard Jolles. 1916: 1.–10. Tsd. – 1921: 40. Tsd. – 1941: 75. Tsd. – 1955 (W): 85. Tsd. – 12 Auflagen – Siehe auch IB 1319

193 *Ricarda Huch: Das Judengrab. Aus Bimbos Seelenwanderungen.* Zwei Erzählungen. 1916: 1.–10. Tsd. – 1918: 40. Tsd. – 1932: 50. Tsd. – 1949 (W): 60. [statt 11.–20.] Tsd. – 7 Auflagen

194 [1A] [*Adelbert von Chamisso:*] *Peter Schlemihls wundersame Geschichte. Mitgeteilt von Adelbert von Chamisso.* Mit 4 Abbildungen [Radierungen] von Adolf Schrödter [1836]. 1916: 1.–10. Tsd. – 1923: 35. Tsd. – 1940: 55. Tsd.

– [1B] –. Mit 10 Zeichnungen von Walter Nauer. 1959 (L): 56.–70. Tsd. – 9 Auflagen – Siehe auch IB 1225

195 *Karl Stieler: Ein Winteridyll.* Mit dem Vorwort zur Erstausgabe von 1885. 1916: 1.–10. Tsd. – 1927: 100. Tsd. – 1942: 130. Tsd. – 1949 (W): 135. Tsd. – 1953 (W): 145. Tsd. – 15 Auflagen

196 *Joseph von Eichendorff: Die Glücksritter. Das Schloß Dürande.* [Erzählungen.] 1916: 1.–10. Tsd. – 1938: 50. Tsd. – 1943: 100. Tsd. – 8 Auflagen

197 [1] *Arthur Graf Gobineau: Gamber-Alis Geschichte.* Aus den asiatischen Novellen. Übertragung aus dem Französischen: Bernhard Jolles. 1916: 1.–10. Tsd. – 1922: 30. Tsd. – 5 Auflagen

– [2] *Serbische Volkslieder.* Einleitung und Anmerkungen: M. Ćurčin. [1.–15. Tsd. unter IB 140,1.] – 1939: 16.–17. Tsd.

198 [1A] *Johannes von Saaz: Der Ackermann und der Tod.* Ein Streit- und Trostgespräch vom Tode aus dem Jahre 1400. Mit 2 zeitgenössischen Holzschnitten auf dem Titel. Übertragung in unser Deutsch, Vorrede und Anmerkungen: Alois Bernt. 1916: 1.–10. Tsd. – 1930: 40. Tsd.

– [1B] –. Mit 5 Holzschnitten des Bamberger Drucks von 1461. 1935: 41.–60. Tsd. – 1941: 70. Tsd.

– [1C] *Johannes von Tepl: Der Ackermann und der Tod.* Ein Streitgespräch. Mit 5 Holzschnitten. Übertragung ins Neuhochdeutsche und Anmerkungen: Willy Krogmann. Nachwort:

Reinhold Schneider. 1957 (W): 71.–80. Tsd. – 1985 (F): 94. [statt 86.] Tsd. – 12 Auflagen

199 *Björnstjerne Björnson: Ein fröhlicher Bursch.* Eine Erzählung. Übertragung aus dem Norwegischen: Mathilde Mann. 1916: 1.–20. Tsd. – 1918: 40. Tsd. – 1922: 55. Tsd. 1929: 70. Tsd. – 1944: 100. Tsd. – 12 Auflagen

200 *Leopold von Ranke: Die großen Mächte.* Neu herausgegeben von Friedrich Meinecke. Einführung: Friedrich Meinecke. 1916: 1.–10. Tsd. – 1923: 30. Tsd. – 1941: 45. Tsd. – 7 Auflagen

201 [1A] *Li-tai-pe.* Nachdichtungen [und Nachwort] von Klabund. 1916: 1.–10. Tsd. – 1929: 50. Tsd. – 1938: 70. Tsd. – 1951 (L): 80. Tsd. [Nachwort geringfügig gekürzt.] – 1959 (W): 97. Tsd.

– [1B] –. Mit [27] Zeichnungen und [4] Aquarellen von Hann Trier. Vorwort: Hann Trier. 1986 (F): 98.–101. Tsd. – 12 Aufl.

202 [1A] *Ferruccio Busoni: Entwurf einer neuen Ästhetik der Tonkunst.* ›Zweite erweiterte Ausgabe‹. Mit Widmung an R. M. Rilke. 1916: 1.–10. Tsd. – 1928: 30. Tsd. [Ohne Hinweis auf die ›zweite ... Ausgabe‹.] – 1941: 33. Tsd.

– [1B] –. Mit Nachworten von Ferruccio Busoni und Hans Heinz Stuckenschmidt. Mit Anmerkungen. 1954 (W): 34.–43. Tsd. – 6 Auflagen

203 [1A] *Gilgamesch.* Eine Erzählung aus dem alten Orient. Zu einem Ganzen gestaltet von Georg E. Burckhardt. Nachwort: Georg E. Burckhardt. 1916: 1.–10. Tsd. – 1936: 55. Tsd. – 1949 (W): 60. [statt 65.] Tsd. [Revidierte Fassung mit erweitertem Nachwort.] – [95.–114. Tsd. unter 1B.] – 1963 (F): 115.–125. Tsd. [Untertitel ›Eine Dichtung aus dem alten Orient‹.]

– [1B] *Das Gilgamesch-Epos.* Eine Dichtung aus dem alten Orient. Zu einem Ganzen gestaltet von Georg E. Burckhardt. Mit [12] Holzschnitten von Hans-Joachim Walch. Nachwort: Georg E. Burckhardt. 1958 (L): 95.–114. Tsd. – [115.–125. Tsd. unter 1A.] – 1964 (L): 126.–135. Tsd. – 16 Auflagen

204 [1] *Jizchok Lejb Perez:* [9] *Jüdische Geschichten.* Übertragung aus dem Jiddischen: Alexander Eliasberg. 1916: 1.–10. Tsd. – 1923: 35. Tsd. – 5 Auflagen

204 [2] *Karl Heinrich Waggerl: Du und Angela.* [Einundzwanzig Tage. Ein Mann namens Adam. Landstreicher. Martha.] Fünf Erzählungen. 1933: 1.–10. Tsd. – 1945: 60. Tsd. – 1950 (W): 70. Tsd. – 1986 (F): 130. Tsd. – 15 Auflagen

205 [1] *Émile Zola: Gustave Flaubert.* Übertragung: Leo Berg. Mit Schlußbemerkung [des Verlags]. 1916: 1.–5. Tsd. – 1919: 25. Tsd. – 4 Auflagen

– [2] *Felix Timmermans und Anton Thiry: Die Elfenbeinflöte.* [›Ecce Homo‹ und die ängstliche Pförtnerin. Der Springbrunnen im Pfarrgarten.] Seltsame Geschichten aus dem Beginenhof. Mit 1 Zeichnung und 3 gezeichneten Initialen von Felix Timmermans. Übertragung aus dem Flämischen und Nachwort: Peter Mertens. 1933: 1.–20. Tsd. – 1941: 45. Tsd. – 4 Auflagen

206 [1A] *Jan van Ruisbroeck: Das Buch von den zwölf Beghinen.* Übertragung aus dem Flämischen und Nachwort: Friedrich Markus Huebner. 1916: 1.–10. Tsd.

– [1B]. – Teils erheblich veränderte Neuübersetzung von Friedrich Markus Huebner. 1920: 15. Tsd. – 2 Auflagen

– [2] *Theodor Fontane: Unterm Birnbaum.* Eine Novelle. 1929: 1.–10. Tsd. – 1943: 25. Tsd. – 3 Auflagen

207 [1] *Schwester Hadewich: Visionen.* Übertragung aus dem Flämischen und Nachwort: Friedrich Markus Huebner. 1916: 1.–10. Tsd.

– [2A] *Adalbert Stifters Briefe.* [1917: 1.–10. Tsd. = ÖB Nr. 22. Restbestände 1922 in IB-Ausstattung.]

– [2B] –. Um 11 Briefe und einige Briefstellen gekürzt. 1925: 11.–20. Tsd. – 1940: 25. Tsd. – 1946 (W): 35. Tsd. – 4 Auflagen

208 *Lanzelot und Sanderein.* Mit einem Holzschnitt aus einer Ausgabe von 1495. Übertragung aus dem Flämischen und Nachwort: Friedrich Markus Huebner. 1916: 1.–10. Tsd. [Ein Teil der Auflage mit um 2 Seiten gekürztem Nachwort.] – 1922: 20. Tsd. – 3 Auflagen

209 [1] *Alte flämische Lieder.* Im Urtext mit den Singweisen. Auswahl und Nachwort: Johannes Bolte. Mit Wörterverzeichnis. 1916: 1.–10. Tsd. – 1919: 20. Tsd. – 2 Auflagen – Seit 1941 IB 290,2

– [2] *Isolde Kurz: Solleone.* Eine Geschichte von Liebe und Tod. 1933: 1.–10. Tsd. – 1944: 40. Tsd. – 4 Auflagen

210 [1] *Hendrik Conscience: Der Rekrut.* [Erzählung.] Übertragung aus dem Flämischen: Herbert Alberti. 1916: 1.–10. Tsd. – 1925: 25. Tsd. – 3 Auflagen

– [2] *Gertrud von le Fort: Das Gericht des Meeres.* Erzählung. 1943: 1.–20. Tsd. [fast vollständig kriegsvernichtet] – 1947 (W): 30. Tsd. – 1952 (W): 125. Tsd. – 1955 (W): 159. Tsd. – 1958 (W): 214. Tsd. – 1983 (F): 300. Tsd. – 1986 (F): 302. Tsd. – 1992: 303. Tsd. – 1999: 305. Tsd. – 23 Auflagen

211 [1] *Anton Bergmann: Das Ziegelhaus.* [Aus ›Advokat Ernst Staas‹.] Übertragung aus dem Flämischen und Nachwort: Anton Kippenberg. 1916: 1.–10. Tsd. – 1919: 15. Tsd. – 2 Aufl.

– [2] *Theodor Storm: Zur Chronik von Grieshuus.* Novelle. 1928: 1.–10. Tsd. – 1938: 15. Tsd. – 1941: 20. Tsd. [weitgehend kriegsvernichtet] – 3 Auflagen

212 *Charles de Coster: Herr Halewijn.* Eine flämische Märe. Übertragung aus dem Französischen und Nachwort: Albert Wesselski. 1916: 1.–10. Tsd. – 1941: 28. Tsd. – 4 Auflagen

213 [1] *Guido Gezelle: Gedichte.* Übertragung aus dem Flämischen und Nachwort: Rudolf Alexander Schröder. 1916: 1.–10. Tsd. – 1918: 15. Tsd. – 2 Auflagen

– [2] *Das kleine Schmetterlingsbuch.* Die Tagfalter. [24] Kolorierte Stiche von Jakob Hübner [um 1800]. Geleitwort: Friedrich Schnack. Mit Tafelverzeichnis. 1934: 1.–27. Tsd. – 1937: 152. Tsd. – 1940: 203. Tsd. [Seitdem Geleitwort vor Tafelverzeichnis.] 1956 (L+W): 253. Tsd. – 1986 (F): 262. Tsd. – 1991: 264. Tsd. – 1995: 268. Tsd. – 11 Auflagen

214 [1A] *Stijn Streuvels: Die Ernte.* Eine Erzählung. Übertragung aus dem Flämischen: Rudolf Alexander Schröder. 1916: 1.–10. Tsd. – 1919: 20. Tsd.

– [1B] –. Übertragung aus dem Flämischen: Peter Mertens. 1940: 21.–25. Tsd. – 1941: 40. Tsd. – 1950 (L): 45. Tsd. – 5 Auflagen

215 [1] *Stijn Streuvels: Der Arbeiter.* Eine Erzählung. Übertragung aus dem Flämischen: Anton Kippenberg. 1916: 1.–10. Tsd. – 1917: 20. Tsd. – 2 Auflagen – Seit 1935 IB 468

215 [2] *François Mauriac: Der Aussätzige und die Heilige.* Roman. Übertragung aus dem Französischen: Iwan Goll. 1928: 1.–10. Tsd.

216 [1] *Georges Eekhoud: Burch Mitsu.* Eine Erzählung. Übertragung aus dem Französischen und Nachwort: Jean Paul von Ardeschah [d.i. J.P. Kaczkowski]. 1916: 1.–10.Tsd.

– [2A] –: *Kees Doorik.* Ein flämischer Sittenroman. Übertragung aus dem Französischen und Einleitung: Tony Kellen. 1919: 1.–10.Tsd.

– [2B] –. Mit [6] Zeichnungen von Ulrike Triebel. Übertragung aus dem Französischen: Tony Kellen. Nachwort: Heide Riedel. 1981 (L): 11.–25.Tsd. – 2 Auflagen

– [3] *Das Perlenhemd.* Eine chinesische Liebesgeschichte. Übertragung aus dem Chinesischen: Franz Kuhn. Mit einem Holzschnitt als Frontispiz und mit Anmerkungen. 1928: 1.–10. Tsd. – 1940: 20.Tsd. – 1948 (L): 30.Tsd. – 1957 (W): 75.Tsd. – 1962 (L): 108.Tsd. – 10 Auflagen

217 [1] *Herman Teirlinck: Johann Doxa.* Szenen aus dem Leben eines Brabanter Gotikers. Übertragung aus dem Flämischen: Rudolf Alexander Schröder. 1916: 1.–10.Tsd. – 1918: 20. Tsd. – 2 Auflagen

– [2] *Conrad Ferdinand Meyer: Das Amulett.* Novelle. 1929: 1.–10.Tsd. – 1941: 25.Tsd. – 4 Auflagen

218 [1] *Ernst Hardt: Ninon von Lenclos.* Drama in einem Akt. 1917: 1.–10.Tsd. – 1930: 25.Tsd. – 3 Auflagen

– [2] *[Jean Baptiste] Molière: Der Menschenfeind.* Komödie in fünf Akten. Mit Vorbemerkung »Goethe über den ›Menschenfeind‹«. Übertragung: Arthur Luther. 1949 (W): 1.–5.Tsd.

219 [1] *Eine wunderbarliche und kurzweilige Historie, wie Schiltberger Einer aus der Stadt München in Bayern, von den Türken gefangen, in die Heidenschaft geführet und wieder ist heim kommen.* Item, was sich für Kriege und wunderbarliche Taten, dieweil er in der Heidenschaft gewesen, zugetragen, ganz kurzweilig zu lesen. Mit 13 Holzschnitten und Holzschnitt-Initiale des Erstdrucks [um 1475]. Übertragung, Auswahl, Nachwort und Anmerkungen: Gertrud Siemes. 1917: 1.–10.Tsd. – 1919: 20.Tsd. – 2 Auflagen

Rainer Maria Rilke
Die Weise
von Liebe und Tod
des Cornets Christoph Rilke
Insel-Bücherei Nr. 1

Rainer Maria Rilke
Die Weise
von Liebe und Tod
des Cornets
Christoph Rilke
Insel-Bücherei Nr. 1350

Matthias Claudius
Der Wandsbecker Bote
Herausgegeben von
Hermann Hesse
Insel-Bücherei Nr. 186

Gedichte
von
Friedrich Hölderlin
Insel-Bücherei Nr. 50

Die Bildwerke
des Naumburger Doms
Geleitwort von Johannes Jahn
Insel-Bücherei Nr. 505

DIE MINNESINGER
IN BILDERN
DER MANESSISCHEN
HANDSCHRIFT
Insel-Bücherei Nr. 450

Das kleine Pilzbuch
In vielen Farben
Insel-Bücherei Nr. 503

WILHELM BUSCH
HANS HUCKEBEIN
Handschrift mit kolorierten
Federzeichnungen
Insel-Bücherei Nr. 661

Künstlerische Schachfiguren
aus zehn Jahrhunderten
45 Bildtafeln
Insel-Bücherei Nr. 752

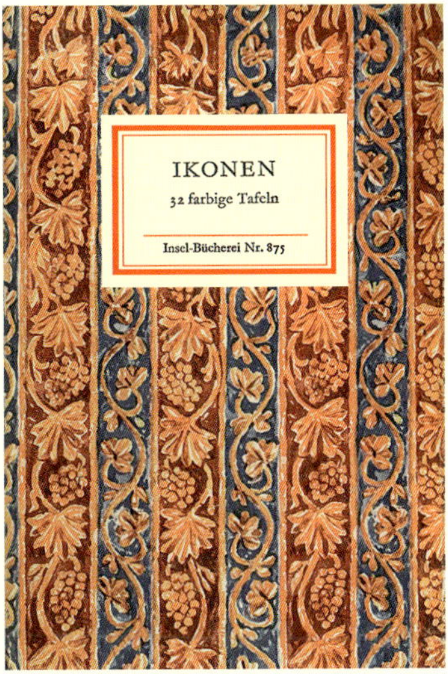
IKONEN
32 farbige Tafeln
Insel-Bücherei Nr. 875

Karl Kraus
Die chinesische Mauer
Mit Illustrationen von
Oskar Kokoschka
Insel-Bücherei Nr. 1199

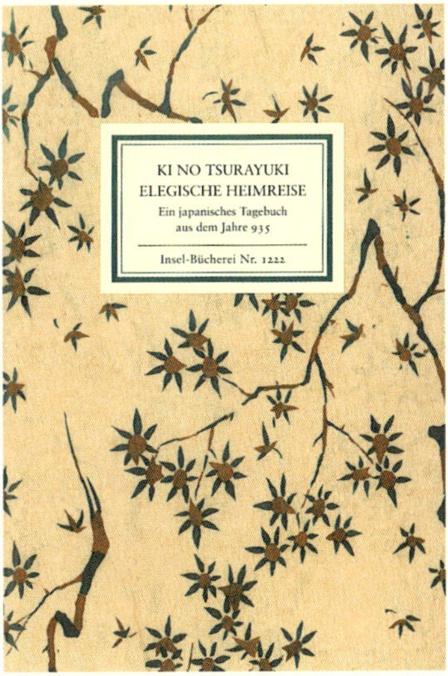
KI NO TSURAYUKI
ELEGISCHE HEIMREISE
Ein japanisches Tagebuch
aus dem Jahre 935
Insel-Bücherei Nr. 1222

Rainer Maria Rilke
Gedichte an die Nacht
Herausgegeben
von Klaus E. Bohnenkamp
Insel-Bücherei Nr. 1261

HAFIS
LIEBESGEDICHTE
Insel-Bücherei Nr. 1009

Johann Wolfgang Goethe
Alle Freuden,
die unendlichen
Liebesgedichte
und Interpretationen
Insel-Bücherei Nr. 1028

NEUE TOTENTÄNZE
Holzstiche von Karl-Georg Hirsch
Mit Gedichten von
Volker Braun und anderen
Insel-Bücherei Nr. 1233

Miguel de Cervantes
Geschichte
des Zigeunermädchens
Insel-Bücherei Nr. 2

Kinderlieder
AUS DES KNABEN
WUNDERHORN
Insel-Bücherei Nr. 60

Renate
Von
Theodor Storm
Insel-Bücherei Nr. 102

Die Sanfte
Von
F. M. Dostojewski
Insel-Bücherei Nr. 116

Das kleine Buch
der Vögel und Nester
Farbige Bilder von
Fritz Kredel
Insel-Bücherei Nr. 100

Brüder Grimm
Hans im Glück
In vielen Farben
Insel-Bücherei Nr. 530

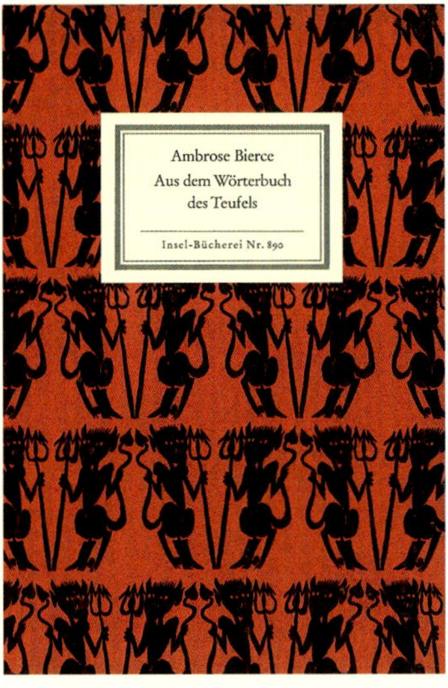
Ambrose Bierce
Aus dem Wörterbuch
des Teufels
Insel-Bücherei Nr. 890

Maria Sibylla Merian
Das kleine Buch
der Tropenwunder
24 farbige Tafeln
Insel-Bücherei Nr. 351

Federico García Lorca
BLUTHOCHZEIT
Deutsch von Enrique Beck
Insel-Bücherei Nr. 562

Eduard Mörike
Laßt dies Herz alleine haben
seine Wonne, seine Pein
Gedichte ausgewählt
von Peter Härtling
Insel-Bücherei Nr. 1256

Jannis Ritsos
Die Rückkehr der Iphigenie
Monologe
Mit Steinzeichnungen des Autors
Insel-Bücherei Nr. 1218

Wasser ist Leben
Mit Bildern von
Friedrich Hechelmann
Insel-Bücherei Nr. 1173

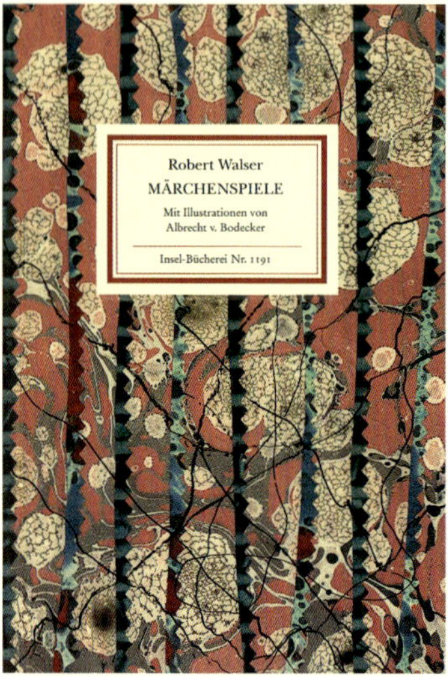
Robert Walser
MÄRCHENSPIELE
Mit Illustrationen von
Albrecht v. Bodecker
Insel-Bücherei Nr. 1191

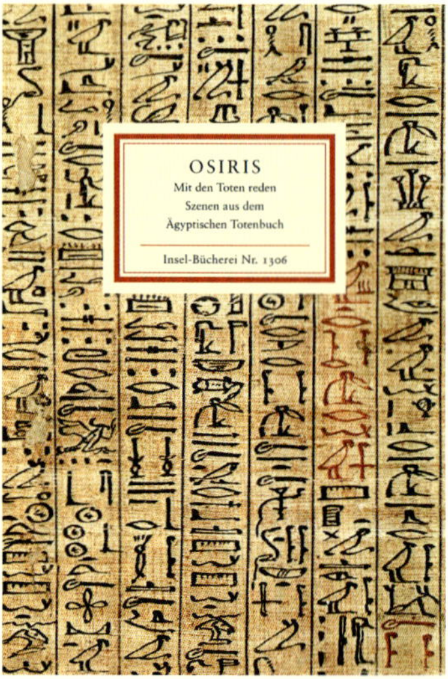
OSIRIS
Mit den Toten reden
Szenen aus dem
Ägyptischen Totenbuch
Insel-Bücherei Nr. 1306

Heinrich Hoffmann
Dukatenbilder
Insel-Bücherei Nr. 1314

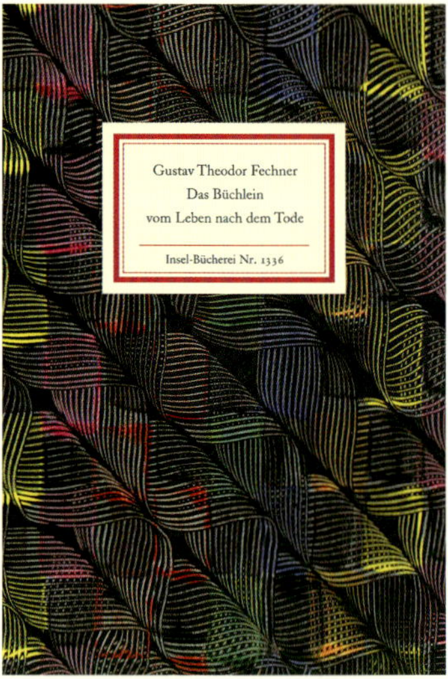
Gustav Theodor Fechner
Das Büchlein
vom Leben nach dem Tode
Insel-Bücherei Nr. 1336

– [2] *Bilder-Rätsel in* [50] *Holz-Stichen von Karl Rössing.* 1935: 1.–10. Tsd.

– [3A] *Benno Papentrigk's* [d. i. Anton Kippenberg] *Schüttelreime wie er sie seiner Freundschaft auf den Ostertisch zu legen pflegte.* [1.–20. Tsd. nicht IB – IK 914, 914 A.] – 1942: 21.–40. Tsd. – 1943: 50. Tsd. [teilweise kriegsvernichtet]

– [3B] – Ein Reim hinzugefügt. 1943: 51.–60. Tsd. – 1944: 130. Tsd. – [131.–135. Tsd. nicht IB – IK 914 B.]

– [3C] – Zwei Reime weggelassen, ein Reim hinzugefügt. 1949 (W): 136.–145. [statt 95.] Tsd. – 1956 (W): 152. Tsd. – 7 Auflagen

220 [1A] *Oscar Wilde: Die Ballade vom Zuchthaus zu Reading.* Übertragung: Albrecht Schaeffer. 1917: 1.–10. Tsd. – 1936: 50. Tsd. – 1950 (W): 60. Tsd. – 9 Auflagen

– [1B] –. Englisch und deutsch. Übertragung: Elfriede Mund. Nachwort: Klaus Udo Szudra. 1970 (L): 1.–20. Tsd.

221 [1A] *Hans Holbein [d. J.]: Bilder des Todes.* 41 Holzschnitte. Geleitwort: Emil Waldmann. 1917: 1.–10. Tsd. – 1934: 35. [statt 25.] Tsd. [Seitdem 1 Holzschnitt auf dem Titel wiederholt.] – 1938: 40. Tsd. [Seitdem Bildreihenfolge geändert.] – 1939: 50. Tsd. – 1950 (L): 60. Tsd. – [74.–88. Tsd. unter 1B.] – 1965 (F): 89.–93. Tsd.

– [1B] –. 41 Holzschnitte [1 Holzschnitt auf dem Titel wiederholt.] Geleitwort: Kurt Liebmann. 1964 (L): 74.–88. Tsd. – [89.–93. Tsd. unter 1A.] – 1977 (L): 94.–113. Tsd. [11. statt 10. Auflage.] – 1989 (L): 128. Tsd. [12. statt 11. Auflage.] – 12 Auflagen

222 *Die vierundzwanzig Sonette der Louïze Labé.* Lyoneserin. 1555. [Deutsch und französisch.] Übertragung: Rainer Maria Rilke. 1917: 1.–10. Tsd. – 1942: 35. Tsd. – 1948 (W): 40. Tsd. – 1963 (F): 68. Tsd. – 10 Auflagen

223 [1A] *Benjamin Franklin: Die Jugenderinnerungen.* Übertragung: Hedwig Lachmann-Landauer. 1917: 1.–10. Tsd.

– [1B] –. Mit Nachwort von Fritz Bergemann. 1919: 11.–15. Tsd. – 2 Auflagen – Seit 1952 IB 191,2

– [2] *D[on] Pedro A[ntonio] de Alarcón: Der Dreispitz.* Eine spanische Novelle. Übertragung: Helene Weyl. 1928: 1.–10. Tsd. –

1940: 20.Tsd. [Seitdem Schlußbemerkung zum Autor.] 1943: 40.Tsd. – 1950 (L): 60.Tsd. – 1963 (F): 110.Tsd. [Restbestände 1971 (L).] – 10 Auflagen

224 [1A] *Joseph von Eichendorff: Aus dem Leben eines Taugenichts.* Novelle. Mit gezeichnetem Doppeltitel von Emil Preetorius. 1917: 1.–10.Tsd. – 1929: 55.Tsd. – 1944: 115.Tsd. – 1952 (W): 125.Tsd. [Seitdem ohne Doppeltitel.] – 1960 (W): 155. Tsd.

– [1B] –. Ohne Doppeltitel. Mit Nachwort. [1920: 1.–10. Tsd. = ›Pandora‹ Nr. 8. Restbestand 1924 in IB-Ausstattung.]

– [1C] –. Mit Doppeltitel. Nachwort: Jürgen Jahn. 1973 (L): 156.–170.Tsd. [18. statt 13. Auflage.] – 18 Auflagen

225 [*Leopold von Ranke:*] *Deutsche Männer.* [10] *Charakterbilder aus den Werken von Leopold von Ranke.* Auswahl und Einleitung: Kurt Jagow. 1917: 1.–10.Tsd. – 1930: 25.Tsd. – 1941: 40. Tsd. – 7 Auflagen – Siehe auch IB 237 und 238

226 [1] *Johann Gottlieb Fichte: Der geschloßne Handelsstaat.* Ein philosophischer Entwurf als Probe einer künftig zu liefernden Politik. Neue, um unwesentliche Stücke gekürzte Ausgabe. Auswahl und Nachwort: Reinhard Buchwald. 1917: 1.–10. Tsd. – 1920: 15.Tsd. – 2 Auflagen

– [2] *Das kleine Buch der Nachtfalter.* Kolorierte Stiche [auf 24 Tafeln] von Jakob Hübner. Geleitwort: Friedrich Schnack. Mit Tafelverzeichnis. 1936: 1.–30.Tsd. – 1941: 73.Tsd. [Restbestände 1954 (L).] – 1985 (F): 79.Tsd. – 4 Auflagen – Siehe auch IB 213,2

227 [1A] *Luther im Kreise der Seinen.* Familienbriefe und Fabeln. Auswahl und Nachwort: Otto Clemen. 1917: 1.–10.Tsd. – 1918: 15.Tsd.

– [1B] –. [Familien-] Briefe, Gedichte, Fabeln, Sprichwörter und Tischreden. Erweiterte Auswahl und Nachwort: Otto Clemen. 1933: 16.–20.Tsd. – 1937: 25.Tsd. – 1983 (F): 30. Tsd. – 6 Auflagen

228 [1] *Immanuel Kant: Zum ewigen Frieden.* Ein philosophischer Entwurf. [Ferner: Idee zu einer allgemeinen Geschichte in weltbürgerlicher Absicht. Aus der Abhandlung ›Über den Gemeinspruch: Das mag in der Theorie richtig sein, taugt

aber nicht für die Praxis‹. Aus den ›Metaphysischen Anfangsgründen der Rechtslehre‹.] Auswahl und Einleitung: Franz Kobler. 1917: 1.–10. Tsd. – 1924: 25. Tsd. – 3 Auflagen

– [2] –: *Von der Würde des Menschen.* Auswahl und Einführung: Hans Thomae. Mit Quellenverzeichnis. 1941: 1.–10. Tsd. – 1944: 20. Tsd. – 1948 (L): 25. Tsd. – 3 Auflagen

229 [1] *Richard Dehmel: Kriegs-Brevier.* [Gedichte.] 1917: 1.–10. Tsd. – 1919: 15. Tsd. – 2 Auflagen

– [2] *Albrecht Schaeffer: Der Reiter mit dem Mandelbaum.* [Legende.] 1925: 1.–10. Tsd. – 1935: 13. Tsd. – 2 Auflagen

– [3] *Alexej S[ilytsch] Nowikow-Priboi / Alexander I[wanowitsch] Kuprin: Aufopferung.* Zwei Erzählungen. [Nowikow-Priboi: Im Teufelsmoor. Kuprin: Im Schoß der Erde.] Übertragung aus dem Russischen: Horst Wolf. 1951 (L): 1.–10. Tsd.

230 *Eduard Mörike: Mozart auf der Reise nach Prag.* Eine Novelle. 1918: 1.–10. Tsd. – 1926: 55. Tsd. – 1939: 100. Tsd. – 1944: 160. Tsd. – 1946 (W): 165. Tsd. – 1955 (L): 195. Tsd. – 1975 (F): 250. Tsd. – 24 Auflagen

231 [1A] *Buch der göttlichen Tröstung von Meister Eckhart dem Mystiker.* Übertragung aus dem Mittelhochdeutschen und Vorwort: Alois Bernt. 1918: 1.–10. Tsd. – 1934: 24. Tsd. – 1940: 29. Tsd. [weitgehend kriegsvernichtet] – Siehe auch IB 280, 490

– [1B] *Meister Eckhart: Das Buch der göttlichen Tröstung und Vom edlen Menschen.* Übertragung ins Neuhochdeutsche und Nachwort: Josef Quint. 1961 (F): 30.–39. Tsd. – 6 Auflagen

232 *Friedrichs des Großen Tagewerk.* Auf Befehl Kaiser Pauls I. aufgezeichnet vom Baron v. Diebitsch. Textrevision und Nachwort: Friedrich M. Kircheisen. 1918: 1.–10. Tsd. – 1938: 20. Tsd. – 3 Auflagen

233 [1A] *Leo N[ikolajewitsch] Tolstoi: Macht der Finsternis.* Drama in fünf Akten. Übertragung: Pawel Barchan. 1918: 1.–10. Tsd. – 1924: 25. Tsd.

– [1B] –. Ohne die Variante des 4. Aktes, Szenen 13–16. 1929: 26.–30. Tsd. – 4 Auflagen

234 [1A] *R[obert] L[ouis] Stevenson: Quartier für die Nacht. Will von der Mühle.* Zwei Erzählungen. Übertragung: Irma und Albrecht Schaeffer. 1918: 1.–10. Tsd.

234 [1B] –. Mit Nachwort von Albrecht Schaeffer. 1925: 11.–15. Tsd. – 1951 (L): 25. Tsd. – 1954 (L): 35. Tsd.

– [1C] –: *Villon.* [= Neuer Titel von ›Quartier für die Nacht‹.] Erzählung. Mit [12] Holzschnitten [davon 5 doppelseitig] von Werner Klemke. Nachwort: Georg Seehase. 1965 (L): 36.–50. Tsd. – 5 Auflagen

235 [1A] *Nikolaus Lenau: Lyrische Gedichte.* Auswahl und Nachbemerkung: Albrecht Schaeffer. 1918: 1.–10. Tsd.

– [1B] –. Um ›Der Postillon‹ erweitert. 1921: 11.–15. Tsd. – 1934: 23. Tsd.

– [1C] –. Veränderte Auswahl: 4 Gedichte hinzugefügt, 1 Gedicht weggelassen. 1940 (?): 24.–28. Tsd. [weitgehend kriegsvernichtet] – 5 Auflagen

– [1D] –: *Dichtung und Selbstbildnis.* [Gedichte, Sprüche, Aufzeichnungen, Briefe und Gespräche.] Auswahl: Ernst Bertram. 1951 (W): 1.–10. Tsd.

236 [1] *Die Gesichte der Schwester Mechtild von Magdeburg.* Aus dem ›Fließenden Licht der Gottheit‹. Auswahl und Geleitwort: Heinrich Adolf Grimm. 1918: 1.–10. Tsd. – Seit 1937 IB 404,2

– [2] *Wer will unter die Soldaten.* Deutsche Soldatenlieder mit [42] farbigen Bildern von Fritz Kredel. 1934: 1.–50. Tsd. – 1934: 100. Tsd. – 1935: 125. Tsd. [Beiliegend Geleitwort ›Meine Soldaten‹ von Fritz Kredel, z. T. bereits im 100. Tsd.] – 3 Aufl.

237 [*Leopold von Ranke:*] *Männer der Weltgeschichte. Charakterbilder aus Leopold von Rankes Werken. Erster Teil.* [Mohammed. Otto der Große. Kaiser Heinrich IV. Kaiser Friedrich II. Wallenstein. Königin Elisabeth von England. Oliver Cromwell.] Auswahl und Einleitung: Kurt Jagow. 1918: 1.–10. Tsd. – 1937: 24. Tsd. – 1940: 29. Tsd. [weitgehend kriegsvernichtet] – 5 Auflagen – Siehe auch IB 225 und 238

238 [*Leopold von Ranke:*] *Männer der Weltgeschichte. Charakterbilder aus Leopold von Rankes Werken. Zweiter Teil.* [Karl V. Philipp II. Philipp III. Ignatius Loyola. Richelieu. Mazarin.] Auswahl: Kurt Jagow. 1918: 1.–10. Tsd. – 1937: 23. Tsd. – 4 Auflagen – Siehe auch IB 225 und 237

239 [1] *Rudolf Alexander Schröder: Elysium.* [Gedichte.] 1918: 1.–10. Tsd.

– [2] *Aus Minnesangs Frühling.* Auswahl und Erläuterungen: Carl von Kraus. [1.–10. Tsd. nicht IB – IK 54.] – 1950 (W): 11.–18. Tsd. – 1951 (L): 27. Tsd. – 1954 (L): 38. Tsd. – 1957 (W): 45. Tsd. – [Die Leipziger Auflagen u. d. T. *Minnesangs Frühling.*] – 5 Auflagen

240 [1A] *Gedanken Machiavellis.* Auswahl, Übertragung, Einleitung und Anmerkung: Emil Schaeffer. 1918: 1.–10. Tsd. – 1934: 17. Tsd.

– [1B] *Niccolo Machiavelli: Mensch und Staat.* Übertragung: Johannes Ziegler. Auswahl, Nachwort und Quellennachweise: Matthías Jónasson. 1940: 18.–27. Tsd. – 1944: 42. Tsd. – 6 Auflagen

241 [1A] *Beethovens persönliche Aufzeichnungen.* Auswahl, Vorwort und Anmerkungen: Albert Leitzmann. 1918: 1.–10. Tsd. – 1925: 25. Tsd.

– [1B] *Beethovens Briefe und persönliche Aufzeichnungen.* Veränderte und erweiterte Auswahl, Vorwort und Anmerkungen: Albert Leitzmann. 1932: 26.–30. Tsd. – 1936: 45. Tsd. – 1942: 75. Tsd.

– [1C] –. Ohne Vorwort und ohne den Brief an Friedrich Wilhelm III. von Preußen. Auswahl und Anmerkungen: Albert Leitzmann. Nachwort: Otto Goldhammer. 1952 (L): 76.–95. Tsd. – 1956 (L): 105. Tsd. – 11 Auflagen – Siehe auch IB 1134

242 *Theodor Storm: Gedichte.* Auswahl und Einleitung: Albert Köster. 1919: 1.–15. Tsd. – 1920: 50. Tsd. – 1937: 60. Tsd. [Einleitung als Nachwort.] – 4 Auflagen

243 [1] *Mariechen von Nymwegen.* [Ein altflämisches Mirakelspiel.] Übertragung aus dem Flämischen und Nachwort: Friedrich Markus Huebner. 1919: 1.–10. Tsd.

– [2A] *Gottfried Keller: Die mißbrauchten Liebesbriefe.* Novelle. 1928: 1.–10. Tsd. – 1940: 15. Tsd. – 1960 (L): 25. Tsd.

– [2B] –. Mit [37] Illustrationen von Ruth Knorr. 1965 (L): 26.–35. Tsd. – 1972 (L): 55. Tsd. – 5 Auflagen

244 [1] *Reden aus der ersten deutschen Nationalversammlung in der Paulskirche zu Frankfurt 1848/49.* Auswahl, Vorwort und Anhang ›Zur Charakterisierung der Redner‹: Hermann Strunk. Mit Literaturverzeichnis. 1919: 1.–10. Tsd.

244 [2] *Zelter auf Reisen*. Briefe Friedrich Zelters an Goethe. Auswahl und Nachwort: Katharina Kippenberg. 1925: 1.–10. Tsd.

245 [1] *Romeo und Julia. Der Kaufmann von Venedig*. Zwei altitalienische Novellen [von Luigi da Porto (1524) und Giovanni Fiorentino (1378)]. Mit der Widmung und Vorrede da Portos. Übertragung und je eine Einleitung: Walter Keller. Mit Anhang »Urfassung von ›Romeo und Julia‹ nach Masuccios ›Novellino‹«. 1919: 1.–10. Tsd. – 1922: 15. Tsd. – 2 Auflagen

– [2] *Ludwig Christoph Heinrich Hölty: Gedichte*. Mit Titelvignette. Auswahl und Nachwort: Walter Lampe. [1.–10. Tsd. unter IB 334,1 – ab 11. Tsd. veränderte Auswahl: 11 Gedichte weggelassen, 12 hinzugefügt.] – 1938: 11.–20. Tsd. – 1944: 30. Tsd. – 2 Auflagen

246 *Theodor Storm: Immensee*. Novelle. 1919: 1.–15. Tsd. – 1922: 50. Tsd. – 1937: 100. Tsd. – 1941: 120. Tsd. – 12 Auflagen

247 [1A] *Oscar Wilde: Salome*. Tragödie in einem Akt. Mit [15] Zeichnungen von Aubrey Beardsley [nach der Insel-Ausgabe 1907 – IK 1914.] Übertragung: Hedwig Lachmann. 1919: 1.–10. Tsd. – 1934: 50. Tsd. –

– [1B] –. Mit 16 Zeichnungen. 1959 (W): 51.–60. Tsd. – 1983 (F): 80. Tsd. – 1990 (F): 87. Tsd. – 1993: 89. Tsd. – 1996: 91. Tsd. – 1999: 93. Tsd. – 2003: 95. Tsd. – 2008: 96. Tsd. – 2011: 97. Tsd. – 20 Auflagen

248 *Henrich Stillings Jugend*. Eine wahrhafte Geschichte. Mit Titelvignette von Daniel Chodowiecki. Nachwort. 1919: 1.–10. Tsd. – 1932: 18. Tsd. – 3 Auflagen

249 [1A] *Theodor Storm: Aquis submersus*. Novelle. 1919: 1.–15. Tsd. – 1929: 40. Tsd. – 1944: 68. Tsd.

– [1B] –. Unveränderter Nachdruck der kritischen Ausgabe von Albert Köster 1919/20. Mit 12 Kupferstichen von Johannes Wüsten. 1967 (L): 69.–83. Tsd. – 1981 (L): 98. Tsd. – 9 Auflagen

250 *Albrecht Dürer: Die kleine Passion*. Titelholzschnitt und 36 Holzschnitte. Nachwort: Emil Waldmann. 1919: 1.–10. Tsd. – 1922: 30. Tsd. – 1931: 40. Tsd. – 1937: 63. Tsd. [Seitdem Titelholzschnitt nach dem einzig erhaltenen Probedruck

im Britischen Museum London; Reihenfolge verändert.] – 1941: 80. Tsd. – 1953 (W): 97. Tsd. – 1957 (W): 107. Tsd. – 12 Auflagen

251 [1] *Das Evangelium und die Briefe S. Johannis.* In der letzten Fassung der Lutherschen Übertragung. Nachwort: Adolf von Harnack. 1919: 1.–10. Tsd. – Seit 1937 IB 127,3 – Siehe auch IB 1139

– [2] *Theodor Fontane: Gedichte.* 1927: 1.–10. Tsd. – 1943: 25. Tsd. – 3 Auflagen

252 [1A] *Elizabeth Barrett-Browning: Sonette aus dem Portugiesischen.* Übertragung aus dem Englischen: Rainer Maria Rilke. 1919: 1.–10. Tsd. – 1941: 40. Tsd. – 1950 (W): 50. Tsd. – 1959 (W): 70. Tsd.

– [1B] –. Englisch und deutsch. 1959 (L): 71.–75. Tsd. – 1960 (L): 80. Tsd.

– [1C] –. Englisch und deutsch. Nachwort von Elisabeth Kiderlen. 1991: 81.–83. Tsd. – 1999: 86. Tsd. – 13 Auflagen

253 [1] *Johann Gottlieb Fichte: Über die Bestimmung des Gelehrten.* [Über die Bestimmung des Menschen an sich. Über die Bestimmung des Menschen in der Gesellschaft. Über die Verschiedenheit der Stände in der Gesellschaft. Prüfung der Rousseauischen Behauptungen über den Einfluß der Künste und Wissenschaften auf das Wohl der Menschheit.] Fünf Vorlesungen. Mit Nachwort. 1919: 1.–10. Tsd.

– [2A] *Die Bahn und der rechte Weg des Lao-Tse.* Der chinesischen Urschrift nachgedacht von Alexander Ular. Nachwort: Alexander Ular. 1927: 1.–10. Tsd. – 1932: 25. Tsd. – 1938: 45. Tsd. – Seit 1976 IB 991,2

– [2B] *Lau-Dse. Führung und Kraft aus der Ewigkeit* (Dau-Dö Ging). Übertragung aus dem Chinesischen und Nachwort: Erwin Rousselle. 1942: 46.–55. Tsd. [fast vollständig kriegsvernichtet] – 1946 (W): 61. Tsd. – 1958 (W): 90. Tsd. – 10 Auflagen

254 [1] *Johann Peter Hebels Alemannische Gedichte in Auswahl.* Auswahl, Nachwort und Wörterverzeichnis: Heinrich Ernst Kromer. 1919: 1.–10. Tsd. – Seit 1939 veränderte Auswahl unter IB 67,2

254 [2A] *F[jodor] M[ichailowitsch] Dostojewski: Helle Nächte.* Ein empfindsamer Roman aus den Erinnerungen eines Träumers. Übertragung: Hermann Röhl. 1928: 1.–10. Tsd. – 1937: 20. Tsd.

– [2B] –: *Weiße Nächte.* Mit 8 Zeichnungen von Irmgard Zoll. Nachwort: Michael Wegner. 1969 (L): 21.–30. Tsd. – 4 Auflagen

255 [1] *Lili [Schönemann] in ihren Briefen.* Mit Goethes Gedicht ›An Lili‹. Auswahl und Anmerkungen: Heinz Amelung. 1919: 1.–10. Tsd. – 1922: 15. Tsd. [U. d. T. *Goethes Lili in ihren Briefen.*] – 2 Auflagen

– [2] *Der kleine Goldfischteich.* Kolorierte Stiche nach chinesischen Aquarellen. 24 Tafeln. Nachwort: Franz Kuhn. 1935: 1.–21. Tsd. – 1935: 50. Tsd. [Seitdem Reihenfolge der Tafeln geändert.] – 1938: 75. Tsd. – 3 Auflagen

256 [1] *Ernst Elias Niebergall: Des Burschen Heimkehr oder Der tolle Hund.* Lustspiel in Darmstädter Mundart. Herausgegeben von Ludwig Voltz. Mit Vorwort, einer Nachbemerkung ›Zur Mundart‹ und mit Wort- und Sacherklärungen. 1919: 1.–10. Tsd.

– [2] *Euripides: Elektra.* Übertragung und Nachwort: Ernst Buschor. 1943: 1.–10. Tsd. [fast vollständig kriegsvernichtet] – 1948 (W): 11.–15. [statt 1.–5.] Tsd. – 1951 (W): 20. Tsd. – 3 Auflagen

257 [1A] *Novalis: Fragmente.* Auswahl und Anordnung: Felix Braun. 1919: 1.–10. Tsd. – 1922: 15. Tsd.

– [1B] –: *Gedichte und Gedanken.* Neue, um 14 Gedichte vermehrte Ausgabe. 1933: 16.–20. Tsd.

– [1C] –. Veränderte Auswahl. Mit Schlußbemerkung. 1936: 21.–30. Tsd. – 4 Auflagen

258 [1A] *Anton [Pawlowitsch] Tschechow: Eine langweilige Geschichte.* Aus den Aufzeichnungen eines alten Mannes. Übertragung aus dem Russischen: Hermann Röhl. 1919: 1.–10. Tsd. – 1925: 15. Tsd. [Seitdem Untertitel als Titel.] – 1947 (L): 25. Tsd. – 3 Auflagen

– [1B] –. Übertragung: Reinhold Trautmann. 1977 (L): 1.–20. Tsd.

259 [1A] *Iwan [Sergejewitsch] Turgenjew: Gedichte in Prosa.* Übertragung: Theodor Commichau. 1919: 1.–10. Tsd. – 1937: 23. Tsd. – 1951 (L): 33. Tsd. – 1956 (L): 43. Tsd.

– [1B] –. Erweitert um ›Die Schwelle‹ in der Übertragung von Wolfgang Kasack. Doppeltitel und Leisten von Heinrich Vogeler nach der Insel-Ausgabe von 1903 [IK 1786]. 1987 (F): 44.–51. Tsd. – 7 Auflagen

260 [1] *Friedrich List* [z. T. unter Mitwirkung von W. Schulz-Bodmer]*: Gedanken und Lehren.* Auswahl und Einleitung: Otto Jöhlinger. 1919: 1.–10. Tsd.

– [2] *Otto Julius Bierbaum: Aus dem Irrgarten der Liebe.* Verliebte, launenhafte, moralische und andere Lieder und Gedichte. 1927: 1.–10. Tsd. – 1939: 13. Tsd. – 2 Auflagen

261 [1A] *Albert Ehrenstein: Tubutsch.* [Ritter Johann des Todes.] [Erzählungen.] Mit 12 Zeichnungen von Oskar Kokoschka. [1 Zeichnung auf dem Titel wiederholt.] 1919: 1.–10. Tsd.

– [1B] –: *Tubutsch und Gedichte.* Um 12 Gedichte erweitert; ohne ›Ritter Johann des Todes‹; Reihenfolge verändert. 1923 (?): 11.–15. [statt 14.–18.] Tsd. – 2 Auflagen – Siehe auch IB 797

– [2] *Max Mell: Barbara Naderer.* Eine Novelle. 1933: 1.–10. Tsd. – 1942: 40. Tsd. – 3 Auflagen

262 *Jeremias Gotthelf: Die schwarze Spinne.* Eine Novelle. 1919: 1.–10. Tsd. – 1942: 59. Tsd. – 1958 (W): 69. Tsd. – 7 Auflagen

263 *Max Klinger: Malerei und Zeichnung.* Mit einer Federzeichnung Klingers [auf dem Titelblatt]. 1919: 1.–10. Tsd. – 1940: 26. Tsd. – 4 Auflagen

264 [1A] *Luiz de Camões: Ausgewählte Sonette.* Auswahl und Übertragung aus dem Portugiesischen: Otto Freiherr von Taube. 1919: 1.–10. Tsd.

– [1B] –: *Sonette.* [Textlich unverändert.] Mit Nachwort von Otto Freiherr von Taube. 1959 (W): 11.–17. Tsd.

– [1C] –. Eine Auswahl. Um ein Sonett [›Der 137. Psalm‹] gekürzt. Nachwort: Erich Kalwa. 1974 (L): 18.–27. Tsd. [3. statt 2. Auflage.] – 3 Auflagen

– [2] *Ernest Hello: Ludovik.* Erzählung. Übertragung aus dem Französischen: Hans Kauders. Nachwort: Hermann Bahr. 1927: 1.–8. Tsd. – 1946 (W): 13. Tsd. – 2 Auflagen

265 [1] *Altdänische Heldenlieder.* Übertragung, Vorrede und Schlußbemerkung: Wilhelm Grimm. Herausgegeben von Heinz Amelung. 1919: 1.–10. Tsd.

– [2A] *Grünewalds Handzeichnungen.* 24 Tafeln. Auswahl und Nachwort: Richard Graul. Mit Verzeichnis der Bildtafeln. 1935: 1.–10. Tsd. – 1935: 30. Tsd. – 1935: 50. Tsd.

[2B] *Grünewalds d. i. Mathis Nitharts Handzeichnungen.* 28 Tafeln. Auswahl verändert, Nachwort durch Hanns Bechstein bearbeitet. 1946 (L): 51.–60. Tsd. – 1958 (W): 70. Tsd. [Nachwort erneut bearbeitet.] – 5 Auflagen

266 *Björnstjerne Björnson: Der Brautmarsch.* Erzählung. Übertragung aus dem Norwegischen: Mathilde Mann. 1919: 1.–20. Tsd. – 1938: 33. Tsd. – 4 Auflagen

267 [1] *Paul Verlaine: Meine Spitäler.* Mit Bildnis Verlaines. Übertragung: Hanns von Gumppenberg. 1919: 1.–10. Tsd.

– [2] *Gunnar Gunnarsson: Der Knabe.* Erzählung. Übertragung aus dem Dänischen: Elisabeth Göhlsdorf. 1933: 1.–10. Tsd. – 1940: 25. Tsd. – 3 Auflagen

268 [1A] *Joseph Freiherr von Eichendorff: Gedichte.* Auswahl und Nachwort: Albrecht Schaeffer. 1919: 1.–10. Tsd. – 1924: 20. Tsd.

– [1B] –. Um 1 Gedicht [›Ergebung‹] gekürzt. 1927: 21.–25. Tsd. – 1932: 28. Tsd.

– [1C] –. Um weitere 13 Gedichte gekürzt, 10 neu aufgenommen. Ohne Nachwort. 1936: 29.–38. Tsd. – 1943: 53. Tsd. – 1947 (W): 58. Tsd.

– [1D] –. Weitere 3 Gedichte weggelassen. Mit Titelvignette. 1954 (W): 59.–65. Tsd. – 1956 (W): 72. Tsd. – 1959 (W): 79. Tsd. – 12 Auflagen

269 [1] *Wilhelm von Humboldt: Über die Aufgabe des Geschichtsschreibers.* Mit Anhang ›Betrachtungen über die Weltgeschichte‹ und ›Betrachtungen über die bewegenden Ursachen in der Weltgeschichte‹. Einleitung: Albert Leitzmann. 1919: 1.–10. Tsd.

– [2A] *Das kleine Kräuterbuch.* Einheimische Heil-, Würz- und Duftpflanzen, nach der Natur gezeichnet von Willi Harwerth. 36 mehrfarbige Tafeln. Begleittexte von Friedrich Schnack

(›Mensch und Pflanze‹) und von Sandro Limbach (›Heilbücher und Heilkunde‹). Mit erläuterndem Tafelverzeichnis von Sandro Limbach. 1936: 1.–24. Tsd. [Im Untertitel ›Gewürzpflanzen‹.] – 1936: 43. Tsd.

– [2B] –. 2 Tafeln ausgetauscht, Reihenfolge geändert. 1937: 44.–75. Tsd. – 1940: 125. Tsd. – 1987 (F): 138. Tsd. – 1996: 142. Tsd. – 2002: 144. Tsd. – 2006: 146. Tsd. – 2011: 148. Tsd. – 10 Auflagen

270 [1] *Nicolai [Wassiljewitsch] Gogol: Taras Bulba.* Novelle. Übertragung und Nachwort: Karl Nötzel. Mit Wörterverzeichnis. 1919: 1.–10. Tsd. – 1925: 25. Tsd. – 3 Auflagen

– [2] *Römische Kaisermünzen.* 48 Bildtafeln. Bildwahl, Geleitwort und Erklärung der Tafeln: Max Hirmer. 1941: 1.–30. Tsd. – 1942: 60. Tsd. – 2 Auflagen

271 [1A] *Annette von Droste-Hülshoff: Die Judenbuche.* Mit 37 Zeichnungen von Max Unold. 1919: 1.–10. Tsd. – 1928: 45. Tsd.

– [1B] –. Ein Sittengemälde aus dem gebirgichten Westfalen. Ohne Zeichnungen. 1933: 46.–55. Tsd. – 1939: 65. Tsd. – 1950 (W): 75. Tsd. – 1958 (L): 95. Tsd.

– [1C] –. Mit 10 Zeichnungen von Hans Fronius. 1962 (F): 96.–105. Tsd. – 10 Auflagen

272 *Fabeln des Äsop.* Nach Steinhöwels ›Erneuertem Esopus‹ bearbeitet von Victor Zobel. Mit Titelholzschnitt und 49 Holzschnitten [1 wiederholt] von Virgil Solis. Mit Nachbemerkung. 1919: 1.–10. Tsd. – 1940: 23. Tsd. [Ohne Titelholzschnitt. Seitdem ohne Untertitel.] – 1980 (L): 38. Tsd. [50 statt 51 Holzschnitte.] – 5 Auflagen

273 [1A] *Leo [Nikolajewitsch] Tolstoi: Polikuschka.* Novelle. Übertragung und Nachwort: Karl Nötzel. 1919: 1.–10. Tsd.

– [1B] –: *Polikei.* Novelle. Übertragung: Hermann Röhl. Ohne Nachwort. 1922: 11.–20. Tsd. – 1951 (L): 30. Tsd. – 1952 (L): 40. Tsd. – 4 Auflagen

274 [1A] *Kakuzo Okakura: Das Buch vom Tee.* Übertragung aus dem Englischen: Marguerite und Ulrich Steindorff. 1919: 1.–10. Tsd. – 1925: 55. Tsd. – 1937: 110. Tsd.

– [1B] –. Übertragung aus dem Japanischen und Nachwort: Horst Hammitzsch. 1949 (W): 111.–120. Tsd. – 1954 (W):

174. Tsd. – 1959 (W): 204. Tsd. – 1966 (F): 211. Tsd. – 1979 (F): 233. Tsd. – 26 Auflagen

275 [1A] *Giovanni di Boccaccio: Das Leben Dantes.* Titelzeichnung von Fritz Helmuth Ehmcke. Übertragung: Otto Freiherr von Taube. 1919: 1.–10. Tsd. – 1926: 20. Tsd.

– [1B] –. Porträt Dantes nach einem Stich von Enea Vico als Frontispiz. Ohne Titelzeichnung. Revidierte Übertragung. Mit Übersetzung der lateinischen Verse. Nachwort: Werner Bahner. 1965 (L): 21.–30. Tsd. – 1987 (F): 32. Tsd. – 5 Auflagen

276 [1A] *E[rnst] T[heodor] A[madeus] Hoffmann: Die Abenteuer der Silvesternacht.* [Erzählung.] Mit Titelzeichnung und 21 Zeichnungen von A[mandus] Goetzell. 1919: 1.–10. Tsd. – 1931: 25. Tsd.

– [1B] –. Mit [25] Zeichnungen von Fritz Fischer. 1941: 26.–35. Tsd.

– [1C] –. Mit [25 anderen] Zeichnungen [zu den gleichen Motiven] von Fritz Fischer. 1950 (L): 36.–45. Tsd. – 1953 (W): 55. Tsd. – 7 Auflagen

277 [1A] [*Ludwig Aurbacher:*] *Die Abenteuer von den sieben Schwaben.* Mit 10 Zeichnungen von Ferdinand Fellner. Nachwort: Max Christian Wegner. 1919: 1.–10. Tsd. – 1924: 15. Tsd. – 1935: 25. Tsd.

– [1B] *Ludwig Aurbacher: Die Abenteuer von den sieben Schwaben.* Mit [18] Zeichnungen von Peter Hoffer. Ohne Nachwort. 1958 (W): 26.–35. Tsd. – 5 Auflagen

278 *Adalbert Stifter: Brigitta.* Eine Erzählung. 1919: 1.–10. Tsd. – 1938: 55. Tsd. – 1944: 125. Tsd. – 1950 (W): 135. Tsd. – 1956 (L): 175. Tsd. – 1964 (F): 207. Tsd. – 21 Auflagen

279 *Theodor Storm: Zwei Weihnachtsgeschichten.* [Unter dem Tannenbaum. Abseits.] 1919: 1.–15. Tsd. – 1930: 30. Tsd. – 1939: 45. Tsd. – 6 Auflagen

280 *Meister Eckhart. Ein Breviarium aus seinen Schriften.* Übertragung in unser Deutsch, Auswahl und Vorwort: Alois Bernt. 1919: 1.–10. Tsd. – 1936: 30. Tsd. – 1940: 33. Tsd. [weitgehend kriegsvernichtet] – 1951 (W): 40. [statt 32.] Tsd. – 7 Auflagen – Siehe auch IB 231 und 490

281 [1] *Alte deutsche Liebeslieder.* Mit Titelholzschnitt von Hans Alexander Müller [nach einem alten Stich]. Auswahl und Nachwort: Peter Jerusalem. 1919: 1.–10. Tsd. – 1922: 15. Tsd. – 2 Auflagen – Seit 1937 veränderte und erweiterte Fassung unter IB 4,2

– [2] *Das kleine Blumenbuch.* [58 mehrfarbige] Zeichnungen von Rudolf Koch, in Holz geschnitten von Fritz Kredel. 1933: 1.–50. Tsd. – 1934: 195. Tsd. – 1936: 265. Tsd. – 1938: 337. Tsd. – 1945: 423. Tsd. – 1958 (L+W): 473. Tsd. – 1990 (F): 486. Tsd. – 1994: 490. Tsd. – 1998: 493. Tsd. – 2002: 495. Tsd. – 2009: 499. Tsd. – 28 Auflagen

282 [1] *Kalidasa: Der Kreis der Jahreszeiten.* (Ṛtusaṃhāra.) Nach der metrischen Übersetzung Peter von Bohlens neu herausgegeben, mit Anmerkungen und einem Nachwort versehen von Herman Kreyenborg. 1919: 1.–10. Tsd.

– [2] *Wladimir [Galaktionowitsch] Korolenko: Der Wald rauscht. In der Osternacht.* Zwei Erzählungen. Übertragung: Michael Feofanow. 1951 (L): 1.–10. Tsd. – 1954 (L): 20. Tsd. – 2 Aufl.

283 [1A] *[Friedrich Gottlieb] Klopstock: Oden.* Mit Titel- und Schlußvignette. Auswahl und Nachwort: Albrecht Schaeffer. 1919: 1.–10. Tsd.

– [1B] *Klopstocks Oden.* Um 5 Oden erweitert. Ohne Schlußvignette. 1933: 11.–15. Tsd. – 1941: 20. Tsd. – 3 Auflagen

– [1C] *[Friedrich Gottlieb] Klopstock: An Freund und Feind.* Ausgewählte Oden. Als Frontispiz Bildnis Klopstocks von C. Müller nach Jens Juel. Auswahl und Nachwort: Heinz Czechowski. 1975 (L): 1.–15. Tsd.

284 [1] *Benjamin Constant: Adolf.* [Roman.] Übertragung aus dem Französischen, Vor- und Nachwort: Elisabeth Schellenberg. 1919: 1.–10. Tsd. – Siehe auch IB 776

– [2A] *Franz Schubert:* [11] *Goethe-Lieder.* Für eine Singstimme mit Klavierbegleitung. Umschreibung in Tonarten für mittlere Stimme: Max Friedlaender. 1928: 1.–10. Tsd. – 1939: 20. Tsd. – 1957 (W): 32. Tsd.

– [2B] –. Mit einem Porträt Schuberts von Leopold Kupelwieser als Frontispiz. Nachwort: Peter Horst Neumann. Editorische Notiz. 1987 (F): 40. Tsd. – 1997: 42. Tsd. – 6 Auflagen

285 [1] *Joost van den Vondel: Luzifer.* Trauerspiel. Übertragung aus dem Holländischen: Marie von Seydewitz. Nachwort: Albert Verwey. 1919: 1.–10. Tsd.

– [2] *Selma Lagerlöf: Das Mädchen vom Moorhof.* [Erzählung.] Übertragung aus dem Schwedischen: Marie Franzos. 1927: 1.–10. Tsd. – 1935: 70. Tsd. – 1941: 130. Tsd. – 1947 (W): 135. Tsd. – 1952(W): 206. Tsd. – 1959 (W): 276. Tsd. – 1969 (F): 310. Tsd. – 1989 (F): 321. Tsd. – 1997: 324. Tsd. – 2000: 326. Tsd. – 2010: 328. Tsd. – 37 Auflagen

286 [1] *Victor Hehn: Das Salz.* Eine kulturhistorische Studie. Vorwort und Anmerkungen: Kurt Jagow. 1919: 1.–10. Tsd.

– [2] *Conrad Ferdinand Meyer: Gustav Adolfs Page.* Novelle. 1929: 1.–10. Tsd. – 1938: 30. Tsd. – 4 Auflagen

287 [1] *August Strindberg:* [7] *Ehegeschichten.* Übertragung aus dem Schwedischen: Pauline Klaiber-Gottschau. 1919: 1.–10. Tsd. – 1930: 35. Tsd. – 1939: 38. Tsd. [weitgehend kriegsvernichtet] – 6 Auflagen

– [2] *Juri [Nikolajewitsch] Tynjanow: Sekondeleutnant Saber.* Erzählung. Übertragung aus dem Russischen: Maria Einstein. Mit Nachwort. 1954 (L): 1.–10. Tsd.

288 [1] *August Strindberg:* [8] *Fabeln.* Übertragung aus dem Schwedischen: Pauline Klaiber-Gottschau. 1919: 1.–10. Tsd.

– [2] –: *Der romantische Küster auf Ranö.* [Erzählung.] Übertragung aus dem Schwedischen: Erich Holm. 1921: 1.–10. Tsd. – 1926: 15. Tsd. – 2 Auflagen

– [3] *Stephen Vinzent Benét: Des Bischofs Bettler.* Erzählung. Übertragung aus dem Amerikanischen: Paridam von dem Knesebeck. 1952 (W): 1.–10. Tsd. – 1956 (W): 30. Tsd. – 3 Auflagen

289 [1] *August Strindberg: Die Kronbraut.* Ein Märchenspiel. Mit Musiknoten. Übertragung aus dem Schwedischen: Pauline Klaiber-Gottschau. 1919: 1.–10. Tsd. – 1924: 15. Tsd. – 2 Auflagen

– [2] *Josef Ponten: Der Meister.* Novelle. 1933: 1.–10. Tsd. – 1940: 30. Tsd. – 1945: 62. Tsd. – 7 Auflagen

290 [1] *August Strindberg: Schwanenweiß.* Ein Märchenspiel. Übertragung aus dem Schwedischen: Pauline Klaiber-Gottschau.

1919: 1.–10. Tsd. – 1923: 20. Tsd. – 1929: 30. Tsd. – 5 Auflagen

– [2] *Alte flämische Lieder.* Im Urtext mit den Singweisen. Auswahl und Nachwort: Johannes Bolte. Mit Wörterverzeichnis. [1.–20. Tsd. unter IB 209,1.] – 1941: 21.–25. Tsd.

– [3A] *Alexander Grin [eig. Alexander Stepanowitsch Grinewski]: Das Purpursegel.* Eine Feerie. Übertragung aus dem Russischen: Leny Klementinowskaja. Nachwort: Konstantin Paustowski. 1952 (L): 1.–20. Tsd. – 1959 (L): 51. Tsd.

– [3B] –. Ohne Nachwort. 1960 (L): 52.–61. Tsd.

– [3C] –. Mit 19 Holzstichen von Heiner Vogel. Mit Nachwort. 1965 (L): 62.–71. Tsd. – 1977 (L): 81. Tsd. – 7 Auflagen

291 [1] *August Strindberg: Ein Traumspiel.* Mit Einleitung und Musiknoten. Übertragung aus dem Schwedischen: Pauline Klaiber-Gottschau. 1920: 1.–10. Tsd. – 1927: 30. Tsd. – 1940: 32. Tsd. [weitgehend kriegsvernichtet] – 5 Auflagen

– [2] *Johannes R[obert] Becher: Dreimal bebende Erde.* Ausgewählte Prosa. Auswahl vom Verfasser. 1953 (L): 1.–10. Tsd.

292 [1] *August Strindberg: Ostern.* [Schauspiel.] Übertragung aus dem Schwedischen: Mathilde Mann. 1919: 1.–10. Tsd. – 1927: 20. Tsd. – 3 Auflagen

– [2] *Christopher Marlowe: Die tragische Historie vom Doktor Faustus.* Übertragung (nach dem ersten englischen Druck von 1604), Nachwort und Anmerkungen: Adolf Seebaß. [1949 (W): 1.–3. Tsd. nicht IB – IK 1064.] – 1953 (W): Restbestände in IB-Ausstattung

293 *August Strindberg: Die Gespenstersonate.* [Kammerspiel.] Übertragung aus dem Schwedischen: Mathilde Mann. 1919: 1.–10. Tsd. – 1925: 28. Tsd. – 4 Auflagen

294 [1] *[Christian Reuter:] Schelmuffsky.* Curiose und Sehr gefährliche Reißebeschreibung zu Wasser und Land. [Nach der ersten Fassung von 1696.] Nachwort: Fritz Adolf Hünich. 1919: 1.–10. Tsd. – 1926: 15. Tsd. – 2 Auflagen

– [2] *Paul Klee:* [40] *Handzeichnungen.* Auswahl und Geleitwort: Will Grohmann. Mit Tafelverzeichnis. 1951 (W): 1.–11. Tsd. – 1952 (W): 22. Tsd. [Seitdem Reihenfolge der Tafeln 28/29 vertauscht.] – 1952 (W): 32. Tsd. – 1955 (W): 72. Tsd.

[Seitdem Reihenfolge der Tafeln 10/11 sowie 14/15 vertauscht.] – 5 Auflagen

295 [1] *Friedrich Schlegel: Lucinde.* Ein Roman. Nachwort: Oskar Walzel. 1919: 1.–10. Tsd. – 1927: 20. Tsd. – 3 Auflagen – Siehe auch IB 759

– [2] *Friedrich Wolf: Die Matrosen von Cattaro.* Ein Schauspiel. 1951 (L): 1.–10. Tsd. – 1962 (L): 25. Tsd. – 3 Auflagen

296 [1A] *Goethes Novelle.* Mit Titelzeichnung und 36 Zeichnungen von Bernhard Hasler. 1919: 1.–10. Tsd. – 1931: 18. Tsd.

– [1B] *[Johann Wolfgang von] Goethe: Novelle.* Mit Titelzeichnung und 9 Zeichnungen von Willy Widmann. 1941: 19.–38. Tsd. – 1941: 58. Tsd. [weitgehend kriegsvernichtet]

– [1C] –. Mit [8] Holzstichen von Imre Reiner. 1961 (F): 59.–68. Tsd. – 6 Auflagen

297 [1] *Wilhelm Weigand: Die Hexe.* Eine Erzählung. 1920: 1.–10. Tsd.

– [2] *Jack London: Feuer auf See.* [Der Bund der Alten. Das Gesetz des Lebens.] [3] Geschichten aus der Südsee und aus den Wäldern des Nordens. Übertragung: Erwin Magnus. 1927: 1.–10. Tsd. – 1931: 30. Tsd. – 1938: 35. Tsd. – 1947 (L): 45. Tsd. – 5 Auflagen

298 [1] *Plutarch: Das Leben des Themistokles.* Übertragung und Einleitung: Wilhelm Capelle. Mit einer Karte. 1919: 1.–10. Tsd. – Seit 1937 IB 122,2

– [2] *Conrad Ferdinand Meyer: Die Hochzeit des Mönchs.* Novelle. 1929: 1.–10. Tsd. – 1939: 18. Tsd. – 1941: 23. Tsd. [fast vollständig kriegsvernichtet] – 4 Auflagen

299 [1] *Kymrische Dichtungen.* Übertragung aus dem Kymrischen und Anmerkungen: Adolf Knoblauch. 1919: 1.–10. Tsd.

– [2] *Hans Sachs: Vier Fastnachtsspiele.* Der Teufel mit dem alten Weib. Der gestohlen Fastnachthohn. Das heiß Eisen. Der Krämerskorb. Mit einem Holzschnitt und Wortverzeichnis. 1927: 1.–10. Tsd. – 1940: 15. Tsd. [weitgehend kriegsvernichtet] – 2 Auflagen

300 [1A] *Georg Wilhelm Friedrich Hegel: Einführung in die Phänomenologie des Geistes.* Herausgegeben und mit Nachwort: Friedrich Blaschke. Mit Literaturverweisen. 1919: 1.–10. Tsd.

– [1B] –: *Einleitung in die Phänomenologie des Geistes.* Um ›Einleitung in die Wissenschaft der Erfahrung des Bewußtseins‹ erweiterte Ausgabe. Nachwort: Karl Löwith. 1964 (F): 11.–17. Tsd. – 2 Auflagen

– [2] *Conrad Ferdinand Meyer: Huttens letzte Tage.* [Verserzählung.] 1929: 1.–10. Tsd. – 1941: 30. Tsd. – 1950 (W): 38. Tsd. – 5 Auflagen

301 [1] *Berichte über die Entdeckung Perus.* Schilderungen von Augenzeugen und Mitkämpfern. Übertragung aus dem Englischen des Clemens Robert Markham. Mit Auszügen aus der Einleitung von C. R. Markham. Bearbeitung und Vorwort: Hermann Sommer. Mit einer Karte. 1919: 1.–10. Tsd.

– [2A] *R[obert] L[ouis] Stevenson: Der seltsame Fall von Dr. Jekyll und Mr. Hyde.* [Erzählung.] Übertragung: Grete Rambach. 1930: 1.–10. Tsd. – 1937: 15. Tsd. – 1946 (W): 20. Tsd. – 1955 (W): 30. Tsd.

– [2B] –. Mit 16 Holzstichen von Karl-Georg Hirsch. Nachbemerkung: Günter Gentsch. 1969 (L): 31.–45. Tsd. – 5 Aufl.

302 [1] *Rudolf G[eorg] Binding: Legende von der Keuschheit.* 1919 (?): 1.–20. Tsd. – 1921: 30. Tsd. – 2 Auflagen

– [2] *R[obert] L[ouis] Stevenson: Das Flaschenteufelchen.* Eine Erzählung. Mit Titelholzstich und 24 Holzstichen [statt: Holzschnitten] von Hans Alexander Müller. Übertragung: Li Wegner. 1925: 1.–10. Tsd. – 1937: 40. Tsd. – 1951 (W): 50. Tsd. – 1955 (W): 70. Tsd. – 1972 (L): 93. Tsd. [11. statt 8. Auflage.] – 11 Auflagen

303 [1] *Gītagovinda.* Das indische Hohelied des bengalischen Dichters Jayadeva. Nach der metrischen Übersetzung Friedrich Rückerts neu herausgegeben von Herman Kreyenborg. Nachwort und Anmerkungen: Herman Kreyenborg. 1919: 1.–10. Tsd.

– [2] *Conrad Ferdinand Meyer: Gedichte.* Auswahl: Albrecht Schaeffer. 1929: 1.–10. Tsd. – 1938: 15. Tsd. – 2 Auflagen

304 [1A] *Wernher der Gärtner: Meier Helmbrecht.* Übertragung aus dem Mittelhochdeutschen, Einführung und Anmerkungen: Fritz Bergemann. 1919: 1.–10. Tsd. – 1937: 15. Tsd. [Einführung und Anmerkungen verändert.]

304 [1B] –: *Helmbrecht.* Übertragung: Fritz Bergemann. Geleitwort und Anmerkungen: Manfred Lemmer. 1965 (L): 16.–25. Tsd. – 3 Auflagen

305 [1A] *August Graf von Platen: Gedichte.* Auswahl und Nachwort: Albrecht Schaeffer. 1919: 1.–10. Tsd.

– [1B] –. Auswahl und Nachwort: Ernst Bertram. 1940: 11.–15. Tsd. – 2 Auflagen

– [2] *Martin Andersen Nexö: Das Glück.* Eine Erzählung aus dem Bornholmer Nordland. Übertragung aus dem Dänischen: Hermann Kiy. 1929: 1.–10. Tsd.

306 [1] *Justus Möser: Patriotische Phantasien.* Auswahl und Nachwort: Karl Scheffler. 1919: 1.–10. Tsd.

– [2] *Conrad Ferdinand Meyer: Die Richterin.* Novelle. 1927: 1.–10. Tsd. – 1938: 20. Tsd. – 3 Auflagen

307 [1] *Miguel de Cervantes: Der eifersüchtige Extremadurer.* Eine Novelle. Bearbeitet auf Grund älterer Übertragungen von Konrad Thorer [d. i. Felix Paul Greve]. 1919: 1.–10. Tsd.

– [2A] *Thomas Hardy: Der angekündigte Gast.* [Erzählung.] Mit [Titelzeichnung und 12 Feder-] Zeichnungen von Alfred Kubin. Übertragung: Adolf Walter Freund. 1929: 1.–10. Tsd. – 1949 (L): 20. Tsd.

– [2B] –. Erzählung. Ohne Illustrationen. 1955(L): 21.–30. Tsd. – 3 Auflagen

308 [1A] *Felix Timmermans: Die sehr schönen Stunden von Jungfer Symforosa, dem Beginchen.* [Erzählung.] Mit Titelzeichnung und 9 Initialen von Felix Timmermans. Übertragung aus dem Flämischen und Nachwort: Friedrich Markus Huebner. 1920: 1.–10. Tsd. – 1928: 50. Tsd. – 1932: 100. Tsd.

– [1B] –. Ohne Titelzeichnung, mit 9 veränderten Initialen von Felix Timmermans. Ohne Nachwort. 1936: 101.–120. Tsd. – 1941: 150. Tsd.

– [1C] –: *Die sehr schönen Stunden Jungfer Symforosas des Beginchens.* Zweifarbiger Druck. Wieder mit Titelzeichnung. 1952 (W): 151.–160. Tsd. – 1960 (W): 189. Tsd. – 14 Auflagen

309 [1] *Was sich Wüstenväter und Mönche erzählten.* Auswahl, Einleitung und Übertragung aus der altmönchischen Literatur: Johannes Bühler. 1920: 1.–10. Tsd.

– [2] *Wilhelm Hey: Fünfzig Fabeln für Kinder.* Mit Bildern [Doppeltitel und 50 Lithographien] von Otto Speckter. 1929: 1.–10. Tsd. – 1939: 45. Tsd. – 1954 (W): 65. Tsd. [Statt Doppeltitel nur Titelzeichnung.] – 5 Auflagen – Siehe auch IB 402

310 *Zwei Reden Gotamo Buddhos.* [Kandarako. Die Pfeiler der Einsicht.] Übertragung aus dem Pāli-Kanon: Karl Eugen Neumann. Vorwort: Ernst Reinhold. 1920: 1.–10. Tsd. – 1940: 21. Tsd. – 4 Auflagen

311 [1] *Albrecht Schaeffer: Der Raub der Persefone.* Eine attische Mythe. 1920: 1.–10. Tsd. – 1929: 15. Tsd. – 2 Auflagen

– [2] *Wolfgang Joho: Die Hirtenflöte.* Erzählung. Mit [11] Zeichnungen von Hans Mau. 1952 (L): 1.–10. Tsd.

312 [1] *Das Leben des Burkard Zink nebst Auszügen aus seiner Chronik.* Mit 6 Holzschnitten aus der Chronik (1486). Auswahl, Nachwort und Wortverzeichnis: Werner Mahrholz. 1920: 1.–10. Tsd.

– [2] *Thomas Mann: Bekenntnisse des Hochstaplers Felix Krull.* Buch der Kindheit. 1932: 1.–20. Tsd. – 1948 (L): 30. Tsd. – 1950 (L): 40. Tsd. – 1999: 45. Tsd. – 2000: 46. Tsd. – 5 Auflagen

– [3] *Annette von Droste in ihren Briefen.* Auswahl: Levin Ludwig Schücking. Mit Nachwort. 1940: 1.–10. Tsd. – 1941: 20. Tsd. – 2 Auflagen – Seit 1949 IB 372,2

313 [1] *Deutsche Wanderlieder.* Mit Titelholzschnitt von Hans Speckter. Auswahl: Fritz Adolf Hünich. 1920: 1.–10. Tsd.

– [2] *Gedichte des deutschen Barock.* Auswahl und Nachwort: Wolfgang Kayser. 1943: 1.–10. Tsd. [fast vollständig kriegsvernichtet]

314 [1A] *[Alexander Sergejewitsch] Puschkin: Pique Dame.* Novelle. Übertragung und Nachwort: Rudolf Kassner. 1920: 1.–10. Tsd. – 1939: 21. Tsd.

– [1B] –. Ohne Nachwort. 1947 (L): 22.–31. Tsd. – 1950 (W): 41. Tsd. – 1951 (L): 51. Tsd.

– [1C] *Alexander Puschkin: Pique-Dame.* Mit 6 Holzstichen von Imre Reiner. Übertragung: Gisela Drohla. 1964 (F): 52.–59. Tsd. – [60.–74. Tsd. unter 1D.] – 1999: 79. Tsd.

– [1D] –: *Pique Dame.* Novelle. Mit [15] Zeichnungen von Joachim Kratsch. Übertragung und Anmerkungen: Michael Pfeiffer. 1968 (L): 60.–74. Tsd. – 11 Auflagen

315 [1A] *Von dem Fischer un syner Fru.* Ein märchen nach Philipp Otto Runge mit sieben bildern [nach Radierungen] von Marcus Behmer. Handsatz durch Marcus Behmer. 1920: 1.–10. Tsd. – 1922: 30. Tsd. – 1939: 45. Tsd. – 1954 (W): 65. Tsd. – 7 Auflagen

– [1B] –. Faksimiledruck von 1A, erweitert um eine [hochdeutsche] Nacherzählung des Märchens und ein Nachwort von Uwe Johnson. 1976 (F): 1.–5. Tsd. – 1983 (F): 10. Tsd. [3. statt 2. Auflage.] – 3 Auflagen – Siehe auch IB 1075

316 [1] *Heinrich Heine: Elementargeister.* [Essay.] 1920: 1.–10. Tsd.

– [2] *Das kleine Baumbuch.* ›Die deutschen Waldbäume‹. [35] Farbige Bilder [auf Tafeln] von Willi Harwerth. Geleitwort: Friedrich Schnack. Mit erläuterndem Tafelverzeichnis. 1935: 1.–30. Tsd. – 1940: 155. Tsd. – 1984 (F): 162. Tsd. – 1985 (F): 167. Tsd. – 1991: 172. Tsd. – 1996: 175. Tsd. – 2001: 178. Tsd. – 2007: 182. Tsd. – 13 Auflagen

317 [1] *Ludwig Tieck: Die Gesellschaft auf dem Lande.* Eine Novelle. 1920: 1.–10. Tsd.

– [2] *Jack London: Der alte Argonaute.* [Koolau, der Aussätzige.] Zwei exotische Erzählungen. Übertragung: Erwin Magnus. 1933: 1.–10. Tsd. – 1949 (L): 20. Tsd. – 1954 (L): 30. Tsd. [Mit Nachbemerkung zum Autor.] – 3 Auflagen

318 [1] *Oscar Wilde: Ein Gespräch von der Kunst und vom Leben.* Übertragung: Hedwig Lachmann und Gustav Landauer. 1920: 1.–10. Tsd. – 1927: 20. Tsd. – 3 Auflagen

– [2] *Christian Morgenstern: Palmström.* 1942: 1.–10. Tsd. [In einem Teil der Auflage launiger Korrekturzettel zu einem Druckfehler auf S. 66.] – 1942: 50. Tsd. – 1944: 140. Tsd. [teilweise kriegsvernichtet] – 1949 (W): 150. Tsd. – 1952 (W): 205. Tsd. – 1956 (L): 250. Tsd. – 1966 (F): 276. Tsd. – 18 Auflagen

319 [1] *Gustave Flaubert: Ein schlichtes Herz.* [Erzählung.] Übertragung: Ernst Hardt. 1920: 1.–10. Tsd. – 1927: 14. Tsd. – 1948 (L): 24. Tsd. – 3 Auflagen

– [2] –: *November.* Übertragung aus dem Französischen: Ernst Sander. 1964 (F): 1.–8. Tsd. – Siehe auch IB 686,2

320 [1A] *Gottfried Keller: Gedichte.* Auswahl und Einleitung: Albert Köster. 1921: 1.–10. Tsd. – 1935: 25. Tsd. – 3 Auflagen

– [IB] –. Auswahl und Anmerkung: Sina Witt. 1968 (L): 1.–10. Tsd.

321 [IA] *Gottfried Keller: Der Landvogt von Greifensee.* [Novelle.] 1921: 1.–10. Tsd. – 1932: 30. Tsd. – 1941: 40. Tsd.

– [IB] –. Novelle. Mit 9 Radierungen von Friederike Łazarów. 1969 (L): 41.–50. Tsd. – 8 Auflagen

322 *Gottfried Keller: Kleider machen Leute.* Erzählung. 1921: 1.–10. Tsd. – 1930: 40. Tsd. – 1941: 65. Tsd. – 1944: 145. Tsd. – 11 Auflagen

323 *Gottfried Keller: Pankraz der Schmoller.* [Erzählung.] 1921: 1.–10. Tsd. – 1941: 30. Tsd. – 5 Auflagen

324 *Gottfried Keller: Romeo und Julia auf dem Dorfe.* [Erzählung.] 1921: 1.–10. Tsd. – 1935: 40. Tsd. – 1943: 65. Tsd. – 1946 (W): 70. Tsd. – 11 Auflagen

325 *Gottfried Keller: Das Fähnlein der sieben Aufrechten.* [Novelle.] 1921: 1.–10. Tsd. – 1924: 25. Tsd. – 1936: 50. Tsd. – 1938: 60. Tsd. – 1941: 75. Tsd. [weitgehend kriegsvernichtet] – 1957 (L): 85. Tsd. – 12 Auflagen

326 *Gottfried Keller: Frau Regel Amrain und ihr Jüngster.* [Erzählung.] 1921: 1.–10. Tsd. – 1932: 25. Tsd. – 1940: 40. Tsd. – 6 Auflagen

327 [IA] *Gottfried Keller: Sieben Legenden.* 1921: 1.–10. Tsd. – 1941: 55. Tsd. – 1946 (L): 65. Tsd.

– [IB] –. Mit 21 Holzstichen von Henner Franck. 1980 (L): 66.–80. Tsd. – 9 Auflagen

328 [IA] *Gottfried Keller: Der Schmied seines Glückes.* [Erzählung.] Mit 29 Holzschnitten von Karl Rössing. 1921: 1.–10. Tsd. – 1929: 27. Tsd.

– [IB] –. Erzählung. Mit 16 Holzschnitten von Carl Tesche. 1939: 28.–35. Tsd. [teilweise kriegsvernichtet]

– [IC] –. Erzählung. Mit [26 Feder-]Zeichnungen von Joachim Kölbel. 1952 (L): 36.–55. Tsd. – 1958 (L): 75. Tsd.

– [ID] –. Erzählung. Mit [11] Holzschnitten von Rudolf Güthinger. 1959 (W): 76.–85. Tsd. – 9 Auflagen

329 *Gottfried Keller: Die drei gerechten Kammacher. Spiegel das Kätzchen.* [Erzählungen.] 1921: 1.–10. Tsd. – 1925: 30. Tsd. – 1940: 45. Tsd. – 6 Auflagen

330 [1] *Peter Hille: Das Mysterium Jesu.* Nachwort: Adolf Knoblauch. 1921: 1.–10. Tsd.

– [2A] *Peter Vischer. Das Sebaldusgrab zu Nürnberg.* 44 Bildtafeln. Geleitwort: Herbert Küas. Aufnahmen: Erich Kirsten, Herbert Küas u. a. Mit 2 Übersichtstafeln und Tafelverzeichnis. 1938: 1.–30. Tsd. – 1939: 50. Tsd.

– [2B] –. 42 Bildtafeln [in veränderter Auswahl und Reihenfolge]. Mit neuem Geleitwort von Herbert Küas. 1965 (L): 51.–80. Tsd. – 3 Auflagen

331 [1] *Tibulls Sulpicia.* Versübertragung, Einführung und Erläuterungen: Eduard Ad. F. Michaelis. 1921: 1.–5. Tsd.

– [2] *Jacob Burckhardt: Briefe.* Auswahl und Einführung: Walther Rehm. 1946 (W): 1.–20. Tsd.

332 *August Strindberg: Schärenleute.* [8 Erzählungen.] Mit der Einleitung des Verfassers. Übertragung aus dem Schwedischen: Erich Holm. 1921: 1.–10. Tsd. – 1925: 15. Tsd. – 1941: 17. Tsd. [weitgehend kriegsvernichtet] – 3 Auflagen

333 [1] *Das Leben Kaiser Heinrichs des Vierten.* Übertragung aus dem Lateinischen, Nachwort und Anmerkungen: Johannes Bühler. 1921: 1.–10. Tsd. – 1940: 13. Tsd. [weitgehend kriegsvernichtet] – 2 Auflagen

– [2] *Emanuel Geibel / Paul Heyse: Spanisches Liederbuch.* Mit Frontispiz nach Adolph Menzel. Auswahl und Nachwort: Florian Stern. 1952 (W): 1.–10. Tsd. [Ein Teil der Auflage ohne Frontispiz; Restbestände 1964 (L).]

334 [1] *Ludwig Christoph Heinrich Hölty: Gedichte.* Mit Schmucktitel und 9 Vignetten. Auswahl und Nachwort: Fritz Adolf Hünich. 1921: 1.–10. Tsd. – Seit 1938 verändert unter IB 245,2

– [2A] *Hans Carossa: Die Schicksale Doktor Bürgers.* [Die Flucht (Ein Gedicht.)] 1930: 1.–10. Tsd. – 1931: 30. Tsd.

– [2B] –: *Die Schicksale Doktor Bürgers. Die Flucht.* Die Erzählung um einen Absatz erweitert. 1932: 31.–50. Tsd. – 1940: 120. Tsd. – 1949 (W): 130. Tsd. – 1958 (W): 177. Tsd. – 1999: 182. Tsd. – 14 Auflagen

335 *Albrecht Dürer: Das Marienleben.* Eine Holzschnittfolge. 20 Tafeln. Nachwort: Emil Waldmann. 1921: 1.–10. Tsd. – 1928: 25. Tsd. – 1938: 50. Tsd. – 1944: 75. Tsd. – 10 Auflagen

336 *Ferdinand Raimund: Der Alpenkönig und der Menschenfeind.* Romantisch-komisches Original-Zauberspiel in zwei Aufzügen. Nachwort: August Sauer. 1921: 1.–10. Tsd.

337 *Sex Puncta Theosophica* oder von Sechs theosophischen Punkten hohe und tiefe Gründung. Eine offene Pforte aller Heimlichkeiten des Lebens, darinnen die Ursachen aller Wesen erkannt werden. Geschrieben von *Jakob Böhme* sonst Teutonicus genannt im Jahr 1620. Nach der Ausgabe von 1730. Nachbemerkung: Hans Kayser. 1921: 1.–10. Tsd. – 1934: 13. Tsd. – 2 Auflagen

338 [1] *Paul Ernst: Fünf Novellen.* [Glück. Die Geliebte des Anderen. Der Kirschbaum. Das alte Bild. Der Karneol.] 1921: 1.–10. Tsd.

– [2] *Anatole France: Der Statthalter von Judäa und andere Novellen.* [Balthasar. Laeta Acilia. Der Gaukler unserer lieben Frau.] Übersetzt von Otto M. Mittler und Wilhelm Stein. 1928: 1.–10. Tsd.

339 *Hugo von Hofmannsthal:* [8] *Reden und Aufsätze.* 1921: 1.–10. Tsd. – 1931: 15. Tsd. – 1949 (W): 20. [statt 22.] Tsd. – 1954 (W): 30. Tsd. – 5 Auflagen

340 [1] [*Hans Jacob Christoffel von Grimmelshausen:*] *Der Erste Beernhäuter.* Nicht ohne sonderbare darunter verborgene Lehrreiche Geheimniß, sowol allen denen, die so zu schelten pflegen und sich so schelten lassen, als auch sonst jedermann (vor dißmal zwar nur vom Ursprung dieses schönen Ehren-Tituls) andern zum Exempel vorgestellet von Illiterato Ignorantio, zugenannt Idiota. Satzanordnung, in Holz geschnittener Titel, Initiale und 5 Radierungen von Marcus Behmer. Nachwort: Manuel Schnitzer. 1922: 1.–10. Tsd. – 1987 (F): 18. Tsd. – 2 Auflagen

– [2] *Ferdinand Gregorovius: Neapel und Capri.* 1943: 1.–10. Tsd. [fast vollständig kriegsvernichtet] – 1944: 20. Tsd. – 2 Aufl.

341 *Leo N[ikolajewitsch] Tolstoi: Der lebende Leichnam.* Drama in sechs Akten (zwölf Bildern). Übertragung: Hermann Röhl. 1922: 1.–10. Tsd. – 1932: 20. Tsd. – 3 Auflagen

342 [1] *Aus Gerhard Tersteegens Briefen.* Auswahl und Vorwort: Ferdinand Weinhandl. Mit Quellenverweis. 1922: 1.–10. Tsd.

342 [2] *Friedrich Rückert: Gedichte und Sprüche.* Mit dem Text von Paul de Lagarde über F. Rückert. Auswahl und Nachwort: Ernst Bertram. 1952 (W): 1.–10. Tsd.

343 *George Moore: Die Wildgans.* Eine Erzählung aus Irland. Übertragung aus dem Englischen: Clara Barth und Max Freund. Vorbemerkung: Max Freund. 1922: 1.–10. Tsd.

344 *Wilhelm von Scholz: Vincenzo Trappola.* Ein Novellenkreis. 1922: 1.–10. Tsd. – 1936: 15. Tsd. – 2 Auflagen

345 G[*ustav*] *Th*[*eodor*] *Fechner: Nanna oder Über das Seelenleben der Pflanzen.* Auswahl, Bearbeitung und Nachwort: Max Fischer. 1922: 1.–10. Tsd. – 1939: 13. Tsd. – 2 Auflagen

346 [1A] *Kalidasa's Sakuntala.* Nach der kürzeren Textform übersetzt von Carl Cappeller. Vorwort und Anmerkungen: Carl Cappeller. 1922: 1.–10. Tsd.

– [1B] *Kalidasa: Sakuntala.* Drama. Übertragung und Anmerkungen: Carl Cappeller. Textrevision und Nachwort: Hermann Weller. 1939: 11.–15. Tsd. [teilweise kriegsvernichtet] – 2 Auflagen – Seit 1963 verändert unter IB 757

– [2] *Beethoven im Gespräch.* Herausgegeben von Felix Braun. 1952 (L): 1.–22. Tsd. – 1959 (W): 32. Tsd. – 2 Auflagen – Siehe auch ›Österreichische Bibliothek‹ Nr. 9

347 [1] [39] *Altjüdische Legenden.* Eine Auswahl aus dem Born Judas von Micha Josef bin Gorion. Übertragung: Rahel Ramberg. Mit Nachwort. 1922: 1.–10. Tsd. – 1930: 15. Tsd. – 2 Auflagen

– [2] *Der Sachsenspiegel.* Bilder aus der Heidelberger Handschrift. 32 mehrfarbige Tafeln. Einleitung und Bilderläuterungen: Eberhard Freiherr von Künßberg. Mit Personen- und Sachverzeichnis. 1934: 1.–25. Tsd. – 1933: 53. Tsd. – 1941: 84. Tsd. [Mit ›Übersicht der Bilder und Artikel‹.] – 4 Auflagen

348 [1] *Eugène Delacroix: Englische, marokkanische und spanische Reise.* Nach Briefen und Tagebuchaufzeichnungen des Künstlers. Auswahl, Übertragung und Nachwort: Hans Graber. 1922: 1.–10. Tsd.

– [2] *Carl Sternheim: Die Hose.* Ein bürgerliches Lustspiel. Einleitung: Friedrich Eisenlohr. 1951 (L): 1.–10. Tsd. – 1958 (L): 15. Tsd. – 2 Auflagen

349 [1] *Stefan Zweig: Die Augen des ewigen Bruders.* Eine Legende. 1922: 1.–10. Tsd. – 1929: 120. Tsd. – 1932: 170. Tsd. – 1950 (L): 180. Tsd. – 1952 (W): 200. Tsd. – 1961 (F): 303. Tsd. – 1976 (F): 340. Tsd. – 1986 (F): 365. Tsd. – 1990 (F): 375. Tsd. – 1998: 393. Tsd. – 2000: 397. Tsd. – 2010: 406. Tsd. – 41 Auflagen

– [2] *Leopold von Ranke: Politisches Gespräch.* Geleitwort und Anmerkungen: Heinrich Ritter von Srbik. 1941: 1.–20. Tsd. – 1943: 60. Tsd. – 1944: 70. Tsd. [weitgehend kriegsvernichtet] – 3 Auflagen

350 *Geistliche Auslegung des Lebens Jesu Christi.* Eine Holzschnittfolge des 15. Jahrhunderts. 55 Holzschnitte. Nachwort: Albert Schramm. 1922: 1.–10. Tsd. – 1939: 13. Tsd. [weitgehend kriegsvernichtet] – 1955 (L): 23. Tsd. [Nachwort verändert.] – 3 Auflagen

351 [1A] *Alexander Petőfi: Gedichte.* Auswahl und Nachwort: Robert Gragger. Übertragungen aus dem Ungarischen von Ludwig Aigner, Georg Dieballa, Ludwig Fulda, Heinrich Horvat, Lorenz Landgraf, Hedwig Lüdeke, Ladislaus von Neugebauer, Ignaz Schnitzer und Josef Steinbach. 1923: 1.–6. Tsd.

– [1B] *Sándor Petőfi: Das Meer hat sich erhoben.* Gedichte. Auswahl, Übertragung aus dem Ungarischen, Nachwort und Anmerkungen: Gerhard Steiner. 1973 (L): 1.–10. Tsd.

– [2A] *Das kleine Buch der Tropenwunder.* [24] Kolorierte Stiche von Maria Sibylla Merian. Geleitwort: Friedrich Schnack. Mit Tafelverzeichnis. 1935: 1.–22. Tsd. – 1935: 47. Tsd.

– [2B] –. Eine Tafel ausgewechselt. 1936: 48.–77. Tsd. – 1939: 102. Tsd. – 1954 (L+W): 152. Tsd. – 1999: 157. Tsd. – 2000: 159. Tsd. – 2008: 163. Tsd. – 9 Auflagen

352 [1] *Der Bauernkrieg in zeitgenössischen Schilderungen.* [Die Werdensteiner Chronik. Bei den Nonnen zu Heggbach. Die Hällischen Bauern. Der Kitzinger Bauernmord.] Auswahl, Nachwort, Anmerkungen und Wortverzeichnis: Otto H. Brandt. 1923: 1.–6. Tsd.

– [2] *Liselotte von der Pfalz: Briefe.* Auswahl, Nachwort und Anmerkungen: Karl Preisendanz. 1941: 1.–10. Tsd.

353 *Die mystische Hochzeit des heiligen Franziskus mit der Frau Armut.* Übertragung nach einem Text des XIV. Jahrhunderts und

Vorwort: E. von Némethy. 1923: 1.–6. Tsd. – 1933: 8. Tsd. – 2 Auflagen

354 *Don Pedro Calderon de la Barca: Der Schulze von Zalamea.* Schauspiel in drei Aufzügen. Übertragung, Bearbeitung und Nachwort: Otto Freiherr von Taube. 1923: 1.–6. Tsd.

355 *Briefe eines Unbekannten.* Eine Auswahl aus den Briefen Alexander von Villers'. Auswahl und Vorwort: Z. und H. von Halben. 1923: 1.–6. Tsd. – 1944: 22. Tsd. – 1947 (W): 27. Tsd. – 5 Auflagen

356 [1] *Jean Paul: Traumdichtungen.* Auswahl und Nachwort: Johannes Reiher. 1923: 1.–5. Tsd. – 1940: 13. Tsd. – 3 Auflagen

– [2] –: *Begegnungen mit Zeitgenossen.* Auswahl, Nachwort, Anmerkungen und Quellennachweis: Gerhard W. Fieguth. 1964 (F): 1.–7. Tsd.

357 [1] *Bogumil Goltz: Die Deutschen.* Auswahl und Vorwort: Ewald Silvester. 1923: 1.–6. Tsd.

– [2] *Briefe des Feldmarschalls Blücher.* Auswahl und Nachwort: Wilhelm Capelle. [1.–21. Tsd. unter IB 170,1; ab 22. Tsd. verändert.] – 1937: 22.–26. Tsd. – 1943: 61. Tsd. – 4 Auflagen

– [3] *Norbert Frýd: Das verlorene Band.* Erzählung. Übertragung aus dem Tschechischen: Günter Müller. Mit Nachwort. 1966 (L): 1.–10. Tsd.

358 [1] *Ein hübsch Spiel gehalten zu Ury in der Eydgnoßschafft von Wilhelm Thellen, ihrem Landmann und ersten Eydgnossen.* Mit 10 Holzschnitten des Züricher Drucks von 1563 und einem Titelholzschnitt. [Titelschild irrtümlich: 12 Holzschnitte.] Revision, Anmerkungen und Nachwort: Nold Halder. 1923: 1. – 6. Tsd.

– [2] *Wilhelm Busch: Platonische Briefe an eine Frau.* Nachwort: Hans Balzer. 1942: 1.–20. Tsd. [fast vollständig kriegsvernichtet] – 1944: 30. [statt 20.] Tsd. – 1949 (W): 40. Tsd. – 1962 (L): 76. Tsd. – 6 Auflagen

359 *Charles Dickens: Detektivgeschichten.* [Der Bettelbriefschreiber. Die Geheimpolizei. Drei Geheimpolizisten-Geschichten. Auf Runde mit Inspektor Field.] Übertragung: Franz Franzius. 1923: 1.–6. Tsd. – 1939: 14. [statt 18.] Tsd. – 1963 (L): 24. Tsd. – 4 Auflagen

360 [IA] *Es war einmal. Ein Bilderbuch von Ludwig Richter.* Mit 51 Abbildungen. 1923: 1.–10. Tsd. – 1925: 11. Tsd.

– [IB] –. 2 Abbildungen weggelassen, 2 Abbildungen verändert. 1934: 16.–20. Tsd.

– [IC] –. Erneut 1 Abbildung weggelassen. 1936: 21.–30. Tsd. – 1939: 40. Tsd. – 1950 (W): 50. Tsd. – 1953 (W): 70. Tsd. – 8 Auflagen

361 [IA] *Friedrich Nietzsche: Gedichte.* 1923: 1.–6. Tsd. – 1935: 50. Tsd. – 1937: 60. Tsd. – 1939: 70. Tsd. [weitgehend kriegsvernichtet] – 1950 (W): 75. Tsd. – 1956 (W): 92. Tsd.

– [IB] –. Auswahl verändert. Revidiert von Peter Pfaff. 1964 (F): 93.–102. Tsd. – 13 Auflagen

362 *Felix Timmermans: Das Triptychon von den Heiligen Drei Königen.* [Erzählung.] Mit 7 Zeichnungen und 3 gezeichneten Initialen von Felix Timmermans. Übertragung aus dem Flämischen: Anton Kippenberg. 1924: 1.–10. Tsd. – 1932: 100. Tsd. – 1940: 170. Tsd. – 1950 (W): 180. Tsd. – 1957 (W): 250. Tsd. – 1989 (F): 292. Tsd. – 1999: 296. Tsd. – 2003: 298. Tsd. – 2008: 299. Tsd. – 30 Auflagen

363 [*Johann Wolfgang von*] *Goethe: Hermann und Dorothea.* In neun Gesängen. Mit Nachwort. [1920: 1.–10. Tsd. = ›Pandora‹ Nr. 16. Restbestand 1924 in IB-Ausstattung.] – 1932: 15. Tsd. – 1940: 20. Tsd. [weitgehend kriegsvernichtet] – 2 Auflagen

364 *Jeremias Gotthelf: Das Erdbeeri-Mareili.* [Erzählung.] [1920: 1.–10. Tsd. = ›Pandora‹ Nr. 30. Restbestand 1924 in IB-Ausstattung.] – 1935: 15. Tsd. – 1941: 20. Tsd. – 2 Auflagen

365 *Fjodor M*[*ichailowitsch*] *Dostojewski: Aus dem Leben des Staretz Sosima.* [Titelschild: ›Aus den Aufzeichnungen des Starez Sosima.‹] Übertragung: Karl Nötzel. 1924: 1.–10. Tsd. – 1931: 15. Tsd. – 2 Auflagen

366 *Theophrastus Paracelsus: Labyrinthus medicorum oder Vom Irrgang der Ärzte.* Was der rechte Arzt lernen und kennen und wie beschaffen er sein soll, wenn er gut kurieren will. Herausgegeben und mit Nachwort von Hans Kayser. 1924: 1.–10. Tsd. – 1937: 15. Tsd. – 2 Auflagen

367 *Adalbert Stifter: Der Waldsteig.* Eine Erzählung. [1920: 1.–10.

Tsd. = ›Pandora‹ Nr. 31. Restbestand 1924 in IB-Ausstattung.] – 1924: 20. Tsd. – 1941: 45. Tsd. – 4 Auflagen

368 [1] [*Christian Reuter:*] *L'Honnéte Femme Oder die Ehrliche Frau zu Plißine,* in Einem Lust-Spiele, vorgestellet, und aus dem Französischen übersetzet von Hilario. Plißine, Gedruckt in diesem Jahre. Mit Titelholzschnitt. Textrevision: Georg Witkowski. Nachwort: Fritz Adolf Hünich. 1924: 1.–6. Tsd.

– [2A] *Die Rede des Perikles für die Gefallenen.* (Aus Thukydides des Atheners zweitem Buch über den Peloponnesischen Krieg.) Deutsch von Rudolf G. Binding. Zweifarbiger Druck der Mainzer Presse (Chr. H. Kleukens). [Druckanordnung von Auflage zu Auflage verändert.] 1938: 1.–20. Tsd. – 1940: 30. Tsd. [Seitdem zusätzlich eine Initiale.] – 1944: 45. Tsd.

– [2B] –. Neusatz und einfarbiger Druck, nicht mehr von der Mainzer Presse. 1954 (W): 46.–55. Tsd. – 4 Auflagen

369 [1] *P[jotr] D[imitrijewitsch] Boborykin: Am Herde.* Erzählung. Übertragung aus dem Russischen: Hermann Röhl. 1924: 1.–10. Tsd.

– [2] *Nikolai [Wassiljewitsch] Gogol: Der Revisor.* Eine Komödie. Übertragung: Valerian Tornius. 1952 (L): 1.–20. Tsd. – 1955 (W): 30. Tsd. – 2 Auflagen

370 [1] *Einhard: Das Leben Kaiser Karls des Großen.* Mit den Vorworten Walahfrid Strabos und Einhards. Übertragung, Nachwort und Anmerkungen: Johannes Bühler. 1924: 1.–10. Tsd. – 1940: 18. Tsd. – 3 Auflagen

– [2] *Arnold Zweig: Familie Klopfer.* Erzählung. 1952 (L): 1.–20. Tsd.

371 [1A] [*Ludwig van*] *Beethoven: An die ferne Geliebte.* Ein Liederkreis. [Mit Noten.] Mit einer Titelzeichnung. Herausgegeben und mit einem [von Auflage zu Auflage veränderten] Nachwort von Max Friedlaender. 1924: 1.–10. Tsd. – 1936: 23. Tsd. – [24.–33. Tsd. unter 1B.] – 1952 (L): 34.–53. Tsd.

– [1B] –. Nachwort: Rudolf Bach. 1939: 24.–33. Tsd. [teilweise kriegsvernichtet] – 5 Auflagen

372 [1] *Beduinischer Diwan.* Lieder aus dem Libyschen Sandmeer. Gesammelt, aus dem Arabischen übertragen, Nachwort und Anmerkungen: J. C. Ewald Falls. 1924: 1.–10. Tsd.

– [2] *Annette von Droste in ihren Briefen.* Auswahl: Levin Ludwig Schücking. Mit Nachwort. [1.–20. Tsd. unter IB 312,3.] – 1949 (W): 21.–30. Tsd.

373 [*William*] *Shakespeare: Venus und Adonis.* [Versdichtung.] Übertragung: Bruno Erich Werner. 1924: 1.–10. Tsd.

374 *Honoré de Balzac: Oberst Chabert.* [Novelle.] Übertragung: Felix Paul Greve. 1925: 1.–10. Tsd. – 1940: 13. Tsd. – 1950 (L): 23. Tsd. – 3 Auflagen

375 *Leo N*[*ikolajewitsch*] *Tolstoi: Die Kreutzersonate.* [Novelle.] Übertragung: Arthur Luther. 1925: 1.–10. Tsd. – 1937: 50. Tsd. – 1940: 60. Tsd. [weitgehend kriegsvernichtet] – [61.–70. Tsd. nicht IB – IK 1768.] – 1957 (W): 71.–80. Tsd. – 1962 (F): 90. Tsd. [Restbestände 1966 (L).] – 9 Auflagen

376 *Wilhelm Heinse: Aphorismen.* Auswahl und Nachwort: Albert Leitzmann. 1925: 1.–10. Tsd.

377 *Friedrich von Stendhal: Schwester Scolastica.* Novelle. Übertragung, Vorwort und Anmerkungen: Arthur Schurig. 1925: 1.–10. Tsd. – 1947 (L): 20. Tsd. – 1954 (L): 30. Tsd. [Anmerkungen erweitert.] – 1958 (L): 40. Tsd. [Seitdem Vorwort als Nachwort.] – 1962 (L): 55. Tsd. – 5 Auflagen

378 *Robert Louis Stevenson: Die Zechkumpane.* Erzählung. Übertragung: Franz Franzius. 1925: 1.–10. Tsd.

379 *Franz Pocci: Lustige Kasperlkomödien.* [Kasperl als Porträtmaler. Der artesische Brunnen. Kasperl als Prinz. Dornröslein.] Mit 6 Holzschnitten nach Zeichnungen Poccis. Mit Noten. 1925: 1.–10. Tsd. – 1941: 16. Tsd. – 3 Auflagen

380 [*Johann Wolfgang von*] *Goethe: Die Metamorphose der Pflanzen.* 1925: 1.–10. Tsd.

381 *Victor Hugo: Der letzte Tag eines Gerichteten.* Übertragung: Li Wegner. 1925: 1.–10. Tsd. – 1948 (L): 20. Tsd. – 2 Auflagen

382 [1] *Joseph Görres: Die teutschen Volksbücher.* Auswahl und Nachwort: Josef Prestel. 1925: 1.–10. Tsd.

– [2] *Michail* [*Jefgrafowitsch*] *Saltykow-Schtschedrin / Valentin* [*Petrowitsch*] *Katajew: Drei satirische Fabeln.* [Saltykow: Die idealistische Karausche. Der erzgescheite Gründling – Katajew: Die Perle.] Übertragung aus dem Russischen: Horst Wolf. 1951 (L): 1.–10. Tsd. – 1956 (L): 20. Tsd. – 2 Auflagen

383 *Alfred Brehm: Die Singvögel des deutschen Waldes.* Auswahl und Nachwort: Carl W. Neumann. 1925: 1.–10. Tsd. – 1943: 30. Tsd. – 1947 (W): 35. Tsd. – 1950 (L): 59. Tsd. – 8 Auflagen

384 *D[avid] H[erbert] Lawrence: Der Fuchs.* Novelle. Übertragung: Else Jaffe-Richthofen. 1926: 1.–10. Tsd. – 1937: 13. Tsd. – [14.–23. Tsd. nicht IB – IK 988.] – 1953 (W): 33. Tsd. [Untertitel ›Erzählung‹.] – 3 Auflagen

385 [1] *Gustav Freytag: Die Entwicklung der deutschen Volksseele.* Aus den ›Bildern aus der deutschen Vergangenheit‹. Auswahl und Vorwort: Johannes Bühler. 1926: 1.–10. Tsd.

– [2] *Alexej S[ilytsch] Nowikow-Priboi: Zwei Seegeschichten.* [Blinde Passagiere. ›Kommunist‹ auf Heimfahrt.] Übertragung aus dem Russischen: Horst Wolf. Mit Nachwort. 1952 (L): 1.–10. Tsd.

386 *Nikolai [Wassiljewitsch] Gogol: Das Bildnis.* Erzählung. Übertragung und Nachwort: Arthur Luther. 1926: 1.–10. Tsd. – 1940: 13. Tsd. [weitgehend kriegsvernichtet] – 1949 (L): 23. Tsd. – 1960 (L): 43. Tsd. – 5 Auflagen

387 *Chinesische Meisternovellen.* [Die Frau ohne Lachen. Das geheimnisvolle Bild. Die Tochter des Bettlerkönigs.] Übertragung aus dem chinesischen Urtext und Quellennotiz: Franz Kuhn. 1926: 1.–10. Tsd. – 1943: 50. Tsd. – [51.–70. Tsd. nicht IB – IK 306.] – 1950 (W): 80. Tsd. – 1952 (W): 100. [statt 90.] Tsd. – 1975 (L): 149. Tsd. [14. statt 10. Auflage.] – 14 Auflagen

388 [1A] *Märchen und Legenden aus den Gesta Romanorum.* Mit [16] Holzschnitten [und 13 Holzschnitt-Initialen] von Axel von Leskoschek. Übertragung: Johann Georg Theodor Graesse (1842). Nachwort: Hermann Hesse. 1926: 1.–10. Tsd.

– [1B] –. Veränderte Auswahl: 2 Legenden weggelassen, 3 hinzugefügt. Ohne die Holzschnitt-Initialen. 1956 (L): 11.–20. Tsd. – 2 Auflagen

389 *Plato: Ein Gastmahl.* Übertragung: Emil Müller. Mit Nachwort. 1926: 1.–10. Tsd. – 1941: 30. Tsd. – 1947 (W): 35. Tsd. – 1961 (F): 51. Tsd. – 8 Auflagen

390 *Oscar Wilde: Das Gespenst von Canterville.* [Erzählung.] Mit Bildern [14 Zeichnungen] von Hans Alexander Müller.

Übertragung: Franz Blei. 1926: 1.–10. Tsd. – 1939: 40. Tsd. – 4 Auflagen

391 *Jakob Schaffner: Das verkaufte Seelenheil.* Eine Erzählung. 1927: 1.–10. Tsd. – 1938: 20. Tsd. – 3 Auflagen

392 [1] *Max Eyth: Dunkle Blätter.* Aus dem Taschenbuch eines deutschen Ingenieurs. 1927: 1.–10. Tsd. – 1943: 33. Tsd. – 5 Auflagen

– [2] *Adelbert von Chamisso: Gedichte.* Auswahl und Nachbemerkung: Hans Klähn. 1967 (L): 1.–10. Tsd.

393 *Russische Volksmärchen.* [18 Märchen.] Auswahl, Übertragung und Nachwort: Xaver Schaffgotsch. 1927: 1.–10. Tsd. – 1937: 13. Tsd. – 1940: 18. Tsd. [weitgehend kriegsvernichtet] – 1947 (L): 28. Tsd. – 4 Auflagen

394 [1A] *Paul Verlaine: Gedichte.* Eine Auswahl der besten Übertragungen. Auswahl und Nachwort: Stefan Zweig. 1927: 1.–10. Tsd. – 1934: 20. Tsd.

– [1B] –. Um 7 Gedichte gekürzt. 1938: 21.–23. Tsd.

– [1C] –. Neue Auswahl in neuen Übertragungen. Auswahl und Nachwort: Karl Krolow. 1957 (W): 24.–33. Tsd. – 5 Auflagen

395 *Isolde Kurz: Die Vermählung der Toten.* Eine Florentiner Novelle. 1927: 1.–10. Tsd. – 1938: 25. Tsd. – 3 Auflagen

396 *Paul de Lagarde: Deutsche Politik und Religion.* Eine Auswahl aus den Schriften. Nachwort und Quellennachweis: Friedrich Daab. 1927: 1.–8. Tsd. – 1937: 11. Tsd. – 1940: 16. Tsd. [fast vollständig kriegsvernichtet] – 3 Auflagen

397 *Hans Christian Andersen: Die schönsten* [9] *Märchen.* [Übertragen aus dem Dänischen.] 1927: 1.–10. Tsd. – 1942: 40. Tsd. – 4 Auflagen

398 [1A] *Nikolai* [*Semjonowitsch*] *Leskow: Das Schreckgespenst.* Eine Erzählung. Übertragung: Gertrud von Bolschwingh. Nachwort: Johannes von Guenther. 1927: 1.–10. Tsd.

– [1B] –. Ohne Nachwort. Mit Vita Leskows. 1949 (L): 11.–20. Tsd. – 1958 (L): 40. Tsd. – 4 Auflagen

399 *Sherwood Anderson: Aus dem Nirgends ins Nichts.* Amerikanische Novelle. Übertragung: Karl Lerbs. 1927: 1.–10. Tsd.

400 [1A] *Rainer Maria Rilke: Gedichte.* Auswahl: Katharina Kippenberg. 1927: 1.–15. Tsd. – 1927: 30. Tsd. – 1932: 100. Tsd. –

1937: 150. Tsd. [Seitdem u. d. T. *Ausgewählte Gedichte.*] – 1939: 180. Tsd. – 1941: 200. Tsd. [Seitdem u. d. T. *Der ausgewählten Gedichte erster Teil.*] – 1943: 240. Tsd. – 1944: 250. Tsd. [weitgehend kriegsvernichtet] – [251.–260. Tsd. unter IB.] – 1946 (L): 270. Tsd.

400 [IB] –: *Der ausgewählten Gedichte erster Teil.* Veränderte Auswahl: 6 Gedichte weggelassen, 5 Gedichte hinzugefügt. 1946 (W): 251.–260. Tsd. – [261.–270. Tsd. unter IA.] – 1951 (W): 300. Tsd. – 1965 (F): 401. Tsd. – 1985 (F): 440. Tsd. – 1994: 454. Tsd. – 1998: 460. Tsd. – 2000: 463. Tsd. – 2008: 469. Tsd. – 44 Auflagen – Siehe auch IB 480

401 *Felix Timmermans: Aus dem schönen Lier.* Als Anhang ›Kleine Selbstbiographie von Felix Timmermans‹. Mit 16 Zeichnungen des Dichters. Übertragung aus dem Flämischen: Peter Mertens. 1929: 1.–10. Tsd. – 1929: 20. Tsd. – 1933: 50. Tsd. – 1938: 75. Tsd. – 1942: 85. Tsd. [fast vollständig kriegsvernichtet] – 1959 (W): 95. Tsd. – 9 Auflagen

402 *Wilhelm Hey: Noch fünfzig Fabeln für Kinder.* Mit Doppeltitel und 50 Lithographien von Otto Speckter. 1929: 1.–10. Tsd. – 1937: 30. Tsd. – 3 Auflagen – Siehe auch IB 309,2

403 [1] *Klabund: Pjotr.* Roman eines Zaren. 1929: 1.–10. Tsd. – 1930: 30. Tsd. – 1932: 60. Tsd. – 5 Auflagen

– [2] *Clemens Brentano: Briefe.* Auswahl und Nachwort: Hubert Schiel. 1941: 1.–10. Tsd.

404 [1] *Maxim Gorki: Malwa.* Novelle. Übertragung aus dem Russischen: Arthur Luther. 1929: 1.–10. Tsd. – 1930: 20. Tsd. – 1951 (L): 30. Tsd. [Untertitel ›Erzählung‹.] – 3 Auflagen

– [2] *Die Gesichte der Schwester Mechtild von Magdeburg.* Aus dem ›Fließenden Licht der Gottheit‹. Auswahl und Nachwort: Heinrich Adolf Grimm. [1.–10. Tsd. unter IB 236,1.] – 1937: 11.–13. Tsd. [teilweise kriegsvernichtet]

405 *Ricarda Huch: Fra Celeste.* Eine Erzählung. 1929: 1.–10. Tsd. – 1932: 30. Tsd. – 1940: 35. Tsd. – 4 Auflagen

406 *Rainer Maria Rilke: Briefe an einen jungen Dichter.* Einleitung: Franz Xaver Kappus. 1929: 1.–10. Tsd. – 1930: 100. Tsd. – 1937: 200. Tsd. – 1944: 280. Tsd. – 1947 (W): 285. Tsd. – 1950 (L): 315. [statt 305.] Tsd. [Leipziger Auflagen seit 1950 mit

Nachbemerkung des Verlags.] – 1957 (L): 383. Tsd. [Nachbemerkung verändert.] – 1960 (F): 403. Tsd. – 1985 (F): 453. Tsd. – 1989 (F): 461. Tsd. – 1991: 465. Tsd. – 1998: 485. Tsd. – 2000: 488. Tsd. – 2005: 498. Tsd. – 2009: 506. Tsd. – 2011: 508. Tsd. – 51 Auflagen

407 *Die Sinnsprüche Omars des Zeltmachers. Rubaijat -i- Omar -i- Khaijam.* Übertragung aus dem Persischen, Einführung und Erläuterungen: Friedrich Rosen. 1929: 1.–10. Tsd. – 1940: 25. Tsd. – 1950 (W): 30. Tsd. – 1963 (F): 53. Tsd. [Einführung als Nachwort.] – 1973 (L): 63. Tsd. [Titel *Omar-i-Khajjam: Sinnsprüche*; 9. statt 5. Auflage.] – 1979 (F): 66. [statt 56.] Tsd. [Seitdem Einführung als Nachwort.] – 1983 (F): 68. [statt 58.] Tsd. – 1990 (F): 71. [statt 61.] Tsd. [Seitdem mit Frontispiz.] 1993: 73. [statt 63.] Tsd. – 1998: 74. [statt 64.] Tsd. – 2002: 75. Tsd. – 2006: 77. Tsd. – 16 Auflagen

408 [1A] *Stefan Zweig: Kleine Chronik.* Vier Erzählungen. [Die unsichtbare Sammlung. Episode vom Genfer See. Leporella. Buchmendel.] 1929: 1.–30. Tsd. – 1930: 100. Tsd. – [101.–110. Tsd. nicht erschienen.]

– [1B] –. Drei Erzählungen. [Ohne ›Episode vom Genfer See‹.] Nachwort: Fritz Adolf Hünich. 1951 (L): 111.–130. Tsd. – 4 Auflagen

– [1C] –: *Buchmendel.* [Der Amokläufer. Brief einer Unbekannten. Leporella. Buchmendel. Episode am Genfer See.] Novellen. 1976 (L): 1.–20. Tsd.

– [2] *Die schöne Magelona.* Dem deutschen Volksbuch nacherzählt von Severin Rüttgers. Mit 32 Holzschnitten nach dem Leipziger Druck von 1595. Nachwort: Severin Rüttgers. [1.–35. Tsd. unter IB 39,1; ab 36. Tsd. wesentlich verändert.] – 1938: 36.–40. Tsd.

409 *Rainer Maria Rilke: Briefe an eine junge Frau.* Nachwort: Carl Sieber. 1930: 1.–20. Tsd. – 1930: 50. Tsd. – 1935: 100. Tsd. – 1940: 150. Tsd. – 1941: 170. Tsd. [fast vollständig kriegsvernichtet] – [171.–180. Tsd. nicht IB – IK 1318.] – 1949 (W): 181.–190. Tsd. – 1952 (W): 242. Tsd. – 1988 (F): 282. Tsd. – 1992: 284. Tsd. – 1995: 286. Tsd. – 1999: 288. Tsd. – 2004: 289. Tsd. – 27 Auflagen

410 *Wilhelm Schmidtbonn: Der kleine Wunderbaum.* Zwölf Legenden. 1930: 1.–10. Tsd. – 1937: 13. Tsd. – 1941: 18. Tsd. [fast vollständig kriegsvernichtet] – 3 Auflagen

411 [1] *Arnold Ulitz: Boykott. Scharlach.* Zwei Schülernovellen. 1930: 1.–20. Tsd.

– [2] *[Johann Wolfgang von] Goethe: Pandora.* Ein Festspiel. Mit einem Anhang und den 4 Zeichnungen der Wiener Erstausgabe (1810) von Vinzenz Raimund Grüner. Nachwort: Julia Maria Becker. [1.–20. Tsd. unter IB 30,1; dort ohne Zeichnungen und Nachwort, aber mit umfangreicherem Anhang.] – 1938: 21.–25. Tsd.

412 [1] *Josef Ponten: Die Uhr von Gold.* Eine Erzählung. 1931: 1.–10. Tsd. – 1940: 18. Tsd. – 3 Auflagen

– [2] *Richard Gäng: Die Heimfahrt des Andreas Kumlin.* Novelle. 1952 (W): 1.–10. Tsd.

413 [1A] *Oscar Wilde: Der glückliche Prinz und andere Erzählungen.* [Der eigensüchtige Riese. Die Nachtigall und die Rose. Der ergebene Freund. Die bedeutende Rakete.] Übertragung: Franz Blei. 1931: 1.–10. Tsd. – 1938: 13. Tsd.

– [1B] –. Mit [22] Zeichnungen von Rolf Kuhrt. Nachwort: Joachim Krehayn. 1964 (L): 14.–24. Tsd.

– [1C] –: *Der glückliche Prinz und andere Märchen.* Mit 10 Illustrationen [Zeichnungen] von Heinrich Vogeler und mit Schmucktitel. Übertragung: Franz Blei. Ohne Nachwort. 1966 (F): 25.–31. Tsd. – 1999: 36. Tsd. [Seitdem ohne Schmucktitel.] – 2000: 38. Tsd. – 2009: 44. Tsd. – 7 Auflagen – Siehe auch IB 558,2

414 *Wilhelm Schäfer: Das fremde Fräulein.* Zehn Anekdoten. 1931: 1.–10. Tsd. – 1941: 40. Tsd. – 5 Auflagen

415 [1A] *Chronik von Goethes Leben.* Zusammenstellung und Nachwort: Flodoard Freiherr von Biedermann. 1931: 1.–10. Tsd.

– [1B] –. Von Franz Götting bearbeitete und erweiterte Ausgabe. 1932: 11.–20. Tsd. – 2 Auflagen – Siehe auch IB 782

– [2] *Der Magus im Norden.* Aus den Schriften und Briefen von Johann Georg Hamann. Auswahl und Nachwort: Walther Ziesemer. 1950 (W): 1.–12. Tsd.

416 [1A] *Plato: Phaidros, oder vom Schönen.* Unter Benutzung älterer Vorlagen übersetzt von Wilhelm Rechnitz. Anmerkungen und Nachwort: Wilhelm Rechnitz. 1931: 1.–10. Tsd.

– [1B] –. Ohne Nachwort. ›Für den vorliegenden Text wurden ältere Übertragungen benutzt.‹ 1940: 11.–13. Tsd. – 2 Auflagen

417 [1] *Aldous Huxley: Das Lächeln der Gioconda. Jung-Archimedes.* Zwei Novellen. Übertragung aus dem Englischen: Herberth E. Herlitschka. 1931: 1.–10. Tsd. – 1951 (W): 15. Tsd. – 1957 (W): 25. Tsd. – 3 Auflagen

– [2] *Franz Grillparzer: Ein Bruderzwist in Habsburg.* Trauerspiel in fünf Aufzügen. Nachwort: Rudolf Bach. 1941: 1.–10. Tsd. – Siehe auch ›Österreichische Bibliothek‹ Nr. 15 [Dort ohne Nachwort.]

418 *Ein altes deutsches Weihnachtsspiel.* Bearbeitet und ergänzt von Max Mell. 1931: 1.–10. Tsd. – 1940: 13. Tsd. – 1950 (W): 18. Tsd. – 1956 (W): 27. Tsd. – 5 Auflagen

419 *D[avid] H[erbert] Lawrence: Die Frau, die davonritt.* Novelle. Übertragung aus dem Englischen: Herberth E. Herlitschka. 1931: 1.–10. Tsd. – 1938: 20. Tsd. – 1948 (L): 28. Tsd. – 1960 (W): 43. Tsd. [Untertitel ›Erzählung‹.] – 6 Auflagen

420 *Felix Timmermans: Sankt Nikolaus in Not und andere Erzählungen.* [Das Schweinchen. Ambiorix. Die Madonna der Fische. Die ländliche Prozession.] Mit [8] Zeichnungen des Dichters. Übertragung aus dem Flämischen: Anna Valeton-Hoos. 1931: 1.–10. Tsd. – 1936: 60. Tsd. – 1940: 95. Tsd. – 1942: 135. Tsd. – 1944: 185. Tsd. – 1949 (W): 195. Tsd. – 1961 (F): 310. Tsd. – 1979 (F): 333. Tsd. – 1989 (F): 350. Tsd. – 1996: 356. Tsd. – 2000: 358. Tsd. – 2010: 362. Tsd. – 38 Auflagen

421 [1] *Friedrich Nietzsche: Freundesbriefe.* Auswahl und Anmerkungen: Richard Oehler. Mit Verzeichnis der Briefadressaten. 1931: 1.–10. Tsd. – 1942: 30. Tsd. – 5 Auflagen

– [2] *Konstantin [Alexandrowitsch] Fedin: Begegnungen zwischen Saratow und Leningrad.* [Die Karpfen. Begegnung mit der Vergangenheit. Das Bild Lenins. Das Delegationsmitglied. Bruder und Schwester.] Erzählungen. Übertragung: Monica Huchel und Georg Schwarz. 1965 (L): 1.–10. Tsd.

422 [1] *Stefan Zweig: Ausgewählte Gedichte.* 1931: 1.–10. Tsd. – 1934: 20. Tsd. – 3 Auflagen – Seit 1950 unter IB 174,3

– [2A] *Georg Kolbe: Bildwerke.* Vom Künstler ausgewählt. 43 Tafeln. Nachwort: Richard Graul. Mit Verzeichnis der Bildwerke. 1939: 1.–100. Tsd. – 1940: 130. Tsd.

– [2B] –. Nachwort: Richard Scheibe. 1955 (W): 131.–180. Tsd. [Tafelteil und Titelei bereits 1940 (L) gedruckt.] – 3 Auflagen

423 *Balthasar Gracian: Hand-Orakel und Kunst der Weltklugheit.* Nach der Übertragung von Arthur Schopenhauer neu herausgegeben von Otto Freiherrn von Taube. Nachwort: Otto Freiherr von Taube. 1931: 1.–10. Tsd. – 1938: 15. Tsd. – 1946 (W): 20. Tsd. – 1960 (W): 37. Tsd. – 1988 (F): 43. Tsd. [7. statt 12. Auflage.] – 1992: 45. Tsd. – 1998: 50. Tsd. – 2001: 52. Tsd. – 2008: 57. Tsd. – 14 Auflagen

424 *Wilhelm Hauff: Die Karawane.* [6] Märchen. Mit 7 Initialen von Carl Weidemeyer. 1932: 1.–10. Tsd. – 1943: 20. Tsd. [fast vollständig kriegsvernichtet] – 2 Auflagen

425 *Hermann Löns:* [9] *Tiergeschichten.* 1932: 1.–20. Tsd. – 1937: 40. Tsd. – 1940: 60. Tsd. – 5 Auflagen

426 *Karl Heinrich Waggerl: Das Wiesenbuch.* Mit 16 Scherenschnitten des Verfassers. 1932: 1.–10. Tsd. – 1934: 100. Tsd. – 1938: 150. Tsd. – 1941: 190. Tsd. [Seitdem Bildreihenfolge geändert.] – 1943: 200. Tsd. – 1949 (W): 225. Tsd. [Seitdem Bildreihenfolge erneut geändert.] – 1957 (W): 300. Tsd. – 1989 (F): 348. Tsd. – 1992: 350. Tsd. – 1995: 352. Tsd. – 2000: 353. Tsd. – 33 Auflagen

427 [1] *Josef Ponten: Bergreisegeschichten.* Der Gletscher. Die Letzte Reise. 1932: 1.–10. Tsd. – 1942: 30. Tsd. – 5 Auflagen

– [2] *Herbert von Hoerner: Die letzte Kugel.* Erzählung. 1951 (W): 1.–10. Tsd. – 1958 (F): 25. Tsd. [Seitdem mit Bibelvorspruch.] – 1961 (F): 32. Tsd. – 4 Auflagen

428 *D[avid] H[erbert] Lawrence: Frohe Geister. Eine englische Familie.* Erzählungen. Übertragung aus dem Englischen: Georg Goyert. 1932: 1.–10. Tsd.

429 *Ernest Claes: Hannes Raps.* Eine Landstreicher-Geschichte. Mit [10] Bildern von Felix Timmermans. Übertragung aus dem Flämischen: Peter Mertens. 1932: 1.–10. Tsd. – 1942: 75.

Tsd. – 1945: 95. Tsd. [fast vollständig kriegsvernichtet] – 1957 (W): 105. Tsd. – 7 Auflagen

430 [1] *Ernst Bertram: Von deutschem Schicksal.* Gedichte. 1932: 1.–10. Tsd. – 1941: 15. Tsd. – 2 Auflagen

– [2] *Tschingis Aitmatow: Der erste Lehrer.* Erzählung. Mit [14] Zeichnungen von Jutta Hellgrewe. Übertragung aus dem Russischen: Leoni Labas. Mit Worterklärungen und einer Vita Aitmatows. 1965 (L): 1.–10. Tsd.

431 *Peter Dörfler: Jakobäas Sühne.* [Regine und Mang.] Zwei Erzählungen aus den Bergen. 1933: 1.–10. Tsd. – 1942: 18. Tsd. – 3 Auflagen

432 [1A] *Älteste deutsche Dichtungen.* Urtext und Übertragung. Auswahl und Übertragung: Friedrich von der Leyen und Karl Wolfskehl. Mit Vor- und Nachwort. 1932: 1.–10. Tsd.

– [1B] –. Erweitert um das ›Ludwigslied‹. 1936: 11.–15. Tsd. – 1939: 20. Tsd. [fast vollständig kriegsvernichtet] – 1949 (W): 25. Tsd. – 1954 (L): 40. Tsd. [Ohne Nachwort.]

– [1C] –. Veränderte Auswahl: 2 Texte ausgetauscht. 1956 (W): 41.–48. Tsd.

– [1D] –. Um 4 Texte erweitert. Mit Vorwort. Nachwort: Friedrich von der Leyen. 1964 (F): 49.–55. Tsd. – 8 Auflagen

433 *Frans Masereel: Geschichte ohne Worte.* Ein Roman in Bildern. 60 Holzschnitte. Nachwort: Hermann Hesse. 1933: 1.–10. Tsd. – 1935: 15. Tsd. – 1952 (W): 25. Tsd. – 1957 (L): 55. Tsd. – 1989 (F): 57. Tsd. – 7 Auflagen

434 [1] *Graf Alfred von Schlieffen: Gneisenau.* Vorwort: Friedrich von Cochenhausen. 1933: 1.–10. Tsd. – 1940: 15. Tsd. – 2 Auflagen

– [2] *Jean Paul: Des Luftschiffers Giannozzo Seebuch.* Almanach für Matrosen, wie sie sein sollten. Nachwort: Hans Dietrich Dahnke. 1965 (L): 1.–10. Tsd. [2. Auflage; 1. Auflage nicht IB – IK 837.] – Siehe auch IB 1073 und 1291

435 [1] *Gespräche Friedrichs des Großen mit Henri de Catt.* Auswahl und Nachwort: Friedrich von Oppeln-Bronikowski. 1933: 1.–10. Tsd. – 1938: 15. Tsd. – 2 Auflagen

– [2A] *Ulrich Bräker: Etwas über William Shakespears Schauspiele von einem armen ungelehrten weltbürger, der das glück genoß, densel-*

ben zu lesen. Anno 1780. Unveränderter Nachdruck des 1877 veröffentlichten Originaltextes. Nachwort: Claus Träger. 1964 (L): 1.–10. Tsd.

435 [2B] –: *Etwas über William Shakespeares Schauspiele ...* Mit Nachbemerkung [des Verlags]. 1964 (F): 11.–17. Tsd. – 2 Auflagen

436 [1A] *Georg Trakl: Gesang des Abgeschiedenen.* Gedichte. Nachwort: Katharina Kippenberg. 1932: 1.–8. Tsd. – 1939: 11. Tsd.

– [1B] –. Um zwei Gedichte erweitert. [›An den Knaben Elis‹. ›De Profundis‹.] Geleitwort: Felix Braun. 1950 (L): 12.–16. Tsd. – 1963 (F): 50. Tsd. – 7 Auflagen

437 *Eduard Mörike: Die Historie von der schönen Lau.* Mit 7 Zeichnungen von Moritz von Schwind. Mit einem Anhang ›Worterklärungen und anderes‹ von Eduard Mörike. 1933: 1.–10. Tsd. – 1943: 30. Tsd. – 1975 (L): 45. Tsd. – 5 Auflagen

438 [1A] *Nietzsche-Brevier.* Auswahl und Vorbemerkung: Richard Oehler. 1933: 1.–10. Tsd.

– [1B] –. Leicht veränderte Auswahl. 1934: 11.–20. Tsd. – 1938: 30. Tsd. – 3 Auflagen

– [2] *Ivo Andrić: Der Weg des Alija Djerzelez und andere Erzählungen.* [Der Rumpf. Der Spaß in der Herberge. Der Zigeuner und die Ausländische.] Übertragung aus dem Serbokroatischen: Werner Creutziger. Mit Worterklärungen. 1965 (L): 1.–10. Tsd.

439 *Das kleine Wunderhorn.* Deutsche Volkslieder. Mit Titelvignette von Emil Ludwig Grimm. Auswahl und Nachwort: Fritz Adolf Hünich. 1933: 1.–10. Tsd. – 1941: 15. Tsd. – 2 Auflagen – Siehe auch IB 60 und 990,2

440 *Die Geschichten von Karl dem Großen.* Aufgezeichnet durch Notker den Stammler. Übertragung aus dem Mittellateinischen, Anmerkungen und Nachwort: Karl Brügmann. [1.–20. Tsd. unter IB 114,1.] – 1933: 21.–25. Tsd. – 1940: 28. Tsd. – 2 Auflagen

441 *Brüder Grimm: Die Hausmärchen.* Der Grimmschen Märchen erster Teil. Auswahl: Severin Rüttgers. 1933: 1.–10. Tsd. – 1940: 20. Tsd. – 1958 (W): 32. Tsd. [Restbestände 1964 (L).] – 4 Auflagen

442 [1A] *Brüder Grimm: Mutiges Herz und starke Hand.* Der Grimmschen Märchen zweiter Teil. Als Anhang ›Wilhelm Grimm: Über das Märchen‹. Auswahl: Severin Rüttgers. 1933: 1.–10. Tsd. – 1941: 15. Tsd.

– [1B] –. Ohne Anhang. 1958 (W): 16.–25. Tsd. [Restbestände 1964 (L).] – 3 Auflagen

443 *Brüder Grimm: Buntes Spiel.* Der Grimmschen Märchen dritter Teil. Auswahl: Severin Rüttgers. 1934: 1.–10. Tsd. – 1941: 15. Tsd. – 1958 (W): 26. Tsd. [Restbestände 1964 (L).] – 3 Aufl.

444 [1] *Helmut Berve: Kaiser Augustus.* Mit Titelbild. 1934: 1.–10. Tsd.

– [2A] *Michelangelo [Buonarroti]*: Handzeichnungen. 48 farbige Tafeln. Auswahl und Geleitwort: Diether Schmidt. Mit Verzeichnis der Bildtafeln. 1965 (L): 1.–30. Tsd. – [31.–50. Tsd. unter 2B.] – 1975 (L): 79. Tsd.

– [2B] –. Nachwort: Harald Keller. Tafelverzeichnis vor Nachwort. 1965 (F): 31.–50. Tsd. [Restbestände 1972 (L).] – 3 Auflagen

445 [1] *Mythen und Märchen von germanischen Göttern.* Aus den altnordischen Quellen gesammelt von Konstantin Reichardt. Vorwort und Anmerkungen: Konstantin Reichardt. 1933: 1.–10. Tsd. – 1942: 20. Tsd. – 3 Auflagen

– [2] *F[ranz] C[arl] Weiskopf: Der Traum des Friseurs Cimbura.* [Wer keine Wahl hat, hat die Qual.] Zwei Erzählungen. 1966 (L): 1.–10. Tsd.

446 [1] *Eduard Spranger: Goethes Weltanschauung.* Vorbemerkung von Eduard Spranger. Mit Literaturhinweisen. 1933: 1.–10. Tsd. – 1939: 20. Tsd. [Teilauflage ohne Literaturhinweise.] – 3 Auflagen

– [2A] *Worte Meister Leonardos.* Auswahl: Ernst Bertram. Mit dem Brief von Franceso Melzi und der Bemerkung Friedrich Nietzsches über Leonardo. Mit Quellenverzeichnis. 1950 (W): 1.–11. Tsd.

– [2B] –. Um 26 Zitate erweitert. Ohne den Brief von Francesco Melzi und ohne die Bemerkung Friedrich Nietzsches über Leonardo. Nachwort: Ernst Bertram. 1957 (W): 12.–16. Tsd. – 2 Auflagen

447 [1] *Werner Kortwich: Friesennot.* Erzählung. 1933: 1.–10. Tsd. – 1936: 50. Tsd. – 1941: 100. Tsd. – 1943: 180. Tsd. – 13 Aufl.

– [2] *Arthur Suhle: Mittelalterliche Brakteaten.* 40 Bildtafeln. Aufnahmen: Wolfgang G. Schröter. Geleitwort und Erläuterungen der Tafeln: Arthur Suhle. 1965 (L): 1.–20. Tsd.

448 *Hans Leip: Die Klabauterflagge oder Atje Potts erste und höchst merkwürdige große Fahrt.* [Erzählung.] 1933: 1.–10. Tsd. – 1940: 30. Tsd. – 1942: 60. Tsd. – 5 Auflagen

449 *Adalbert Stifter: Der Hochwald.* Eine Erzählung. 1933: 1.–10. Tsd. – 1940: 40. Tsd. – 4 Auflagen

450 [1A] *Die Minnesinger in Bildern der Manessischen Handschrift.* 24 farbige Tafeln. Geleitwort: Hans Naumann. Mit Verzeichnis der Bildtafeln. 1933: 1.–24. Tsd. – 1933: 132. Tsd. – 1934: 187. Tsd. – 1937: 250. Tsd. – 1940: 333. Tsd.

– [1B] –. Nachwort: Elisabeth Karg-Gasterstädt. 1962 (L+F): 334.–413. Tsd. – 1965 (L+F): 458. Tsd. [F-Ausgaben ohne die beiden Minnelieder vor und nach dem Bildteil.] – 1987 (F): 470. Tsd. [Seitdem Tafelreihenfolge geändert. Tafelverzeichnis vor dem Bildteil.] – 1992: 475. Tsd. – 1999: 478. Tsd. – 2000: 481. Tsd. – 2007: 483. Tsd. – 19 Auflagen – Siehe auch IB 560

451 *Klaus Groth: Quickborn.* Auswahl und Geleitwort: Hans Friedrich Blunck. 1934: 1.–10. Tsd.

452 *Das Hausbuch.* [23] Bilder [auf 32 Tafeln] aus dem deutschen Mittelalter von einem unbekannten Meister. Vorwort und Bildbeschreibungen: Richard Graul. 1934: 1.–10. Tsd. – 1938: 30. Tsd. – 1950 (L): 40. Tsd. – 5 Auflagen

453 *Adalbert Stifter: Der Hagestolz.* Eine Erzählung. 1934: 1.–10. Tsd. – 1939: 15. Tsd. – 2 Auflagen

454 [1A] *Hermann Hesse: Vom Baum des Lebens.* Ausgewählte Gedichte. 1934: 1.–10. Tsd. – 1939: 50. Tsd. – 1942: 70. Tsd. – 1947 (W): 75. Tsd. – 1952 (L): 125. Tsd. – 1959 (L): 200. Tsd. – 1974 (F): 220. Tsd.

– [1B] –. Nachwort: Volker Michels. Mit einem Porträtfoto Hesses als Frontispiz. 1987 (F): 221.–230. Tsd. – 1991: 234. Tsd. [Seitdem mit anderem Porträtfoto.] – 1999: 246. Tsd. – 2000: 248. Tsd. – 2003: 251. Tsd. – 29 Auflagen

455 *Die Briefe der Diotima* [an Hölderlin]. Mit einem Vorspruch von Hölderlin. Auswahl, Textrevision, Nachwort und Anmerkungen: Karl Viëtor. 1934: 1.–10. Tsd. – 1934: 30. Tsd. – 1939: 30. Tsd. – 1948 (L): 40. Tsd. – 1954 (W): 57. Tsd. – 6 Auflagen

456 *Otto Nebelthau: Mein Gemüsegarten.* Eine nützliche Unterweisung. Mit Anbautabellen ›Übersicht für Eilige‹. [Text mehrfach bearbeitet.] 1934: 1.–10. Tsd. – 1945: 55. Tsd. – 1946 (W): 65. Tsd. – 1950 (W): 75. Tsd. – 8 Auflagen

457 *Die Schellenkappe.* Altdeutsche Schwänke aus den Sammlungen des 16. Jahrhunderts. Mit Titelholzschnitt nach Heinrich Vogther (um 1540). Auswahl: Severin Rüttgers. 1934: 1.–10. Tsd. – 1942: 35. Tsd. – 3 Auflagen

458 *Brüder Grimm: Deutsche Sagen.* Auswahl: Severin Rüttgers. 1935: 1.–10. Tsd. – 1942: 18. Tsd. – 3 Auflagen

459 [1] *Friedrich Schnack: Land ohne Tränen.* Eine Bilderbogengeschichte. 1934: 1.–10. Tsd.

– [2] *Friedrich Wolf: Lucie und der Angler von Paris.* Erzählung. 1952 (L): 1.–10. Tsd. – 1959 (L): 26. Tsd. – 3 Auflagen

460 [1A] *Das Buch vom Schach.* Eine Darstellung und Anweisung für die Freunde des Spiels von *Martin Beheim-Schwarzbach.* [Mit 33 Meisterpartien.] 1934: 1.–10. Tsd.

– [1B] –. Eine Meisterpartie gegen eine andere ausgetauscht. 1935: 11.–20. Tsd. – 2 Auflagen

– [2] *Franz von Gaudy: Humoresken und Satiren.* Mit [17] Holzstichen von Axl Leskoschek. Vorwort und Anmerkungen: Manfred Häckel. 1967 (L): 1.–15. Tsd.

461 [1A] *Hugo von Hofmannsthal: Gedichte.* Mit Titelvignette von Walter Tiemann. 1934: 1.–10. Tsd. – 1936: 20. Tsd. – 1946 (W): 30. Tsd. [Seitdem ohne Vignette.] – 1959 (W): 57. Tsd.

– [1B] –. Um 4 Gedichte erweitert. 1964 (F): 58.–65. Tsd. – 1984 (F): 76. Tsd. – 1989 (F): 81. Tsd. – 1994: 82. Tsd. – 1997: 84. Tsd. – 2004: 85. Tsd. – 16 Auflagen

462 [1] *Bismarcks Briefe an Schwester und Schwager* [Malwine und Oscar von Arnim-Kröchlendorff]. Auswahl und Nachwort: Erich Brandenburg. 1934: 1.–10. Tsd. – 1939: 15. Tsd. – 2 Auflagen

462 [2] *Schrift und Buchmalerei der Maya-Indianer.* 24 [farbige] Tafeln aus dem Codex Dresdensis. Geleitwort und Anmerkungen zu den Tafeln: Rolf Krusche. 1965 (L): 1.–29. Tsd. – 1966 (F): 35. Tsd. [U. d. T. *Die Maya-Handschrift Codex Dresdensis.*] – 2 Auflagen

463 [1] *Josef Ponten: Die Bockreiter.* Erzählung. 1934: 1.–10. Tsd. – 1940: 15. Tsd. [Untertitel ›Novelle‹.] – 2 Auflagen

– [2] *Clemens Brentano: Baron Hüpfenstich.* Ein Märchen. Mit 8 Zeichnungen von Hanna Preetorius. 1951 (W): 1.–10. Tsd.

464 [1] *Eugen Kühnemann: Schiller und seine Welt.* 1934: 1.–10. Tsd.

– [2] *Stephan Hermlin: Reise eines Malers in Paris.* Erzählung. 1966 (L): 1.–10. Tsd. – Siehe auch IB 1094

465 [1A] *Die chinesische Flöte.* Nachdichtungen chinesischer Lyrik von Hans Bethge. Geleitwort und Anmerkungen: Hans Bethge. 1935: 1.–10. Tsd. – 1941: 35. Tsd. [Mit Titelvignette von Emil Rudolf Weiß.]

– [1B] –. Auswahl und Nachwort verändert: 1 Gedicht hinzugefügt, 3 Gedichte weggelassen. Mit Titelvignette von E. R. Weiß. 1955 (W): 36.–45. Tsd. – 1956 (W): 55. Tsd. – 6 Auflagen

466 *Bettina [von Arnim] in ihren Briefen.* Auswahl und Nachwort: Hartmann Goertz. 1935: 1.–10. Tsd. – 1935: 20. Tsd. – 2 Auflagen

467 *Wilhelm von Scholz: Die Beichte.* Novelle. 1935: 1.–10. Tsd. – 1944: 30. Tsd. – 1954 (W): 40. Tsd. – 5 Auflagen

468 *Stijn Streuvels: Der Arbeiter.* Erzählung. Übertragung aus dem Flämischen: Anton Kippenberg. [1.–20. Tsd. unter IB 215,1.] – 1935: 21.–25. Tsd. – 1938: 30. Tsd. – 1949 (L): 40. Tsd. – 3 Auflagen

469 *Ricarda Huch: Quellen des Lebens.* Umrisse einer Weltanschauung. Auswahl und Schlußvermerk: Reinhard Buchwald. 1935: 1.–10. Tsd. – 1940: 20. Tsd. – 1946 (W): 30. Tsd. – 1950 (W): 40. Tsd. – 5 Auflagen

470 [1A] *Otto Nebelthau: Mein Obstgarten.* Zu jedermanns Nutzen beschrieben. Mit 14 Sachzeichnungen von Hans J. Peters. Mit ›Übersicht für Eilige‹. 1935: 1.–20. Tsd. – 1942: 35. [statt 30.] Tsd. – [36.–45. Tsd. nicht IB – IK 1187.]

– [IB] –. Textrevision und Nachwort: Ingrid Nebelthau. 1955 (W): 46.–55. Tsd. – 4 Auflagen

471 [1] *Edzard H[ellmuth] Schaper: Die Arche die Schiffbruch erlitt.* Novelle. Mit [16] Holzschnitten von Hans Alexander Müller. 1935: 1.–10. Tsd. – 1942: 55. Tsd. – 3 Auflagen

– [2] *Nikolaus Lenau: Die Albigenser.* Freie Dichtungen. Nachwort: Walter Dietze. 1965 (L): 1.–10. Tsd.

472 *Heinrich Seuse: Das Büchlein der Ewigen Weisheit.* Ausgewählt und in unser Deutsch gebracht von Martin Greiner. Mit Prolog. Nachwort: Martin Greiner. 1935: 1.–10. Tsd. – 1942: 18. Tsd. – 3 Auflagen

473 *Gottfried Keller: Hadlaub.* Eine Novelle. 1935: 1.–10. Tsd. – 1942: 25. Tsd. – 4 Auflagen

474 *Gunnar Gunnarsson: Das Haus der Blinden.* Erzählung. Übertragung aus dem Dänischen: Edzard H. Schaper. 1935: 1.–10. Tsd. – 1943: 35. Tsd. – 1953 (W): 45. Tsd. – 6 Auflagen

475 [1] *Rudolf G[eorg] Binding: Die Geliebten.* Gedichte. 1935: 1.–20. Tsd. – 1940: 70. Tsd. – 1950 (W): 80. Tsd. – 1952 (W): 95. Tsd. – 9 Auflagen

– [2] *Anna Seghers: Sagen von Artemis.* [Die drei Bäume. Das Argonautenschiff.] 1965 (L): 1.–10. Tsd. – 1978 (L): 25. Tsd. – 2 Auflagen

476 *Die höchst ergötzlichen Predigten des Jobst Sackmann, weiland Pastors zu Limmer.* Auswahl und Einleitung: Christian Heinrich Kleukens. [1.–25. Tsd., mit Titelzeichnung, unter IB 18,1.] – 1935: 26.–35. Tsd. – 1941: 40. Tsd. [fast vollständig kriegsvernichtet] – 2 Auflagen

477 *Deutsches Handwerk im Mittelalter.* [36] Bilder aus dem Hausbuch der Mendelschen Zwölfbrüderstiftung in Nürnberg. Geleitwort: Friedrich Bock. Mit Abbildungsverzeichnis. 1935: 1.–20. Tsd. – 1948 (L): 30. Tsd. – 2 Auflagen

478 *Wilhelm Busch: Schein und Sein.* [Gedichte.] Nachwort: Hans Balzer. 1935: 1.–15. Tsd. – 1937: 50. Tsd. –1944: 160. Tsd. – 1949 (W): 170. Tsd. – 1950 (L): 190. Tsd. – 1965 (F): 249. Tsd. – 21 Auflagen

479 *Wilhelm Hauff: Das kalte Herz.* [Ein Märchen.] Mit [23 Feder-] Zeichnungen von Fritz Fischer. 1935: 1.–10. Tsd. – 1944: 55.

Tsd. – 1949 (W): 65. Tsd. – 1954 (L): 95. Tsd. – 8 Auflagen – Siehe auch IB 1105

480 [1A] *Rainer Maria Rilke: Der ausgewählten Gedichte anderer Teil.* Auswahl: Katharina Kippenberg. 1935: 1.–20. Tsd.

– [1B] –. Ein Gedicht [›Der Fremde‹] gegen ein anderes [›Der Schutzengel‹] ausgetauscht. 1935: 21.–40. Tsd. – 1941: 80. Tsd. – 1944: 90. Tsd. [fast vollständig kriegsvernichtet]

– [1C] –. Veränderte Auswahl: 3 Gedichte ausgetauscht, 1 Sonett in erweiterter Fassung. 1946 (W): 91.–100. Tsd. – 1963 (F): 200. Tsd. – 1989 (F): 235. Tsd. – 1992: 238. Tsd. – 1997: 243. Tsd. – 2000: 245. Tsd. – 2007: 248. Tsd. – 31 Auflagen [Gedicht ›Man muß sterben ...‹ in etlichen Auflagen um 3 Zeilen gekürzt.] – Siehe auch IB 400

481 [1A] *Heinrich von Kleist: Über das Marionettentheater.* Aufsätze und Anekdoten. Auswahl: Friedrich Michael. 1935: 1.–10. Tsd. – 1944: 70. Tsd. – 1954 (W): 75. Tsd. – 1968 (F): 98. Tsd. – 8 Auflagen

– [1B] –. Neue Auswahl und Textrevision: Helmut Sembdner. Mit 6 Zeichnungen von Oskar Schlemmer. Nachwort: Josef Kunz. 1980 (F): 1.–4. Tsd. – 1989 (F): 18. Tsd. – 1991: 21. Tsd. – 1997: 28. Tsd. – 1999: 31. Tsd. – 2002: 34. Tsd. – 2011: 35. Tsd. – 14 Auflagen

482 *Goethes Spruchweisheit.* Sprüche in Prosa. Auswahl und Nachwort: Friedrich Michael. 1935: 1.–20. Tsd. – 1942: 60. Tsd. – 1946 (W): 70. Tsd. – [71.–80. Tsd. nicht IB – IK 608.] – 1951 (L): 108. Tsd. [Ein Spruch weggelassen.] – 1953 (W): 114. Tsd. – 7 Auflagen

483 *Ernest Claes: Die Heiligen von Sichem.* [Erzählung.] Mit [12] Zeichnungen von Felix Timmermans. Übertragung aus dem Flämischen: Edith ter Meer. 1936: 1.–10. Tsd. – 1941: 20. Tsd. [fast vollständig kriegsvernichtet] – 1951 (W): 30. Tsd. – 4 Aufl.

484 *Chinesische Volksmärchen.* Auswahl, Übertragung aus dem Chinesischen und Nachwort: Wolfram Eberhard. Mit Quellenangaben. 1936: 1.–10. Tsd. – 1938: 20. Tsd. – 1949 (L): 30. Tsd. – 1953 (L): 47. Tsd. – 5 Auflagen

485 [1] *Ernst Bertram: Von der Freiheit des Wortes.* 1936: 1.–10. Tsd. – 1940: 15. Tsd. – 2 Auflagen

– [2] *Bodo Uhse: Der Weg zum Rio Grande.* [Reise in einem blauen Schwan.] Zwei Erzählungen. 1964 (L): 1.–7. Tsd.

486 [1] *Heinrich von Treitschke: Der Wiener Kongreß 1814 bis 1815.* Anmerkungen und Quellennachweis: Reinhard Buchwald. 1936: 1.–10. Tsd.

– [2] *Reinhold Schneider: Die Tarnkappe.* [Drama.] 1951 (W): 1.–11. Tsd. – 1963 (F): 26. Tsd. – 3 Auflagen

487 [1A] *Goethes schönste Briefe.* Auswahl und Nachwort: Reinhard Buchwald. 1936: 1.–10. Tsd.

– [1B] –. Veränderte Auswahl: 1 Brief weggelassen, 5 Briefe hinzugefügt, 3 Briefe erweitert zitiert. 1936: 11.–20. Tsd. – 1943: 35. Tsd. – [36.–45. Tsd. nicht IB – IK 549.] – 1948 (W): 50. Tsd. – 1957 (W): 69. Tsd. – 7 Auflagen

488 [1A] *Griechische Lyrik.* Eine Auslese von Karl Preisendanz. [1.–25. Tsd. unter IB 124,1; ab 26. Tsd. wesentlich verändert.] – 1936: 26.–35. Tsd. – 1940: 38. Tsd. [fast vollständig kriegsvernichtet]

– [1B] –. Veränderte Auswahl. Mit Titelzeichnung von Robert Pudlich. Mit Anmerkungen. 1959 (W): 39.–48. Tsd. – 3 Auflagen

489 *Theodor Mommsen: Römische Charaktere.* Auswahl, Einleitung und Anmerkungen: Helmut Berve. 1936: 1.–10. Tsd. – 1940: 15. Tsd. [Teilauflage ohne Anmerkungen.] – 1944: 45. Tsd. – 4 Auflagen

490 [1A] *Meister Eckhart: Reden der Unterweisung.* Das sind die Reden, die der Vikar von Thüringen, der Prior von Erfurt, Bruder Eckhart, Predigerordens, solchen geistlichen Kindern gehalten hat, die ihn nach vielen Dingen fragten, da sie zu abendlichen Tischgesprächen beieinander saßen. Übertragung ins Neuhochdeutsche und Nachwort: Friedrich Schulze-Maizier. 1936: 1.–10. Tsd. – 1944: 25. Tsd. – Siehe auch IB 231 und 280

– [1B] –. Ohne Untertitel. Übertragung und Nachwort: Josef Quint. 1963 (F): 26.–32. Tsd. – 4 Auflagen

491 *Helene Voigt-Diederichs: Sonnenbrot.* [11 Prosaskizzen.] Mit [7] Holzschnitten von Josua Leander Gampp. 1936: 1.–10. Tsd. – 1937: 20. Tsd. – 1949 (W): 30. Tsd. – 3 Auflagen

492 *Hans Bethge: Japanischer Frühling.* Nachdichtungen japanischer Lyrik. Geleitwort und Anmerkungen: Hans Bethge. 1936: 1.–10. Tsd. – 1938: 20. Tsd. – 2 Auflagen

493 [1A] *[Johann Wolfgang von] Goethe: Die Leiden des jungen Werthers.* In der Urfassung von 1774. Nachwort: Friedrich Michael. 1936: 1.–10. Tsd. – 1940: 15. Tsd.

– [1B] –. Mit Titelbild nach Daniel Chodowiecki. 1953 (W): 16.–25. Tsd. – 1953 (L): 26.–35. Tsd. [Mit zwei Titelbildern.] – 1957 (W): 45. Tsd. – 5 Auflagen

494 *Das kleine Rätselbuch.* Deutsche Volksrätsel. Mit Titelvignette von Fritz Kredel. Herausgegeben und mit Nachwort von Kurt Brzoska. 1936: 1.–10. Tsd. – 1942: 50. Tsd. – 1943: 90. Tsd. – 1949 (W): 100. Tsd. – 1957 (W): 120. Tsd. – 8 Auflagen

495 *Der Bordesholmer Altar Meister Brüggemanns.* 48 Bildtafeln. Herausgegeben und mit Nachwort von Freerk Haye Hamkens. Aufnahmen vom Herausgeber und der Staatlichen Bildstelle Berlin. Mit Tafelverzeichnis. 1936: 1.–30. Tsd. – 1942: 120. Tsd. – 1952 (W): 153. Tsd. – 1966 (F): 179. Tsd. – 1969 (F): 185. Tsd. – 11 Auflagen

496 *Dichtungen des Michelangelo.* Übertragung: Rainer Maria Rilke. Nachwort: Friedrich Michael. 1936: 1.–20. Tsd. – 1940: 40. Tsd. – 1949 (W): 47. [statt 45.] Tsd. – 1957 (W): 87. Tsd. – 8 Auflagen

497 [1A] *Hans Friedrich Blunck:* [10] *Erstaunliche Geschichten.* 1936: 1.–10. Tsd. – 1938: 15. Tsd.

– [1B] –. Neufassung der Geschichte ›Der Teufel hält Winterschlaf‹. 1940: 16.–20. Tsd. – 1941: 25. Tsd. – 4 Auflagen

– [2] *Menandros: Das Schiedsgericht.* Komödie in fünf Akten. Übertragen aus dem Altgriechischen und ergänzt von Alfred Körte. Nachwort: Alfred Körte. [1.–10. Tsd. unter IB 104,2; 11.–15. Tsd. nicht IB – IK 1094; ab 16. Tsd. wesentlich verändert.] – 1961 (L): 16.–24. Tsd.

498 [1] *Friedrich Schnack:* [15] *Geschichten aus Heimat und Welt.* 1936: 1.–10. Tsd. – 1944: 60. Tsd. – 1947 (W): 65. Tsd. – 5 Auflagen

– [2] *Heinrich Böll: Irisches Tagebuch.* 1965 (L): 1.–30. Tsd. – 1971 (L): 50. Tsd. – 2 Auflagen

499 [1A] *Tschuang-tse: Dichtung und Weisheit.* Auswahl, Übertragung aus dem chinesischen Urtext und Nachwort: Hans O. H. Stange. 1936: 1.–10. Tsd. – 1937: 20. Tsd.

– [1B] –. Auswahl geringfügig verändert: 1 Beitrag weggelassen, 2 Beiträge hinzugefügt. 1954 (W): 21.–30. Tsd. – 1957 (W): 37. Tsd. – 1989 (F): 39. Tsd. – 1997: 42. Tsd. – 2002: 43. Tsd. – 2005: 44. Tsd. – 9 Auflagen

500 [1A] *Hans Carossa: Gedichte.* Vom Dichter ausgewählt. 1937: 1.–30. Tsd. – 1942: 80. Tsd. – 1943: 102. Tsd. – 1947 (W): 107. Tsd. – 1951 (W): 138. Tsd.

– [1B] –. Vermehrt um elf Gedichte. 1953 (W): 139.–148. Tsd. – 1958 (W): 167. Tsd. – 12 Auflagen

501 *[Johann Wolfgang von] Goethe: West-östlicher Divan.* Mit dem persischen Titel der Originalausgabe von 1819. 1937: 1.–20. Tsd. – [21.–25. Tsd. nicht IB – IK 612 C.]

502 [1] *Richard Wagner: Die Meistersinger von Nürnberg.* [1.–20. Tsd. unter IB 100,1.] – 1937: 21.–30. Tsd.

– [2] *Hermann Hesse: Klingsors letzter Sommer.* Erzählung. 1951 (W): 1.–19. Tsd. [In einem Teil der Auflage Korrekturzettel zum Druckfehler S. 57/58.] – 1956: 39. Tsd. – 1963 (F): 58. Tsd. – 5 Auflagen

503 [1A] *Das kleine Pilzbuch.* Einheimische Pilze nach der Natur gezeichnet von Willi Harwerth. 36 farbige Tafeln. Nachworte von Friedrich Schnack und Sandro Limbach. Mit erläuterndem Tafelverzeichnis. 1937: 1.–47. Tsd. [Irrtümlich wurden die Tafeln zum Grünlichen Knollenblätterschwamm und zum Gelblichen Knollenblätterschwamm vertauscht; in einem Teil der Auflage Korrekturzettel eingeklebt.] – 1937: 97. Tsd. [Irrtum korrigiert, Unterschriften und Erläuterungen zu einigen Tafeln verändert.]

[1B] –. Neue, von Alfred Birkfeld textlich überarbeitete Ausgabe. 1956 (L+W): 98.–147. Tsd. – 3 Auflagen

504 [1] *Rudolf Koch: Ein Deutscher.* Kleine Schriften. Auswahl und Nachwort: Georg Haupt. Mit Quellennachweis. 1937: 1.–10. Tsd. – 1937: 20. Tsd. – 2 Auflagen

– [2] *Stephan Hermlin: Balladen.* Auswahl: Sina Witt. 1965 (L): 1.–7. Tsd.

505 [IA] *Die Bildwerke des Naumburger Doms.* 44 Bildtafeln. Geleitwort: Wilhelm Pinder. Mit Tafelverzeichnis, Verzeichnis der Stifter und einem Grundriß. 1937: 1.–50. Tsd. – 1939: 115. Tsd. – 1942: 155. Tsd. – 1954 (L+W): 195. Tsd. – 1961 (L): 256. Tsd.

– [IB] –. Eine Tafel ausgetauscht, Tafelreihenfolge geändert. Geleitwort: Johannes Jahn. 1964 (L): 257.–305. Tsd.

– [IC] –. Einige Tafeln nach neuen Aufnahmen; Geleitwort überarbeitet. 1973 (L): 306.–325. Tsd. – 12 Auflagen – Siehe auch IB 1152

506 *Briefe Hölderlins.* Auswahl und Nachwort: Adolf von Grolman. 1937: 1.–10. Tsd. – 1943: 40. Tsd. – 1947 (W): 50. Tsd. – 1954 (W): 57. Tsd. – 5 Auflagen

507 [IA] *Wilhelm Busch: Hernach.* 59 Illustrationen nach den Handzeichnungen. Nachwort: Otto Nöldeke. 1937: 1.–25. Tsd. – 1940: 113. Tsd.

– [IB] –. Nachwort: Hans Balzer. 1952 (L): 114.–140. Tsd. – 1955 (L+ W): 170. Tsd. – 6 Auflagen

508 *Felix Timmermans: Beim Krabbenkocher.* Erzählung. Übertragung aus dem Flämischen: Peter Mertens. 1937: 1.–20. Tsd. – 1940: 60. Tsd. – 1945: 100. Tsd. [teilweise kriegsvernichtet] – 1952 (W): 110. Tsd. – 1954 (W): 120. Tsd. – 7 Auflagen

509 *Kudrun.* Dem alten Epos nacherzählt von Severin Rüttgers. Mit Nachwort. 1937: 1.–10. Tsd.

510 *Ruth Schaumann: Der Petersiliengarten.* Ein Märchen. 1937: 1.–20. Tsd. – 1941: 30. Tsd. – 1949 (W): 40. Tsd. – 1957 (W): 65. Tsd. – 7 Auflagen

511 [IA] *Joseph Conrad: Jugend.* Erzählung. Übertragung: Ernst Wolfgang Freißler. 1937: 1.–30. Tsd. – 1947 (L): 38. Tsd. – 1950 (W): 48. Tsd. – 1955 (L): 58. Tsd.

– [IB] –. Mit [8] Holzstichen [statt: Holzschnitten] von Hans Alexander Müller. 1956 (W): 59.–68. Tsd. – 1962 (L): 103. Tsd. – 7 Auflagen

512 [IA] *Deutsche Gedichte.* Auswahl und Nachwort: Katharina Kippenberg. 1937: 1.–20. Tsd.

– [IB] –. Veränderte und erweiterte Auswahl: 1 Gedicht weggelassen, 4 Gedichte hinzugefügt. 1938: 21.–40. Tsd. – 1941:

60. Tsd. [Nicht nochmals erweitert; Inhaltsverzeichnis führt versehentlich einen Strophenanfang als Anfang eines Gedichts auf.] – 1942: 70. Tsd.

– [1C] –. Erneut verändert und erweitert: 3 Gedichte weggelassen, 10 hinzugefügt. 1943: 71.–90. Tsd. – 1943: 140. Tsd. [teilweise kriegsvernichtet] – [Spätere Auflagen nicht IB – IK 372.] – 6 Auflagen

– [2] *Heinrich Böll: Das Brot der frühen Jahre.* Erzählung. Nachwort: Klaus Pezold. 1964 (L): 1.–15. Tsd. – 1967 (L): 45. Tsd. – 2 Auflagen

513 [1A] *Pindars Olympische Hymnen.* Übertragung, Vorwort und Erläuterungen: Franz Dornseiff. 1937: 1.–10. Tsd.

– [1B] –. Durchgesehene Ausgabe. Ohne die Erläuterungen. 1960 (W): 11. –17. Tsd.– 2 Auflagen

514 [1] *Edzard Schaper: Das Lied der Väter.* [Erzählung.] 1937: 1.–10. Tsd.

– [2] *Georg Maurer: Im Blick der Uralten.* Ein Zyklus. [Gedichte.] 1965 (L): 1.–7. Tsd.

515 *Das kleine Buch der Greife.* Einheimische Raubvögel. Mit 24 farbigen Tafeln nach den kolorierten Kupfern aus Johann Wolfs und Bernhard Meyers ›Naturgeschichte der Vögel Deutschlands‹ (1805) und mit 18 Flugbildern. Bildunterschriften geschrieben von Rudo Spemann. Geleitwort: Otto Fehringer. Mit erläuterndem Tafelverzeichnis. 1937: 1.–25. Tsd. – 1937: 50. Tsd. – 1985 (F): 56. Tsd. [Bildunterschriften gesetzt.] – 3 Auflagen

516 [1A] *Briefe Mozarts.* Nachwort: Max Mell. Mit Anmerkungen. 1937: 1.–10. Tsd. – 1942: 35. Tsd. [Ein Teil der Auflage nicht IB – IK 1155.] – 1942: 55. Tsd. – [56.–105. Tsd. unter IB.] – 1955 (W): 115. Tsd. – 1963 (F): 142. [statt 132.] Tsd.

– [1B] –. Ohne Nachwort. 1944: 56.–105. Tsd. – 10 Auflagen

517 [1A] *Die Muttergottes.* Deutsche Bildwerke. 47 Tafeln. Geleitwort: Richard Graul. Mit Verzeichnis der Bildwerke. 1937: 1.–30. Tsd. – 1941: 60. Tsd.

– [1B] –. 48 Tafeln. [Gegenüber 1A 8 Tafeln weggelassen, 9 Tafeln hinzugefügt, ein Motiv in neuer Aufnahme.] Neues Geleitwort: Richard Graul. 1941: 61.–80. Tsd. – 4 Auflagen

518 *Adalbert Stifter: Der Heilige Abend.* ›Bergkristall‹. Erzählung. 1937: 1.–10. Tsd. – 1938: 30. Tsd. [Seitdem ohne Untertitel.] – 1944: 70. Tsd. – 1948 (W): 76. Tsd. [Seitdem wieder mit Untertitel.] – 1960 (F): 145. Tsd. [Seither wieder ohne Untertitel.] – 1965 (F): 150. Tsd. – 14 Auflagen

519 *Kierkegaard-Brevier.* Herausgegeben von Peter Schäfer und Max Bense. Einleitung: Max Bense. Mit Quellennachweis. 1937: 1.–10. Tsd. – 1938: 15. Tsd. – 1951 (W): 25. Tsd. – 1955 (W): 35. Tsd. [Einleitung verändert und als Nachwort.] – 4 Auflagen

520 *Fujijama. Der ewige Berg Japans.* 36 Holzschnitte von *Hokusai.* Auswahl der Bilder im Japaninstitut Berlin unter Mitwirkung von Fritz Rumpf. Geleitwort, Bilderläuterungen und Gedichte: Junyo Kitayama. 1937: 1.–31. Tsd. – 1940: 41. Tsd. – 1956 (L): 76. Tsd. – 3 Auflagen

521 [1] *Konrad Weiß: Die kleine Schöpfung.* [Gedichte.] Mit [38] Federzeichnungen von Karl Caspar. 1937: 1.–10. Tsd.

– [2] *Ricarda Huch: Der falsche Großvater.* Erzählung. [1.–5. Tsd. nicht IB – IK 791.] – 1950 (W): 6.–15. Tsd. – 1953 (W): 20. Tsd. – 2 Auflagen

522 *Karl Heinrich Waggerl: Kalendergeschichten.* [Räubergeschichte. Legende von den drei Pfändern der Liebe. Die Schöpfung. Legende vom Tod. Legende vom vergrabenen Herzen. Gang zum Geliebten.] 1937: 1.–20. Tsd. – 1942: 90. Tsd. [1.–90. Tsd. Satz der Drugulin-Presse.] – 1944: 180. Tsd. – 1951 (W): 190. Tsd. – 1981 (F): 270. Tsd. – 1989 (F): 276. Tsd. – 1993: 278. Tsd. – 1997: 280. Tsd. – 23 Auflagen

523 [1] *Friedrich Nietzsche: Vom Nutzen und Nachteil der Historie für das Leben.* Nachwort: Hans Freyer. 1937: 1.–10. Tsd. – 1940: 15. Tsd. – 2 Auflagen

– [2] *Spätgotische Bildwerke aus den Staatlichen Museen zu Berlin.* 48 Bildtafeln. Auswahl und Geleitwort: Edith Fründt. Mit Abbildungsverzeichnis. 1965 (L): 1.–20. Tsd.

524 *Frans Eemil Sillanpää: Die kleine Tellervo.* [Die Familie Nieminen. Das Ende der kleinen Irja. Taavetti Antila.] Finnische Gestalten. Übertragung aus dem Finnischen: Rita Öhquist. 1938: 1.–10. Tsd.

525 [IA] *Friedrich Schiller: Gedichte.* Auswahl: Katharina Kippenberg. 1938: 1.–10. Tsd. [Quote der Auflage wie IB.] – [11.–15. Tsd. unter IB; 16.–25. Tsd. nicht IB – IK 1466.] – 1955 (W): 26.–35. Tsd. – 1960 (W): 40. Tsd.

– [IB] –. ›Majestas populi‹ ausgetauscht gegen ›Der Nachahmer‹. 1940: 11.–15. Tsd. – 4 Auflagen

– [IC] *Schillers Klassische Lyrik.* Auswahl und Nachwort: Emil Staiger. 1967 (F): 1.–7. Tsd. – 1967 (F): 12. Tsd. – 2 Auflagen

– [ID] *Friedrich Schiller: Gedichte.* Auswahl: Hans Klähn. 1967 (L): 1.–10. Tsd.

– [IE] –. Veränderte Auswahl: 2 Gedichte aus [ID] weggelassen, 4 Gedichte hinzugefügt. 1973 (L): 11.–20. Tsd. – 2 Auflagen

526 *Hutten der Deutsche.* Gedichte. Aus der Türkenrede. Arminius. Mit Porträt Huttens als Frontispiz. Auswahl und Nachwort: Otto Clemen. 1938: 1.–10. Tsd. – 1940: 15. Tsd. – 2 Auflagen

527 *Luther-Brevier.* Gestaltet und eingeleitet von Friedrich Schulze-Maizier. 1938: 1.–10. Tsd.

528 [IA] *Gottfried Keller: Briefe.* Auswahl und Nachwort: Carl Beck. 1938: 1.–10. Tsd. – 1942: 15. Tsd.

– [IB] –. Ein Brief weggelassen. Nachwort: Fritz Adolf Hünich. 1952 (L): 16.–25. Tsd. – 1952 (L): 40. Tsd. – 4 Auflagen

529 [IA] *Latinische Gärten.* Eine Auslese römischer Gedichte von Karl Preisendanz. Mit Anmerkungen. 1938: 1.–10. Tsd. – 1944: 20. Tsd. [Seitdem revidierte Übertragungen.] – 1951 (W): 30. Tsd.

– [IB] *Römische Lyrik.* Eine Auslese von Karl Preisendanz. Mit Titelzeichnung von Robert Pudlich. Neue, durchgesehene Ausgabe. [Um 1 Gedicht gekürzt; 4 Gedichte in neuer Übertragung, sonst wie 1938.] 1959 (W): 31.–37. Tsd. – 4 Aufl.

530 [IA] *Hans im Glück.* Märchen der Brüder Grimm. Mit 10 [davon 9 doppelseitigen] farbigen Bildern von Willi Harwerth. Den Text schrieb Martin Hermersdorf in der Offenbacher Schulschrift von Rudolf Koch. 1938: 1.–30. Tsd. – 1939: 54. Tsd. – 1947 (L+W): 85. Tsd. – 3 Auflagen

– [IB] –. Ein Märchen der Brüder Grimm, eingerichtet von Jens und Maria Anna Witt. ›Gezeichnet und von Hand geschrieben für unsere Enkel Lars und Niels und für alle anderen Kinder‹. Mit 13 kolorierten Zeichnungen und mehreren Vignetten im Text sowie 59 Zeichnungen und kolorierten Figurinen zu Schriftproben. Mit 7 Schriftbildproben und einem Nachwort von Jens und Maria Anna Witt. 1992: 1.–5. Tsd.

531 *Anton [recte: Antoon] Coolen: Weihnachten in Brabant.* [3] Erzählungen. [Das gute Pferd. Weihnachten auf dem Mellegenberg. Heimweg.] Übertragung aus dem Niederländischen: Bruno Loets. 1938: 1.–10. Tsd. – 1941: 25. Tsd. – 1947 (w): 30. Tsd. – 1952 (w): 40. Tsd. – 5 Auflagen

532 *Johann Wilhelm Ritter: Fragmente aus dem Nachlaß eines jungen Physikers.* Auswahl und Einleitung: Friedrich v. der Leyen. 1938: 1.–10. Tsd. – 1946 (w): 20. Tsd. – 2 Auflagen

533 *Gertrud von le Fort: Die Opferflamme.* Erzählung. 1938: 1.–20. Tsd. – 1943: 55. Tsd. – 1949 (w): 69. Tsd. – 6 Auflagen

534 *Wilhelm Heinrich Wackenroder und Ludwig Tieck: Herzensergießungen eines kunstliebenden Klosterbruders.* Nachwort: Rudolf Bach. 1938: 1.–10. Tsd. – 1939: 15. Tsd. [fast vollständig kriegsvernichtet] – 2 Auflagen

535 [1] *Briefe des Generalfeldmarschalls Graf Helmuth von Moltke.* Auswahl, Einführung, Anmerkungen: Friedrich von Cochenhausen. Mit Zeittafel. 1938: 1.–10. Tsd. – 1943: 40. Tsd. – 3 Auflagen

– [2] *Edvard Munch: Graphik.* 42 [zum Teil farbige] Bildtafeln. Auswahl und Geleitwort: Werner Timm. Mit erläuterndem Abbildungsverzeichnis. 1966 (L+F): 1.–36. Tsd. – 1982 (L): 61. Tsd. – 2 Auflagen

536 [1] *Charles Alexander Eastman ›Ohiyesa‹: Die Seele des Indianers.* Mit Vorwort des Verfassers. Übertragung aus dem Amerikanischen: Arno Dohm. 1938: 1.–10. Tsd.

– [2] *Zsigmond Móricz: Sieben Kreuzer.* [7] Erzählungen. Übertragung aus dem Ungarischen: Géza Angyal, A. Csongar, Géza Engl, István Frommer, Babkó Reményí. Auswahl und Nachbemerkung: Vera Thies. 1967 (L): 1.–10. Tsd.

537 [*François de La Rochefoucauld:*] *Betrachtungen oder Moralische Sentenzen und Maximen des Herzogs von La Rochefoucauld.* Mit Auszügen aus des Verfassers Vorrede zur ersten Auflage 1665. Übertragung: Fritz Adler und Wilhelm Willige. Geleitwort:

Wilhelm Weigand. [1.–20. Tsd. unter IB 126,1; Geleitwort dort als Vorwort.] – 1938: 21.–25. Tsd. – 1938: 35. Tsd. – 1958 (W): 42. Tsd. – 3 Auflagen

538 [1] *Hans Friedrich Blunck: Gestühl der Alten.* [16 ›Urvätersagas‹.] 1939: 1.–10. Tsd. – 1943: 25. Tsd. – 3 Auflagen

– [2] *Heinrich Heine: Geständnisse. Memoiren.* Nachwort und Anmerkungen: Christoph Trilse. 1966 (L): 1.–10. Tsd.

539 [1] *Max Mell: Adalbert Stifter.* Essay. 1939: 1.–10. Tsd. – 1940: 15. Tsd. – 2 Auflagen

– [2A] *Die Nachtwachen des Bonaventura.* Nachwort: Manfred Häckel 1965 (L): 1.–10. Tsd. [4. Auflage; 1.–3. Auflage nicht IB – IK 1180.]

– [2B] *Nachtwachen. Von Bonaventura.* Nachwort: Steffen Dietzsch. Mit Anmerkungen. 1980 (L): 11.–20. Tsd. – 2 Auflagen

540 *Reinhold Schneider: Elisabeth Tarakanow.* Erzählung. 1939: 1.–10. Tsd. – 1943: 60. Tsd. – 1956 (W): 70. Tsd. – 1959 (W): 80. Tsd. – 8 Auflagen

541 [1A] *Achim von Arnim: Der tolle Invalide auf dem Fort Ratonneau.* [Novelle.] Mit Bildern [10 zweifarbigen Federzeichnungen] von Fritz Kredel. 1939: 1.–20. Tsd.

– [1B] –. Novelle. Mit [10] Zeichnungen von Joachim Kölbel. Mit dem Vorwort von Wilhelm Grimm zur Arnim-Ausgabe von 1839/56. 1961 (L): 21.–37. [statt 21.–39.] Tsd. – 2 Auflagen

542 *Lieder des Hafis.* Nachdichtungen von Hans Bethge. Mit Titelvignette von Emil Rudolf Weiß. Geleitwort: Hans Bethge. 1939: 1.–10. Tsd. – 1940: 15. Tsd. – 2 Auflagen

543 [1A] *Marie von Ebner-Eschenbach: Aphorismen.* Nachwort: Friedrich Michael. 1939: 1.–10. Tsd. – 1943: 47. Tsd. – 1944: 97. Tsd. [teilweise kriegsvernichtet]

– [1B] –. Um 12 Aphorismen erweitert. 1948 (W): 98.–102. Tsd. – 1955: 132. Tsd. – 1964 (F): 152. Tsd.

– [1C] –. Veränderte Ausgabe. Herausgegeben und mit Nachwort von Klaus-Peter Noack. 1982 (L): 153.–172. Tsd. [12. statt 6. Auflage.]

– [1D] –. Nachwort: Karl Krolow. Mit einer Fotografie der

Dichterin als Frontispiz. Sonst wie 1B. 1986 (F): 173.–175. Tsd. – 1989 (F): 179. Tsd. [15. statt 14. Auflage.] – 1991: 180. Tsd. [16. statt 15. Auflage.] – 1998: 187. Tsd. [19. statt 18. Auflage.] – 2000: 189. Tsd. [20. statt 19. Auflage.] – 2010: 198. Tsd. [24. statt 23. Auflage.] – 24 Auflagen

544 *Briefe der Frau Rat Goethe.* Auswahl und Nachwort: Rudolf Bach. 1939: 1.–10. Tsd. – 1939: 20. Tsd. – 1949 (W): 29. Tsd. – 1952 (L): 60. Tsd. – 1966 (F): 79. Tsd. – 9 Auflagen

545 [1A] *Riemenschneider im Taubertal.* 47 Bildtafeln. Aufnahmen: Karl Gröber und Werner Meyer. Geleitwort: Kurt Gerstenberg. Mit Bildverzeichnis. 1939: 1.–50. Tsd.

– [1B] –. 48 Bildtafeln. [Gegenüber 1A eine Tafel weggelassen, 2 Tafeln hinzugefügt, zum Teil nach neuen Aufnahmen von Georg Schaffert.] 1940: 51.–80. Tsd. – 1940: 100. Tsd.

– [1C] –. 5 Motive ausgewechselt, zum Teil andere Aufnahmen von Leo Gundermann u. a. 1952 (W): 101.–110. Tsd. – [111.–130. Tsd. unter 1D.] – 1954 (W+L): 131.–152. Tsd. – 1961 (F+L): 214. Tsd. [215.–234. Tsd. unter 1D.] – 1971 (F): 235.–239. [statt 215.–219.] Tsd.

– [1D] –. Geleitwort: Hanns Bechstein. 1955 (L): 111.–130. Tsd. – [131.–214. Tsd. unter 1C.] – 1967 (L): 215.–234. Tsd. [10. statt 5. Auflage.] – 11 Auflagen

546 *Die Saga vom Skalden Gunnlaug Schlangenzunge.* Übertragung aus dem Altisländischen und Nachwort: Helmut de Boor. 1939: 1.–6. Tsd. – 1940: 10. Tsd. [fast vollständig kriegsvernichtet] – 2 Auflagen

547 *Felix Timmermans: Ich sah Cäcilie kommen.* [Erzählung.] Übertragung aus dem Flämischen: Peter Mertens. 1939: 1.–10. Tsd. – 1940: 40. Tsd. – 1960 (W): 49. Tsd. – 5 Auflagen

548 [1] *Maurice de Guérin: Der Kentauer.* [Prosagedicht.] Übertragung und Nachwort: Rainer Maria Rilke. 1940: 1.–10. Tsd. – 1941: 20. Tsd. [weitgehend kriegsvernichtet] – [1.–20. Tsd. Satz der Drugulin-Presse.] – 1950 (W): 30. Tsd. – 3 Auflagen

– [2] –: *Der Kentauer. Die Bacchantin. Aufzeichnungen aus den Jahren 1833 bis 1835.* Mit dem Nachwort von Rainer Maria Rilke aus [1]. Übertragung: Rainer Maria Rilke, Karl Eugen Gass, Friedhelm Kemp. Herausgegeben und mit Nachwort von

Friedhelm Kemp. Mit einer bibliographischen Notiz. 1964 (F): 1.–6. Tsd.

549 *Alfred Brehm: Das deutsche Wild.* Auswahl und Geleitwort: Heinz Graupner. 1939: 1.–20. Tsd. – 1943: 30. Tsd. – 2 Aufl.

550 *Albrecht Dürer: Aus dem Gebetbuch Kaiser Maximilians.* 24 farbige Tafeln. Nachwort und Erklärungen der Bildtafeln: Karlheinz Reissinger. 1939: 1.–50. Tsd. – 1950 (L+W): 70. Tsd. – 2 Auflagen

551 [1] *Böhme-Brevier.* Gestaltet und eingeleitet von Friedrich Schulze-Maizier. Mit Worterklärungen. 1939: 1.–10. Tsd.

– [2] *William Makepeace Thackeray: Die Kickleburys am Rhein.* [Erzählung.] Mit dem Vorwort zur zweiten Ausgabe (1851) und mit 15 Zeichnungen des Verfassers. Übertragung: Christine Hoeppener. Mit Anmerkungen. 1965 (L): 1.–15. Tsd.

552 [1] *Friedrich Schnack: Das Waldkind.* Ein kleiner Roman. 1939: 1.–10. Tsd. – 1943: 52. Tsd. – 1944: 102. Tsd. – [103.–107. Tsd. nicht IB – IK 1501; Restbestand 1955 (W) in IB-Ausstattung.] – 6 Auflagen

– [2] *Alphonse Daudet: Tartarin in den Alpen.* Neue Abenteuer des Heros aus Tarascon. Mit [10] Zeichnungen von Nuria Quevedo-Mund. Übertragung: Stephan Hermlin. 1965 (L): 1.–15. Tsd.

553 [1] *Die deutschen Lande im Gedicht.* Auswahl und Geleitwort: Rudolf Bach. 1939: 1.–10. Tsd. – 1943: 25. Tsd. – 3 Auflagen – Siehe auch IB 174,1

– [2] *Georg Maurer: Stromkreis.* Gedichte. 1964 (L): 1.–7. Tsd.

554 [1A] *Das Leben des Michelangelo Buonarroti. Beschrieben von seinem Schüler Ascanio Condivi.* Mit Titelporträt Michelangelos. Übertragung und Nachwort: Robert Diehl. 1939: 1.–10. Tsd. – 1940: 20. Tsd. [Seitdem Nachwort gekürzt.] – 1943: 30. Tsd.

– [1B] –. Mit (anderem) Titelporträt Michelangelos. Übertragung: Robert Diehl. Vorwort, Nachwort, Anmerkungen und Zeittafel: Fritz Erpel. 1971 (L): 31.–45. Tsd. – 4 Auflagen

555 [1A] [*Johann Wolfgang von*] *Goethe: Handzeichnungen.* 24 farbige Tafeln. Geleitwort: Hans Wahl. Mit Tafelverzeichnis. [Querformat.] 1940: 1.–24. Tsd. – 1940: 51. Tsd.

555 [IB] –. Eine Tafel ausgetauscht. [Statt ›Ruinen des Palatins‹: ›Auf dem Weg nach Neapel‹.] [Querformat.] 1941: 52.–81. Tsd. – 3 Auflagen

556 *Philipp Otto Runge: Briefe.* Mit Titelumrahmung von Runge. Auswahl und Nachwort: Hans Egon Gerlach. 1940: 1.–15. Tsd.

557 *Christian Heinrich Kleukens: Die Kunst der Letter.* Mit 39 Tafeln und erläuterndem Tafelverzeichnis. 1940: 1.–30. Tsd. – 1942: 40. Tsd. – 2 Auflagen

558 [1] *Arthur Schopenhauer: Betrachtungen über die menschliche Seele und ihren Ausdruck.* [Psychologische Bemerkungen. Über Erziehung. Zur Physiognomik.] Auswahl und Nachwort: Hermann von Braunbehrens. 1939: 1.–10. Tsd. – 1944: 15. Tsd. – 2 Auflagen

– [2] *Oscar Wilde: Das Granatapfelhaus.* [Der junge König. Der Geburtstag der Infantin. Der Fischer und seine Seele. Das Sternenkind.] Der Märchen zweiter Teil. Mit [33] Zeichnungen von Rolf Kuhrt. Übertragung: Christine Hoeppener. 1965 (L): 1.–20. Tsd. – Siehe auch IB 413

559 [1A] *Die schönsten Griechenmünzen Siziliens.* 48 Bildtafeln. Bildwahl und Geleitwort: Max Hirmer. Mit erläuterndem Tafelverzeichnis. 1940: 1.–30. Tsd. – 1942: 60. Tsd. – 2 Auflagen

– [1B] *Griechische Münzen Siziliens.* Ausgewählt und erläutert von Max Hirmer. Geleitwort: Max Dieckhoff. [Textteil neu gedruckt, Bildteil aus Restbeständen des 31.–60. Tsd.] 1952 (L+W) – Siehe auch IB 955

560 *Die Minnesinger in Bildern der Manessischen Handschrift.* Zweite Folge. 24 farbige Tafeln. Geleitwort: Hans Naumann. Mit Tafelverzeichnis. 1945: 1.–50. Tsd. – Siehe auch IB 450

561 *Apulejus: Amor und Psyche.* Mit 6 Tafeln nach der Amor-und-Psyche-Tapete von Louis Lafitte und Marry Blondel. Übertragung: August Rode (1783). Mit einer Schlußbemerkung. 1952 (W): 1.–20. Tsd. – 1955 (L): 35. Tsd. – 2 Auflagen

562 [1] *Federico García Lorca: Bluthochzeit.* Lyrische Tragödie in drei Akten und sieben Bildern. Übertragung: Enrique Beck. 1952 (W): 1.–10. Tsd. – 1964 (F): 30. Tsd. – 4 Auflagen

– [2] *Christian Fürchtegott Gellert: Leben der schwedischen Gräfin von G.* Roman. Mit 22 Holzstichen von Helga Paditz. Nachwort: Werner Schubert. 1976 (L): 1.–20. Tsd. – 1984 (L): 21.–35. Tsd. – 2 Auflagen

563 *Romain Rolland: Antoinette.* Erzählung. Übertragung: Erna und Otto Grautoff. 1952 (L): 1.–20. Tsd. – 1960 (L): 42. Tsd. – 3 Auflagen

564 [1] *[Johann Heinrich] Pestalozzi: Entfaltung der Menschlichkeit.* Gedanken aus seinen Werken. Auswahl, Nachwort und Quellennachweise: Otto Müller. 1953 (W): 1.–10. Tsd.

– [2] *Villiers de l'Isle-Adam:* [12] *Grausame Geschichten.* Mit 12 [statt 11] Zeichnungen von Jiří Šalamoun. Übertragung: Helene und Herbert Kühn. Nachwort: Herbert Kühn. 1967 (L): 1.–15. Tsd.

565 [1] *Der Elisabethschrein in Marburg.* 40 Bildtafeln. Geleitwort: Erika Dinkler. 1953 (W): 1.–20. Tsd.

– [2] *Schattenbilder der Goethezeit.* 55 Bildtafeln. Auswahl und Nachwort: Anne Gabrisch. Mit Abbildungsverzeichnis und Bemerkungen zu den Künstlern. 1966 (L): 1.–30. Tsd.

566 [1] *Federico García Lorca: Zigeuner-Romanzen.* Übertragung und Nachwort: Enrique Beck. Mit einer Vita. 1953 (W): 1.–10. Tsd. – 1966 (F): 27. Tsd. – 3 Auflagen

– [2] *Die Gingkofee.* Acht chinesische Volksmärchen aus der Provinz Schandung. Übertragung aus dem Chinesischen, Nachwort und Anmerkungen: Rainer Schwarz. 1978 (L): 1.–20. Tsd. – 1986 (L): 35. Tsd. [Nachwort und Anmerkungen bearbeitet.] – 2 Auflagen

567 [1] *Franz Marc: Tierstudien.* 36 Handzeichnungen und eine Vignette. Geleitwort: Klaus Lankheit. Mit Tafelverzeichnis. 1953 (W): 1.–30. Tsd. – 1955 (W): 79. Tsd. – 1963 (F): 88. Tsd. – 4 Auflagen

– [2] *Atanas Daltschew: Gedichte.* Übertragung aus dem Bulgarischen: Adolf Endler und Uwe Grüning. Auswahl und Nachwort: Norbert Randow. 1975 (L): 1.–10. Tsd.

568 [1] *Ernest Claes: Das Leben und der Tod des Victalis van Gille.* Erzählung. Übertragung aus dem Flämischen: Bruno Loets. 1953 (W): 1.–10. Tsd.

568 [2] *William Shakespeare: Der Sturm.* Übertragung: August Wilhelm Schlegel. Mit der Wiedergabe einer Seite aus ›The Tempest‹ der Folio-Ausgabe von 1623. Nachwort: Robert Weimann. Anmerkungen: Anselm Schlösser. 1976 (L): 1.–10. Tsd.

569 *Oleg Erberg: Die Hexe. Die letzte Exekution.* Zwei afghanische Erzählungen. Übertragung aus dem Russischen: Alfred Edgar Thoß. 1954 (L): 1.–7. Tsd.

570 [1A] *Francisco Goya: Pinselzeichnungen.* 32 Bildtafeln. Geleitwort: Robert Th. Stoll. Mit erläuterndem Abbildungsverzeichnis. 1953 (W): 1.–30. Tsd. – 1963 (F): 40. Tsd.

– [1B] –. Geleitwort: Joachim Uhlitzsch. 1964 (L): 41.–56. Tsd. – 3 Auflagen

571 *Friedrich Wolf: Beaumarchais oder Die Geburt des ›Figaro‹.* Ein Schauspiel. Mit Vorwort des Verfassers. 1954 (L): 1.–10. Tsd.

572 [1] *Friedrich Schnack: Clarissa mit dem Weidenkörbchen.* Naturdichtung. [1.–15. Tsd. nicht IB – IK 1482.] – 1953 (W): 16.–24. Tsd. – 1957 (W): 33. Tsd. – 2 Auflagen

– [2] *Guy de Maupassant: Mademoiselle Fifi und* [13] *andere Novellen.* Auswahl und Übertragung: Eberhard Wesemann. 1977 (L): 1.–30. Tsd.

573 [1A] *Martin Buber: Einsichten.* Aus den Schriften gesammelt. Mit Quellenverweisen. 1953 (W): 1.–10. Tsd. – 1954 (W): 15. Tsd.

– [1B] –. Um zwei Abschnitte erweitert. 1955 (W): 16.–25. Tsd. – 1965 (F): 39. Tsd. – 1989 (F): 41. Tsd. – 1996: 45. Tsd. – 2002: 48. Tsd. – 9 Auflagen

– [2] *Aischylos: Prometheus in Fesseln.* Übertragung, Nachwort, Anmerkungen und Namenverzeichnis: Dietrich Ebener. 1975 (L): 1.–10. Tsd. – Siehe auch IB 84

574 [1] *Wilhelm Raabe: Vom alten Proteus.* Eine Hochsommergeschichte. 1953 (W): 1.–10. Tsd.

– [2] *John Millington Synge: Die Aran-Inseln.* Übertragung: Helgunde Seidler (Prosatexte) und Hubert Witt (Versdichtungen). Nachbemerkung: Günter Gentsch. Mit Worterläuterungen. 1975 (L): 1.–10. Tsd.

575 [1] *Paul Hindemith: Johann Sebastian Bach.* Ein verpflichtendes Erbe. [Rede zum Bachfest in Hamburg am 12. 9. 1950.] Mit

der Wiedergabe einer Briefseite Bachs. 1953 (W): 1.–10. Tsd. – 1962 (F): 48. Tsd. – 2000: 52. Tsd. – 2008: 55. Tsd. – 8 Auflagen

– [2] *Die Kunst Altmexikos.* 48 zum Teil farbige Bildtafeln. Auswahl, Aufnahmen und Nachwort: Ferdinand Anton. Mit Tafelverzeichnis. 1975 (L): 1.–30. Tsd. – 1984 (L): 75. Tsd. [2 Tafeln nach neuen Aufnahmen.] – 3 Auflagen

576 [1] *Johannes Kepler: Der Mensch und die Sterne.* Aus seinen Werken und Briefen. Auswahl und Nachwort: Martha List. Mit Personen- und Sachverzeichnis. 1953 (W): 1.–9. Tsd.

– [2] *Jules Barbey d'Aurevilly: Der rote Vorhang.* [Das Glück im Verbrechen. Die Rache einer Frau.] Drei Novellen. Übertragung: Helene und Herbert Kühn. Nachwort: Herbert Kühn. Mit Anmerkungen. 1975 (L): 1.–20. Tsd.

577 *Henri Matisse: Frauen.* 32 Radierungen. Geleitwort: Hans Hildebrandt. 1953 (W): 1.–35. Tsd. – 1957 (L): 55. Tsd. – 2 Auflagen

578 [1] *Juan Ramón Jiménez: Platero und ich.* Eine andalusische Elegie. Mit 22 Zeichnungen von Lobo. Auswahl und Übertragung aus dem Spanischen: Doris Deinhard. Schlußbemerkung des Verlags. 1953 (W): 1.–10. Tsd. – 1955 (W): 11.–20. Tsd. [Seitdem Reihenfolge dreier Kapitel verändert.] – 1958 (W): 61. Tsd. – 1984 (F): 113. Tsd. – 15 Auflagen

– [2] *Alexander [Sergejewitsch] Newerow: Taschkent, die brotreiche Stadt.* Erzählung. Übertragung aus dem Russischen: Erich Salewski. 1976 (L): 1.–10. Tsd.

579 [1A] *Jean Paul: Horn und Flöte.* [Maximen und Reflexionen.] Auswahl und Nachwort: Ernst Bertram. 1953 (W): 1.–6. Tsd.

– [1B] –. Um 3 Aphorismen erweitert. 1957 (W): 13. Tsd. – 2 Auflagen

– [2] *Hans Sachs: Ein wünderlicher Dialogus und neue Zeitung.* [6] Prosadialoge. Mit den Titelholzschnitten der Dialoge 1–4 (1524) und den Titelseiten der Handschriften der Dialoge 5 und 6. Nachwort und Glossarium: Ingeborg Spriewald. 1976 (L): 1.–10. Tsd.

580 [1] *Gertrud von le Fort: Gedichte.* [1.–6. Tsd. nicht IB – IK 1003.] – 1953 (W): 7.–13. Tsd. – 1958 (W): 33. Tsd. – 3 Aufl.

580 [2] *Washington Irving: Rip van Winkle.* [Die Sage von der ›Schläfrigen Schlucht‹. Der Geisterbräutigam. Die Sage vom arabischen Sterndeuter. Die Sage vom Vermächtnis des Mauren.] Ausgewählte Kurzgeschichten. Mit 37 Holzstichen von Hans-Joachim Walch. Übertragung und Worterklärungen: Erika Gröger. Nachwort: Eberhard Brüning. 1976 (L): 1.–15. Tsd.

581 [1A] *Josef Mühlberger: Die Knaben und der Fluß.* Erzählung. [1.–8. Tsd. nicht IB – IK 1160.] – 1954 (W): 9.–18. Tsd.

– [1B] –. Mit einem Nachwort von Peter Härtling. 2003: 19.–21. Tsd. – 3 Auflagen

– [2] *Gotthold Ephraim Lessing: Epigramme.* An die Herren X und Y. Mit 19 Kupferstichen von Egbert Herfurth. Nachwort: Christine Hensel. Mit Quellenverweis. 1976 (L): 1.–10. Tsd. [In Teilauflage irrtümlich ›Herfurt‹.] – 1981 (L): 25. Tsd. – 2 Auflagen

582 [1] *Euripides: Die Mänaden.* Übertragung und Nachwort: Ernst Buschor. 1957 (W): 1.–7. Tsd. [Restbestände 1964 (L).]

– [2] *Christian Dietrich Grabbe: Napoleon oder Die hundert Tage.* Ein Drama in fünf Aufzügen. Nachwort: Lothar Ehrlich. 1976 (L): 1.–10. Tsd.

583 *Wilhelm Busch: Von mir über mich.* Mit [24] Bildern von ihm selbst. Nachwort: Hans Balzer. 1955 (L): 1.–20. Tsd. – 1961 (L): 75. Tsd. – 3 Auflagen

584 *Martin Andersen Nexö: Zugvögel.* [Bigum Holzbein. Der Hofsänger.] Drei Erzählungen. Übertragung: Karl Schodder und Ellen Schou. 1957 (L): 1.–10. Tsd.

585 *Stephan Hermlin: Der Leutnant Yorck von Wartenburg.* Erzählung. Mit Nachwort des Verfassers. 1954 (L): 1.–10. Tsd. – 1977 (L): 30. Tsd. – 3 Auflagen – Siehe auch IB 1094

586 [1A] *Wilhelm Raabe: Die schwarze Galeere.* Erzählung. Mit [27] Zeichnungen von Alexander Alfs. Mit Anmerkungen. 1954 (L): 1.–20. Tsd.

– [1B] –. Mit 15 Zeichnungen von Peter Muzeniek. Anmerkungen bearbeitet. 1970 (L): 21.–35. Tsd. – 2 Auflagen

587 *Albert Maltz: So ist das Leben.* [Das Spiel. Unterwegs. Der glücklichste Mensch der Welt.] Amerikanische Erzählungen.

Übertragung aus dem Amerikanischen: Gunther R. Lys. 1954 (L): 1.–5. Tsd. – 1958 (L): 10. Tsd. – 2 Auflagen

588 [6] *Arabische Märchen.* Aus mündlicher Überlieferung gesammelt und übertragen von Enno Littmann. Mit Nachwort. 1954 (L): 1.–10. Tsd. – 1956 (L): 20. Tsd. – 1958 (L): 30. Tsd. – 3 Auflagen

589 *Mao Tun: Seidenraupen im Frühling.* [Herbstliche Ernte.] Zwei Erzählungen. Übertragung aus dem Chinesischen: Joseph Kalmer. Nachwort: Franz Carl Weiskopf. 1955 (L): 1.–5. Tsd.

590 *Iwan Menschikow: Die Frauen Chalimankos.* Zwei Erzählungen aus dem Leben der Samojeden. [Die erste Frau des Schamanen. Eine Frau näht ein Leichengewand.] Übertragung aus dem Russischen: Alfred Edgar Thoß. 1955 (L): 1.–10. [statt 1.–5.] Tsd.

591 [1] *Max Kommerell: Hieronyma.* [Erzählung.] Mit Anmerkungen zum Autor. 1954 (W): 1.–10. Tsd.

– [2] *Jakob Wassermann: Das Gold von Caxamalca.* Novelle. Mit 30 Illustrationen [Zeichnungen] von Peter Laube. 1976 (L): 1.–20. Tsd.

592 [1] *Arthur Rimbaud: Gedichte.* Übertragung: K. L. Ammer. Geleitwort: Stefan Zweig. 1954 (W): 1.–10. Tsd. – 1964 (F): 17. Tsd. – 1986 (F): 22. Tsd. – 1989 (F): 24. Tsd. – 1997: 30. Tsd. – 2000: 32. Tsd. – 9 Auflagen

– [2] *Nikolai [Wassiljewitsch] Gogol: Wie sich Iwan Iwanowitsch mit Iwan Nikiforowitsch verfeindete.* [Novelle.] Übertragung: Karl Noetzel; überarbeitet von Noa Kiepenheuer. 1983 (L): 1.–10. Tsd.

593 [1] *Rudolf Kassner: Von den Elementen der menschlichen Größe.* Mit Nachwort und Anmerkungen des Verfassers. 1954 (W): 1.–5. Tsd.

– [2] *Die Holzschnitte zu Sebastian Brants ›Narrenschiff‹.* 121 Bildtafeln. Nachwort und Erläuterungen: Manfred Lemmer. 1964 (L): 1.–29. Tsd. – 1979 (L): 44. Tsd. [Nachwort und Erläuterungen überarbeitet.] – 1994: 46. Tsd. [Erneut bearbeitet.] – 3 Auflagen

594 *Henri de Toulouse-Lautrec: Lithographien.* 38 Bildtafeln. Nachwort: Gotthard Jedlicka. Mit erläuterndem Abbildungsver-

zeichnis. 1954 (W): 1.–30. Tsd. – 1955 (L): 50. Tsd. – 2 Auflagen

595 [1] *Gerhard Marcks: Tierplastik.* 28 Bildtafeln. Mit einem Geleitwort des Künstlers. Aufnahmen: Friedrich Hewicker. Nachwort: Günter Busch. 1954 (W): 1.–30. Tsd.

– [2] *George Bernard Shaw: John Bulls andere Insel.* Komödie. Übertragung: Siegfried Trebitsch. Nachwort: Karl Heinz Berger. 1976 (L): 1.–20. Tsd.

596 [1] *Elisabeth Hering: Li Tseh.* Eine Liebesgeschichte aus dem alten Korea. 1955 (L): 1.–5. Tsd.

– [2] *Aphra Behn: Oroonoko oder Die Geschichte des königlichen Sklaven.* Übertragung aus dem Englischen: Christine Hoeppener. Nachwort und Anmerkungen: Günter Weise. 1966 (L): 1.–20. Tsd. – 1981 (L): 35. Tsd. – 2 Auflagen

597 [1] *[Johann Wolfgang von] Goethe: Über die Natur.* Aus seinen Schriften. Auswahl und Nachwort: Andreas B. Wachsmuth. 1955 (W): 1.–10. Tsd.

– [2] *Katherine Mansfield: Eine indiskrete Reise.* [9] Ausgewählte Kurzgeschichten. Übertragung und Anmerkungen: Heide Steiner. Nachwort: Wolfgang Wicht. 1977 (L): 1.–30. Tsd.

598 [1A] *Michail M[ichailowitsch] Prischwin: Shen-Schen. ›Die Wurzel des Lebens‹.* Erzählung. Übertragung: Manfred von Busch. 1955 (L): 1.–5. Tsd.

– [1B] –. Mit [17] Holzstichen von Wladimir [Andrejewitsch] Faworski. Mit einem Nachwort. 1962 (L): 6.–19. [statt 20.] Tsd. – 2 Auflagen

599 *Wieland Herzfelde: Das Steinerne Meer.* [Die Hütte im Walde. Vogel Rock oder Mein sechster Vater. Meine erste Begnadigung. Das Kreuz. Fünf Millionen Tauben.] Ungewöhnliche Begebenheiten. 1955 (L): 1.–10. [statt 1.–5.] Tsd.

600 *Ernst Barlach: Taschenbuch-Zeichnungen.* 36 Bildtafeln. Auswahl und Geleitwort: Friedrich Schult. Mit Abbildungsverzeichnis. 1955 (L+W): 1.–50. Tsd. [L-Ausgabe mit einer Vita.]

601 *Georg Maurer: Die Elemente.* Freie Rhythmen. 1955 (L): 1.–5. Tsd. – 1967 (L): 15. Tsd. – 2 Auflagen

602 *F[ranz] C[arl] Weiskopf: Heimkehr.* [Das goldene Äpfelchen.] Zwei Erzählungen. 1955 (L): 1.–5. Tsd.

603 [1A] *Erich Arendt: Tolú.* Gedichte aus Kolumbien. Mit einem Geleitwort des Verfassers. 1956 (L): 1.–7. Tsd.

– [1B] –. Alle Gedichte in neuen, teils stark veränderten Fassungen. Mit einer Vorbemerkung des Dichters zur zweiten Auflage. Geleitwort gekürzt. 1973 (L): 8.–17. Tsd. – 2 Auflagen

604 *Aristide Maillol: Hirtenleben.* 36 Holzschnitte. Geleitwort: Erhart Kästner. 1954 (W): 1.–30. Tsd. – 1957 (L): 50. Tsd. – 2 Auflagen

605 [1] *Hugo von Hofmannsthal: Das Salzburger Große Welttheater.* [1.–19. Tsd. nicht IB – IK 771, 771B.] – 1954 (W): 20.–29. Tsd. – 1960: 59. Tsd. – 1970 (F): 81. Tsd. – 7 Auflagen

– [2] *Konstantin [Georgijewitsch] Paustowski: Regen in der Morgendämmerung.* [9] Erzählungen. Übertragung: Ena von Baer. Mit einer biographischen Notiz. 1977 (L): 1.–20. Tsd.

606 *Deutsche Holzschnitte des XX. Jahrhunderts.* 42 zum Teil farbige Bildtafeln. Auswahl, Geleitwort und erläuterndes Tafelverzeichnis: Erhard Göpel. 1955 (W): 1.–40. Tsd. – 1957 (L): 60. Tsd. – 2 Auflagen

607 *Ricarda Huch: Bilder aus dem Dreißigjährigen Krieg.* 1955 (L): 1.–10. Tsd.

608 *Pablo Neruda: Holzfäller, wach auf!* Hymnus auf den Frieden. [Spanisch und deutsch.] Mit einem Holzschnitt von José Venturelli. Übertragung und Geleitwort: Erich Arendt. 1955 (L): 1.–10. Tsd.

609 [1] *Rudolf Hagelstange: Venezianisches Credo.* [Sonette.] – [1.–30. Tsd. nicht IB – IK 644.] – 1954 (W): 31.–40. Tsd. – 1963 (F): 50. Tsd. – 2 Auflagen

– [2] *Plautus: Menaechmi.* Eine Komödie. Übertragung aus dem Lateinischen, Nachwort und Anmerkungen: Walter Hofmann. 1977 (L): 1.–10. Tsd.

610 *Alfred de Vigny: Der Rohrstock.* Die Geschichte vom Leben und Sterben des Hauptmanns Renaud. Übertragung: L. E. Achim [d. i. Friedrich Michael]. Mit einer Vita des Autors. 1954 (W): 1.–10. Tsd. [Restbestände 1964 (L).]

611 *Japanische Farbenholzschnitte.* 23 farbige Tafeln. Auswahl und Geleitwort: Emil Preetorius. Mit Abbildungsverzeichnis. 1955 (W): 1.–45. Tsd. – 1958 (W): 80. Tsd. [Geleitwort und

Tafelverzeichnis bearbeitet. – Restbestände 1971 (L).] – 2 Auflagen

612 [1] *Griechische Gemmen.* 27 Bildtafeln nach Aufnahmen von Eva Maria Czakó. Zusammenstellung und Geleitwort: Dieter Ohly. Mit Abbildungsverzeichnis. 1957 (W): 1.–20. Tsd.

– [2] *Arthur Schnitzler: Leutnant Gustl. Fräulein Else.* Zwei Monolognovellen. Nachwort: Manfred Diersch. Mit Noten. 1983 (L): 1.–15. Tsd.

613 [1] *Jean-Etienne Liotard: Die Kinder der Kaiserin.* Zwölf farbige Bildnisse der Kinder Maria Theresias. Geleitwort: Frieda Beerli. Mit Personenverzeichnis. 1955 (W): 1.–35. Tsd.

– [2] *Die Geschichte vom reichen und angesehenen Kaufmann Karp Sutulow und seiner überaus klugen Frau, die ihr eheliches Lager nicht entehrte.* [15] Russische Erzählungen und Satiren des 17. Jahrhunderts. Übertragung: Helmut Graßhoff, Klaus Müller, Gottfried Sturm. Auswahl, Nachwort und Quellenhinweise: Helmut Graßhoff. 1977 (L): 1.–20. Tsd.

614 [1] *Friedrich Schiller: Briefe.* Auswahl und Vorbemerkung: Reinhard Buchwald. Mit einem Vorspruch von Goethe. 1955 (W): 1.–10. Tsd.

– [2] *Friedrich von Logau: Die tapfere Wahrheit.* Sinngedichte. Mit der Wiedergabe von Titelblatt und Vorrede der Ausgabe Breslau 1654. Auswahl, Nachwort und Worterklärungen: Werner Schubert. 1978 (L): 1.–10. Tsd.

615 [1] *Gertrud von le Fort: Die Consolata.* [Erzählung.] – [1.–15. Tsd. nicht IB – IK 998.] – 1955 (W): 16.–25. Tsd. – 1957: 50. Tsd. – 1961 (F): 61. Tsd. – 4 Auflagen

– [2] [*Friedrich*] *Schiller: Maria Stuart.* Ein Trauerspiel. Nachwort: Siegfried Seidel. 1978 (L): 1.–10. Tsd.

616 *Michelangelo* [*Buonarotti*]: *Sibyllen und Propheten.* 24 farbige Bilder nach den Fresken in der Sixtinischen Kapelle. Geleitwort: Hanns Bechstein. [1.–174. Tsd. mit Geleitwort von Bettina Seipp unter IB 165,3; Restbestände dieser Auflage unter IB 616 ausgeliefert.] – 1955 (L+W): 175.–204. Tsd.

617 *Ion Luca Caragiale: Eine stürmische Nacht.* Lustspiel in zwei Akten. Übertragung aus dem Rumänischen: Georg Maurer. Mit einer Nachbemerkung zum Autor. 1956 (L): 1.–7. Tsd.

ʽΗΡΑΚΛΕΙΤΟΣ ʽΟ ΒΛΥΣΩΝΟΣ ΕΦΕΣΙΟΣ ΤΑΔΕ ΛΕΓΕΙ

Τοῦ δὲ λόγου τοῦδ᾽ ἐόντος ἀεὶ ἀξύνετοι γίγνονται ἄνθρωποι καὶ πρόσθεν ἢ ἀκοῦσαι καὶ ἀκούσαντες τὸ πρῶτον· γινομένων γὰρ πάντων κατὰ τὸν λόγον τόνδε ἀπείροισιν ἐοίκασι, πειρώμενοι καὶ ἐπέων καὶ ἔργων τοιούτων, ὁκοίων ἐγὼ διηγεῦμαι διαιρέων ἕκαστον κατὰ φύσιν, καὶ φράζων ὅκως ἔχει. τοὺς δὲ ἄλλους ἀνθρώπους λανθάνει ὁκόσα ἐγερθέντες ποιοῦσιν, ὅκωσπερ ὁκόσα εὕδοντες ἐπιλανθάνονται.

ἀξύνετοι ἀκούσαντες κωφοῖσιν ἐοίκασι· φάτις αὐτοῖσιν μαρτυρεῖ παρεόντας ἀπεῖναι.

[ἀπίστους . . . ἐπιστύφων] . . . ἀκοῦσαι οὐκ ἐπιστάμενοι οὐδ᾽ εἰπεῖν.

6

HERAKLEITOS, DER SOHN DES BLYSON, DER EPHESIER, LEHRT ALSO:

Obwohl dieses Wort sich immer bewährt, wird es nicht verstehende Menschen geben, bevor sie gehört und nachdem sie gehört haben; während doch alles geschieht diesem Worte gemäß. Unerfahrenen gleichen sie, wenn sie's versuchen mit Reden und Werken solcher Art, wie ich sie ausführe, der ich deute und erläutere ein jedes entsprechend der Natur und zeige, wie es sich [im Zusammenhang] verhält. Den anderen Menschen aber verbirgt sich, was sie als Wachende tun, so wie sie vergessen, was sie als Schlafende taten.

Die Nicht-Verstehenden gleichen den Tauben; das Sprichwort bezeugt es ihnen: anwesend sind sie abwesend.
[Ihr Nicht-Vertrauenden!] Zu hören versteht ihr nicht und auch nicht zu reden!

7

IB 49 Heraklit

RUTH

IM INSEL-VERLAG ZU LEIPZIG

IB 152 Buch Ruth

Der Ackermann und der Tod

Ein Streitgespräch von

JOHANNES VON TEPL

Ins Neuhochdeutsche

übertragen von Willy Krogmann

Mit einem Nachwort von

Reinhold Schneider

und den fünf Holzschnitten

der Bamberger Frühdrucke

Im Insel Verlag

IB 198 Saaz

Der Wolf und die sieben jungen Geisslein

Eine Ziege hatte sieben junge Zicklein, die sie mütterlich liebte. Eines Tages, als sie ausgehen wollte, Futter zu holen, sprach sie zu ihnen:
„Laßt niemanden herein, es könnte der Wolf sein, der euch fressen will; ihr merkt ihn an seiner groben Stimme und seinen garstigen schwarzen Pfoten."
Die Geißlein versprachen der Mutter, gehorsam zu sein, darauf ging sie mit ihrem Tragkorb in den Wald nach Futter. Nach einer Weile kam der Wolf an die Stalltür, klopfte an und rief:
„Macht doch die Tür auf, ich bin ja die Mutter."

) 20 (

Die Zicklein merkten aber an der groben Stimme, daß es der Wolf war.
„Du bist nicht unsere Mutter, die hat eine feine, sanfte Stimme, du bist der Wolf und willst uns fressen", riefen sie und hielten die Türe zu.

Da lief der Wolf ins Dorf und kaufte sich ein großes Stück Kreide, das fraß er, um seine Stimme recht fein zu machen; darauf kam er wieder vor die Tür.
„Macht auf, liebe Kinder," sprach er, „ich habe euch schöne Sachen mitgebracht, ihr werdet doch eure Mutter kennen?"
Das jüngste Geißlein hatte aber durch eine Ritze in der Türe geguckt und die rauhen Pfoten vom Wolfe gesehen.
„Unsere Mutter bist du nicht, die hat schöne weiße Pfoten

) 21 (

IB 360 Es war einmal · Richter

DA MAN DIE TAPFERKEIT DIESER FÜR UNVERGLEICHLICH ERACHTETE, GAB MAN IHNEN DORT AUF DEM SCHLACHTFELD IHR EIGENES GRAB. WENN SIE ABER DIE ERDE BEDECKT HAT, SPRICHT EIN VON DER STADT HIERZU ERHOBENER MANN, DER IM ANSEHEN STEHT AN EINSICHT UND WÜRDE HERVORZURAGEN, ZU IHREM LOBE WIE ES IHNEN ZUKOMMT. SO WERDEN SIE BESTATTET. DANACH ENTFERNT MAN SICH. WÄHREND DES GANZEN KRIEGES SO OFT ES DAZU KAM, HIELT MAN SICH AN DIESE SITTE. FÜR DIESE ERSTEN NUN WURDE PERIKLES DES XANTHIPPOS SOHN ERWÄHLT ZU REDEN. ALS ER DEN AUGENBLICK GEKOMMEN ERACHTETE TRAT ER, UM WEITHIN IN DER VERSAMMLUNG GEHÖRT ZU WERDEN, VOM GRABE HINWEG AUF EINEN HOCHTRITT DEN MAN ERRICHTET HATTE UND SPRACH ALSO:

DIE vielen, die vor mir von dieser Stätte aus gesprochen haben, preisen den der diese Rede des Gedenkens zum Gesetz erhoben hat; gleich als ob es genug der Ehre sei für die Gefallenen öffentlich zu reden. Mir aber würde es ehrenvoller erscheinen wenn Männer die durch die Tat sich geadelt haben, auch durch die Tat geehrt werden, wie sie ja in Gestalt dieser vom Staate selbst gerüsteten

7

IB 368 Perikles

MAURICE DE GUÉRIN

DER KENTAUER

ÜBERTRAGEN

DURCH

RAINER MARIA RILKE

1950

ERSCHIENEN IM INSEL-VERLAG

ICH KAM ZUR GEBURT UNTEN IN den Höhlen dieser Gebirge. Wie der Fluß dieses Talgrunds mit seinen anfänglichen Tropfen von irgend einem Felsstück abfließt, das weint tief in einer Grotte, so fiel der erste Augenblick meines Lebens in die Finsternisse eines abgelegenen Aufenthalts und störte nicht seine Stille. Unsere Mütter, wenn sie nah am Niederkommen sind, schleppen sich nach den Höhlungen hin, und im Hintergrund der unzugänglichsten, wo es ganz dicht ist von Dunkel, gebären sie, ohne eine Klage aufzuheben, Früchte, die nicht lauter sind als sie selbst. Ihre mächtige Milch läßt uns ohne Mattheit und zweifelhaften Ausgang die ersten Schwierigkeiten des Lebens überstehn; trotzdem kommen wir später aus unseren Höhlen, als ihr aus

7

IB 548 Guérin

Das Leben

des Lazarillo von Tormes

Seine Freuden und Leiden

Der erste Schelmenroman

Aus dem Spanischen übertragen
von Helene Henze

Erschienen im Insel-Verlag
1959

IB 706 Lazarillo

Da vor des Krieges Dorn mit seinen Stacheln war.
Es mag mein kühnes Heer sich wie es will ergetzen,
Es bleibt ein jeder ihm nur selbst der beste Rat,
Sie mögen ihren Fuß auf Woll und Rosen setzen,
Nachdem sein Paradies ihr Fürst gefunden hat.
Doch treibet sie die Lust zu mehrem Streit und Kriegen,
So widerfahr ihn' dies, was itzt ihr Wunsch begehrt;
Ich trachte diese Nacht im Felde nicht zu siegen,
Und meine Freud ist mehr als ihre Beute wert.
Und sagte gleich die Welt, ich hätte sehr gefehlet,
Wer fehlt und fället nicht? Ich bin ein Erdenkloß;
Es ist mir, fall ich gleich, ein schöner Ort erwählet:
Ich falle nirgends hin als nur in deine Schoß.

Liebe zwischen
Aleran, einem deutschen jungen Fürsten, und Adelheiden,
Kaiser Ottens Fräulein Tochter

Nach Gewohnheit damaliger Zeiten, daß junge Fürsten und Herren, wenn sie ein wenig zu Kräften und Verstand kommen, sich in die Welt machten und fürnehme Höfe besuchten, begab es sich gleichfalls, daß Aleran, eines vornehmen deutschen Fürsten Sohn, in Kaiser Ottens Hofe angelanget, seiner Jugend eine gute Wissenschaft von allerhand Ritterspielen und höheren Tugenden beizulegen. Sein Fürsatz war nicht ohne glücklichen Fortgang, und seine Vollkommenheit wuchs endlich dergestalt, daß Aleran vor ein Wunderwerk des Hofes, ja vor die Krone der Ritterschaft von männiglich gehalten ward. Wie aber alles den veränderlichen Zufällen unterworfen, so ward auch hier das Glück zu einem Springbronn tausenderlei Ungemachs. Aleran, dessen Hand nichts widerstreben konnte, vermeinte unvollkommen zu sein, wann er nicht auch ein Meister der Gemüter und ein Beherrscher der schönen Adelheide sein sollte. Seine Blicke waren in nichts so sehr bemühet, als einen freien Geist zu bestricken, und seine Zunge bearbeitete sich auf das höchste, ein ungebundenes Herz in ein schlüpfriges Garn zu versetzen. Der Anschlag war nicht ohne fürgebildeten Ausschlag. Es ging aber dem Aleran wie einem guten Fechter, der oft mit seinem Gegenteile zugleich fallen muß. Aleran überwindet Adelheiden, aber Aleran wird zugleich zu der Adelheiden Knecht gemacht, und beide seufzen bei ihren Wunden, die nunmehr ohne Rat und Hülfe zu sein schienen. Wie aber

35

IB 779 Hofmannswaldau

aber der Verdruß, welchen ihr aus langen Schriften schöpfet, verursachet, daß ich schließen und eurem Vorwitz das Folgende gleich einem Spiegel vorlegen muß, in welchem sich jede in eigener Gestalt erblicken wird. Derowegen habt ihr nicht über mich, sondern über euch zu zürnen, weil ich nur den Spiegel, nicht aber diejenigen Laster gemachet, welche ihr in demselben an euch selbsten erblicken werdet.

Lebet wohl.

Ich entsinne mich, daß ehedessen einer eine Weiber-Hechel geschrieben, welche er den verehlichten Frauen gleich einem Spiegel vorgestellet, darinnen sie ihr eigen Lob und Schande zur Gnüge ersehen konnten. Den Tugendsamen flocht er einen ewig grünenden Kranz der triumphierenden Unschuld, aber die Lasterhaften züchtigte er mit einer satyrischen Rute, derer Streiche sie mehr als zuviel verdienet haben. Daß ich aber meine eigentliche Meinung hier nicht berge, so muß ich bekennen, daß ich von derselben Zeit an wenig Lust zu dem Hechelmacher-Handwerk getragen, zumalen an einem und dem andern Orte von der Meisterschaft desselbigen Handwerks nicht gar zu wohl ist geredet und geurteilet worden. Habe also meine Intention zu dem Hechelmacher-Handwerk quittiert und mich zu einem Hobelmacher verdinget, bei welchem ich eine ziemliche Zeit in der Lehre gestanden und gestern bei der ehrbaren und weitberühmten Lade desselbigen Handwerks von vielen anwesenden Meistern zum Gesellen bin erkläret und freigesprochen worden.

Darum befinde ich meiner Schuldigkeit gemäß, mich in dieser Arbeit fleißig zu üben und bin dannen-

IB 878 Beer

Die lêre von der kocherie

Von mittelalterlichem Kochen und Speisen

Herausgegeben von Manfred Lemmer und Eva-Luise Schultz

1969
Insel-Verlag · Leipzig

IB 906 Kocherie

Eijen, beijen, bisch bisch bisch!/Morgen eß mer Fisch Fisch Fisch!/Übermorgen Schweinebraten,/Werd'n wir dich zu Gaste laden.

Buköhken von Halberstadt,/Kumm un 1
bring uns' Anna wat./Wat sall ik ehr denn bringen?/Söte Melk un Kringeln,/Söte Melk un Stutenbrot,/Davon ward uns' Anna grot.

Im Unterland isch Vogelsang;/Du alti 2
Hex, wo bischt so lang/Mit diner lange Juppe?/Choch mer a gueti Suppe,/Thue mer Zimmet und Nägeli dri,/Daß's Chindli chann es Gästli si.

1 Buko von Halberstadt,
Komm und bring unsrer Anna was.
Was soll ich ihr denn bringen?
Süße Milch und Kringel,
Süße Milch und Stutenbrot,
Davon wird unsere Anna groß.

2 Im Unterland ist Vogelsang;
Du alte Hex', wo bist du so lang
Mit deiner langen Jacke?
Koch mir eine gute Suppe,
Tu mir Zimt und Nelken rein,
Daß das Kind der Gast sein kann.

IB 1037 Albus

hoch aufbrandende See stürzen. Doch auch jetzt noch trieb Leander auf den tosenden Wogenkämmen des Meeres, wie er es gewohnt war, hoffnungsvoll auf dem Weg zu seiner Braut. Schon wälzte sich Woge auf Woge heran, die Wasser fluteten zusammen, Himmel und Meer wurden eins, von allen Seiten ertönte das Brausen der kämpfenden Stürme. Gegen den Zephyr schnaubte der Ostwind heran, und der Südwind erhob sich gegen den Nordwind mit gewaltigem Drohen. Unablässig ertönte das Donnern und Tosen der Fluten.

Schwer in Bedrängnis durch die unbarmherzig sich auftürmenden Wogen, betete Leander bald zur Meeresherrin Aphrodite, bald zu Poseidon, dem Beherrscher der See, er gedachte im Gebet auch des Boreas, des Königs der Winde, und erinnerte ihn an seine Liebe zur attischen Jungfrau Oreithyia. Doch es kam ihm keine Gottheit zu Hilfe, auch Eros hielt die Schicksalsgöttinnen nicht zurück.

Von allen Seiten dem feindlichen Sog der zusammenbrandenden Wogen preisgegeben, so trieb er dahin. Seine Kraft in den Beinen war schon geschwächt, und auch die unaufhörlich arbeitenden Arme verloren ihre Stärke. Ein Schwall von Wasser ergoß sich ihm in die Kehle, und er mußte den unerquicklichen Trank der schrecklichen Salzflut schlucken. Und sieh da – ein scharfer Windstoß löschte die treulose Lampe – und

Wilhelm Tischbein (zugeschrieben), *Hero und Leander*

IB 1316 Musaios

Non uider gli occhi miei cosa mortale,
Alhor che ne' bei uostri intera pace
Trouai, ma dentro, ou' ogni mal dispiace,
Chi d' amor l' alma à se simil m' assale:

Et se creata à Dio non fusse eguale,
Altro che 'l bel di fuor, ch' à gl' occhi piace,
Piu non uorria; ma perch' è si fallace,
Trascende nella forma uniuersale.

Io dico, ch' à chi uiue quel che muore
Quetar non puo disir, ne par s' aspetti
L' eterno al tempo, oue altri cangia il pelo.

Voglia sfrenata el senso è, non amore,
Che l' alma uccide; e 'l nostro fa perfetti
Gl' amici qui, ma piu per morte in cielo.

34

35

IB 1235 Michelangelo

der Wunde legen sie mich. Dann gehen alle aus der Stube; die Tür wird zugemacht; der Gesang verstummt; Wolken treten vor den Mond; warm liegt das Bettzeug um mich; schattenhaft schwanken die Pferdeköpfe in den Fensterlöchern. »Weißt du«, höre ich, mir ins Ohr gesagt, »mein Vertrauen zu dir ist sehr gering. Du bist ja auch nur irgendwo abgeschüttelt, kommst nicht auf eigenen Füßen. Statt zu helfen, engst du mir mein Sterbebett ein. Am liebsten kratzte ich dir die Augen aus.« »Richtig«, sage ich, »es ist eine Schmach. Nun bin ich aber Arzt. Was soll ich tun? Glaube mir, es wird auch mir nicht leicht.« »Mit dieser Entschuldigung soll ich mich begnügen? Ach, ich muß wohl. Immer muß ich mich begnügen. Mit einer schönen Wunde kam ich auf die Welt; das war meine ganze Ausstattung.« »Junger Freund«, sage ich, »dein Fehler ist: du hast keinen Überblick. Ich, der ich schon in allen Krankenstuben, weit und breit, gewesen bin, sage dir: deine Wunde ist so übel nicht. Im spitzen Winkel mit zwei Hieben der Hacke geschaffen. Viele bieten ihre Seite an und hören kaum die Hacke im Forst, geschweige denn, daß sie ihnen näher kommt.« »Ist es wirklich so oder täuschest du mich im Fieber?« »Es ist wirklich so, nimm das Ehrenwort eines Amtsarztes mit hinüber.« Und er nahm's und wurde still. Aber jetzt war es Zeit, an meine Rettung zu denken. Noch standen treu die Pferde an ihren Plätzen. Kleider, Pelz und Tasche waren schnell zusammengerafft; mit dem Ankleiden wollte ich mich nicht aufhalten; beeilten sich die Pferde wie auf der Herfahrt, sprang ich ja gewissermaßen aus diesem Bett in meines. Gehorsam zog sich ein Pferd vom Fenster zurück; ich warf den Ballen in den Wagen; der Pelz flog zu weit, nur mit einem Ärmel hielt er sich an einem Haken fest. Gut genug.

20

IB 1243 Kafka · Kubin

Frühlings Ankunft

Alle Vögel sind schon da,
Alle Vögel, alle!
Welch ein Singen, Musiziern,
Pfeifen, Zwitschern, Tireliern!
Frühling will nun einmarschiern,
Kommt mit Sang und Schalle.

Wie sie alle lustig sind,
Flink und froh sich regen!
Amsel, Drossel, Fink und Star
Und die ganze Vogelschar
Wünschet uns ein frohes Jahr,
Lauter Heil und Segen.

Was sie uns verkündet nun,
Nehmen wir zu Herzen:
Wir auch wollen lustig sein,
Lustig wie die Vögelein,
Hier und dort, feldaus, feldein
Singen, springen, scherzen!

HOFFMANN VON FALLERSLEBEN

50

Grün war die Weide,
Der Himmel blau,
Wir saßen beide
Auf glänzender Au.

Sind's Nachtigallen
Wieder, was ruft,
Lerchen, die schalle
Aus warmer Luft?

Ich hör' die Lieder,
Fern, ohne dich,
Lenz ist's wohl wieder,
Doch nicht für mich.

JOSEPH VON EICHENDORFF

51

IB 1250 Nachtigall

andern verweigerte, zeigte endlich jeder zum Beweise, daß er im Rechte sei, seinen Ring vor. Und weil sich nun ergab, daß die Ringe einander so ähnlich waren, daß man den richtigen nicht erkennen konnte, blieb die Frage, wer der wahre Erbe des Vaters sei, in Schwebe und schwebt noch heute. Und so sage ich Euch, Herr, auch von den drei Gesetzen, die Gott, der Vater, den drei Völkern gegeben hat und derentwegen Ihr die Frage aufgeworfen habt: jedes Volk glaubt seine Erbschaft, nämlich sein wahres Gesetz, zu haben und seine Gebote befolgen zu müssen; wer sie aber hat, diese Frage ist so wie bei den Ringen noch immer in Schwebe." Saladin erkannte, daß es der Jude gar trefflich verstanden hatte, den Schlingen auszuweichen, die er ihm vor die Füße gespannt hatte; darum entschloß er sich, ihm seine Not kundzutun und zu sehen, ob er ihm dienen wolle: und so tat er, indem er ihm auch eröffnete, was seine Absicht gewesen wäre, wenn er ihm nicht so verständig geantwortet hätte, wie er getan hatte. Nun diente ihm der Jude bereitwillig mit jeder Summe, die er verlangte; und Saladin erstattete ihm alles treulich wieder und begabte ihn überdies mit ansehnlichen Geschenken und behielt ihn für alle Zeit mit großer Auszeichnung als Freund in seiner Nähe.

8

DIE GESCHICHTE VON DER KLUGEN MARKGRÄFIN

Der Markgraf von Montferrat, ein Mann von hoher Tapferkeit und Bannerherr der Kirche, war mit einem Kreuzzug übers Meer gezogen. Als nun am Hofe König Philipps des Einäugigen, der sich eben, um an demselben Kreuzzug teilzunehmen, anschickte, Frankreich zu verlassen, von seiner Tapferkeit die Rede war, sagte ein Ritter, unter der Sonne gebe es kein Paar, das dem Markgrafen und seiner Dame gliche; denn so wie der Markgraf in jeder Tüchtigkeit unter den Rittern wohlberufen sei, so sei die Dame die schönste und sittsamste von allen Frauen der Welt. Diese Worte machten auf das Herz des Königs einen

9

IB 16 Boccaccio

618 [1] *Jahrhundertmitte.* Deutsche Gedichte der Gegenwart. Auswahl und Nachwort: Friedrich Michael. Mit Quellenverzeichnis. 1955 (W): 1.–10. Tsd. – 1956 (W): 30. Tsd. – 3 Auflagen

– [2] *E[rnst] T[heodor] A[madeus] Hoffmann: Klein Zaches genannt Zinnober.* Ein Märchen. Mit 11 [statt 10] Holzstichen von Christa Jahr. Nachwort: Franz Fühmann. 1978 (L): 1.–20. Tsd.

619 [1A] *Castel del Monte.* Die Krone Apuliens. Mit 32 Bildtafeln und 2 Planskizzen im Text. Aufnahmen und Geleitwort: Carl A. Willemsen. Mit Abbildungsverzeichnis. 1955 (W): 1.–10. Tsd.

– [1B] –. Das vollendetste Baudenkmal Kaiser Friedrichs des Zweiten. Mit [58 Aufnahmen auf] 59 [recte: 55] Bildtafeln. Mit Titelvignette, einer Zeichnung und 2 Planskizzen im Text. Aufnahmen: Carl A. Willemsen, L. Sforza, Soprintendenza Bari. Neues Geleitwort mit Auswahlbibliographie: Carl A. Willemsen. Mit Tafelverzeichnis. 1982 (F): 11.–13. Tsd. – 1985 (F): 15. [statt 5.] Tsd. – 1990 (F): 16. Tsd. – 5 Auflagen

– [2] *Wilhelm Raabe: Die Chronik der Sperlingsgasse.* [Roman.] Anmerkungen: Anneliese Klingenberg. 1978 (L): 1.–25. Tsd.

620 *Gerhart Hauptmann: Der Ketzer von Soana.* Erzählung. 1955 (L): 1.–20. Tsd. – 1958 (L): 48. Tsd. – 3 Auflagen

621 *Ferdinand von Saar: Die Steinklopfer.* Erzählung. 1962 (L): 1.–10. Tsd.

622 [1A] *Schwänke des Hodschas Nasreddin.* Mit [17] Zeichnungen von Günter Blochberger. Auswahl und Nachbemerkung: Fritz Adolf Hünich. 1962 (L): 1.–15. Tsd.

– [1B] –. Veränderte und erweiterte Auswahl: 2 Schwänke weggelassen, 29 hinzugefügt. Mit 20 Illustrationen von Wilfried Blecher. 1964 (F): 16.–23. Tsd. – 2 Auflagen

623 [1] *William Faulkner: Scheckige Mustangs.* Erzählung. Übertragung aus dem Amerikanischen: Kurt Alboldt. 1956 (W): 1.–15. Tsd.

– [2] *Aristophanes: Die Wolken.* Komödie. Übertragung aus dem Griechischen: Ludwig Seeger. Bearbeitung, Nachwort und Anmerkungen: Jürgen Werner. 1978 (L): 1.–15. Tsd.

624 [1] *Scholem-Alejchem: Eine Hochzeit ohne Musikanten.* [8] Erzählungen. Mit 16 Tuschezeichnungen von Ben Shahn. Übertragung aus dem Jiddischen: Alexander Eliasberg und Fega Frisch. Mit Worterklärungen. 1961 (F): 1.–16. Tsd. – 1999: 21. Tsd. – 2 Auflagen

– [2] *Honoré de Balzac: Das verfluchte Kind.* [Novelle.] Übertragung aus dem Französischen: Karla Büschel. Mit Anmerkungen. 1978 (L): 1.–20. Tsd.

625 [1] *Der Passionsaltar des Meisters Loedewich in der St. Nikolaikirche zu Kalkar.* 36 Bildtafeln. Auswahl und Geleitwort: Franz Josef Nüß. Mit Tafelverzeichnis. 1956 (W): 1.–20. Tsd.

– [2] *Alexander [Sergejewitsch] Puschkin: Boris Godunow.* [Drama.] Mit 13 Holzschnitten von Wassili Masjutin. Übertragung aus dem Russischen: Henry von Heiseler. Mit einem Briefentwurf von Puschkin in der Übersetzung von Fritz Mierau sowie mit einer ›Erläuterung‹. 1988 (L): 1.–15. Tsd.

626 *Carmina Burana.* Benediktbeurer Lieder. Lateinisch und deutsch. Auswahl, Übertragung und Nachwort: Ernst Buschor. 1956 (W): 1.–10. Tsd. – 1958 (L): 25. [statt 27.] Tsd. – 1964 (F): 38. Tsd. – 5 Auflagen

627 [1] *Massimo Bontempelli: Fahrt der Europa.* Erzählung. Mit [10] Federzeichnungen von Robert Pudlich. Übertragung aus dem Italienischen: Bettina Seipp. 1956 (W): 1.–10. Tsd.

– [2] *William Shakespeare: Troilus und Cressida.* Mit Wiedergabe des Titelblattes der Ausgabe London 1609. Übertragung: Bernd K. Tragelehn. Nachwort: Robert Weimann. Anmerkungen: Karl-Heinz Magister. 1978 (L): 1.–10. Tsd.

628 [1] *Peter Gan* [d. i. Richard Moering]*: Preis der Dinge.* Gedichte. Vom Dichter ausgewählt. 1956 (W): 1.–10. Tsd.

– [2] *William Butler Yeats: Geschichten von Rot-Hanrahan.* [Rot-Hanrahan. Wie das Seil gedreht wurde. Hanrahan und Cathleen, die Tochter Houlihans. Rot-Hanrahans Fluch. Hanrahans Vision. Hanrahans Tod.] Mit der Vorbemerkung des Verfassers (1925). Übertragung: Susanne Schaup und Ernst E. Stein auf der Grundlage der Übersetzung von Herberth E. Herlitschka. Nachwort: Karl Heinz Berger. 1978 (L): 1.–20. Tsd. – 1988 (L): 34. Tsd. – 2 Auflagen

629 [1] *Lyonel Feininger: Rotes Meer und gelbe Schiffe.* 16 Farbtafeln nach Aquarellen des Künstlers. Auswahl und Nachwort: Wieland Schmied. Mit Abbildungsverzeichnis. [Querformat.] 1961 (F): 1.–24. Tsd.

– [2] *Thüring von Ringoltingen: Die Historie von der schönen Melusina.* Mit 54 Holzschnitten der Ausgabe des Volksbuches von 1474. Herausgegeben und mit Nachbemerkung von Christine Hensel. 1979 (L): 1.–15. Tsd.

630 *Frühe italienische Tafelbilder.* 20 Meisterwerke des Lindenau-Museums in Altenburg [auf farbigen Bildtafeln]. Nachwort und Erläuterungen zu den Bildern: Robert Oertel. 1957 (L+W): 1.–50. Tsd. – 1961 (L+F): 90. Tsd. – 1966 (L): 134. Tsd. – 3 Auflagen

631 *Christian Morgenstern: Briefe.* Auswahl und Geleitwort: Grete Ebner-Eschenhaym. Mit einem Verzeichnis der Briefpartner. 1957 (L): 1.–10. Tsd.

632 *Michail [Alexandrowitsch] Scholochow: Aljoschkas Herz. Fremdes Blut.* Zwei Erzählungen. Übertragung und Nachbemerkung: Monica Huchel. 1962 (L): 1.–10. Tsd.

633 *Ernst Toller: Das Schwalbenbuch.* [Gedichte.] Mit einem Epilog. 1957 (L): 1.–10. Tsd.

634 [1A] *Alexander [Sergejewitsch] Puschkin: Dubrowskij.* Erzählung. Übertragung: Johannes von Günther. 1960 (L): 1.–10. Tsd.

– [1B] –: *Dubrowski.* Roman. Mit 12 Illustrationen [Zeichnungen] von Holger Vogt. Übertragung: Michael Pfeiffer. Nachwort: Michael Wegner. 1972 (L): 11.–30. [statt 1.–20.] Tsd. – 2 Auflagen

635 *Werner Gilles: Mythische Landschaft.* 16 Farbtafeln nach Aquarellen des Künstlers. Auswahl und Nachwort: Erhard Göpel. Mit Abbildungsverzeichnis. [Querformat.] 1962 (F): 1.–12. Tsd.

636 [1A] *Ch'i Po-shih: Farbige Pinselzeichnungen.* 22 Tafeln. Nachwort: Hertha Kuntze. Mit Tafelverzeichnis. 1956 (L+W): 1.–70. Tsd.

– [1B] *Ch'i Pai-shih: Farbige Pinselzeichnungen.* 22 Tafeln. Nachwort: Gerhard Pommeranz-Liedtke. 1960 (L+W): 71.–110. Tsd. – 2 Auflagen

637 [1] *Thomas Mann: Meerfahrt mit Don Quijote.* [Aus ›Leiden und Größe der Meister. Neue Aufsätze.‹] 1956 (W): 1.–20. Tsd. – 1988 (F): 22. Tsd. [Seitdem mit einem Fotoporträt von Thomas Mann als Frontispiz.] – 1995: 25. Tsd. – 4 Auflagen

– [2] *Heinrich Heine: Gedichte.* Auswahl und Nachwort sowie Namen- und Worterklärungen: Renate Francke. 1979 (L): 1.–10. Tsd.

638 [1] *Eine Welt schreibt an Goethe.* Übertragung fremdsprachiger Briefe: D. Michael und Leo Gerstner. Auswahl und Nachwort: Rudolf K. Goldschmit-Jentner. 1956 (W): 1.–10. Tsd.

– [2] *Hermann Hesse:* [7] *Märchen.* Nachwort: Klaus Pezold. 1979 (L): 1.–20. Tsd.

639 [1] *Martin Buber: Stationen des Glaubens.* Aus den Schriften gesammelt. Mit Vorbemerkung des Verfassers. Mit Quellennotiz. 1956 (W): 1.–15. Tsd.

– [2] *Wsewolod [Michailowitsch] Garschin: Attalea princeps.* [Vier Tage. Eine Begebenheit. Aus den Erinnerungen des Gemeinen Iwanow. Die rote Blume.] [5] Erzählungen. Übertragung aus dem Russischen: Valerian Tornius. Mit Anmerkungen. 1988 (L): 1.–15. Tsd.

640 [1] *Hans Carossa: Die Frau vom guten Rat.* Eine Erzählung aus dem Spätsommer 1947. 1956 (W): 1.–10. Tsd. – 1960 (W): 27. Tsd. – 3 Auflagen

– [2] *Carl Blechen: Italienische Skizzen.* 32 farbige Tafeln. Auswahl und Nachwort: Gertrud Heider. Mit Abbildungsverzeichnis. [Querformat.] 1979 (L): 1.–25. Tsd.

641 [1] *Frühe Plastik aus Sardinien.* 30 Tafeln und eine Abbildung im Text. Aufnahmen: Friedrich Hewicker. Auswahl und Geleitwort: Jürgen Thimme. Mit Tafelverzeichnis. 1956 (W): 1.–20. Tsd.

– [2] *O. Henry* [d. i. William Sydney Porter]*: Bekenntnisse eines Humoristen.* [15] Ausgewählte Kurzgeschichten. Auswahl: Günter Gentsch. Übertragung: Paul Baudisch, Werner Beyer, Gerhard Gräf, Christine Hoeppener und Rudolf Löwe. 1979 (L): 1.–20. Tsd. – 1987 (L): 35. Tsd. – 2 Auflagen

642 [1] *Paul Valéry: Die Krise des Geistes.* Drei Essays. [Erster Brief. Zweiter Brief. Europäischer Geist.] Übertragung: Frank Rü-

melin und Herbert Steiner. Nachwort: Herbert Steiner. 1956 (W): 1.–10. Tsd.

– [2] *Eugene O'Neill: Fast ein Poet.* Drama in vier Akten. Übertragung aus dem Amerikanischen und Vorwort: Ursula und Oscar Fritz Schuh. Nachwort: Klaus Köhler. 1979 (L): 1.–15. Tsd.

643 *Honoré Daumier: Das Parlament der Juli-Monarchie.* 36 Bildtafeln nach den Bronzeplastiken. Aufnahmen: Wolfgang G. Schröter. Nachwort: Hanns Bechstein. Mit einem Verzeichnis der Dargestellten. 1958 (L): 1.–30. Tsd. [davon 9 Tsd. 1959 (W).] – 1962 (L): 60. Tsd. – 2 Auflagen

644 *Maxim Gorki: Nachtasyl.* Szenen aus der Tiefe in vier Aufzügen. Übertragung: August Scholz. 1957 (L): 1.–10. Tsd.

645 [1] *Jack London: Geschichten aus Alaska.* [Das weiße Schweigen. Das Feuer im Schnee. Das Ende vom Lied. Frauenmut.] Übertragung: Erwin Magnus. 1957 (W): 1.–10. Tsd.

– [2] *Albrecht von Eyb: Ehebüchlein.* Ob einem Manne sei zu nehmen ein ehelichs Weib oder nicht. Bearbeitung des frühneuhochdeutschen Textes, Glossarium und »Zur Sprache des ›Ehebüchleins‹«: Klaus Müller. Nachwort: Rainer Kößling. 1986 (L): 1.–15. Tsd.

646 [1] *José Ortega y Gasset: Gespräch beim Golf.* [Ästhetik in der Straßenbahn. Zur Psychologie des interessanten Mannes. Schema Salomes.] Vier Essays. Übertragung aus dem Spanischen: Ulrich Weber und Helene Weyl. Mit Anmerkungen. 1957 (W): 1.–15. Tsd. – 1962 (F): 22. Tsd. – 2 Auflagen

– [2] *Konstantinos Kavafis: Ausgewählte Gedichte.* Griechisch und deutsch. Übertragung: Karl Dieterich, Adolf Endler und Helmut von den Steinen. Auswahl: Georgios und Karin Aridas. Nachwort: Georgios Aridas. Mit einer biographischen Übersicht und mit Anmerkungen zu den Gedichten und zur Sprachentwicklung. Mit Quellennotiz. 1979 (L): 1.–10. Tsd.

647 [1] *Heinrich Böll: Im Tal der donnernden Hufe.* Erzählung. 1957 (W): 1.–15. Tsd. – 1985 (F): 39. Tsd. – 1992: 40. Tsd. – 1997: 41. Tsd. – 7 Auflagen

– [2] *Ana Maria Matute: Seltsame Kinder.* [21] Erzählungen. Mit 10 Illustrationen [Zeichnungen] von G. Ruth Mossner. Übertragung aus dem Spanischen: Gerda Theile-Bruhns. Vorbemerkung: Eberhard Wesemann. 1979 (L): 1.–15. Tsd.

648 *Pablo Neruda: Zwanzig Liebesgedichte und ein Lied der Verzweiflung.* Spanisch und deutsch. Übertragung: Erich Arendt. 1958 (L): 1.–10. Tsd.

649 *Heinrich Mann: Madame Legros.* Drama in drei Akten. Nachwort: Wilhelm Haupt. 1958 (L): 1.–10. Tsd.

650 *Deutsche Porträtplastik des 20. Jahrhunderts.* 40 Bildtafeln. Auswahl und Nachwort: Gustav Seitz. Bilderläuterungen: Erhard Göpel. 1958 (L+W): 1.–30. Tsd.

651 [1] *Gotthold Ephraim Lessing: Über das Theater.* Aus seinen Schriften. Auswahl und Geleitwort: Hans Rössner. Mit Quellennachweis. 1957 (W): 1.–7. Tsd.

– [2] *Percy Bysshe Shelley: Der entfesselte Prometheus.* Lyrisches Drama in vier Akten. Mit dem Vorwort des Verfassers. Mit Titelporträt Shelleys von A. Curran (1819). Übertragung: Rainer Kirsch (Drama) und Manfred Wojcik (Vorwort). Nachwort: Manfred Wojcik. 1979 (L): 1.–10. Tsd.

652 [1] *Rudyard Kipling: Geschichten aus Indien.* [Garm als Geisel. Die Maltakatze.] Übertragung aus dem Englischen: Hans Reisiger. 1957 (W): 1.–10. Tsd. – 1963 (F): 17. Tsd. – 2 Auflagen

– [2] *Robert Musil: Drei Frauen.* [3] Novellen. [Grigia. Die Portugiesin. Tonka.] 1980 (L): 1.–20. Tsd.

653 [1] *Thornton Wilder: Glückliche Reise.* [Schlafwagen Pegasus.] Zwei Einakter. Übertragung: Herberth E. Herlitschka. Mit Noten. 1957 (W): 1.–12. Tsd. – 1962 (F): 18. Tsd. – 2 Auflagen

– [2] *Nathaniel Hawthorne: Der schwarze Schleier.* [Der Tag des Brückenwärters. Der Große Karfunkel. Mein Verwandter, der Major Molineux. Das Muttermal.] [5] Ausgewählte Erzählungen. Mit 5 Holzschnitten von Ellen Willnow. Übertragung aus dem Amerikanischen: Lore Krüger. Auswahl und Nachbemerkung: Heinz Förster. 1980 (L): 1.–15. Tsd.

654 [1A] *Honoré de Balzac: Das Mädchen mit den Goldaugen.* [Erzählung.] Mit [15] Holzstichen von Theo Kurpershoek. Übertragung aus dem Französischen: Ernst Hardt. Vorwort: Hugo von Hofmannsthal. 1961 (F): 1.–9. Tsd.

– [IB] –. Mit [14] Holzstichen von Theo Kurpershoek. Ohne Vorwort. Nachwort: Udo Wolf. 1965 (L): 10.–29. Tsd. – 2 Auflagen

655 [IA] *Johann Sebastian Bach: Sonaten und Partiten für Violine allein.* Wiedergabe der Handschrift [44 Seiten]. Geleitwort: Yehudi Menuhin. Nachwort: Günter Haußwald. 1958 (L+W): 1.–30. Tsd. [Teil der Leipziger Ausgabe ohne das Geleitwort von Yehudi Menuhin.] – [31.–45. Tsd. unter IB.] – 1979 (F): 46.–50. Tsd. – 1984 (F): 53. Tsd. – 1988: 56. Tsd. – 1992: 58. Tsd. – 1997: 60. Tsd. – 2000: 62. Tsd. – 2002: 65. Tsd. – 2010: 69. Tsd.

– [IB] –. Ohne das Geleitwort von Yehudi Menuhin. 1962 (L): 31.–45. Tsd. – 11 Auflagen

656 [1] *Ali, der Meisterdieb.* Eine Geschichte alttürkischer Nomaden. Erzählt von Elsa Sophia von Kamphoevener. Mit Worterklärungen. 1957 (W): 1.–12. Tsd. – 1962 (F): 31. [statt 61.] Tsd. – 3 Auflagen

– [2] *Leopold Friedrich Günther Goeckingk: Briefe eines Reisenden an Herrn Drost von LB.* Herausgegeben mit Nachwort und Erläuterungen von Gerhard Steiner. 1981 (L): 1.–10. Tsd. [Einige Exemplare irrig mit Johann Karl Wezel als Autor und mit anderem Nachwort. Vom Verlag zurückgezogen.]

657 [1] *Gertrud von le Fort: Plus ultra.* Erzählung. [1.–18. Tsd. nicht IB – IK 1007.] – 1957 (W): 19.–33. Tsd. – 1968 (F): 57. Tsd. – 4 Auflagen

– [2] *Alexander [Alexandrowitsch] Blok: Des Himmels lichter Rand.* Gedichte. Russisch und deutsch. Auswahl: Marga und Roland Erb. Nachdichtungen: Friedemann Berger, Uwe Berger, Annemarie Bostroem, Adelheid Christoph, Adolf Endler, Elke Erb, Roland Erb, Rainer Kirsch, Sarah Kirsch, Jürgen Rennert, Axel Schulze, Alfred Edgar Thoss, Wilhelm Tkaczyk, Ilse Tschörtner, Paul Wiens nach Interlinearübersetzungen von Oskar Törne. 1980 (L): 1.–10. Tsd.

658 [1] *Paul Valéry: Herr Teste.* [Prosazyklus.] Mit einem Vorwort des Verfassers. Übertragung: Max Rychner. [1.–6. Tsd. nicht IB – IK 1800.] – 1957 (W): 7.–14. Tsd. – 1963 (F): 21. Tsd. – 2 Auflagen

658 [2] *Mihail Sadoveanu: Bärenauge.* [Einst in einem Dorf. Eine Geschichte aus alter Zeit. Auf dem Weg nach Hîrlău. Auf dem Deleleu.] [5] Erzählungen. Auswahl, Übertragung aus dem Rumänischen und Nachwort: Roland Erb. Mit Hinweisen zur Aussprache. 1980 (L): 1.–10. Tsd.

659 *Maxim Gorki: Geschichten aus Italien.* [Es ist vollbracht. Die Mutter des Verräters. Der Tod des Fischers. Pepe.] Russisch und deutsch. Übertragung: Erich Boehme und Alexander Stein. 1957 (L): 1.–10. Tsd. – 1968 (L): 20. Tsd. – 2 Auflagen

660 [1] *T[homas] S[tearns] Eliot: Das wüste Land.* [Das Begräbnis der Toten. Eine Schachpartie. Die Feuerpredigt. Tod durchs Wasser. Was der Donner sprach.][Gedichte.] Mit den Anmerkungen des Autors. Englisch und deutsch. Übertragung: Ernst Robert Curtius. 1957 (W): 1.–10. Tsd. – 1962 (F): 18. Tsd. – 2 Auflagen – Siehe auch IB 1089

– [2] *Gianlorenzo Bernini: Zeichnungen.* 32 farbige Tafeln. Aufnahmen: Peter Garbe und Barbara Reinhold. Auswahl, Nachwort und Bilderläuterungen: Karl-Heinz Mehnert. 1982 (L): 1.–25. Tsd.

661 *Wilhelm Busch: Hans Huckebein, der Unglücksrabe.* [Reprint] Nach der Handschrift im Städelschen Kunstinstitut Frankfurt am Main. Mit Titelzeichnung und 47 kolorierten Federzeichnungen auf 25 Tafeln. Geleitwort (mit 3 Silhouetten): Edmund Schilling. 1958 (W): 1.–30. Tsd. [Restbestände 1966 (L).]

662 [1] *Franz Kafka: Die Verwandlung.* Erzählung. 1958 (W): 1.–12. Tsd. – 1965: 30. Tsd. – 1970 (F): 43. Tsd. – 1999: 48. Tsd. – 2002: 50. Tsd. – 7 Auflagen

– [2] *Francis Scott Fitzgerald: Wiedersehen mit Babylon.* [Winterträume. Das Vernünftige. Junger Mann aus reichem Haus. Der lange Weg hinaus.] [5] Ausgewählte Erzählungen. Übertragung aus dem Amerikanischen: Elga Abramowitz und Walter Schürenberg. Auswahl und Nachwort: Klaus-Dieter Sommer. 1981 (L): 1.–15. Tsd.

663 [1] *William Blake: Gedichte.* Übertragung und Nachwort: Georg von der Vring. 1958 (W): 1.–10. Tsd.

– [2] *Marcel Proust: Der Gleichgültige.* Erzählung. Französisch und deutsch. Übertragung aus dem Französischen: Elisabeth Borchers. Vorwort und Anmerkungen: Philip Kolb. 1981 (L): 1.–15. Tsd.

664 *Urs Graf: Federzeichnungen.* 36 Bildtafeln. Mit der Wiedergabe einer Seite in der Geheimschrift des Urs Graf. Geleitwort: Margarete Pfister-Burkhalter. Mit Abbildungsverzeichnis. 1958 (W): 1.–25. Tsd. – 1960 (L): 45. Tsd. – 2 Auflagen

665 [1] *Edwin Fischer: Von den Aufgaben des Musikers.* [Vom Verfasser überarbeitet und zusammengestellt.] Mit Nachbemerkung des Verlags. 1960 (W): 1.–10. Tsd. – 1962 (F): 20. Tsd. – 2 Auflagen

– [2] *Joseph Conrad: Ein Vorposten des Fortschritts und andere Erzählungen.* [Falk-Eine Erinnerung. Amy Foster.] Übertragung aus dem Englischen: Irmgard Nickel. Auswahl und Nachwort: Günter Walch. 1981 (L): 1.–15. Tsd.

666 *Anton P[awlowitsch] Tschechow: Meine Frau.* Erzählung. Übertragung: Walter Richter-Ruhland und Ottomar Schwechheimer. 1958 (W): 1.–10. Tsd. – 1958 (L): 19. [statt 20.] Tsd. – 2 Auflagen

667 [1] *Günter Eich: Allah hat hundert Namen.* Ein Hörspiel. 1958 (W): 1.–10. Tsd.

– [2] *Johann Gottfried Herder: Der Cid.* Nach spanischen Romanzen. Nachwort und Anmerkungen: Matthias Oehme. 1984 (L): 1.–15. Tsd.

668 [1] *Ina Seidel: Gedichte.* [Von der Dichterin ausgewählt.] 1958 (W): 1.–10. Tsd.

– [2] *Nigellus von Longchamps: Narrenspiegel oder Burnellus, der Esel, der einen längeren Schwanz haben wollt.* Mit einem Brief des Nigellus an Wilhelm von Longchamps. Übertragung aus dem Mittellateinischen, Nachwort, Notiz zum lateinischen Original und Anmerkungen: Karl Langosch. 1982 (L): 1.–15. Tsd.

669 [1] *Hans Wimmer: Bildnisse unserer Zeit.* 32 Bildtafeln [und eine Abbildung im Text]. Mit einem Geleitwort des Künstlers. Nachwort: Erhard Göpel. Mit Tafelverzeichnis. 1958 (W): 1.–20. Tsd.

– [2] *Enea Silvio Piccolomini [Papst Pius II.]: Euryalus und Lukrezia.* Die Geschichte zweier Liebender. Mit zwei Briefen des Enea. Mit [17] zeitgenössischen Holzschnitten der Ausgabe

Anton Sorg, Augsburg 1489. Übertragung: Konrad Falke und Christine Schaper (Briefe). Nachwort: Anneliese Schmitt. Mit Quellenverzeichnis. 1982 (L): 1.–15. Tsd.

670 [1] *Karl Heinrich Waggerl: Wagrainer Tagebuch.* [1.–104. Tsd. nicht IB – IK 1861.] – 1958 (W): 105.–124. Tsd. – 1973 (F): 144. Tsd. – 3 Auflagen

– [2] *Johann Wolfgang Goethe: Iphigenie auf Tauris.* In der Prosafassung von 1781. Nachwort, Bemerkungen zur Textgestalt und Erläuterungen: Eberhard Haufe. 1982 (L): 1.–10. Tsd. – Siehe auch IB 1014,2

671 *Anna Seghers: Die Hochzeit von Haiti.* Erzählung. 1961 (L): 1.–10. Tsd.

672 *August Kopisch: Kleine Geister.* Eine Auswahl. Mit [39] Illustrationen [Schabblätter] von Rolf Felix Müller. Nachwort: Wilhelm Haupt. 1959 (L): 1.–20. Tsd. – 1961 (L+F): 29. Tsd. – 2 Auflagen

673 [1] *Fürstliches Jagen.* 16 Farbtafeln nach Gemälden [Gemäldeausschnitten] von Johann Heinrich Tischbein d. Ä. Aufnahmen: Hans Retzlaff. Nachwort, Bilderläuterungen und Hinweise zu den Gesamtansichten der Gemälde: Eberhard Lutze. 1961 (F): 1.–20. Tsd.

– [2] *Mihai Eminescu: Hunderte von Masten.* Gedichte. Mit einem Essay von Tudor Arghezi. Auswahl: Roland Erb. Nachdichtungen (aus dem Rumänischen): Werner Bossert, Günther Deicke, Roland Erb (Essay), Albert Flachs, Zoltán Franyó, Alfred Kittner, Ewald Ruprecht Korn, Alfred Margul-Sperber, Hedy Medrea, Victor Orendi-Hommenau, Konrad Richter, Moses Rosenkranz, Herman Roth, Georg Scherg, Maximilian W. Schroff, Christine Wolter. 1982 (L): 1.–10. Tsd.

674 [1] *Werner Helwig: Der Gerechtigkeitssattel.* Eine marokkanische Erzählung. 1962 (F): 1.–10. Tsd.

– [2] *Martin Luthers Sprichwortsammlung.* Buchstaben- und zeilengetreue Wiedergabe der Luther-Handschrift. Übertragung, Erklärungen und Nachwort: Rudolf Große. 1983 (L): 1.–20. Tsd.

675 *Frans Masereel: Die Idee.* 83 Holzschnitte. Nachwort: Fritz Adolf Hünich. 1959 (L): 1.–20. Tsd.

676 *Langston Hughes: Lachen, um nicht zu weinen.* [Der kleine Hund. Denkste. Cora – demütig und ohne Scham. Mach ihn fertig! Armes schwarzes Kerlchen.] [5] Erzählungen. Übertragung: Paridam von dem Knesebeck. 1958 (W): 1.–10. Tsd. – 1962 (L): 20. Tsd. – 2 Auflagen

677 [1] *Tibor Déry: Der Riese.* Erzählung. Übertragung aus dem Ungarischen: Ivan Nagel. 1958 (W): 1.–10. Tsd. – 1963 (F): 20. Tsd. – 2 Auflagen

– [2] *Georg Heym: Der Dieb.* Ein Novellenbuch. [7 Novellen.] Nachwort: Gerhard Rothbauer. 1983 (L): 1.–15. Tsd.

678 [1] *Maler der Brücke.* Farbige Kartengrüße an Rosa Schapire von Erich Heckel, Ernst Ludwig Kirchner, Max Pechstein, Karl Schmidt-Rottluff. 19 Tafeln. Auswahl und Geleitwort: Gerd Wietek. Erläuterndes Abbildungsverzeichnis mit einer Vignette von Karl Schmidt-Rottluff. 1958 (W): 1.–30. Tsd.

– [2] *Hviezdoslav* [d. i. Pavol Országh]*: Mit dem Olivenzweig kehr bei uns ein.* Sonette. Slowakisch und deutsch. Mit 3 Grafiken [1 doppelseitig] von Hans-Hendrik Grimmling. Nachdichtung: Dietmar Zirnstein. Mit Anmerkungen und einer bio-bibliographischen Notiz. 1983 (L): 1.–10. Tsd.

679 *Christian Fürchtegott Gellert: Fabeln und Erzählungen.* Mit 9 Kupfern von Johann Heinrich Meil. Auswahl und Nachwort: Friedhelm Kemp. 1959 (W): 1.–10. Tsd.

680 [1] *Rainer Maria Rilke: Ewald Tragy.* [Erzählung.] Mit Nachbemerkung. 1959 (W): 1.–20. Tsd.

– [2] *Washington Irving: Little Britain und* [8] *andere Skizzen.* Übertragung aus dem Amerikanischen: Barbara Cramer-Nauhaus. Nachwort: Eberhard Brüning. Mit Anmerkungen. 1983 (L): 1.–15. Tsd.

681 [1] *Federico García Lorca: Das kleine Don-Cristóbal-Retabel.* Posse für Puppentheater. Mit [8] Holzschnitten von Frans Masereel. Übertragung aus dem Spanischen, Nachwort und Anmerkungen: Enrique Beck. 1960 (W): 1.–10. Tsd. – Siehe auch IB 1099

– [2] *Marcel Schwob: Das Buch von Monelle.* Übertragung aus dem Französischen: Franz Blei. Nachwort: Helmut Melzer. 1983 (L): 1.–15. Tsd.

682 [1] *Joan Miró: Farbige Lithographien.* 22 Tafeln und 3 Abbildungen im Begleittext. Geleitwort: Paul Wember. Mit Abbildungsverzeichnis. 1959 (W): 1.–34. Tsd.

– [2] *Paul Verlaine: Ausgewählte Gedichte.* Titelzeichnung und 20 Vignetten [aus der Insel-Ausgabe von 1906 – IK 1831] von Heinrich Wilhelm Wulff. Übertragung: Wolf Graf von Kalckreuth. 1983 (L): 1.–10. Tsd. – Seit 1993 IB 1137

683 [1] *Arnold Schönberg: Fünfzehn Gedichte aus ›Das Buch der hängenden Gärten‹ von Stefan George.* Für Gesang und Klavier. Mit Noten. Nachwort: Theodor W. Adorno. [Querformat.] 1959 (W): 1.–11. Tsd.

– [2] *Paissi von Chilandar: Slawobulgarische Geschichte.* Mit der Wiedergabe einer Seite des vom Autor geschriebenen Handexemplars seiner ›Geschichte‹. Übertragung, Nachwort und kommentierendes Namenverzeichnis: Norbert Randow. Mit Herrschertabellen. 1984 (L): 1.–15. Tsd.

684 *Adalbert Stifter: Abdias.* Eine Erzählung. Nachwort: Hans Heinrich Reuter. 1959 (L): 1.–10. Tsd.

685 [1] *Johann Michael Sailer: Die Weisheit auf der Gasse.* Deutsche Sprichwörter. Im Anhang: ›Über das deutsche Sprichwort‹ von J. M. Sailer. Auswahl, Nachwort und Quellennachweis: Dieter Narr. 1959 (W): 1.–10. Tsd.

– [2] *Ugo Foscolo: Letzte Briefe des Jacopo Ortis.* Übertragung aus dem Italienischen: Heinrich Luden; durchgesehen, berichtigt und ergänzt von Roland Erb. Nachbemerkung: Roland Erb. 1984 (L): 1.–15. Tsd.

686 [1] *Albert Camus: Jonas oder Der Künstler bei der Arbeit.* Erzählung. Übertragung aus dem Französischen: Guido G. Meister. 1959 (W): 1.–10. Tsd. – 1969 (F): 19. Tsd. – 3 Auflagen

– [2] *Gustave Flaubert: November.* Fragmente in x-beliebigem Stil. Mit 10 Zeichnungen von Ulrike Triebel. Übertragung aus dem Französischen: Helmut Bartuschek. Nachwort: Klaus Herrmann. Mit Anmerkungen. 1984 (L): 1.–15. Tsd. – Siehe auch IB 319,2

687 [1] *Rudolf Hagelstange: Ballade vom verschütteten Leben.* Mit einer Vorbemerkung. [1.–4. Tsd. nicht IB – IK 640.] – 1959 (W): 5.–14. Tsd.

– [2] *David Herbert Lawrence: Chrysanthemenduft.* [7] Ausgewählte Erzählungen. Auswahl, Übertragung aus dem Englischen und Nachwort: Heide Steiner. 1984 (L): 1.–15. Tsd.

688 [1] *Karl Kraus: Die Sprache.* Auswahl und Nachwort: Heinrich Fischer. 1959 (W): 1.–15. Tsd.

– [2] *Wilhelm Raabe: Meister Autor oder Die Geschichten vom versunkenen Garten.* Nachwort: Peter Goldammer. Mit Anmerkungen. 1985 (L): 1.–15. Tsd.

689 [1A] *Das Igor-Lied.* Eine Heldendichtung. Der altrussische Text mit der Übertragung von Rainer Maria Rilke und der neurussischen Prosafassung von Dimitri Sergejewitsch Lichatschow. Herausgegeben und mit Nachwort von Wilhelm Haupt. 1960 (L): 1.–10. Tsd.

– [1B] –. Nachwort: Helmut Graßhoff. Mit einer Quellennotiz. 1978 (L): 11.–25. Tsd. – 1985 (L): 40. Tsd. [Ausgabe zum 800jährigen Jubiläum des Igor-Liedes.]

– [1C] –. Mit [11] Holzstichen von Wladimir A[ndrejewitsch] Faworskij. Mit Text- und Bildnachweisen. Ohne die Anmerkung des Verlags. 1989 (F): 41.–43. Tsd. – 4 Auflagen

690 *Wilhelm Busch: Drei Märchen.* Das brave Lenchen. Die beiden Schwestern. Hänschen Däumeling. In erster [handschriftlicher] Fassung [reproduziert]. Mit kolorierten Federzeichnungen auf 33 Tafeln. Nachwort: Hans Balzer. 1959 (L+W): 1.–50. Tsd. – 1964 (L+F): 75. Tsd. – 2 Auflagen

691 *Albert Schaefer-Ast: Fabuleux.* Titelradierung und 34 Radierungen. Geleitwort: Anne Gabrisch. Mit Verzeichnis der Fabuleux. 1960 (L+W): 1.–30. Tsd.

692 *Kuan Liang: Gestalten und Szenen der Peking-Oper.* 24 [farbige] Pinselzeichnungen. Geleitwort: Gerhard Pommeranz-Liedtke. Mit Verzeichnis der Bilder. 1959 (L+W): 1.–50. Tsd. [Bei einem Teil der Auflage Titelschild hochkant und asymmetrisch angeordnet.]

693 [1] *Henry James: Daisy Miller.* Erzählung. Übertragung aus dem Amerikanischen: Helmut M. Braem und Elisabeth Kaiser. 1959 (W): 1.–10. Tsd.

– [2] *Stephen Crane: Schwarze Reiter.* Ausgewählte Gedichte. Zweisprachig [Amerikanisch und deutsch.]. Mit Wiedergabe einer Einbandzeichnung von Frederick Gordon. Nachdichtung aus dem Amerikanischen: Karl Heinz Berger. Auswahl, Nachwort und Anmerkung: Heinz Wüstenhagen unter Mitarbeit von Kornelia Freitag. 1985 (L): 1.–15. Tsd.

694 [1] *Gertrud von le Fort: Die Tochter Farinatas.* Erzählung. [1.–18. Tsd. nicht IB – vgl. IK 1007.] – 1959 (W): 19.–33. Tsd.

– [2] *George Washington Cable: Tite Poulette und andere Kreolengeschichten.* [Jean-ah Poquelin. Die Plantage Belles Demoiselles. Das Café des Exilés. Attalie Brouillard.] Erzählungen. Übertragung aus dem Amerikanischen: Marianne Bühnert und Hannelore Winter. Auswahl und Nachwort: Horst Ihde. Mit Übersetzung fremdsprachiger Textstellen. 1986 (L): 1.–15. Tsd.

695 [1] *Winckelmanns Tod.* Die Originalberichte. [Bartolomeo Cavaceppi: ›Bericht über die Reise mit Winckelmann von Rom nach Wien‹. Die letzten erhaltenen Briefe. Domenico de' Rossetti: ›Johann Winckelmanns letzte Lebenswoche‹.] Mit Goethes Notiz aus ›Dichtung und Wahrheit‹. Anmerkungen und Nachwort: Horst Rüdiger. 1959 (W): 1.–10. Tsd.

– [2] *Die Geschichte von Kullerwo.* Sechs Lieder aus dem ›Kalewala‹. Mit 6 Vignetten. Übertragung aus dem Finnischen, Nachwort, Anmerkungen: Gisbert Jänicke. Zweifarbiger Druck. 1985 (L): 1.–15. Tsd. – Siehe auch IB 819

696 [1] *Christian Morgenstern: Das Mondschaf.* Eine Auswahl aus den Galgenliedern / *The Moon Sheep.* Authorized English Version by A. E. W. Eitzen. [1.–3. Tsd. nicht IB – IK 1145.] – 1959 (W): 4.–10. Tsd. – 1963 (F): 22. Tsd. – 3 Auflagen

– [2] *Ilja und der Räuber Nachtigall.* Altrussische Bylinen. Mit einem Notenbeispiel. Auswahl und Nachdichtung aus dem Russischen: Wolfgang E. Groeger. Nachwort: Norbert Randow und Xenia Werner. Mit Quellenverzeichnis. 1986 (L): 1.–15. Tsd.

697 *Abraham a Sancta Clara: Adams-Kinder.* Auswahl aus seinen Werken und Nachwort: Walter Höllerer. Mit Textnachweisen. 1959 (W): 1.–10. Tsd. – Siehe auch IB 90,2

698 [1] *Russische Lyrik des XX. Jahrhunderts.* Auswahl: Gisela Drohla. Übertragungen: Erwin Johannes Bach, Paul Celan, Karl

Dedecius, Alexander Eliasberg, Wolfgang E. Groeger, Dorothea Hiller von Gaertringen, Holbeck-Kaempfe, Hugo Huppert, Pesch-Kaempfe, Sigismund von Radecki, Klaus G. Riehle. 1959 (W): 1.–10. Tsd.

– [2] *Ekkehart I. von Sankt Gallen: Waltharius.* [Versepos.] Lateinisch und deutsch. Mit einer Zeichnung. Herausgabe, Übertragung aus dem Mittellateinischen und mit einem Nachwort versehen von Karl Langosch. Mit Literaturnachweis. 1988 (L): 1.–15. Tsd.

699 *Wolfgang Borchert: Draußen vor der Tür.* Ein Stück, das kein Theater spielen und kein Publikum sehen will. Mit Nachbemerkung zum Autor. 1960 (L): 1.–20. Tsd.

700 [1] *Der Sankt-Annen-Altar des Wolf Huber.* 20 farbige Tafeln. Geleitwort: Erwin Heinzle. Mit Tafelverzeichnis. 1959 (W): 1.–30. Tsd.

– [2] *[Justus] Friedrich Wilhelm Zachariä: Der Renommist.* Ein scherzhaftes Heldengedicht. Mit [6] Federzeichnungen von Theodor Hosemann. Herausgegeben und mit Nachwort und Anmerkungen von Detlef Ignasiak. 1989 (L): 1.–15. Tsd.

701 *Nikolai [Semjonowitsch] Leskow: Lady Macbeth von Mzensk.* Erzählung. Übertragung: Ruth Hanschmann. 1960 (L): 1.–10. Tsd. – 1962 (L): 20. Tsd. – 2 Auflagen

702 *Iwan [Sergejewitsch] Turgenjew: Ein König Lear der Steppe.* Novelle. Übertragung: Ena von Baer. 1960 (L): 1.–10. Tsd. – 1962 (L): 20. Tsd. – 2 Auflagen

703 *Andreas Gryphius: Gedichte.* Auswahl und Nachwort: Hans Magnus Enzensberger. Mit Anmerkungen. 1962 (F): 1.–7. Tsd.

704 [1] *Miguel Angel Asturias:* [6] *Legenden aus Guatemala.* Mit 21 Illustrationen nach alten Maya-Motiven. Übertragung aus dem Spanischen: Fritz Vogelgsang. Vorwort: Paul Valéry. Mit einer biographischen Notiz. 1960 (W): 1.–11. Tsd. – 1968 (F): 24. Tsd. – 4 Auflagen

– [2] *Cyprian Norwid: Das Geheimnis des Lord Singelworth.* [7] Novellen. Mit Illustrationen [10 Federzeichnungen] von Barbara Müller-Wolf. Auswahl, Übertragung aus dem Polnischen und Nachwort: Henryk Bereska. 1989 (L): 1.–15. Tsd.

705 *Die schöne Li.* [Vom Totenhemd ins Brautkleid.] Zwei chinesische Liebesgeschichten aus der Tang-Zeit. Übertragung aus dem Chinesischen: Franz Kuhn. 1959 (W): 1.–10. Tsd. – 1962 (L): 53. Tsd. – 1977 (L): 73. Tsd. [4. statt 3. Auflage.] – 4 Aufl.

706 [1A] *Das Leben des Lazarillo von Tormes. Seine Freuden und Leiden.* Der erste Schelmenroman. Übertragung aus dem Spanischen (nach der Ausgabe von Antwerpen 1554): Helene Henze. 1959 (W): 1.–11. Tsd.

– [1B] *Das Leben des Lazarillo von Tormes, sein Glück und sein Unglück.* Mit 10 Holzschnitten von Rudolf Peschel. Übertragung: Georg Spranger. Mit Nachbemerkung. 1962 (L): 12.–26. Tsd. – 1980 (L): 41. Tsd. – 3 Auflagen

707 [1] *K[onrad] F[erdinand] Edmund von Freyhold: Hasenbuch.* Verse von Christian Morgenstern. Mit 16 farbigen Tafeln. [Querformat.] 1960 (W): 1.–25. Tsd.

– [2] *August Strindberg: Historische Miniaturen.* [10] Ausgewählte Erzählungen. Mit 10 Holzschnitten von Ellena Olsen. Auswahl, Übertragung aus dem Schwedischen und Nachwort: Hans-Jürgen Hube. 1989 (L): 1.–15. Tsd.

708 *Heinrich Mann: Zola.* Essay. Nachwort: Fritz Adolf Hünich. 1962 (L): 1.–10. Tsd.

709 *Ōgai Mori: Die Wildgans.* Roman. Übertragung aus dem Japanischen und Nachwort: Fritz Vogelgsang. 1962 (F): 1.–10. Tsd.

710 *Robert Schumann: Liederkreis.* Zwölf Gesänge von Joseph von Eichendorff. Für eine Singstimme mit Begleitung des Pianoforte op. 39. Nachwort: Theodor W. Adorno. [Querformat.] 1960 (W): 1.–10. Tsd. – 1988 (F): 13. Tsd. – 2 Auflagen

711 *Albrecht Goes: Goethes Mutter.* [Rede zum 150. Todestag von Goethes Mutter.] 1960 (W): 1.–10. Tsd. – 1961 (F): 19. Tsd. – 2 Auflagen

712 *Bo Dschü-I: Gedichte.* Mit 4 Holzschnitten aus der ›Zehn-Bambus-Halle‹ (1644). Übertragung aus dem Chinesischen und Nachwort: Andreas Donath. 1960 (W): 1.–10. Tsd.

713 *Igor Strawinsky: Musikalische Poetik.* [Sieben Vorlesungen.] Übertragung aus dem Französischen: Heinrich Strobel. 1960 (W): 1.–10. Tsd.

714 *Virginia Woolf: Die Dame im Spiegel.* [Der Juwelier und die Herzogin. Der Scheinwerfer. Das Vermächtnis. Die Jagdgesellschaft.] Fünf Erzählungen. Übertragung: Herberth E. und Marlys Herlitschka. 1960 (F): 1.–10. Tsd.

715 *Friedrich Sieburg: Helden und Opfer.* Fünf historische Miniaturen. [Die Laute auf dem Dachboden. Das Gebet für den König. Soll ich dich malen? Die rote Mütze. Ich überschritt den Strom.] Mit einer Anmerkung des Autors. 1960 (W): 1.–10. Tsd. – 1963 (F): 20. Tsd. – 2 Auflagen

716 *John Keats: Gedichte.* Übertragung und Nachwort: Heinz Piontek. 1960 (W): 1.–10. Tsd. [Restbestände 1966 (L).] – 1995: 12. Tsd. – 2 Auflagen

717 *Oskar Schlemmer: Aquarelle.* 20 farbige Tafeln und 2 Abbildungen im Begleittext. Geleitwort: Will Grohmann. Mit Abbildungsverzeichnis. 1960 (W): 1.–20. Tsd.

718 *Michel de Montaigne: Von der Freundschaft.* Mit ›Aus dem Brief, den der Herr Rat von Montaigne seinem Herrn Vater ... geschrieben ... ‹. Übertragung, Nachwort und Anmerkungen: Hans Staub. 1960 (W): 1.–7. Tsd.

719 *Rudolf Hagelstange: Huldigung.* [Das Moderne bei der] Droste. [Joseph von] Eichendorff. Schiller [und die Deutschen]. 1960 (W): 1.–10. Tsd.

720 *Jules Supervielle: Ochs und Esel bei der Krippe.* [Erzählung.] Mit einer Widmung für Rainer Maria Rilke. Mit 10 Federzeichnungen von Hannes Gaab. Übertragung aus dem Französischen: Gustav Rademacher. 1960 (W): 1.–10. Tsd. – 1961 (F): 19. Tsd. [Stark revidierte Übertragung.] – 2 Auflagen

721 [1A] *Hans Purrmann: Sommer auf Ischia.* 16 Farbtafeln nach Ölgemälden des Künstlers. Auswahl und Geleitwort: Erhard Göpel. Mit Abbildungsverzeichnis. [Querformat.] 1961 (F): 1.–19. Tsd.

– [1B] –. 16 Farbtafeln nach Gemälden des Künstlers. Neues Geleitwort: Erhard Göpel. Mit einer Vita Purrmanns. [Querformat.] 1963 (L): 20.–41. Tsd. – 2 Auflagen

722 *Spanische Gedichte des XX. Jahrhunderts.* Spanisch und deutsch. Auswahl, Übertragung und Nachwort: Karl Krolow. Mit biographischen Notizen. 1962 (F): 1.–10. Tsd.

723 *Theodor Heuss: Friedrich Naumann und die deutsche Demokratie.* [Rede, gehalten am 8. 3. 1960 in Paris.] Mit der Begrüßungsansprache Jean Schlumbergers [französisch und deutsch]. Mit Vorbemerkung des Verlags und einer Vita Naumanns. 1960 (W): 1.–10. Tsd.

724 *Johann Nestroy: Des wüsten Lebens flücht'ger Reiz.* Theaterlieder. Auswahl aus seinen Stücken und Nachwort: Heinz Politzer. Mit Worterklärungen und Quellenangaben (im Inhaltsverzeichnis). 1961 (F): 1.–10. Tsd.

725 *Das kleine Insektenbuch.* 22 farbige Bildtafeln nach Aquarellen von Uwe Bangert. Geleitwort und Erläuterungen: Karl von Frisch. Wissenschaftliche Beratung: Berndt Heydemann. 1961 (L+F): 1.–60. Tsd.

726 *Sophokles: König Oidipus.* Eine Tragödie. Übertragung: Roman Woerner. 1960 (W): 1.–6. Tsd.

727 *Guan Hsiu: Die sechzehn Lohans.* Eine berühmte Bildnisreihe der chinesisch-buddhistischen Kunst. 32 Bildtafeln nach chinesischen Steinabreibungen. Geleitwort und Erläuterungen zu den Abbildungen: Gerhard Pommeranz-Liedtke. 1961 (L): 1.–30. Tsd.

728 *Arnold Zweig: Baruch Spinoza.* Porträt eines freien Geistes. 1632–1677. 1961 (L): 1.–10. Tsd.

729 *Herman Melville: Kikeriki oder Das Krähen des edlen Hahnes Beneventano.* [Erzählung.] Mit [5] Holzstichen von Hans-Joachim Walch. Übertragung: Wolfheinrich von der Mülbe. Nachwort: Karl-Heinz Wirzberger. 1962 (L): 1.–10. Tsd.

730 *Saint-John Perse: Exil.* [Regen. Schnee. Gedicht an eine Fremde.] [4 Erzählungen.] Übertragung aus dem Französischen: Leonharda Gescher und Friedhelm Kemp. Nachwort: Friedhelm Kemp. 1961 (F): 1.–10. Tsd.

731 *Leo N[ikolajewitsch] Tolstoi: Nach vierzig Jahren.* Volkserzählung. Übertragung: Rahel bin Gorion. Nachwort: Emanuel bin Gorion. 1961 (F): 1.–10. Tsd. [Restbestände 1967 (L).]

732 *Frank O'Connor: Bitterer Whisky.* Fünf irische Erzählungen. [Wenn der Tod kommt ... Die weinenden Kinder. Die Achillesferse. Jumbos Frau. In der Bahn.] Übertragung: Elisabeth Schnack. 1962 (F): 1.–10. Tsd.

733 *Oskar Loerke: Das alte Wagnis des Gedichts.* [Vom Reimen. Zwei Essays.] 1961 (F): 1.–10. Tsd.

734 *Gottfried Benn: Roman des Phänotyp.* Landsberger Fragment, 1944. 1961 (F): 1.–10. Tsd.

735 *Wladimir Porché: Karamel.* Eine Geschichte aus dem Vallespir. Übertragung aus dem Französischen: Hedwig Andertann. 1961 (F): 1.–10. Tsd.

736 *Angus Wilson: Mehr Freund als Untermieter.* Erzählung. Übertragung aus dem Englischen: Hilde Spiel. 1961 (F): 1.–10. Tsd.

737 *Italienische Gedichte des XX. Jahrhunderts.* Italienisch und deutsch. Auswahl, Übertragung, Nachwort und biographische Notizen: Paul-Wolfgang Wührl. 1962 (F): 1.–10. Tsd.

738 *Bettina Seipp: Rom – gestern und heute.* 1961 (F): 1.–10. Tsd.

739 *Miguel de Unamuno: San Manuel der Gute.* Erzählung. Übertragung aus dem Spanischen: Doris Deinhard. 1961 (F): 1.–10. Tsd.

740 *Menander: Der Menschenfeind (Dyskolos).* Komödie. Übertragung aus dem Altgriechischen und Nachwort: Bernhard Wyss. 1961 (F): 1.–5. Tsd.

741 *Reinhold Schneider: Las Casas vor Karl V.* Szenen aus der Konquistadorenzeit. [1.–65. Tsd. nicht IB – IK 1513.] – 1962 (F): 66.–75. Tsd.

742 *Alphonse Daudet: Tartarin von Tarascon.* Roman. Mit [22] Zeichnungen von George Grosz [aus der Ausgabe E. Reiss, Berlin 1922]. Übertragung: Paul Stefan. 1962 (F): 1.–10. Tsd. – Siehe auch IB 42

743 *André Gide: Aufzeichnungen über Chopin.* Mit einem Brief von Edouard Ganche an Gide. Übertragung: Walter Kolneder. Mit 15 Notenbeispielen. 1962 (F): 1.–10. Tsd.

744 *Auf dem Berg Athos.* 26 Abbildungen nach Fotos von Jacques Lacarrière. Nachwort: Erhart Kästner. Mit einer Chronik des Berges Athos und mit Abbildungsverzeichnis. 1962 (F): 1.–16. Tsd.

745 *Ikebana.* Meisterwerke japanischer Blumenkunst auf 16 Farbtafeln. Aufnahmen: Kazuko Hamachi. Mit dem Text ›Die Überlieferung des Meisters Ikenobō Sen-ō‹ (Um 1500). Herausgegeben, mit Geleitwort ›Ikebana – die Kunst des Blumen-

stellens‹ und einer Anleitung zum Blumenstellen von Irmtraut Schaarschmidt-Richter. Mit 6 Abbildungen im Text. Mit Erläuterungen zu den Tafeln. 1962 (F): 1.–25. Tsd. – 1963 (F): 50. Tsd. – 1966 (F): 65. Tsd. – 1970 (F): 75. Tsd. – 4 Auflagen

746 *Reinhold Schneider: Das Erdbeben.* [Erzählung.] 1961 (L): 1.–10. Tsd.

747 *Rainer Maria Rilke: Briefe über Cézanne.* Herausgegeben von Clara Rilke. Nachwort und Anmerkungen: Heinrich Wigand Petzet. 1962 (F): 1.–7. Tsd.

748 *Wilhelm Lehmann: Kunst des Gedichts.* [Sieben Essays.] 1961 (F): 1.–10. Tsd.

749 *Georg Heym: Umbra vitae.* Nachgelassene Gedichte. Mit 46 Holzschnitten von Ernst Ludwig Kirchner. Reprint der Ausgabe im Kurt Wolff Verlag, München, 1924. 1962 (F): 1.–12. Tsd.

750 *Hugo von Hofmannsthal:* [8] *Kleine Dramen.* 1962 (F): 1.–20. [statt 72.–92.] Tsd.

751 *Egon Erwin Kisch: Hintergründe der Geschichte.* [Dantons Tod und Poppers Neffen. Maximilian von Habsburg und Karl Marx. Der Fall des Generalstabschefs Redl.] 1963 (L): 1.–10. Tsd.

752 *Künstlerische Schachfiguren aus zehn Jahrhunderten.* 45 Bildtafeln. Aufnahmen: Wolfgang G. Schröter. Auswahl und Erläuterungen: Rainer Behrends. Geleitwort: Gerhard Pommeranz-Liedtke. Mit Erläuterung der Tafeln. 1963 (L+F): 1.–50. Tsd. – 1964 (F): 65. Tsd. [U. d. T. *Schachfiguren aus zehn Jahrhunderten.*] – 2 Auflagen

753 *Niccolò Machiavelli: Mandragola.* Komödie in fünf Aufzügen. Titelholzstich von Hans-Joachim Walch. Übertragung: Paul Heyse, Johannes Ziegler. Anmerkungen: Hans-Heinrich Reuter. Nachwort: Fritz Adolf Hünich. 1962 (L): 1.–10. Tsd.

754 *Miguel de Cervantes Saavedra: Fräulein Cornelia.* [Novelle.] Mit 7 Holzstichen von Imre Reiner. Übertragung: Konrad Thorer [d. i. Felix Paul Greve]. – 1962 (L): 1.–20. Tsd.

755 *Die schönsten deutschen Spielkarten.* 79 [meist] farbige Abbildungen auf 32 Tafeln. Herausgegeben von Hellmut Rosenfeld und Erwin Kohlmann. Geleitwort ›Zur Geschichte der Spielkarten‹: Hellmut Rosenfeld. Tafelerläuterungen: Erwin Kohl-

mann. [Querformat.] 1964 (L): 1.–30. Tsd. – 1964 (F): 50. Tsd. [U. d. T. *Deutsche Spielkarten aus fünf Jahrhunderten*; Restbestände (L).] – 2 Auflagen

756 *František Kubka: Wie der Soldat Iwan Iwanowitsch zu einem Kreuz kam.* [Novelle.] Übertragung aus dem Tschechischen und Nachwort: Grete Ebner-Eschenhaym. 1962 (L): 1.–10. Tsd.

757 *Kalidasa: Sakuntala.* Drama. Übertragung und Anmerkungen: Carl Cappeller. Nachwort: Johannes Mehlig. [1.–15. Tsd. unter IB 346,1; ab 16. Tsd. veränderte Ausgabe.] – 1963 (L): 16.–25. Tsd. – 1973 (L): 35. Tsd. – 2 Auflagen

758 *Gottfried-Keller-Brevier.* Auswahl und Nachwort: Franz Hammer. 1963 (L): 1.–15. Tsd.

759 *Friedrich Schlegel: Lucinde. / Friedrich Schleiermacher: Vertraute Briefe über Friedrich Schlegels ›Lucinde‹.* Mit einer Nachbemerkung. 1964 (F): 1.–8. Tsd. – Siehe auch IB 295,1

760 *Kinderzeichnungen aus aller Welt.* 36 farbige Tafeln. Farbaufnahmen: Heinz Nixdorf. Auswahl und Nachbemerkung: Anne Braun. Mit Abbildungsverzeichnis. [Querformat.] 1966 (L): 1.–30. Tsd. – 1967 (F): 40. Tsd. – 2 Auflagen

761 *Georg Weerth: Streiflichter auf Old England.* [Eine Reise ins Innere des Landes. Weihnachtsfest in den Yorkshire-Bergen. Ein Jahrmarkt in Yorkshire. Das Blumenfest der englischen Arbeiter.] [4 Erzählungen.] Auswahl und Nachwort: Grete Ebner-Eschenhaym. 1963 (L): 1.–10. Tsd.

762 *Barlach im Gespräch.* Aufgezeichnet von Friedrich Schult. Mit einer Vita Barlachs. [1.–13. Tsd. nicht IB – IK 1550.] – 1963 (L): 14.–28. Tsd. – 1964 (F): 36. Tsd. – 2 Auflagen

763 *Johann Gottfried Seume: Mit dem Stempel der Wahrheit.* Auswahl aus den Apokryphen und Worterklärungen: Grete Ebner-Eschenhaym. Nachwort: Claus Träger. 1964 (L): 1.–10. Tsd. – 1982 (L): 20. Tsd. [Nachwort bearbeitet.] – 2 Auflagen

764 *Louis Fürnberg: Ein Herz, von einem Traum genährt.* Ausgewählte Gedichte. Auswahl: Grete Ebner-Eschenhaym. Mit einer Vita Fürnbergs. 1964 (L): 1.–10. Tsd.

765 [1A] *Albert Ebert: Poesie des Alltags.* 20 farbige Tafeln. Geleitwort: Werner Timm. Mit Abbildungsverzeichnis. 1963 (L):

1.–50. Tsd. [Davon Teilauflage unter IB.] – 1978 (L): 80. Tsd. [Geleitwort redigiert und ergänzt.]

765 [IB] –. Einleitung: Johannes Bobrowski. Nachwort: Elmar Jansen. 1963 (F): Teilauflage [13 Tsd. Exemplare] des 1.–50. Tsd. – 2 Auflagen

766 [IA] *François Mauriac: Die Tat der Thérèse Desqueyroux*. Roman. Übertragung: Georg Cramer. [1.–4. Tsd. nicht IB – IK 1073.] – 1963 (F): 5.–20. Tsd. [Restbestände 1976 (L) in der Ausstattung von IB, aber ohne Nachwort.]

– [IB] –. Nachwort: Heinz-Jörg Burmester. 1976 (L): 1.–20. Tsd.

767 *Adalbert Stifter: Der fromme Spruch*. Erzählung. In der ersten Fassung zum ersten Mal herausgegeben und mit einem Nachwort von K. G. Fischer. 1962 (F): 1.–10. Tsd.

768 *Heinrich Böll: Als der Krieg ausbrach. Als der Krieg zu Ende war.* Zwei Erzählungen. 1962 (F): 1.–18. Tsd. – 1983 (F): 20. Tsd. – 1995: 24. Tsd. – 4 Auflagen

769 *Trilussa* [d. i. Carlo Alberto Salustri]: *Der erste Haifisch und andere Fabeln*. Übertragung aus dem römischen Volksdialekt und Nachwort: Hans von Hülsen. 1962 (F): 1.–9. Tsd.

770 *Ernst Ludwig Kirchner: Im Tanzcafé*. 29 Zeichnungen. Herausgegeben von Theo Hill. Nachwort: Ewald Rathke. 1962 (F): 1.–18. Tsd.

771 *Robert Minder: Kultur und Literatur in Deutschland und Frankreich*. Fünf Essays. [Deutsche und französische Literatur – inneres Reich und Einbürgerung des Dichters. Das Bild des Pfarrhauses in der deutschen Literatur von Jean Paul bis Gottfried Benn. Kadettenhaus, Gruppendynamik und Stilwandel von Wildenbruch bis Rilke und Musil. Madame de Staël entdeckt Deutschland. Schiller, Frankreich und die Schwabenväter.] Mit Nachwort des Autors. 1962 (F): 1.–10. Tsd. – 1963 (F): 20. Tsd. [›Revidierte Ausgabe‹.] – 2 Auflagen

772 *Paul Valéry: Gedanken. Cahier B 1910*. Französisch und deutsch. Mit einer Vorbemerkung des Verfassers. Übertragung: Ernst Haerle und Herbert Steiner. 1962 (F): 1.–10. Tsd.

773 [IA] *Dshingis Ajtmatov: Dshamilja*. Erzählung. Übertragung aus dem Russischen: Gisela Drohla. Mit einer Nachbemerkung zum Autor. 1962 (F): 1.–10. Tsd.

– [IB] *Tschingis Aitmatow: Djamila.* Übertragung aus dem Russischen: Hartmut Herboth. Ohne die Nachbemerkung. 1974 (L): 1.–20. Tsd. – 1981 (L): 30. Tsd. – 1986 (L): 45. Tsd. [U. d. T. *Dshamila.*] – 4 Auflagen

774 *Marcel Aymé: Der Bilderbrunnen.* [Die Clochards. Josse.] Drei Erzählungen. Übertragung aus dem Französischen: Anneliese Botond. 1963 (F): 1.–10. Tsd.

775 [IA] *Die Bamberger Apokalypse.* 16 farbige Miniaturen auf Tafeln. Mit einem Essay von Reinhold Schneider. Nachwort und Bilderläuterungen: Alois Fauser. Mit Tafelverzeichnis. 1962 (F): 1.–25. Tsd.

– [IB] –. Ohne Essay. Bilderläuterungen nach den Tafeln. 1964 (L): 26.–38. Tsd. – 2 Auflagen

776 *Benjamin Constant: Adolphe. Cécile.* Zwei Romane. Übertragung aus dem Französischen: Max Hölzer und Hanno Helbling. Mit einer Schlußbemerkung. 1963 (F): 1.–10. Tsd. – Siehe auch IB 284,1

777 *Deutsche Künstler des 20. Jahrhunderts in Selbstbildnissen.* 29 Bildtafeln. Auswahl und Nachwort: Kurt Friedrich Ertel. Mit Erläuterung der Bildtafeln. 1963 (F): 1.–15. Tsd.

778 *Albert Paris Gütersloh: Fabeln vom Eros.* [9 Erzählungen.] 1963 (F): 1.–10. Tsd.

779 *Herrn Christians von Hofmannswaldau sinnreiche Helden-Briefe verliebter Personen von Stande.* Mit Schmucktitel und 9 zeitgenössischen Holzschnitten. Auswahl, Nachwort und Worterklärungen: Friedhelm Kemp. 1962 (F): 1.–10. Tsd.

780 *Ringe aus vier Jahrtausenden.* Gesammelt und beschrieben von Heinz Battke. 15 farbige Bildtafeln. Aufnahmen: Helmut Dornauf. Nachwort: Otto Friedrich Regner. [Querformat.] 1963 (F): 1.–23. Tsd. – 1970 (F): 31. Tsd. – 2 Auflagen

781 *Oscar Wilde: Lehren und Sprüche.* Mit einem Titelrahmen nach Aubrey Beardsley. Übertragung und Anmerkung: Franz Blei. [1.–90. Tsd. unter IB 53,1.] – 1963 (F): 91.–100. Tsd.

782 *Chronik von Goethes Leben.* Zusammengestellt und mit einem Nachwort von Franz Götting. Mit Verzeichnis der Erstdrucke Goethes, 3 Registern und 2 Karten. [1.–16. Tsd. nicht IB – IK 566.] – 1963 (F): 17.–26. Tsd. – Siehe auch IB 415,1

783 *Ernst Stadler: Der Aufbruch.* Gedichte. 1964 (F): 1.–8. Tsd.

784 *William Goyen: Der diebische Steppenwolf.* [Tapioka-Überraschung. Die Spiellaube.] Drei Erzählungen. Übertragung aus dem Englischen: Elisabeth Schnack. 1963 (F): 1.–11. Tsd.

785 *Tempel Siziliens.* 26 Bilder [auf 30 Tafeln] nach Aufnahmen von Konrad Helbig. Nachwort: Gerd Gaiser. Mit Abbildungsverzeichnis. 1963 (F): 1.–16. Tsd.

786 *Miroslav Krleža: Der Großmeister aller Schurken. In extremis.* [2] Erzählungen. Übertragung aus dem Serbokroatischen: Miodrag Vukić und Dorothea Putter. Mit einer Vita des Autors und Anmerkungen. 1963 (F): 1.–10. Tsd.

787 *Gau Tsching-Tschiu, der Meister vom grünen Hügel: Gedichte.* Mit einem chinesischen Holzschnitt als Frontispiz. Übertragung aus dem Chinesischen und Nachwort: Andreas Donath. 1963 (F): 1.–8. Tsd.

788 *Ingrid Bachér: Lasse Lar oder Die Kinderinsel.* Erzählung. [1.–2. Tsd. nicht IB – IK 62.] – 1963 (F): 3.–12. Tsd.

789 *Pablo Picasso: Der Minotauros.* 30 graphische Blätter [und eine Schlußzeichnung]. Herausgegeben und mit einem Nachwort von Alfred Scheidegger. Mit Literaturverzeichnis und Katalog der Minotauros-Darstellungen. [Querformat.] 1963 (F): 1.–20. Tsd.

790 [1A] *Josef Hegenbarth: Märchen und Fabeln.* 24 [zum Teil farbige] Blätter aus dem Nachlaß. Geleitwort: Karl-Heinz Janda und Annegret Janda. Mit Tafelverzeichnis. 1964 (L): 1.–35. Tsd.

– [1B] *Märchen und Fabeln illustriert von Josef Hegenbarth.* Nachwort: Fritz Löffler. 1964 (F): 36.–50. Tsd. [Restbestände mit Geleitwort von Karl-Heinz und Annegret Janda 1970 (L).] – 2 Auflagen

791 *Erwin Strittmatter: Pony Pedro.* [Erzählung.] Mit einer Titelzeichnung von Hans Baltzer. 1963 (L): 1.–10. Tsd.

792 *György Bálint: Lob der Tiere.* Mit 13 Zeichnungen von Vera Csillag. Übertragung aus dem Ungarischen und Nachbemerkung zum Autor: Bruno Heilig. 1963 (L): 1.–8. Tsd.

793 *Halldór Laxness: Drei Erzählungen.* [New Iceland. Napoleon Bonaparte. Lilja.] Übertragung aus dem Isländischen: Ernst Harthern. 1963 (L): 1.–10. Tsd.

794 [1A] *Wladimir [Wladimirowitsch] Majakowski: Vorwärts die Zeit!* Ausgewählte Gedichte. Russisch und deutsch. Nachdichtungen: Hugo Huppert und Alfred Edgar Thoß (›Wolke in Hosen‹). Auswahl und Nachbemerkung: Fritz Mierau. 1964 (L): 1.–7. Tsd.

– [1B] –. Auch ›Wolke in Hosen‹ von Hugo Huppert übertragen. 1973 (L): 8.–17. Tsd. – 2 Auflagen

795 *Arnold Zweig: Symphonie Fantastique.* [Quartettsatz von Schönberg.] Zwei Erzählungen. 1963 (L): 1.–10. Tsd.

796 *Hugo von Hofmannsthal: Buch der Freunde.* Textdurchsicht, Quellennachweise und Nachwort: Ernst Zinn. Mit Register und Nachträgen. [1.–8. Tsd. nicht IB – IK 760 A,B – seit 9. Tsd. erweitert.] – 1965 (F): 9.–15. Tsd. – 1967 (F): 21. Tsd. – 2 Auflagen

797 *Albert Ehrenstein: Tubutsch* und *Der Selbstmord eines Katers.* [Erzählungen.] 1964 (F): 1.–11. Tsd. – Siehe auch IB 261,1

798 *Zen.* Aussprüche und Verse der Zen-Meister. Auswahl und Nachwort: Peter Weber-Schäfer. Mit einer Namenliste der Zen-Meister. 1964 (F): 1.–10. Tsd. – 1986 (F): 20. Tsd. – 1992: 23. Tsd. – 1998: 27. Tsd. – 2001: 28. Tsd. – 2006: 30. Tsd. – 11 Auflagen

799 *Georg Büchner: Dantons Tod. Leonce und Lena. Woyzeck.* Neue, durchgesehene Ausgabe von Fritz Bergemann. Mit Paralipomena. 1963 (F): 1.–15. Tsd. – Siehe auch IB 88, 91, 92, 1056 und 1260

800 *Paul Klee: Traumlandschaft mit Mond.* 16 Farbtafeln. Auswahl und Nachwort: Werner Hofmann. Mit Abbildungsverzeichnis. 1964 (F): 1.–25. Tsd.

801 *Carl Einstein: Bebuquin oder Die Dilettanten des Wunders.* [Roman.] Nachwort: Ewald Wasmuth. 1963 (F): 1.–10. Tsd.

802 *Christian Morgenstern: Das aufgeklärte Mondschaf.* 28 Galgenlieder und deren gemeinverständliche Deutung durch Jeremias Mueller, Dr. phil., Privatgelehrter. Aus dem Nachlaß herausgegeben von Margareta Morgenstern. [1.–11. Tsd. nicht IB – IK 1141.] – 1963 (F): 12.–21. Tsd.

803 *Hermann Hesse: Die späten Gedichte.* Mit einer Nachbemerkung des Verlags. 1963 (F): 1.–13. Tsd. – 1968 (L): 33. Tsd.

[2. statt 1. Auflage.] – 1989 (F): 61. Tsd. [11. statt 13. Auflage.] – 1991: 63. Tsd. – 1997: 68. Tsd. – 2000: 70. Tsd. – 2005: 71. Tsd. – 16 Auflagen

804 *Felix Timmermans: Das Jesuskind in Flandern.* [Erzählung.] Übertragung aus dem Flämischen: Anton Kippenberg [1.–91. Tsd. nicht IB – IK 1746.] – 1963 (F): 92.–107. Tsd.

805 *Hans Erich Nossack: Sechs Etüden.* [Der Schlagsahnebaiser. Das Federmesser. Neonlicht. Eine große Hilfe. Töte deinen Feind. Viktoria.] 1964 (F): 1.–10. Tsd.

806 *Jacob Grimm über seine Entlassung.* Nachwort: Werner Vordtriede. Mit einem Anhang und der Wiedergabe des Titelblattes der Erstausgabe. 1964 (F): 1.–8. Tsd.

807 *[Friedrich] Hölderlin: Oden. Elegien. Gesänge.* Auswahl und Nachwort: Friedrich Beißner. 1964 (F): 1.–10. Tsd. – Siehe auch IB 1132

808 *Paul Valéry: La jeune parque. Die junge Parze.* [Gedichte.] Französisch und deutsch. Übertragung: Paul Celan. 1964 (F): 1.–8. Tsd.

809 *Marguerite Yourcenar:* [8] *Orientalische Erzählungen.* Übertragung aus dem Französischen: Anneliese Botond. Nachbemerkung: Marguerite Yourcenar. 1964 (F): 1.–12. Tsd.

810 [1A] *Bertolt Brecht: Gedichte im Exil. Buckower Elegien.* Mit Nachbemerkung des Verlags. 1964 (F): 1.–15. Tsd.

– [1B] –. Durchgesehen und um 6 Gedichte erweitert. Nachbemerkung verändert. 1998: 18. Tsd. – 1999: 19. Tsd. – 2004: 24. Tsd. – 2008: 26. Tsd. – 5 Auflagen

811 *W[ystan] H[ugh] Auden: Shakespeare.* Fünf Aufsätze. [Totus mundus agit histrionem. Des Prinzen Hund. Die Brüder und die anderen. Der Joker im Spiel. Musik bei Shakespeare.] Übertragung aus dem Englischen: Fritz Lorch. 1964 (F): 1.–7. Tsd.

812 *Walter Benjamin: Goethes Wahlverwandtschaften.* 1964 (F): 1.–8. Tsd.

813 *Edward Lear's Nonsense Verse.* Mit 55 Zeichnungen des Autors. Übertragung aus dem Englischen: Hans Carl Artmann. Nachwort: Klaus Reichert. 1964 (F): 1.–12. Tsd. – 1993: 14. Tsd. – 2 Auflagen

814 *Hermann Hesse: Kurgast.* Aufzeichnungen von einer Badener Kur. 1964 (F): 1.–12. Tsd.

815 *Thomas Mann: Pariser Rechenschaft.* [Essay.] 1964 (F): 1.–10. Tsd.

816 *Alejo Carpentier: Das Reich von dieser Welt.* Roman. Übertragung aus dem Spanischen: Doris Deinhard. 1964 (F): 1.–8. Tsd.

817 *Sigmund Freud: Der Moses des Michelangelo.* Mit dem Nachtrag des Autors. Mit 2 Bildtafeln, 4 Zeichnungen, Bibliographie und einer Schlußbemerkung. 1964 (F): 1.–8. Tsd.

818 *Arno Schmidt: Die Umsiedler.* [Erzählung.] Nachwort: Helmut Heißenbüttel. 1964 (F): 1.–9. Tsd.

819 *Die Geschichte von Kullerwo.* Sechs Lieder aus der ›Kalewala‹. Übertragung aus dem Finnischen, Anmerkungen und Nachwort: Gisbert Jänicke. 1964 (F): 1.–7. Tsd. – Siehe auch IB 695,2 [Dort Übertragung und Nachwort bearbeitet.]

820 *Denis Diderot: Das Paradox über den Schauspieler.* Übertragung: Katharina Scheinfuß. Nachwort: Reinhold Grimm. Mit Anmerkungen und Literaturverweisen. 1964 (F): 1.–8. Tsd.

821 *Minoische Kunst.* 26 Bilder [auf 29 Tafeln] nach Aufnahmen von Konrad Helbig. Nachwort: Gerhard Kleiner. Mit Abbildungsverzeichnis. 1964 (F): 1.–15. Tsd. [Mit Korrekturzettel.] – [Restbestände 1971 (L).]

822 *Jorge Luis Borges: Der Zahir und* [3] *andere Erzählungen.* [Tlön, Uqbar, Orbis Tertius. Der Unsterbliche. Die Theologen.] Übertragung: Eva Hesse und Karl August Horst. Nachwort: Rafael Gutiérrez-Girardot. 1964 (F): 1.–5. Tsd.

823 *S[amuel] J[oseph] Agnon: Der Verstoßene.* [Erzählung.] Übertragung aus dem Hebräischen: Nahum Norbert Glatzer und Moritz Spitzer. 1964 (F): 1.–7. Tsd.

824 *Harry Graf Kessler: Notizen über Mexiko.* Mit einer Vorrede des Autors. 1964 (F): 1.–10. Tsd. [= 4. Auflage; 1.–3. Auflage nicht IB; vgl. IK 903.]

825 [1A] *Nelly Sachs: Glühende Rätsel.* Gedichte. 1964 (F): 1.–10. Tsd.

– [1B] –. Um 31 Gedichte (Zyklen III und IV) erweitert. 1968 (F): 11.–14. Tsd. [1.–4. Tsd. der erweiterten Ausgabe.] – 2 Auflagen

826 *Horace Walpole: Die Burg von Otranto.* Eine phantastische Geschichte. Mit den Vorworten des Autors zur ersten und zur zweiten Auflage, einem Sonett und mit einem Essay von Walter Scott über Walpole. Übertragung aus dem Englischen: Joachim Uhlmann und Ludwig Rellstab. 1965 (F): 1.–5. Tsd.

827 *Marcel Jouhandeau: Minos und ich.* [Von allerlei Tieren. Tauben. Das Leben und Sterben eines Hahns.] [4] Tiergeschichten. Übertragung aus dem Französischen und Nachbemerkung: Friedhelm Kemp. 1965 (F): 1.–8. Tsd.

828 *Je länger ein Blinder lebt, desto mehr sieht er.* Jiddische Sprichwörter. Übertragung: Hans Carl Artmann. 1965 (F): 1.–10. Tsd. – 1986 (F): 16. Tsd. – 1992: 20. Tsd. – 1999: 26. Tsd. – 2002: 28. Tsd. – 2010: 33. Tsd. – 12 Auflagen

829 *Gottfried Keller:* [7] *Galatea-Legenden.* Im Urtext herausgegeben und eingeleitet von Karl Reichert. 1965 (F): 1.–8. Tsd.

830 *Die Weisheit des Konfuzius.* Übertragung aus dem chinesischen Urtext und Einleitung: Hans O. H. Stange. 1964 (F): 1.–8. Tsd. – 1984 (F): 14. Tsd. – 1990 (F): 18. Tsd. – 1998: 28. Tsd. – 2000: 30. Tsd. – 2009: 37. Tsd. – 14 Auflagen

831 *Gotthold Ephraim Lessing: Fabeln.* Anmerkungen: Paul Rilla. 1964 (L): 1.–10. Tsd.

832 [1A] *Heinrich Böll: Doktor Murke und andere.* Drei Satiren. [Doktor Murkes gesammeltes Schweigen. Hauptstädtisches Journal. Der Wegwerfer.] Nachwort: Heinz Bär. 1963 (L): 1.–20. Tsd.

– [1B] –. Ohne Nachwort. 1999: 21. Tsd. – 2 Auflagen

833 *Bratakathas.* [13] Bengalische Erzählungen. Aufgezeichnet von Arun Ray. Kopfleisten von Günter Blochberger nach indischen Vorlagen von Sajal Roy. Übertragung und Vorwort: Heinz Mode. Mit Erläuterungen. 1964 (L): 1.–10. Tsd.

834 *Willi Bredel: Pater Brakel.* Erzählung. 1964 (L): 1.–5. Tsd.

835 *Hanns-Ulrich Haedeke: Altes Zinn.* 42 Bildtafeln. Geleitwort: Hanns-Ulrich Haedeke. Mit Abbildungsverzeichnis. 1964 (L): 1.–27. Tsd. – 1969 (L): 57. Tsd. – 2 Auflagen

836 *Ivan Olbracht: Von der Liebe zur Monarchie.* [Der Táta.] Zwei Erzählungen. Übertragung aus dem Tschechischen und Nachwort: Grete Ebner-Eschenhaym. 1964 (L): 1.–10. Tsd.

837 [1A] *Grimms Märchen in ursprünglicher Gestalt.* Nach der Oelenberger Handschrift von 1810. Mit einem Doppelporträt der Brüder Grimm als Frontispiz und je einer Handschriftenprobe von Jacob und Wilhelm Grimm. Herausgegeben [nach der Ausgabe von Joseph Lefftz] und mit einem Nachwort von Manfred Lemmer. 1963 (L): 1.–15. Tsd.

– [1B] –. Ohne Titelbild und Handschriftenproben. Nachwort gekürzt. 1964 (F): 16.–23. Tsd.– 2 Auflagen

838 [1A] *Samuel Johnson: Die Geschichte von Rasselas Prinzen von Abessinien.* Eine morgenländische Erzählung. Übertragung aus dem Englischen: Joachim Uhlmann. Mit einer Schlußbemerkung. 1964 (F): 1.–8. Tsd.

– [1B] –. Nachwort: Manfred Wojcik. Ohne die Schlußbemerkung. 1972 (L): 9.–18. Tsd. [2. statt 1. Auflage.] – 2 Auflagen

839 *Ambrose Bierce: Katzenfracht und* [8] *andere Erzählungen.* Mit 12 Zeichnungen von Hans Fronius. Übertragung aus dem Amerikanischen: Gisela Günther. 1965 (F): 1.–7. Tsd.

840 *Kopfreliquiare des Mittelalters.* 42 Bildtafeln. Auswahl und Nachwort: Éva Kovács. Mit bibliographischen Hinweisen und Erläuterungen zu den Tafeln. Mit Abbildungsnachweisen. 1964 (L): 1.–30. Tsd.

841 *Heinrich Böll: Die Spurlosen.* [Zum Tee bei Dr. Borsig. Eine Stunde Aufenthalt.] Drei Hörspiele. Nachwort: Lothar Kleine. 1966 (L): 1.–30. Tsd. – 1972 (L): 50. Tsd. – 2 Auflagen

842 *Grillparzer über sich selbst. Aus den Tagebüchern.* Auswahl, Nachwort und Anmerkungen: Heinz Politzer. 1965 (F): 1.–7. Tsd.

843 *Ozeanische Totenbeschwörung.* 29 Bildtafeln. Auswahl und Nachwort: Georges Schlocker. Mit Erläuterungen zu den Bildtafeln. 1965 (F): 1.–8. Tsd.

844 *Aubrey Beardsley: Unter dem Hügel.* Eine romantische Erzählung. Mit 5 Illustrationen [Zeichnungen] des Autors und mit Schmucktitel. Übertragung: Rudolf Alexander Schröder. 1965 (F): 1.–6. Tsd.

845 *Lewis Carroll: Briefe an kleine Mädchen.* Mit Fotos auf 18 Tafeln sowie mit der Wiedergabe von 5 handschriftlichen Briefseiten und mit zahlreichen Zeichnungen des Autors. Als Anhang ›Lewis Carroll: Acht oder neun weise Worte übers Briefe-

schreiben‹. Auswahl, Übertragung und Nachwort: Klaus Reichert. Mit Literatur- und Bildnachweisen. 1966 (F): 1.–5. Tsd. – 1966 (F): 10. Tsd. [Seitdem um 1 Tafel vermehrt; Tafelfolge geändert.] – 1968 (F): 14. Tsd. – 3 Auflagen

846 [*Das Buch*] *Ijob.* Verdeutscht von Martin Buber. 1965 (F): 1.–6. Tsd.

847 *Paul Fleming: Gedichte.* Mit einem zeitgenössischen Porträt als Frontispiz. Auswahl, Nachwort und Worterklärungen: Eberhard Haufe. 1970 (L): 1.–10. Tsd.

848 *Christoph Martin Wieland: Zweierlei Götterglück und* [3] *andre Gedichte.* [Schach Lolo. Das Leben ein Traum. Bruchstücke von Psyche.] Auswahl und Nachwort: Friedrich Beißner. Mit einem Glossarium. 1965 (F): 1.–3. Tsd.

849 *hap grieshaber: Seestern und Tomahawk.* 14 Collagen unter Resopal und 2 Farbholzschnitte. Nachwort: Wilhelm Boeck. Mit Abbildungsverzeichnis. 1965 (F): 1.–19. Tsd.

850 *Jules Laforgue: Pierrot, der Spaßvogel.* [Kleine Auswahl der Gedichte. Über die Frauen. Eine Augustnacht. Die beiden Täubchen.] Auswahl und Übertragung: Franz Blei und Max Brod. Vorbemerkung: Max Brod. Nachwort: Franz Blei. 1965 (F): 1.–5. Tsd.

851 *Goethe über die Deutschen.* Auswahl und Nachbemerkung: Hans-J. Weitz. Mit Nachweisen und Register. 1965 (F): 1.–5. Tsd.

852 *Bertolt Brecht: Liebesgedichte.* Auswahl: Elisabeth Hauptmann. 1966 (F): 1.–11. Tsd. – 1979 (F): 47. Tsd. – 1986 (F): 81. Tsd. – 1990 (F): 88. Tsd. [13. statt 14. Auflage.] – 1992: 93. Tsd. [14. statt 15. Auflage.] – 1998: 106. Tsd. [18. statt 19. Auflage.] – 2000: 109. Tsd. [19. statt 20. Auflage.] – 2007: 117. Tsd. [22. statt 23. Auflage] – 2011: 119. Tsd. [23. statt 24. Auflage] – 23 Auflagen – Seit 2012 unter IB 1356

853 *Edwin Fischer: Ludwig van Beethovens Klaviersonaten.* Ein Begleiter für Studierende und Liebhaber. Mit Notenbeispielen. Vorwort: Edwin Fischer. 1966 (F): 1.–7. Tsd.

854 *Charles Baudelaire: Mein entblößtes Herz.* [Raketen.] Tagebücher. Übertragung, Nachwort und Anmerkungen: Friedhelm Kemp. 1966 (F): 1.–5. Tsd. – 1986 (F): 9. Tsd. [Seitdem mit

Baudelaires Porträt als Frontispiz.] – 1995: 12. Tsd. – 4 Auflagen

855 *Johann Christoph Gottsched: Der Biedermann.* Eine Auswahl. Mit einem Porträt des Autors als Frontispiz sowie mit Titelblatt und Kopfleisten der Ausgabe 1728. Auswahl, Nachwort und Erläuterungen: Marianne Wehr. 1966 (L): 1.–12. Tsd.

856 *Oscar Wilde: Die Erzählungen.* Lord Arthur Saviles Verbrechen. Das Gespenst von Canterville. Die Sphinx ohne Geheimnis. Der Modellmillionär. Das Bildnis des Mr. W. H. Gedichte in Prosa. Übertragung: Christine Hoeppener. Nachwort: Günter Weise. Mit Anmerkungen. 1968 (L): 1.–20. Tsd.

857 *Joseph von Eichendorff: Erlebtes.* Autobiographische Schriften. Mit einem Vorwort des Autors. Nachwort: Claus Träger. 1967 (L): 1.–10. Tsd. – 1980 (L): 20. Tsd. [Nachwort stark bearbeitet.] – 2 Auflagen

858 *Arnold Zweig: Westlandsaga.* Erzählung. 1967 (L): 1.–10. Tsd.

859 *Robert Louis Stevenson: Der Selbstmörderklub.* [Der Diamant des Radschas.] Neue Geschichten aus Tausendundeiner Nacht. Mit [17] Holzstichen von Karl-Georg Hirsch. Übertragung: Elfriede Mund. Nachwort: Günter Gentsch. 1968 (L): 1.–20. Tsd.

860 *Koptische Stoffe.* 36 farbige Tafeln. Auswahl, Geleitwort und Bilderläuterungen: Günther Bröker. 1967 (L): 1.–25. Tsd. – 1982 (L): 50. Tsd. – 2 Auflagen

861 *Alexej [Nikolajewitsch] Tolstoi: Der schwarze Freitag.* [Die Handschrift unter dem Bett. Fata Morgana.] [3] Erzählungen. Übertragung: Felix Loesch, Maria Stein und Erwin Tittelbach. 1967 (L): 1.–10. Tsd.

862 *Johannes R[obert] Becher: Das Atelier.* Ausgewählte Gedichte 1914–1958. Auswahl und Nachwort: Alfred Klein. 1969 (L): 1.–10. Tsd.

863 *Johann Friedrich Reichardt: Leben des berühmten Tonkünstlers Heinrich Wilhelm Gulden nachher genannt Guglielmo Enrico Fiorino.* Mit einem Porträtstich Reichardts nach Anton Graff als Frontispiz. Nachwort und Anmerkungen: Günter Hartung. 1967 (L): 1.–10. Tsd.

864 [*Johann Wolfgang von*] *Goethe: Das Märchen.* Mit [4] Holzstichen von Heiner Vogel. Nachwort: Regine Otto. 1967 (L): 1.–20. Tsd.

865 *Die Miniaturen der Berliner Bāisonqur-Handschrift.* 28 farbige Tafeln. Geleitwort und Bilderläuterungen: Volkmar Enderlein. 1969 (L): 1.–34. Tsd. – 1970 (F): 40. Tsd. – 1976 (L): 80. Tsd. [3. statt 2. Auflage.] – 3 Auflagen

866 *Nikolai* [*Wassiljewitsch*] *Gogol: Die schreckliche Rache.* Erzählung. Mit 11 Zeichnungen von Jürgen Mau. Übertragung: Ruth Fritze-Hanschmann. 1967 (L): 1.–10. Tsd.

867 [1A] *Georg Herwegh: Morgenruf.* Ausgewählte Gedichte. Auswahl und Nachwort: Agnes Ziegengeist. Schlußbemerkung zur Textgestaltung. 1969 (L): 1.–10. Tsd.

– [1B] –. Ohne das Gedicht ›Ihr lieben Herren von Eisenach‹. 1975 (L): 11.–20. Tsd. – 2 Auflagen

868 *Victor Hugo: Hernani.* Drama. Mit 5 Zeichnungen von Rolf Münzner. Übertragung: Heidrun Beltz. Nachwort: Dieter Tauchmann. 1968 (L): 1.–15. Tsd.

869 *Emilijan Stanew: Der Pfirsichdieb.* Novelle. Übertragung aus dem Bulgarischen: Hildegard Grantscharowa. 1967 (L): 1.–10. Tsd.

870 *Das Leben Buddhas.* Ein chinesisches Holzschnittfragment. 22 farbige Bildtafeln mit den entsprechenden Texten. Herausgegeben und mit einem Nachwort von Martin Gimm. Mit Tafelverzeichnis. 1967 (L): 1.–30. Tsd. – 1968 (F): 40. Tsd. – 1980 (L): 65. Tsd. [3. statt 2. Auflage.] 1994: 68. Tsd. [Nachwort stark bearbeitet und erweitert.] – 1995: 70. Tsd. – 5 Auflagen

871 *Russische Graphik des 20. Jahrhunderts.* 100 [zum Teil mehrfarbige] Bildtafeln. Auswahl und Geleitwort: Werner Timm. Mit Abbildungsverzeichnis. 1967 (L): 1.–20. Tsd. – 1970 (L): 40. Tsd. – 1970 (F): 48. Tsd. – 3 Auflagen

872 *Bildnerische Etüden.* 38 Kleinplastiken [auf Tafeln]. Herausgegeben von Wilfried Fitzenreiter und Wieland Förster. Nachwort: Wieland Förster. Mit Tafelverzeichnis. 1967 (L): 1.–20. Tsd.

873 *Alphonse Daudet: Port-Tarascon.* Die letzten Abenteuer des berühmten Tartarin. Mit [9] Zeichnungen [davon 3 doppelsei-

tig, 1 wiederholt] von Nuria Quevedo-Mund. Übertragung: Udo Wolf. 1967 (L): 1.–15. Tsd.

874 *Griechische Tempel.* 42 [zum Teil farbige] Bildtafeln. Aufnahmen und Geleitwort: Erich Arendt. Mit Wort- und Sacherläuterungen, Zeichnungen und 2 Karten. Mit Abbildungsverzeichnis. 1970 (L): 1.–30. Tsd.

875 *Ikonen.* 32 farbige Tafeln. Auswahl und Nachwort: Günther Bröker. Mit Abbildungsverzeichnis. 1968 (L): 1.–30. Tsd. – 1981 (L): 55. Tsd. – 2 Auflagen

876 *Anna Seghers: Das Licht auf dem Galgen.* Erzählung. 1968 (L): 1.–20. Tsd.

877 *Maxim Gorki:* [14] *Russische Märchen.* Mit 18 Zeichnungen [eine davon wiederholt] von Joachim Kratsch. Übertragung: Erich Boehme und Alexander Stein. 1968 (L): 1.–10. Tsd.

878 *Johann Beer: Der neu ausgefertigte Jungfer-Hobel.* [Erzählung.] Mit der Wiedergabe des Titelblattes der Erstausgabe 1681, mit Kopfleisten und 2 Schlußstücken. Textrevision und Nachwort: Eberhard Haufe. Mit Anmerkungen und Worterklärungen. 1968 (L): 1.–15. Tsd. – 1968 (F): 20. Tsd. – 1970 (L): 35. Tsd. [3. statt 2. Auflage.] – 3 Auflagen

879 [1A] *Alexander Pope: Der Lockenraub.* Ein komisches Heldengedicht. Mit 9 Zeichnungen von Aubrey Beardsley. Übertragung: Rudolf Alexander Schröder. Nachwort: Walther Martin. [1.–10. Tsd. unter IB 99,2.] – 1968 (L): 11. – 30. Tsd.

– [1B] –. Nachwort: Rudolf Alexander Schröder. 1968 (F): 31.–36. [statt 34.–39.] Tsd. – 1988 (F): 38. Tsd. [3. statt 2. Auflage.] – 3 Auflagen

880 [1A] *Pablo Picasso: Traum und Lüge Francos.* 20 Bildtafeln [und Titelradierung des Graphikzyklus]. Mit einem Prosagedicht von Picasso in der Übertragung von Max Hölzer. Nachwort: Diether Schmidt. [Querformat.] 1968 (L): 1.–37. Tsd.

– [1B] –. Nachwort: Werner Spies. [Querformat.] 1968 (F): 38.–47. Tsd. [= 1.–10. Tsd. von 1B.] – 2 Auflagen

881 *Franz Tumler: Das Tal von Lausa und Duron.* [Erzählung.] Mit einer Nachschrift des Autors. 1966 (F): 1.–4. Tsd.

882 *Rahel Varnhagen: Lichtstreifen und Glutwege.* Aufzeichnungen. Mit einer Porträtzeichnung Rahel Varnhagens von Wilhelm

Hensel als Frontispiz. Auswahl, Anmerkungen, Nachwort und Lebensdaten: Rahel E. Steiner. 1968 (F): 1.–4. Tsd.

883 *François Villon: Baladn.* [Deutsch und] In Wiener Mundart. Übertragung: Hans Carl Artmann. Mit Worterläuterungen. 1968 (F): 1.–4. Tsd. – 1969 (F): 7. Tsd. – 2 Auflagen

884 [*Hans Jacob Christoffel von*] *Grimmelshausen: Simplicianische Kalendergeschichten.* Auswahl, Nachwort ›Vorspiel aufklärerischer Publizistik‹ und Anmerkungen: Hubert Gersch. 1966 (F): 1.–5. Tsd.

885 *Denis Diderot: Mystifikation oder Die Porträtgeschichte.* Mit 4 Tuschezeichnungen von Pablo Picasso. Übertragung: Heinz Riedt. Nachtrag: Herbert Dieckmann. Mit Anmerkungen. 1966 (F): 1.–5. Tsd.

886 *Die vier Zweige des Mabinogi.* Ein keltisches Sagenbuch. Übertragung und Einleitung: Martin Buber. [Nach der Insel-Ausgabe 1914 – IK 1837.] 1966 (F): 1.–4. Tsd.

887 *Die Gedichte des Archipoeta.* Lateinisch und deutsch. Übertragung und Einleitung: Josef Eberle. Mit Anmerkungen. 1966 (F): 1.–5. Tsd.

888 *Fürstin Marie von Thurn und Taxis-Hohenlohe: Erinnerungen an Rainer Maria Rilke.* Deutsche Ausgabe besorgt von Georg H. Blokesch. 1966 (F): 1.–6. Tsd. – 1983 (F): 8. Tsd. – 1988 (F): 9. Tsd. – 1994: 11. Tsd. – 4 Auflagen

889 [*George*] *Bernard Shaw: Über die Frauen.* Aphorismen aus dem Werk. Übertragung: Siegfried Trebitsch. Auswahl: Karlheinz Braun. 1966 (F): 1.–7. Tsd.

890 *Ambrose Bierce: Aus dem Wörterbuch des Teufels.* Auswahl, Übertragung aus dem Amerikanischen und Nachwort: Dieter E. Zimmer. 1966 (F): 1.–6. Tsd. – 1969 (F): 12. Tsd. – 2 Auflagen

891 *Irische Elfenmärchen.* Übersetzt von den Brüdern Grimm. Mit Vorrede und Einleitung. 1966 (F): 1.–6. Tsd.

892 *Voltaire über den König von Preußen.* Memoiren. Mit Titelbild ›Friedrich und Voltaire‹ und 4 Porträts auf Tafeln. Übertragung, Anmerkungen, Bibliographie und Nachwort: Anneliese Botond. 1967 (F): 1.–5. Tsd. – 1981 (F): 11. [statt 8.] Tsd. – 1989 (F): 14. Tsd. – 1994: 16. Tsd. – 1999: 19. Tsd. – 2003: 20. Tsd. – 2007: 21. Tsd. – 9 Auflagen

893 *G[eorg] C[hristoph] Lichtenberg: Die Heirat nach der Mode.* (Sechs Blätter). Ausführliche Erklärung der Hogarthischen Kupferstiche. Mit 6 Kupfern von William Hogarth auf Falttafeln. 1967 (F): 1.–5. Tsd. – 1981 (F): 7. Tsd. – 2 Auflagen – Siehe auch IB 936 und 942

894 *Arthur Rimbaud: Illuminationen.* [Prosagedichte.] Französisch und deutsch. Übertragung: Jeanne Mammen. 1967 (F): 1.–5. Tsd.

895 *Geschichten von Herrn B.* 99 Brecht-Anekdoten. Mit einer Titelzeichnung von Andrzej Stopka. Aufgeschrieben und mit einem Nachwort von André Müller und Gerd Semmer. Mit Personenverzeichnis. 1966 (F): 1.–7. Tsd.

896 *Lewis Carroll: Alice im Wunderland.* Mit 37 Zeichnungen des Autors. Übertragung: Christian Enzensberger. 1967 (F): 1.–7. Tsd. – 1970 (F): 11. Tsd. – 2 Auflagen

897 *Daisy und Angela Ashford: Liebe und Ehe.* [Die wahre Geschichte der Leslie Woodcock. Die Eifersucht der Gofernante oder Erfüllter Herzenswunsch.] Drei Geschichten. Mit 16 Illustrationen [Zeichnungen] von Ralph Steadman. Übertragung aus dem Englischen: Hans Carl Artmann. Vorwort: Daisy Ashford. 1967 (F): 1.–5. Tsd.

898 [1A] *William Shakespeare: Einundzwanzig Sonette.* Englisch und deutsch. Übertragung: Paul Celan. 1967 (F): 1.–4. Tsd.

– [1B] –. Mit einem Essay ›Celans Shakespeare‹ von Wolfgang Kaußen. Anhang: Paul Celan, Vier frühe Übertragungen von Shakespeare-Sonetten. Mit Literaturhinweisen. 2001: 5.–7. Tsd. – 2004: 10. Tsd. – 4 Auflagen

899 [1A] *[Friedensreich] Hundertwasser: Der Weg zu Dir.* 24 farbige Tafeln und 24 Schrifttafeln. Nachwort: Wieland Schmied. Mit Abbildungsverzeichnis. 1967 (F): 1.–8. Tsd. – 1971 (F): 20. Tsd.

– [1B] –. 23 farbige Tafeln [Tafel 20 von 1A weggelassen.] 1974 (F): 21.–37. [statt 35.] Tsd. – 3 Auflagen

900 *Thomas Mann: Deutsche Hörer!* Fünfundzwanzig [richtig: 55] Radiosendungen nach Deutschland. Mit einem Vorwort des Autors und der ›Ansprache an die Amerikaner deutscher Herkunft‹. Nachwort: Eike Middell. 1970 (L): 1.–20. Tsd. [Rest-

aufbindung mit korrigiertem Untertitel ›Fünfundfünfzig Radiosendungen‹ und Erscheinungsjahr 1971.] – 1975 (L): 35. Tsd. [›Fünfundfünfzig Radiosendungen‹.] – 2 Auflagen

901 [IA] *Samuel Taylor Coleridge: The Rime of the Ancient Mariner / Der alte Seefahrer.* Eine Ballade. Englisch und deutsch. Mit 2 Holzstichen von Gustave Doré. Übertragung und Nachwort: Heinz Politzer. Mit einer Anmerkung. [1.–2. Tsd. nicht IB – IK 320.] – 1968 (F): 3.–7. Tsd.

– [IB] –. Nachwort: Manfred Wojcik. 1968 (L): 8.–22. Tsd. [2. statt 1. Auflage.] – 2 Auflagen

902 [IA] *Ernest Hemingway: Die Sturmfluten des Frühlings.* Ein romantischer Roman zu Ehren des Verschwindens einer Großen Rasse. Übertragung: Annemarie Horschitz-Horst. Nachwort: Hans Petersen. 1969 (L): 1.–20. Tsd.

– [IB] –. Mit 13 Holzstichen von Hans-Joachim Walch. 1980 (L): 21.–40. Tsd. – 2 Auflagen

903 *[Johann Wolfgang von] Goethe: Gedichte.* Auswahl: Hans Klähn. 1969 (L): 1.–20. Tsd. – 1976 (L): 37. Tsd. – 2 Auflagen

904 *Martin Andersen Nexö: Die Küste der Kindheit.* [Der Todeskampf. Fränke. Jakobs wunderbare Reise.] [4] Novellen und Skizzen. Übertragung: Hermann Kiy, Emilie Stein. 1969 (L): 1.–10. Tsd.

905 *Die Bildwerke des Magdeburger Doms.* 48 Bildtafeln. Aufnahmen: Klaus G. Beyer. Auswahl und Nachwort: Hannelore Sachs. Mit Abbildungsverzeichnis. 1968 (L): 1.–30. Tsd. – 1977 (L): 50. Tsd. – 2 Auflagen

906 *Die lêre von der kocherie.* Von mittelalterlichem Kochen und Speisen. Originaltext und Übertragung in heutiges Deutsch. Mit einem zeitgenössischen Holzschnitt. Auswahl, Übertragung und Anmerkungen: Manfred Lemmer und Eva-Luise Schultz. Einführung: Manfred Lemmer. 1969 (L): 1.–16. Tsd. – 1980 (L): 36. Tsd. [Einführung bearbeitet.] – 2 Auflagen

907 [IA] *Bertolt Brecht: Von der Freundlichkeit der Welt.* Gedichte. Auswahl: Hubert Witt. 1971 (L): 1.–20. Tsd.

– [IB] –. Nachwort: Hubert Witt. Mit Schlußbemerkung ›Zur Auswahl‹. 1980 (L): 21.–30. Tsd. – 2 Auflagen

908 *Heinrich Böll: Wo warst du, Adam?* Roman. 1969 (L): 1.–25. Tsd.

909 *Die Flucht eines Gefangenen.* [Ecbasis cuiusdam captivi per tropologiam.] Ein mittellateinisches [!] Tierepos. Übertragung und Nachwort: Winfried Trillitzsch. 1969 (L): 1.–10. Tsd.

910 *Die Bronzetür der Sophienkathedrale in Nowgorod.* [45 Abbildungen auf] 44 Bildtafeln. Geleitwort: Hans-Joachim Krause und Ernst Schubert. Mit einer Topographie der Bronzetür und mit Abbildungsverzeichnis. 1968 (L): 1.–30. Tsd. – 1976 (L): 55. Tsd. [Seitdem Nachwort redigiert.] – 1988 (L): 80. Tsd. [Mehrere Tafeln nach neuen Aufnahmen.] – 3 Auflagen

911 *Alexander Serafimowitsch: Auf den Flößen.* [8] Erzählungen. Übertragung: Friedrich Schwarz. Mit einer Nachbemerkung zum Autor. 1969 (L): 1.–10. Tsd.

912 *Minna Canth: Die Trödel-Lopo.* [Die Frau des Studienrats.] Zwei Erzählungen. Übertragung aus dem Finnischen und Nachwort: Heinz Goldberg. 1969 (L): 1.–10. Tsd.

913 *Lajos Nagy: Der ägyptische Schreiber.* [8] Erzählungen. Übertragung aus dem Ungarischen und Nachbemerkung: Vera Thies. 1969 (L): 1.–10. Tsd.

914 *William Faulkner: Der Bär.* Erzählung. Übertragung aus dem Amerikanischen: Hermann Stresau. Nachwort: Günter Gentsch. 1969 (L): 1.–20. Tsd.

915 *Deutsche romanische Bildteppiche aus den Domschätzen zu Halberstadt und Quedlinburg.* 36 farbige Tafeln. Aufnahmen: Heinrich L. Nickel und Wolfgang G. Schröter. Auswahl und Nachwort [mit 3 Zeichnungen]: Heinrich L. Nickel. 1970 (L): 1.–35. Tsd. – 1976 (L): 65. Tsd. [Nachwort ergänzt.] – 2 Auflagen

916 *Leonid [Maximowitsch] Leonow: Jewgenija Iwanowna.* Erzählung. Mit 26 Zeichnungen von Rolf Kuhrt. Übertragung aus dem Russischen: Hilde Angarowa. Mit Nachbemerkung. 1970 (L): 1.–10. Tsd.

917 *Ernst Barlach: Graphik.* 48 Lithographien und Holzschnitte. Auswahl und Geleitwort: Elmar Jansen. Mit Abbildungsverzeichnis. 1970 (L): 1.–30. Tsd. – 1974 (L): 60. Tsd. – 2 Auflagen

918 *Stephan Hermlin: Scardanelli.* Ein Hörspiel. Mit Anmerkungen des Verfassers zu Personen und Orten. 1971 (L): 1.–10. Tsd.

919 *Heinrich Mann: Flaubert und George Sand.* Ein Essay. Nachwort: Manfred Hahn. 1971 (L): 1.–10. Tsd.

920 *Graphikspiegel.* Bildnerisches Volksschaffen der Deutschen Demokratischen Republik. 100 [zum Teil farbige] Bildtafeln. Auswahl und Geleitwort: Gerhard Pommeranz-Liedtke. Mit Abbildungsverzeichnis. 1969 (L): 1.–20. Tsd.

921 [*Johann Wolfgang von*] *Goethe: Der Mann von funfzig Jahren.* [Erzählung.] Mit 9 Holzstichen von Hans-Joachim Walch. Textrevision und Nachwort: Regine Otto. 1971 (L): 1.–15. Tsd.

922 [*Friedrich*] *Schiller: Kabale und Liebe.* Ein bürgerliches Trauerspiel. Mit den 12 Kupferstichen von Daniel Chodowiecki. Nachwort: Siegfried Seidel. 1971 (L): 1.–10. Tsd.

923 *Heinrich Böll: ... und sagte kein einziges Wort.* Roman. Nachbemerkung: Dieter Tauchmann. 1970 (L): 1.–20. Tsd.

924 *Alexander S*[*ergejewitsch*] *Gribojedow: Verstand schafft Leiden.* Komödie. Übertragung aus dem Russischen: Arthur Luther. Nachwort: Gerhard Dudek. 1970 (L): 1.–10. Tsd.

925 *Der Bildhauer Andreas Schlüter.* 48 Bildtafeln. Auswahl und Geleitwort: Edith Fründt. Mit Abbildungsverzeichnis. 1969 (L): 1.–20. Tsd.

926 *Jack London: Das Haus des Stolzes.* [Der Enkel des Meuterers McCoy. Eine kleine Abrechnung mit Swithin Hall. Koolau der Aussätzige.] [4] Südseegeschichten. Mit 9 Holzstichen von Peter Pfefferkorn. Übertragung: Elfriede Mund. Nachwort: Günter Gentsch. 1971 (L): 1.–20. Tsd.

927 *Thomas Wolfe: Hinter jenen Bergen.* Erzählung. Übertragung: Susanne Rademacher. Nachwort: Eberhard Brüning. Mit Worterklärungen. 1971 (L): 1.–20. Tsd.

928 *Kristijonas Donelaitis: Die Jahreszeiten.* Ein litauisches Epos. Mit einer Porträtbüste des Autors als Frontispiz. Nachdichtung und Geleitwort: Hermann Buddensieg. Mit Worterklärungen. 1970 (L): 1.–10. Tsd.

929 *Ion Luca Caragiale: Thema mit Variationen.* Prosaskizzen. Übertragung aus dem Rumänischen und Nachwort: Klaus Bochmann. Mit Anmerkungen. 1970 (L): 1.–10. Tsd.

930 [1A] *Kinderzeichnungen zu Brecht.* 34 [zum Teil farbige] Tafeln und die Texte. Auswahl und Schlußbemerkung: Sina Witt. Nachwort: Werner Hecht. Mit einem Vorspruch von Bertolt Brecht und der Wiedergabe eines Briefes von Helene Weigel.

Mit Abbildungsverzeichnis. [Querformat.] 1970 (L): 1.–30. Tsd. – 1970 (F): 38. Tsd.

– [IB] –. Eine Tafel (S. 17) ausgetauscht. [Querformat.] 1972 (L+F): 39.–76. Tsd. – 3 Auflagen

931 *Johannes R[obert] Becher: Die Korrektur.* Erzählende Prosa. Auswahl: Ilse Siebert und Ingeborg Ortloff. Nachwort: Ilse Siebert. Mit Quellenhinweisen. 1971 (L): 1.–10. Tsd.

932 *Jules Supervielle: Gedichte.* Übertragung aus dem Französischen: Paul Celan. 1968 (F): 1.–4. Tsd.

933 [*Jonathan Swift:*] *Des Herrn Dr. Jonathan Swifts wo nicht unverbesserliche so doch wohlgemeynte Anweisungen für alle Arten unerfahrner Dienstboten aus vieljähriger sorgfältiger Aufmerksamkeit und Erfahrung zusammengetragen.* Nach der Übertragung von Johann Joachim Schwabe [?] (1748). Mit einer Nachbemerkung. 1968 (F): 1.–5. Tsd. – 1990 (F): 8. Tsd. – 2 Auflagen

934 *Lewis Carroll: The Hunting of the Snark. An Agony in Eight Fits. / Die Jagd nach dem Schnark. Agonie in acht Krämpfen.* Englisch und deutsch. Mit den 11 Illustrationen [Zeichnungen] der Originalausgabe von Henry Holiday und einer ›Meereskarte‹. Übertragung und Nachwort: Klaus Reichert. 1968 (F): 1.–5. Tsd.

935 [*Rudrabhatta:*] *Zeichen der Liebe.* Wie man lieben und die Liebe dichten soll. Ein indisches Lehrbuch für Liebende und Dichter. Übertragung aus dem Sanskrit-Original: Heinrich Zimmer; durchgesehen von Stefan Zimmer. Anmerkungen und Geleitwort: Heinrich Zimmer. Mit einer Vita des Übersetzers. 1975 (F): 1.–3. Tsd. – 1981: 7. Tsd. – 1987 (F): 8. Tsd. – 4 Auflagen

936 *G[eorg] C[hristoph] Lichtenberg: Der Weg des Liederlichen.* The Rake's Progress. (Acht Blätter). Ausführliche Erklärung der Hogarthischen Kupferstiche. Mit 8 Kupfern von William Hogarth auf Falttafeln. 1968 (F): 1.–5. Tsd. – Siehe auch IB 893 und 942

937 *Bohumil Hrabals Lesebuch.* [K. J. Erben: Träume. Jan Neruda: Aus dem Pfandhaus. Jakub Deml: Das vergessene Licht. Ignat Herrmann: Die Parze. Ladislav Klíma: Ein wirkliches Ereignis, das sich in Postmortalien zutrug. Vladimír Holan: Man

fischte den Teich ab. Richard Weiner: Gleichgewicht. Jaroslav Hašek: Einige Rapporte des Staatsdetektivs Jandák (Kennz. ›Třebízský‹). Die Gemeindewahlen.] Mit einem Motto von Jakub Deml und einer Einleitung von Bohumil Hrabal. Übertragung: Věra Černá, Olga von Haller, Anton Hamm, Franz Peter Künzel, Konrad Balder Schäuffelen und Marianne Swoboda. Einband und Frontispiz aus einer farbigen Collage von Jiři Kolář. 1969 (F): 1.–5. Tsd.

938 *Literarische Nasen.* Gesammelt von Michael Schulte. [Beiträge von Johann Caspar Lavater, Johann Gottfried Seume, Ernst Moritz Arndt, Karl Julius Weber, Heinrich (Daniel) Zschokke, Hans Sachs, Francisco de Quevedo y Villegas, Hans Assmann von Abschatz, Friedrich Haug, Wilhelm Busch, Edward Lear, Christian Morgenstern, François Rabelais, Laurence Sterne, Brüder Grimm, Nicolai Gogol.] Mit einem Frontispiz und 11 Textillustrationen. Mit Quellenhinweisen. 1969 (F): 1.–5. Tsd.

939 *Dichter über Hölderlin.* [17 Beiträge.] Mit 2 Porträts Hölderlins auf Tafeln. Auswahl, Nachwort und Bemerkung zur Textgestaltung: Jochen Schmidt. 1969 (F): 1.–5. Tsd.

940 *Daisy Ashford: Wo Lieb am tiefsten liegt.* [Eine Geschichte.] Mit einer Einleitung der Autorin. Mit 17 Illustrationen [Zeichnungen, davon 7 doppelseitig] von Ralph Steadman. Übertragung aus dem Englischen: Hans Carl Artmann. 1969 (F): 1.–4. Tsd.

941 *Der Abbé de Choisy in Frauenkleidern.* Memoiren. Übertragung aus dem Französischen: Julia Kirchner. Nachwort: Georges Mongrédien. 1969 (F): 1.–5. Tsd.

942 *G[eorg] C[hristoph] Lichtenberg: Der Weg der Buhlerin.* The Harlot's Progress. (Sechs Blätter). Ausführliche Erklärung der Hogarthischen Kupferstiche. Mit 6 Kupfern von William Hogarth auf Falttafeln. 1969 (F): 1.–4. Tsd. – Siehe auch IB 893 und 936

943 *Jules Laforgue: Berlin. Der Hof und die Stadt 1887.* Mit 16 Abbildungen zeitgenössischer Bilder und Fotos auf Tafeln. Übertragung aus dem Französischen und Nachwort: Anneliese Botond. Mit bibliographischen Hinweisen. 1970 (F): 1.–4. Tsd. –

1983 (F): 11. Tsd. [3. statt 2. Auflage.] – 1990 (F): 13. Tsd. – 1997: 14. Tsd. – 5 Auflagen

944 *Edward Lear: Die Jumblies.* Illustrationen [Vorsatz und 20 Zeichnungen, 1 auf Einband wiederholt] von Edward Gorey. Übertragung aus dem Englischen: Barbara Frischmuth. [Querformat.] 1970 (F): 1.–4. Tsd.

945 *Das große Nürnberg'sche ABC für Kinder in* [25 kolorierten] *saubern Kupfern* [und 9 Schrifttafeln] *sinnlich dargestellt.* Reprint nach dem Exemplar der Sammlung Walter Benjamin. Nachwort: Walter Benjamin. 1970 (F): 1.–5. Tsd.

946 *Aristophanes: Die Vögel.* Bühnenfassung. Übertragung, Bearbeitung und Nachwort: Wolfgang Schadewaldt. 1970 (F): 1.–4. Tsd.

947 [*Taschenspieler-Kunst.*] *Vollkommene Anweisung, die Taschenspieler-Kunst auf die leichteste Art zu erlernen.* Bestehend in Exempeln wie jede Kunstgriffe zu machen sind. 1768. Mit vielen [25] Figuren [und 4 zeitgenössischen Kopf- bzw. Schlußvignetten]. Herausgegeben und mit einem Nachwort von Alexander Adrion. 1970 (F): 1.–4. Tsd.

948 *Von der Gestalt Natur / Krafft und Würckung der vierfüssigen Thiere Vögel und in Wasser lebenden Fische und Gewürme wie dieselbige zur Artzney und anderwegen sollen gebraucht werden ...* Auszug aus der ›Vollständigen Hauß- und Landbibliothec Andreas Glorez von Mährn. Regenspurg zu Statt am Hof Anno MDCCII‹. Mit 30 Kupfern [1 als Frontispiz wiederholt]. 1971 (F): 1.–4. Tsd.

949 *Gershom Scholem: Die Geheimnisse der Schöpfung.* Ein Kapitel aus dem kabbalistischen Buche Sohar. Übertragung und Einleitungen zum historischen und zum sachlichen Verständnis des Sohar: Gershom Scholem. 1971 (F): 1.–3. Tsd. – 1979 (F): 4. Tsd. – 2 Auflagen

950 *Jost Amman: Das Frauentrachtenbuch.* 122 Holzschnitte [und je ein Holzschnitt auf zweifarbigem Titel, Widmungsblatt und Kolophon]. Reprint der 1586 in Frankfurt am Main durch Sigmund Feyrabend verlegten deutschen Erstausgabe. Nachwort: Manfred Lemmer. Mit Erläuterungen, Wörterverzeichnis und Register. 1972 (L): 1.–20. Tsd.

951 *Henry Becque: Die Pariserin.* Komödie in drei Akten. Übertragung: Karin Rohde. Mit einem Nachwortessay von Rita Schober. 1970 (L): 1.–10. Tsd.

952 *Wieland Herzfelde: Blau und Rot.* Gedichte. Auswahl vom Autor. Nachwort: Stephan Hermlin. Mit Anmerkungen. 1971 (L): 1.–10. Tsd. – 1986 (L): 25. Tsd. – 2 Auflagen

953 *Horst Sagert: Bühnenbilder und Figurinen zu Jewgeni Schwarz' ›Der Drache‹.* 21 [Abbildungen auf 32] Farbtafeln. Aufnahmen: Wolfgang G. Schröter. Nachwort: Lothar Lang. Mit Abbildungsverzeichnis. 1971 (L): 1.–33. Tsd.

954 *Georg Weerth: Humoristische Skizzen aus dem deutschen Handelsleben.* Mit 14 Holzstichen von Heiner Vogel. Nachwort: Bruno Kaiser. 1972 (L): 1.–20. Tsd. – 1979 (L): 30. Tsd. – 2 Auflagen

955 *Griechische Münzen der klassischen Zeit.* 48 Bildtafeln. Aufnahmen: Wolfgang G. Schröter. Auswahl, Nachwort und Münzverzeichnis: Sabine Schultz. 1972 (L): 1.–30. Tsd. – Siehe auch IB 559

956 *Sofroni von Wraza: Leben und Leiden des sündigen Sofroni.* Mit 20 Holzschnitten von Iwan Koshucharow. Übertragung aus dem Bulgarischen und Nachwort: Norbert Randow. Mit Worterklärungen. 1972 (L): 1.–10. Tsd. – 1979 (L): 25. Tsd. – 2 Auflagen

957 *Pablo Neruda: España en el corazón. Himno a las glorias del pueblo en guerra 1936–1937 / Spanien im Herzen. Hymne auf den Ruhm des Volkes im Kriege 1936–1937.* [Spanisch und deutsch.] Mit einer Radierung von Pablo Picasso. Übertragung: Erich Arendt und Stephan Hermlin. Mit einem Nachwortessay von Carlos Rincón. 1972 (L): 1.–10. Tsd. – 1974 (L): 20. Tsd. – 2 Auflagen

958 *Alexander Iwanowitsch Kuprin: Smaragd.* [›Gambrinus‹. Olesja.] Drei Erzählungen. Übertragung: Hermann Asemissen. Nachwort: Erhard Hexelschneider. 1972 (L): 1.–10. Tsd.

959 *Erich Weinert: Das Lied von der roten Fahne.* Ausgewählte Gedichte. Auswahl: Hans Klähn. 1976 (L): 1.–10. Tsd.

960 *Albrecht Dürer: Kupferstiche.* 48 Bildtafeln. Auswahl und Nachwort: Werner Timm. Mit Abbildungsverzeichnis. 1971 (L+F): 1.–36. Tsd. – 1983 (L): 61. Tsd. – 2 Auflagen

961 [1] *Aischylos: Orestie.* [Agamemnon. Die Spenderinnen am Grabe. Die Wohlwollenden. Eine Trilogie.] Übertragung, Nachwort und Anmerkungen: Dietrich Ebener. Mit einem Verzeichnis griechischer Namen. 1971 (L): 1.–10. Tsd.

– [2] *Wladimir W[ladimirowitsch] Majakowskij: Die Wirbelsäulenflöte (1915).* Die Geschichte eines Gedichts, eines Jahres, einer Liebe. Neu übersetzt und ins Gedächtnis gerufen von Karl Dedecius. Russische Urfassung und deutsch. Mit den früheren Übersetzungen des Gedichts von Alfred Edgar Thoss und Hugo Huppert. Mit einem Auszug aus Majakowskijs Autobiographie und mit Erinnerungen an Majakowskij von Lilja Brik und Ossip Brik. 6 Fotos, 2 Fotomontagen, 5 Zeichnungen und 2 Faksimiles auf 16 Tafeln sowie 3 Zeichnungen im Text. Nachwort ›Die Genesis des Gedichts in Glossen‹: Karl Dedecius. Mit dokumentarischen Anmerkungen. 1971 (F): 1.–5. Tsd.

962 *Aristophanes: Die Frösche.* Bühnenfassung. Übertragung, Bearbeitung und Nachwort: Wolfgang Schadewaldt. Mit Textvarianten im Anhang. 1971 (F): 1.–4. Tsd.

963 *Ödön von Horváth:* [27] *Sportmärchen.* Mit 12 Abbildungen nach zeitgenössischen Fotos auf Tafeln. Nachwort: Traugott Krischke. Mit bibliographischen Anmerkungen. 1972 (F): 1.–5. Tsd.

964 *Szymon Kobyliński: Entschuldigen's.* Gezeichnete Aphorismen. 47 Zeichnungen. Deutsche Fassung vom Autor. Nachwort: Stanisław Lem. 1972 (F): 1.–5. Tsd.

965 *Torquato Tasso: Die Einkehr.* Übertragung und Einleitung: Emil Staiger. Mit Anmerkungen, Bibliographie und einer Zeittafel. 1972 (F): 1.–4. Tsd.

966 *Enno Littmann: Vom morgenländischen Floh.* Dichtung und Wahrheit über den Floh bei Hebräern, Syriern, Arabern, Abessiniern und Türken. Mit [radiertem Doppeltitel und 10] Radierungen [sowie einer radierten Vignette] von Marcus Behmer. Auswahl, Quellennachweise und Anmerkungen: Enno Littmann. [Reprint der 1925 im Insel Verlag erschienenen Ausgabe – IK 1037.] 1972 (F): 1.–4. Tsd. – 1987 (F): 7. Tsd. – 2 Auflagen

967 *Aristophanes: Lysistrata.* Bühnenfassung. Übertragung, Bearbeitung und Nachbemerkung: Wolfgang Schadewaldt. 1972 (F): 1.–4. Tsd. – 1984 (F): 5. Tsd. – 1988 (F): 6. Tsd. – 1996: 7. Tsd. – 4 Auflagen

968 *Dichter über Büchner.* [20 Beiträge.] Auswahl, Nachwort, Bemerkung zur Textgestaltung: Werner Schlick. 1973 (F): 1.–3. Tsd.

969 *Leben und Sterben der Kindsmörderin Susanna Margaretha Brandt.* Nach den Prozeßakten der Kaiserlichen Freien Reichsstadt Frankfurt am Main, den sogenannten Criminalia 1771, dargestellt von Siegfried Birkner. Mit zeitgenössischen Darstellungen und Dokumenten auf 12 Tafeln. Einführung, Erläuterungen, Literatur- und Bildnachweise: Siegfried Birkner. 1973 (F): 1.–4. Tsd.

970 *Lucas Cranach der Ältere: Zeichnungen.* 31 farbige Tafeln. Auswahl und Nachwort: Werner Schade. Mit Tafelverzeichnis. 1972 (L+F): 1.–79. Tsd. – 1983 (L): 129. Tsd. – 3 Auflagen

971 *Theophrast: Charaktere.* Übertragung, Nachwort und Anmerkungen: Dietrich Ebener. 1972 (L): 1.–15. Tsd. – 1978 (L): 35. Tsd. – 2 Auflagen

972 *William Shakespeare: König Lear.* Eine Tragödie. Mit der Wiedergabe des Titelblattes der ersten Quartausgabe 1608. Übertragung: Georg Herwegh. Nachwort: Robert Weimann. Anmerkungen: Walther Martin. 1972 (L): 1.–15. Tsd.

973 *Heinrich Heine: Deutschland.* Ein Wintermärchen. Mit dem Vorwort des Verfassers. Mit 13 Holzstichen von Gerhard Kurt Müller. Mit Namen- und Worterklärungen. 1972 (L): 1.–10. Tsd. – 1973 (L): 30. Tsd. – 2 Auflagen

974 *Luigi Pirandello: Das schwarze Umschlagtuch.* [8] Novellen. Übertragung: Ruth Macchi. Nachwort: Klaus Bochmann. 1973 (L): 1.–20. Tsd.

975 *Anatoli Lwowitsch Kaplan: Farbige Keramik.* 32 [farbige] Tafeln. Auswahl und Aufnahmen: Lothar Reher. Geleitwort: Lothar Bolz. Mit Abbildungsverzeichnis. 1973 (L): 1.–20. Tsd.

976 *Stefan Zweig: Schachnovelle und* [3] *andere.* [Die Mondscheingasse. Untergang eines Herzens. Die unsichtbare Sammlung.] Nachwort: Manfred Wolter. 1973 (L): 1.–20. Tsd.

977 *Jack London: Tochter des Nordlichts.* [Die Liebe zum Leben. Eine Odyssee des Nordens. Feuer im Schnee. Es lebe der Mann auf Fahrt! Das Gesetz des Lebens. Der Herrscher über den Zauber.] [7] Erzählungen aus dem amerikanischen Norden. Mit 14 Holzstichen von Peter Pfefferkorn. Übertragung: Elfriede Mund. Mit Anmerkungen. 1973 (L): 1.–20. Tsd.

978 *Ferdinand Freiligrath: Gedichte.* Mit einem Briefzitat. Auswahl und Nachwort: Manfred Häckel. 1973 (L): 1.–10. Tsd.

979 *Johannes Wüsten: Kupferstiche.* 32 Tafeln. Auswahl und Nachwort: Beate Jahn-Zechendorff. Mit Abbildungsverzeichnis. 1973 (L): 1.–20. Tsd.

980 *Griechische Vasen des 7. bis 4. Jahrhunderts.* 32 farbige Tafeln. Aufnahmen: Klaus Nitsche. Auswahl, Nachwort und erläuterndes Tafelverzeichnis: Konrad Zimmermann. 1973 (L+F): 1.–30. Tsd. – 1978 (L): 55. Tsd. – 2 Auflagen

981 *Heinrich Vogeler: Dir.* Gedichte [vom Autor handgeschrieben]. Mit Vortitel, Titel, Rahmen und [28] Vignetten von Heinrich Vogeler. [Reprint der 1899 im Insel-Verlag erschienenen Ausgabe – IK 1842.] Nachwort: Heinrich Wiegand Petzet. 1973 (F): 1.–5. Tsd. – 1978: 17. Tsd. – 1984 (F): 29. Tsd. – 8 Auflagen – Siehe auch IB 1072

982 [1] *Andrei [Platonowitsch] Platonow: Juligewitter.* Acht Erzählungen. Übertragung: Larissa Robiné. Auswahl und Nachwort: Gerhard Schaumann. 1974 (L): 1.–15. Tsd.

– [2] *Felix Timmermans: Minneke Pus oder Die schönen Tage im Kempenland.* [Erzählung.] Mit 53 Vignetten [1 wiederholt] des Verfassers. Übertragung aus dem Flämischen: Karl Jacobs. 1978 (F): 1.–4. Tsd.

983 *Theodore Dreiser: St. Kolumban und der Fluß.* [Phantom Gold. Nigger Jeff. Kommen Sie?] [4] Erzählungen. Übertragung aus dem Amerikanischen: Margarete Berg. Nachwort: Jutta Friedrich. 1973 (L): 1.–20. Tsd.

984 [1] *John Gay: Die Bettleroper.* Mit 12 Zeichnungen von Hans Brosch. Übertragung: Hans Magnus Enzensberger. Mit zeitgenössischen Dokumenten zur Bettleroper, zusammengestellt und übersetzt von Klaus Reichert. Nachwort: Karl Heinz Berger. 1973 (L): 1.–10. Tsd.

984 [2] *Kleist in der Dichtung.* [45 Beiträge.] Auswahl und Nachwort: Helmut Sembdner. Mit Quellenhinweisen. 1977 (F): 1.–2. Tsd. – 1985 (F): 3. Tsd. [Als Frontispiz ein Bildnis Kleists von Max Slevogt.] – 2 Auflagen

985 *Griechische Terrakotten.* 32 farbige Tafeln. Aufnahmen: Wolfgang G. Schröter. Auswahl und Nachwort: Eberhard Paul. Mit erläuterndem Tafelverzeichnis. 1974 (L): 1.–30. Tsd. – 1987 (L): 55. Tsd. – 2 Auflagen

986 [1] *Erich Arendt: Feuerhalm.* Gedichte. 1973 (L): 1.–8. Tsd.

– [2] *Philipp Otto Runge: Scherenschnitte.* 52 Abbildungen auf 49 Tafeln. Mit einer Vorbemerkung von Daniel Runge. Auswahl und Nachwort: Werner Hofmann. Mit Tafelverzeichnis. 1977 (F): 1.–7. Tsd. – 1983 (F): 13. Tsd. – 1987 (F): 15. Tsd. – 1998: 18. Tsd. – 2003: 20. Tsd. – 7 Auflagen

987 *E*[*rnst*] *T*[*heodor*] *A*[*madeus*] *Hoffmann: Der goldne Topf.* Ein Märchen aus der neuen Zeit. Mit 38 Federzeichnungen von Ernst Lewinger. Nachwort: Uta Kühn. 1974 (L): 1.–15. Tsd.

988 [1] *Bret Harte: Wan Li, der Heide und* [8] *andere Erzählungen.* Übertragung: Paul Baudisch und Ernst Schoen. Nachwort: Hans Petersen. 1974 (L): 1.–20. Tsd.

– [2] *Franz Graf Pocci: Viola Tricolor.* In [8 farbigen] Bildern und Versen. Mit Schmucktitel, einer Vignette sowie einer Vorrede Poccis (1873). Nachwort: Dietrich Leube. 1977 (F): 1.–5. Tsd.

989 [1] *Franz Fühmann: König Ödipus.* Eine Idylle. 1974 (L): 1.–15. Tsd.

– [2] *Madame Leprince de Beaumont: Die Schöne und das Tier.* Ein Märchen. Illustrationen [Schmucktitel sowie 35 Illustrationen und Vignetten] von Richard Doyle. Aus dem Französischen übertragen und mit Nachwort von Maria Dessauer. 1977 (F): 1.–4. Tsd. – 1985 (F): 13. Tsd. – 1990 (F): 17. Tsd. – 1993: 21. Tsd. – 1997: 22. Tsd. – 2002: 24. Tsd. – 9 Auflagen

990 [1] *Meisterwerke der Amarnakunst.* 40 [zum Teil farbige] Bildtafeln. Auswahl, Geleitwort und Bilderläuterungen: Steffen Wenig. 1974 (L): 1.–30. Tsd. – 1977 (L): 60. Tsd. – 2 Auflagen

– [2] *Die Ammenuhr.* Aus des Knaben Wunderhorn. In Holz geschnitten nach Zeichnungen von Ludwig Richter und [8] anderen Künstlern. Mit 10 farbigen Tafeln. [Reprint der Originalausgabe von 1843.] Nachwort mit Literaturverweis: Horst Kunze. 1976 (F): 1.–6. Tsd. – Siehe auch IB 60 und 439

991 [1] [*Friedrich*] *Schiller: Die Verschwörung des Fiesko zu Genua.* Ein republikanisches Trauerspiel. Mit einer Vorrede des Dichters und mit Schlußvarianten. Mit 8 Kupferstichen von Johann Heinrich Ramberg. Nachwort: Ursula Wertheim. 1974 (L): 1.–15. Tsd.

– [2] *Die Bahn und der rechte Weg des Lao-Tse.* Der chinesischen Urschrift nachgedacht von Alexander Ular. Mit einer chinesischen Steinabreibung als Titelbild. Nachwort: Alexander Ular. 1976 (F): 1.–3. Tsd. – 1982 (F): 9. Tsd. – 4 Auflagen – Frühere Auflagen unter IB 253,2A

992 [1] [*Jorinde und Joringel.*] *Acht Märchen der Brüder Grimm.* Mit 8 farbigen Bildern [und einem farbigen Titelbild] von Heinrich Vogeler [nach der Ausgabe des Verlages Max Hesse, Leipzig, 1907]. 1976 (F): 1.–6. Tsd. – 1984 (F): 29. Tsd. – 1986 (F): 34. Tsd. – 1990 (F): 37. Tsd. – 1998: 46. Tsd. – 2001: 48. Tsd. – 2008: 53. Tsd. – 14 Auflagen

– [2] *Bertolt Brecht: Der Städtebauer.* Geschichten und Anekdoten 1919–1956. Auswahl und Nachwort-Dialog ›Flüchtige Gespräche über Brecht-Geschichten‹: Hubert Witt. 1978 (L): 1.–20. Tsd.

993 *Peter Hacks: Der Schuhu und die fliegende Prinzessin.* [Ein Märchen.] 1973 (F): 1.–3. Tsd. – Siehe auch IB 1327

994 [1] *Jacques Stéphen Alexis: Der Tanz der Goldenen Blume.* [Prolog, 6 Erzählungen, Epilog.] Übertragung aus dem Französischen: Ewald Czapski. Nachwort: Eberhard Wesemann. Mit Worterklärungen. 1974 (L): 1.–20. Tsd.

– [2] *Clemens Brentano / Philipp Otto Runge: Briefwechsel.* Mit 19 Abbildungen auf 15 Tafeln. Herausgegeben mit Anmerkungen und Nachwort: Konrad Feilchenfeldt. Mit Literatur- und Bildnachweisen. 1974 (F): 1.–3. Tsd. – 1979 (F): 4. Tsd. – 2 Auflagen

995 [1] *Francesco Petrarca: Sonette und Kanzonen.* Italienisch und deutsch. Übertragung: Bettina Jacobson. Auswahl, Nachwort und Anmerkungen: Horst Heintze. 1974 (L): 1.–10. Tsd.

– [2] *Maxim Gorki / Stefan Zweig: Briefwechsel.* Mit einem

Anhang. Übertragung: Irmgard Neugebauer (aus dem Russischen), Helga Hasselbach (aus dem Französischen). Zusammenstellung und Einleitung: Kurt Böttcher. Mit Anmerkungen. 1974 (F): 1.–3. Tsd.

996 [1] *Johannes Bobrowski: Gedichte 1952–1965.* Eine Auswahl in chronologischer Folge. Auswahl und Nachwort: Eberhard Haufe. Mit Namen- und Worterklärungen. 1974 (L): 1.–10. Tsd.

– [2] *Hugo von Hofmannsthal: Der Kaiser und die Hexe.* [Dramatische Dichtung.] Mit Zeichnungen [farbiger Doppeltitel und Vorsatz sowie 2 Initialen] von Heinrich Vogeler. Textdruck in Rot und Schwarz. [Reprint der 1900 im Insel-Verlag erschienenen Ausgabe – IK 765.] Nachwort: Rudolf Hirsch. 1974 (F): 1.–6. Tsd. – 1978 (F): 13. Tsd. – 1987 (F): 24. Tsd. – 1995: 26. Tsd. – 6 Auflagen

997 *Hugo Huppert: Quadrat im Rückspiegel.* Gedichte aus vierzig Jahren. 1974 (L): 1.–10. Tsd.

998 [1] *Henry Fielding: Das Tagebuch einer Reise nach Lissabon.* Mit einer Vorrede ›An den Leser‹, einem Vorwort und einer Einleitung des Verfassers. Mit 18 Vignetten [Federzeichnungen] von Horst Hussel. Übertragung und Worterklärungen: Erika Gröger. Nachwort: Karl Heinz Berger. 1974 (L): 1.–10. Tsd. – 1982 (L): 25. Tsd. – 2 Auflagen

– [2] *Das Kopfkissenbuch der Dame Sei Shonagon.* Mit 52 Vignetten [25 Motive] aus einer alten japanischen Gedichtsammlung. Freie Auswahl und Anordnung nach dem japanischen Original (um das Jahr 1000) sowie Nachwort: Helmut Bode. Nachbemerkung zu den Vignetten: Irmtraut Schaarschmidt-Richter. Mit Literaturnachweis. 1975 (F): 1.–4. Tsd. – 1983 (F): 10. Tsd. – 1986 (F): 14. Tsd. – 1990 (F): 16. Tsd. – 1997: 21. Tsd. – 2000: 23. Tsd. – 2004: 27. Tsd. – 2010: 31. Tsd. – 15 Auflagen – Seit 2012 unter IB 1357

999 [1] *James Baldwin: Sonnys Blues.* [Die unveräußerlichen Rechte. Heute morgen, heute abend, so bald. Rückkehr aus der Wüste. Des Menschen nackte Haut.] [5] Erzählungen. Übertragung aus dem Amerikanischen: Gisela Stege. Nachwort: Günter Gentsch. 1974 (L): 1.–15. Tsd.

– [2] *Hermann Hesse: Stunden im Garten. Der lahme Knabe.* Zwei Idyllen. Mit [47] Zeichnungen, [2] Aquarellen [1 doppelseitig] und Nachwort von Gunter Böhmer. Mit Wiedergabe eines handschriftlichen Widmungsgedichtes von Hesse. [Querformat.] 1976 (F): 1.–10. Tsd. – 1987 (F): 27. Tsd. – 1997: 34. Tsd. – 2000: 36. Tsd. – 2010: 39. Tsd. – 11 Aufl.

1000 [1] *Ich will wirken in dieser Zeit.* Druckgraphik in der DDR. 80 [zum Teil farbige] Bildtafeln. Auswahl und Nachwort: Volker Frank. Mit Abbildungsverzeichnis. 1974 (L): 1.–20. Tsd.

– [2] *›Das Tagebuch‹ Goethes und Rilkes ›Sieben Gedichte‹* erläutert von Siegfried Unseld. Mit einem Foto Rilkes von Hedwig Bernhard und 3 Faksimiles auf 9 Tafeln. Anmerkungen und Quellenverweis: Siegfried Unseld. Vorbemerkung ›Aus Anlaß des Bandes 1000 der Insel-Bücherei‹: Siegfried Unseld. 1978 (F): 1.–24. Tsd. – 1978: 46. Tsd. – 1990 (F): 47. Tsd. – 1999: 51. Tsd. – 2005: 52. Tsd. – 7 Auflagen

1001 [1] *Iwan [Sergejewitsch] Turgenjew: Asja.* [Erste Liebe. Faust.] Drei Erzählungen. Übertragung: Werner Creutziger und Herbert Wotte. 1975 (L): 1.–20. Tsd.

– [2] *Rainer Maria Rilke: Die Dame mit dem Einhorn.* Mit 12 [farbigen] Abbildungen der Teppiche ›La Dame à la Licorne‹. Nachwort: Egon Olessak. 1978 (F): 1.–6. Tsd. – 1985 (F): 15. Tsd. –1990 (F): 21. Tsd. – 1993: 24. Tsd. – 1997: 27. Tsd. – 2002: 30. Tsd. – 2011: 33. Tsd. – 11 Auflagen

1002 *Henrik Ibsen: Die Wildente.* Schauspiel in fünf Akten. Übertragung aus dem Norwegischen: Bernhard Schulze. 1975 (L): 1.–10. Tsd.

1003 [1] *Alberto Moravia: Römisches Journal.* [17] Erzählungen. Übertragung aus dem Italienischen: Percy Eckstein, Katarina Helmling und Wendla Lipsius. 1975 (L): 1.–20. Tsd.

– [2A] *Vergil: Bucolica.* Hirtengedichte. Lateinisch und deutsch. Mit [38] Holzschnitten von Aristide Maillol. Übertragung: Rudolf Alexander Schröder. 1978 (F): 1.–5. Tsd. – 1990 (F): 6. Tsd.

– [2B] –. Mit 41 [verkleinert reproduzierten] Holzschnitten. 1999: 13. Tsd. – 3 Auflagen

1004 [1] *Carson McCuller's Novelle ›Die Ballade vom traurigen Café‹ für die Bühne bearbeitet von Edward Albee.* Übertragung: Pinkas Braun. Nachwort: Klaus Köhler. 1975 (L): 1.–10. Tsd.

– [2] *Über die Kunst mit Vögeln zu jagen.* [40 farbige] Miniaturen aus einer Handschrift des Falken-Buches von Kaiser Friedrich II. Geleitwort und Erklärung der Abbildungen: Carl A. Willemsen. Mit Literaturhinweisen. [Querformat.] 1979 (F): 1.–7. Tsd. – 1986 (F): 10. Tsd. – 1988 (F): 14. Tsd. – 3 Auflagen

1005 [1] *Käthe Kollwitz: Blätter über den Bauernkrieg.* 31 [Abbildungen auf 32] Tafeln. Auswahl und Nachwort: Harri Nündel. Mit Tafelverzeichnis. 1975 (L): 1.–30. Tsd.

– [2] *Die Liebesbriefe der Babet.* In einer Übersetzung aus dem 18. Jahrhundert. Nachworte: Wilhelm Printz (zur Ausgabe 1908) und Katja Behrens (zur vorliegenden Neuausgabe). 1979 (F): 1.–3. Tsd. – 1980 (F): 5. Tsd. – 2 Auflagen

1006 [1] *Heinrich Böll: Die verlorene Ehre der Katharina Blum oder: Wie Gewalt entstehen und wohin sie führen kann.* Erzählung. 1975 (L): 1.–20. Tsd. – 1979 (L): 40. Tsd. – 2 Auflagen

– [2] *Edgar Allan Poe: Der Rabe.* Zweisprachige Ausgabe. [3 zweifarbige] Holzschnitte von d'Aragues. Übertragung: Hans Wollschläger. Mit dem Essay ›Die Methode der Komposition‹ von Poe in der Übertragung von Ursula Wernicke. Nachwort: E. Y. [eig. Peter] Meyer. Mit Quellenverweis. 1982 (F): 1.–5. Tsd. – 1985 (F): 7. Tsd. – 1989 (F): 9. Tsd. – 1992: 11. Tsd. – 1997: 22. Tsd. – 2000: 24. Tsd. – 2009: 35. Tsd. – 13 Auflagen – Seit 2012 unter IB 1363

1007 [1] *Günter Kunert: Kinobesuch.* [12] Geschichten. 1976 (L): 1.–15. Tsd.

– [2] *Karl Riha: Commedia dell'arte.* [Zur Geschichte und Erscheinung der Commedia dell'arte.] Mit den Figurinen Maurice Sands auf 16 farbigen Tafeln und mit 20 Abbildungen im Text. Mit Beschreibung der Tafeln, zwei Szenariumstexten, Literaturhinweisen und einer Nachbemerkung. 1980 (F): 1.–3. Tsd. – 1982 (F): 9. Tsd. – 1986 (F): 23. Tsd. – 1990 (F): 26. Tsd. – 1993: 29. Tsd. – 1999: 35. Tsd. – 2003: 37. Tsd. – 2008: 39. Tsd. – 12 Auflagen

1008 [1] *Fjodor [Wassiljewitsch] Gladkow: Das Birkenwäldchen.* [Novelle.] Übertragung aus dem Russischen: Larissa Robiné. Nachwort: Günter Warm. 1976 (L): 1.–10. Tsd.

– [2] *Polnische Liebesgedichte.* Mit [15] Zeichnungen von Pablo Picasso. Auswahl, Übertragung und Nachwort: Karl Dedecius. Mit Autorenverzeichnis. Druck in Rot und Schwarz. 1980 (F): 1.–3. Tsd. – 1984 (F): 8. Tsd. – 1988 (F): 9. Tsd. – 1992: 11. Tsd. – 1999: 14. Tsd. – 2002: 16. Tsd. – 8 Auflagen

1009 [1] *Erskine Caldwell: Beechum, der Candy-Man.* [14] Ausgewählte Kurzgeschichten. Übertragung aus dem Amerikanischen: Inge M. Artl, Joachim Marten und Elisabeth Schnack. Auswahl und Nachbemerkung: Günter Gentsch. 1976 (L): 1.–20. Tsd.

– [2] *Hafis: Liebesgedichte.* Mit 9 farbigen Miniaturen auf Tafeln. Übertragung und Nachwort: Cyrus Atabay. Mit Anmerkungen zu den Gedichten, Miniaturen und zu früheren Ausgaben. 1980 (F): 1.–4. Tsd. – 1993: 15. Tsd. – 1999: 19. Tsd. – 2001: 21. Tsd. – 2004: 25. Tsd. – 2009: 30. Tsd. – 13 Aufl.

1010 [1] *Fritz Cremer: Zeichnungen.* 48 [zum Teil farbige] Bildtafeln. Auswahl und Nachwort: Diether Schmidt. Mit Abbildungsverzeichnis. 1976 (L): 1.–20. Tsd.

– [2] *[Johann Wolfgang von] Goethe: Römische Elegien.* Reprint [statt Faksimile] der Handschrift. Transkription und Bemerkungen zu Überlieferung, Transkription und Lesarten: Hans-Georg Dewitz. Nachwort: Horst Rüdiger. Mit Quellenverweisen. 1980 (F): 1.–4. Tsd. – 1984 (F): 6. Tsd. – 1993: 9. Tsd. – 1998: 11. Tsd. – 2004: 12. Tsd. – 6 Auflagen

1011 [1] *Jorge Amado: Die drei Tode des Jochen Wasserbrüller.* Erzählung. Übertragung aus dem Portugiesischen: Curt Meyer-Clason. Mit Worterklärungen. 1976 (L) :1.–20. Tsd.

– [2] *Das bucklicht Männlein.* Ein altes Lied in Bild und Schrift gesetzt von Christoph Meckel. Mit 13 Radierungen von Christoph Meckel und mit Noten. Einleitung: Christoph Meckel. Mit einer Erinnerung ›Das bucklicht Männlein‹ von Walter Benjamin. 1981 (F): 1.–6. Tsd.

1012 [1] *Anatoli L[wowitsch] Kaplan: Variationen zu jiddischen Volksliedern.* 32 farbige Tafeln. Auswahl und Nachwort: Beate

Jahn-Zechendorff. Mit erläuterndem Abbildungsverzeichnis. 1976 (L): 1.–30. Tsd.

1012 [2] *Nestroy-Brevier.* Worte, Lieder, Szenen. Mit einem Porträt Nestroys als Frontispiz und mit 3 Abbildungen. Auswahl, Quellennachweise und Nachwort: Franz H. Mautner. 1981 (F): 1.–3. Tsd. – 1984 (F): 4. Tsd. – 2 Auflagen

1013 [1] *Miguel Angel Asturias: Don Niño oder Die Geographie der Träume.* [Roman.] Übertragung aus dem guatemaltekischen Spanisch: Anselm Maler. Nachwort: Ulrich Kunzmann. 1977 (L): 1.–20. Tsd.

– [2] *Goethes schönste Gedichte.* Auswahl und Nachwort: Jochen Schmidt. 1982 (F): 1.–4. Tsd. – 1985 (F): 10. Tsd. – 1990 (F): 14. Tsd. – 1992: 17. Tsd. – 1997: 25. Tsd. – 1999: 29. Tsd. – 2001: 31. Tsd. – 2009: 39. Tsd. – 15 Auflagen

1014 [1] *Miroslav Krleža: Beisetzung in Theresienburg.* Erzählung. Übertragung aus dem Serbokroatischen: Barbara Sparing. Mit einer biographischen Notiz. 1977 (L): 1.–20. Tsd.

– [2] *Johann Wolfgang Goethe: Iphigenie auf Tauris.* Prosa-Fassung [von 1781]. Mit einer aquarellierten Zeichnung Goethes. Nachwort, Bemerkungen zur Textgestaltung und Erläuterungen: Eberhard Haufe. 1982 (F): 1.–4. Tsd. – Siehe auch IB 670,2.

1015 [1] *Das Goldene Kloster zu Mandalay.* 40 Bildtafeln. Aufnahmen: Otto Esche. Nachwort sowie Wort- und Sacherklärungen: Annemarie Esche. Mit Grundriß und 2 Aufrissen des Klosters. Mit Tafelverzeichnis. 1977 (L): 1.–20. Tsd.

– [2] *Johann Wolfgang Goethe: Briefe an Auguste Gräfin zu Stolberg.* Mit einem farbigen Porträt Augustes von Jens Juel als Frontispiz und einer Zeichnung Goethes. Anhang mit Kommentar, Nachwort, editorischer Notiz und Literaturverzeichnis: Jürgen Behrens. 1983 (F): 1.–4. Tsd. – 1993: 6. Tsd. [Anhang bearbeitet.] – 2 Auflagen – Siehe auch IB 10

1016 *Hermann Hesse: Demian.* Die Geschichte von Emil Sinclairs Jugend. Nachwort: Klaus Pezold. 1977 (L): 1.–20. Tsd.

1017 *Sean O'Casey: Juno und der Pfau.* Eine Tragödie in drei Akten. Übertragung: Adolf Dresen und Maik Hamburger. 1977 (L): 1.–20. Tsd.

1018 [1] *Boleslav Prus* [d.i. Alexander Głowacki]*: Die Welle strömt zurück.* [Erzählung.] Mit 12 Zeichnungen von Tamara Ebert. Übertragung aus dem Polnischen: Johannes Jankowiak und Christa Schubert-Consbruch. Mit Nachbemerkung. 1977 (L): 1.–20. Tsd.

– [2] *Der Prophet Jona.* Nach Martin Luther. Titel in Holz geschnitten und 12 Radierungen in zweiter Farbe von Marcus Behmer. [Reprint der 1930 im Insel-Verlag erschienenen Ausgabe – IK 1269.] 1983 (F): 1.–3. Tsd. – 1983 (F): 5. Tsd. – 2 Auflagen

1019 [1] *Iwan Wasow: Die brennenden Garben.* [13] Ausgewählte Erzählungen. Übertragung aus dem Bulgarischen und Nachwort: Norbert Randow. Nachdichtungen (lyrischer Passagen): Uwe Grüning. Mit Anmerkungen, Worterklärungen und Namenverzeichnis. 1978 (L): 1.–15. Tsd.

– [2] *Das Buch Esther.* Übersetzt von Martin Luther. Doppeltitel und [10] Initialen von Friedrich Wilhelm Kleukens [nicht: und C. H. Kleukens]. Druck in Schwarz und Gold. [Reprint der Ausgabe der Ernst-Ludwig-Presse im Insel-Verlag, 1908 – IK 238.] 1983 (F): 1.–3. Tsd. – 1983 (F): 5. Tsd. – 2 Auflagen

1020 [1] *Albert Kapr: Johannes Gutenberg.* Tatsachen und Thesen. Mit 53 zum Teil farbigen Abbildungen [Frontispiz, 8 Abbildungen im Text und 44 im Tafelteil]. Farbaufnahmen: Wolfgang G. Schröter. Mit Anmerkungen, Literaturhinweisen und Abbildungsverzeichnis. 1977 (L): 1.–18. Tsd.

– [2] *Joachim Heinrich Campe: Bilder-Abeze.* Mit 23 Fabeln und [24] illuminierten Kupfern. Nachwort: Dietrich Leube. 1984 (F): 1.–4. Tsd. [= 2. Auflage; 1. Auflage nicht IB.]

1021 [1] *Iwan* [*Alexejewitsch*] *Bunin: Nächtliches Gespräch.* [12] Erzählungen aus den Jahren 1892 bis 1911. Übertragung aus dem Russischen: Larissa Robiné und Georg Schwarz. Auswahl und Nachwort: Gerhard Schaumann. 1978 (L): 1.–20. Tsd.

– [2] [*Rudolf Koch:*] *Das Zeichenbuch,* welches alle Arten von Zeichen enthält, wie sie gebraucht worden sind in den frühesten Zeiten, bei den Völkern des Altertums, im frühen

Christentum und im Mittelalter. Mit Hilfe von Freunden gesammelt, gezeichnet und erläutert von Rudolf Koch. Die Zeichen wurden von Fritz Kredel in Holz geschnitten. Bearbeitung des Abschnittes über die Runen: Friedrich von der Leyen. [Reprint der 1936 im Insel-Verlag erschienenen Ausgabe – IK 954.] Nachwort: Christian Scheffler. 1984 (F): 1.–3. Tsd. – 1985 (F): 5. Tsd. – 2 Auflagen

1022 [1] *William Somerset Maugham: Vor der Party.* [Regen. Der geschlossene Laden. Schein und Wirklichkeit. Louise. Die Mutter. Episode.] [7] Ausgewählte Erzählungen. Übertragung: Ilse Krämer, Helene Mayer, Kurt Wagenseil und Mimi Zoff. Nachwort: Helmut Findeisen. 1978 (L): 1.–20. Tsd.

– [2] *Das Silhouetten-Kabinett.* [102] Scherenschnitte und Schattenbilder aus zwei Jahrhunderten. Mit Titelvignette und 5 Abbildungen im Nachwort. Auswahl, Bilderläuterungen und Nachwort ›Lob einer Kleinkunst‹: Wilfried F. Schoeller. 1985 (F): 1.–3. Tsd. – 1987 (F): 4. Tsd. – 2 Auflagen

1023 [1] *Isaac Bashevis Singer: Der Spinoza von der Marktstraße.* [Die kleinen Schuhmacher. Kurzer Freitag. Taibele und ihr Dämon. Blut. Gimpel der Narr. Als Schlemihl nach Warschau ging.] [7] Ausgewählte Erzählungen. Übertragung aus dem Amerikanischen: Wolfgang von Einsiedel und Rolf Inhauser. Nachwort: Utz Riese. 1982 (L): 1.–15. Tsd.

– [2] *Sprüche der Spartaner.* Mit Kopfleisten und 12 Vignetten [Nach antiken Vasen- und Münzbildern]. Auswahl, Übertragung, Vorbemerkung und Erläuterungen: Manfred Clauss. Mit Personen- und Ortsverzeichnis. 1985 (F): 1.–3. Tsd.

1024 [1] *Maxim Gorki: Jakow Bogomolow.* (Paradies auf Erden.) Drama. Übertragung aus dem Russischen und Fassung der Schlußszene: Wolf Müller. Nachwort: Günter Warm. 1978 (L): 1.–15. Tsd.

– [2] *Qin.* Die klassische chinesische Griffbrettzither und ihre Musik in Geschichte, Geschichten und Gedichten. Mit einer Farbtafel als Frontispiz und 25 Abbildungen [davon 4 Farbtafeln]. Auswahl und Zusammenstellung, Übertragung aus dem Chinesischen, Anmerkungen und Abbildungsverzeichnis: Manfred Dahmer. Mit Noten. 1985 (F): 1.–3. Tsd.

1025 [1] *Otto Dix: Graphik aus fünf Jahrzehnten.* 48 [zum Teil farbige] Bildtafeln. Auswahl und Nachwort: Fritz Löffler. Mit Tafelverzeichnis. 1978 (L): 1.–30. Tsd. – 1984 (L): 50. Tsd. – 2 Auflagen

– [2] *Wolfgang Hildesheimer: Der ferne Bach.* Eine Rede [zur Eröffnung des Internationalen Musikfestes Stuttgart 1985]. Mit 6 Abbildungen auf Tafeln. Als Anhang zwei Briefe Bachs und ein Kantatentext. 1985 (F): 1.–5. Tsd. – 1986 (F): 14. Tsd. – 1994: 16. Tsd. – 2000: 19. Tsd. – 2010: 21. Tsd. – 8 Auflagen

1026 [1] *Bildhauerzeichnungen von 15 Künstlern der DDR.* 48 Bildtafeln. Auswahl und Nachwort: Hans Liebau. Mit Abbildungsverzeichnis. 1979 (L): 1.–20. Tsd.

– [2] *Hannelore Schlaffer: Die Scherenschnitte der Luise Duttenhofer.* Mit 1 Zeichnung, 37 Scherenschnitten und 2 Scherenschnitt-Vignetten. Mit Anmerkungen und Abbildungsnachweisen. 1986 (F): 1.–4. Tsd.

1027 [1] *Meroitische Kleinkunst.* 32 farbige Tafeln. Auswahl, Nachwort und erläuterndes Abbildungsverzeichnis: Steffen Wenig. 1978 (L): 1.–30. Tsd. – 1986 (L): 55. Tsd. – 2 Auflagen

– [2] [25] *Deutsche Weihnachtslieder.* Zweistimmig gesetzt von Helmut Walcha. [Titelzeichnung und 16] Vignetten von Willi Harwerth. Notenschrift und Satzgestaltung: Paul Koch. Druck in zwei Farben. [1.–213. Tsd. vgl. IK 379.] – 1986 (F): 1.–10. Tsd. – 1991: 12. Tsd. – 1998: 19. Tsd. – 2001: 21. Tsd. – 2007: 26. Tsd. – 9 Auflagen

1028 [1] *Joseph Roth: Die Rebellion.* Ein Roman. Nachwort »Joseph Roths ›Rebellion‹« und Anmerkungen zum Text: Hubert Witt. 1979 (L): 1.–20. Tsd.

– [2] *Johann Wolfgang Goethe: Alle Freuden, die unendlichen.* [26] Liebesgedichte und Interpretationen. Mit einem Bildnis Goethes nach einer Kreidezeichnung von Johann Heinrich Lips (1791) als Frontispiz. Auswahl und Nachbemerkung: Marcel Reich-Ranicki. Mit biographischen Angaben zu den Interpreten und mit bibliographischen Hinweisen. 1987 (F): 1.–8. Tsd. – 1989 (F): 10. Tsd. – 1995: 14. Tsd. – 1998: 16. Tsd. – 2000: 18. Tsd. – 2005: 19. Tsd. – 7 Auflagen

1029 [1] *Gabriel García Márquez: Laubsturm.* Roman. Übertragung aus dem Spanischen: Curt Meyer-Clason. Nachbemerkung: Eberhard Wesemann. 1978 (L): 1.–20. Tsd.

– [2] *Heinrich von Kleist: Prinz Friedrich von Homburg.* Ein Schauspiel. Mit [55] Lithographien von Karl Walser [nach der Ausgabe im Verlag Bruno Cassirer, Berlin 1916]. Nachwort: Hans Mayer. 1987 (F): 1.–8. Tsd.

1030 [1] *Hans Theo Richter: Zeichnungen.* 48 teils farbige Bildtafeln. Auswahl und Nachwort: Fritz Löffler. Mit Abbildungsverzeichnis. 1979 (L): 1.–20. Tsd. – 1982 (L): 40. Tsd. [Farbtafeln nach den Originalen reproduziert.] – 2 Auflagen

– [2] *Heinrich Heine: Der Doktor Faust.* Ein Tanzpoem, nebst kuriosen Berichten über Teufel, Hexen und Dichtkunst. 1847. Mit den einleitenden Bemerkungen und den Erläuterungen des Autors. Mit [6 farbigen] Zeichnungen [davon 5 doppelseitig sowie 3 farbigen Vignetten und 7 Initialen] von József Divéky [nach der Ausgabe im Verlag Morawe & Scheffelt, Berlin 1912]. 1987 (F): 1.–8. Tsd. – 1999: 14. Tsd. – 3 Auflagen

1031 [1] *Veränderte Landschaft.* Gedichte. Auswahl und Nachwort: Wulf Kirsten. Mit Quellenverzeichnis. 1979 (L): 1.–10. Tsd.

– [2] *Honoré de Balzac: Das unbekannte Meisterwerk.* Mit Illustrationen [20 Zeichnungen und 13 Radierungen] von Pablo Picasso [und 63 Holzschnitten von Georges Aubert nach Tuschezeichnungen von Picasso]. Übertragung: Herma Goeppert-Frank. Nachwort: Sebastian Goeppert und Herma Goeppert-Frank. 1987 (F): 1.–8. Tsd. – 1992: 20. Tsd. – 1997: 25. Tsd. – 1999: 31. Tsd. – 2001: 33. Tsd. – 2009: 41. Tsd. – 14 Auflagen – Seit 2012 unter IB 1359

1032 [1] *Römische Funde zwischen Thüringer Wald und Ostsee.* 32 farbige Tafeln. Aufnahmen: Wolfgang G. Schröter. Mit einer Karte der Fundorte. Auswahl, Nachwort und erläuterndes Abbildungsverzeichnis: Rudolf Laser. 1979 (L): 1.–20. Tsd.

– [2] *St. Brandans wundersame Seefahrt.* Mit einer farbigen Illustration aus der Heidelberger Brandan-Handschrift als Frontispiz. Übertragung aus dem Mittelhochdeutschen und Nachwort: Gerhard E. Sollbach. 1987 (F): 1.–8. Tsd.

1033 [1] *Leonid [Nikolajewitsch] Andrejew: Das Leben des Menschen.* Ein Spiel in fünf Bildern. Übertragung: August Scholz. Mit einem Essay ›Dem Gedächtnis Leonid Andrejews‹ von Alexander Blok in der Übertragung von Ingeborg Schröder. Mit Noten. 1979 (L): 1.–10. Tsd.

– [2] *Präciosa's Orakelsprüche in sechsunddreißig* [farbigen] *Rätselbildern.* Mit Anleitungen zum Kartenspiel und der Auflösung der Rätselbilder. Nachwort: Karl Riha. 1987 (F): 1.–8. Tsd. – 1993: 11. Tsd. – 2 Auflagen

1034 [1] *Rafael Alberti: Sobre los ángeles / Von den Engeln.* Gedichte. Spanisch und deutsch. Übertragung: Erich Arendt. 1980 (L): 1.–10. Tsd.

– [2] *Friedrich der Große: Das Buch Blaubart.* Eine Satire. Mit den Blaubartmärchen von Charles Perrault [1697] und den Brüdern Grimm [1812]. Mit 12 kolorierten Holzstichen der Ausgabe ›La Barbe-Bleue. Conte de Perrault, orné de 12 gravures‹ (Épinal), mit einer Friedrich II. darstellenden Zeichnung von Arno von Riesen als Frontispiz sowie mit der Wiedergabe des Titelblattes der Erstausgabe der ›Commentaires‹ (1799, Köln). Auswahl, Vorbemerkung, Nachwort ›Der König als Satiriker‹, Wort- und Sacherklärungen zum Buch Blaubart sowie Anmerkungen und Bibliographie: Hartwig Suhrbier. Mit Text- und Bildnachweisen. 1987 (F): 1.–10. Tsd.

1035 [1] *Aldous Huxley: Das Genie und die Göttin.* Roman. Übertragung aus dem Englischen: Herberth E. Herlitschka. Nachwort: Bernhard Scheller. 1984 (L): 1.–15. Tsd.

– [2] *Thomas Bernhard: In hora mortis.* [Lyrischer Zyklus.] 1987 (F): 1.–5. Tsd. – 1989 (F): 7. Tsd. – 1999: 11. Tsd. – 2003: 12. Tsd. – 5 Auflagen

1036 [1] *Truman Capote: Baum der Nacht.* [13] Skizzen und Stories. Übertragung: Hansi Bochow-Blüthgen, Liselotte Fassbinder, Ingeborg Müller, Helen Ryhenstroth und Marguerite Schlüter. Auswahl und Nachwort: Günter Gentsch. 1980 (L): 1.–20. Tsd.

– [2] *Von dem Machandelboom.* Ein Märchen nach Philipp Otto Runge. Mit 2 [farbigen] Bildern von Anita Albus [auf Tafeln]. Mit einer [hochdeutschen] Nacherzählung und einem Nachwort von Wolfgang Koeppen. 1987 (F): 1.–8. Tsd.

1037 [1] *Ingeborg Bachmann: Die Gedichte.* Nachwort: Vera Hauschild. 1980 (L): 1.–15. Tsd.

– [2] *Anita Albus: Eia popeia et cetera.* Eine Sammlung alter Wiegenlieder aus dem Volk. Mit Doppeltitel und 7 farbigen Bildern von Anita Albus. Auswahl, Zusammenstellung und Nachwort: Anita Albus auf Tafeln. Musikalische Bearbeitung: Friedrich Kur. [Nach der 1978 im Insel Verlag (F) in 999 Exemplaren erschienenen Ausgabe.] Mit Noten. Text in Rot und Schwarz. – 1987 (F): 1.–12. Tsd.

1038 [1] *Japanische Netsuke.* 32 farbige Tafeln. Aufnahmen: Karin Wieckhorst. Auswahl, Nachwort und erläuterndes Tafelverzeichnis: Karla Bilang. 1980 (L): 1.–25. Tsd.

– [2] [8] *Schwanenmärchen.* Mit Frontispiz, 6 Vignetten und einer Kopfleiste von Walter Crane. Auswahl und Nachwort: Klaus Bertisch. Mit Quellennachweisen. 1987 (F): 1.–10. Tsd.

1039 [1] *Doris Lessing: Hunger.* Erzählung. Übertragung aus dem Englischen: Lore Krüger. Nachwort: Elke Steenbeck. 1984 (L): 1.–15. Tsd.

– [2] *Tibetische Lieder.* Mit [28, 1 wiederholt] Zeichnungen und einer Kopfleiste von Wangdjal. Gesammelt, übertragen und erläutert von Margret Causemann. Mit Porträts einiger Sänger und -innen. 1987 (F): 1.–8. Tsd.

1040 [1] *Afrikanische Goldgewichte.* 32 farbige Tafeln. Aufnahmen: Karin Wieckhorst. Auswahl, Nachwort und erläuterndes Tafelverzeichnis: Peter Göbel. 1980 (L): 1.–25. Tsd.

– [2] *Joseph von Eichendorff: Wanderlieder.* [Nach der ›Neuen Gesamtausgabe der Werke und Schriften‹, Stuttgart 1957.] Mit [6 farbigen] Bildern von Almut Gernhardt. Vorwort: Karl Krolow. 1987 (F): 1.–4. Tsd.

1041 [1] *Wladimir [Wladimirowitsch] Majakowski: Ein Tropfen Teer.* [3] Reden und [6] Aufsätze. Mit 4 Zeichnungen von Alexander Tyschler [auf Tafeln]. Übertragung aus dem Russischen: Hugo Huppert. Auswahl: Marga Erb. Anmerkungen: Leonhard Kossuth. 1980 (L): 1.–10. Tsd.

– [2] *Es kommt ein Schiff.* [24] Gedichte und [12] Bilder [auf Tafeln] zu Weihnachten. Auswahl: Gottfried Natalis. Mit Quellen- und Bildverzeichnis. 1987 (F): 1.–8. Tsd. – 1994: 20. Tsd. – 1999: 31. Tsd. – 2006: 37. Tsd. – 12 Auflagen

1042 *Hermann Hesse: Traumfährte.* [12] Neue Erzählungen und Märchen. Nachwort: Klaus Pezold. 1981 (L): 1.–20. Tsd.

1043 *Boris [Andrejewitsch] Pilnjak: Eisgang.* [7] Erzählungen. Übertragung aus dem Russischen: Hans Joachim Brandstäter, Marga Erb, Larissa Robiné und Franz Carl Weiskopf. Mit einem Essay von B. Pilnjak (Übersetzung: Waltraut und Wolfram Schroeder.) Auswahl und Nachwort: Marga Erb. Mit Literatur- und Quellenangaben. 1981 (L): 1.–15. Tsd.

1044 *Rajzel Zychlinski: Vogelbrot.* Gedichte aus fünf Jahrzehnten. Auswahl, Übertragung aus dem Jiddischen und Nachbemerkung: Hubert Witt. 1981 (L): 1.–10. Tsd.

1045 *Antike Kameen.* 32 farbige Tafeln. Aufnahmen: I. D. Nikolajew. Auswahl und Nachwort: Oleg Newerow. Übertragung des Nachwortes: Gerd Phillip und Sergej Daniltschenko. Mit Abbildungsverzeichnis. 1981 (L): 1.–25. Tsd. – 1985 (L): 45. Tsd. – 2 Auflagen

1046 *Heinrich Böll: Das Vermächtnis.* Erzählung. 1984 (L): 1.–20. Tsd.

1047 *George Bacovia: Pfahlbauten.* Gedichte. Auswahl, Nachdichtung aus dem Rumänischen und Nachbemerkung: Roland Erb. Mit Anmerkungen und einer Biographie Bacovias. 1985 (L): 1.–15. Tsd.

1048 *Harold Pinter: Der stumme Diener.* [Teegesellschaft. Alte Zeiten.] [3] Ausgewählte Dramen. Übertragung aus dem Englischen: Renate und Martin Esslin, Willy H. Thiem. Auswahl und Nachwort: Klaus Köhler. 1981 (L): 1.–15. Tsd.

1049 *Michail A[lexejewitsch] Kusmin: Die grüne Nachtigall.* [11] Erzählungen. Übertragung aus dem Russischen: Alexander Eliasberg. Mit einer biographischen Notiz. 1982 (L): 1.–15. Tsd.

1050 *Heidi Manthey: Fayencen.* 32 farbige Tafeln. Aufnahmen: Bernd Kuhnert. Nachwort: Eckart Krumbholz. Mit Abbildungsverzeichnis. 1983 (L): 1.–25. Tsd.

1051 *Paul Valéry: Album alter Verse.* Die frühen Gedichte. Französisch und deutsch. Nachdichtung: Peter Schwanz. Nachwort: Helmut Melzer. 1983 (L): 1.–10. Tsd.

1052 *James Joyce: Kammermusik.* Gesammelte Gedichte. Englisch und deutsch. Frontispiz nach 2 Porträtzeichnungen von Constantin Brancusi. Übertragung und Anmerkungen: Hans Wollschläger. Nachwort: Wolfgang Wicht. Schlußbemerkung: Klaus Reichert, Fritz Senn. 1982 (L): 1.–10. Tsd.

1053 *Frank Wedekind: Marianne und* [5] *andere Erzählungen.* [Der Brand von Egliswyl. Rabbi Esra. Das Opferlamm. Die Schutzimpfung. Flirt.] Mit Quellennotiz. 1982 (L): 1.–20. Tsd.

1054 *Christian Morgenstern: Der Walfafisch oder Das Überwasser.* Editorische Notiz [des Verlags]. 1982 (L): 1.–15. Tsd.

1055 *Die Bildwerke des Meisters H. W.* (Hans Witten ?). 24 teils farbige Bildtafeln. Aufnahmen: Klaus G. Beyer u. a. Auswahl, Nachwort und Bilderläuterungen: Michael Stuhr. Mit Tafelverzeichnis. 1985 (L): 1.–25. Tsd.

1056 *Georg Büchner: Woyzeck.* Nach den Handschriften neu hergestellt und kommentiert von Henri Poschmann. Mit einem Essay ›Probleme der Woyzeck-Edition‹ und mit Übersichten von Henri Poschmann. 1984 (L): 1.–15. Tsd. [Mit Korrekturzettel.] – Siehe auch IB 92, 799 und 1260

1057 [*Robert Walser:*] *Fritz Kocher's Aufsätze.* [Der Commis. Ein Maler. Der Wald.] Mitgeteilt von Robert Walser. Mit gezeichnetem Doppeltitel, 11 Zeichnungen und Kapitelüberschriften von Karl Walser [nach der 1904 im Insel-Verlag erschienenen Erstausgabe – IK 1872.]. Nachwort: Ilona Siegel. 1983 (L): 1.–15. Tsd. – Siehe auch IB 1118

1058 *Dylan Thomas: Porträt des Künstlers als junger Dachs.* [10 Erzählungen.] Mit 10 Zeichnungen von Johannes Karl Gotthard Niedlich. Übertragung aus dem Englischen: Friedrich Polakovics. Nachwort: Bernhard Scheller. 1983 (L): 1.–15. Tsd.

1059 *Saul Bellow: Eine silberne Schale.* Erzählung. Übertragung aus dem Amerikanischen: Walter Hasenclever. Nachwort: Utz Riese. 1983 (L): 1.–15. Tsd.

1060 *Peter Paul Rubens: Zeichnungen.* 25 [zum Teil farbige Bilder auf 28] Bildtafeln. Aufnahmen: Wladimir Terepenin. Auswahl, Nachwort und Bilderläuterungen: Juri Kusnezow. Übersetzung: Gertrud Heider. Mit erläuterndem Tafelverzeichnis. 1984 (L): 1.–25. Tsd.

1061 *Jean Giraudoux: Der Trojanische Krieg wird nicht stattfinden.* Stück in zwei Akten. Übertragung aus dem Französischen: Annette Kolb. Nachwort: Manfred Naumann. Mit Literaturangaben. 1984 (L): 1.–15. Tsd.

1062 *Martin Walser: In Goethes Hand.* Szenen aus dem 19. Jahrhundert. 1985 (L): 1.–15. Tsd.

1063 *Walter Jens: Der Untergang.* Nach den Troerinnen des Euripides. [Drama.] 1985 (L): 1.–15. Tsd.

1064 *Brendan Behan: Der Mann von morgen früh.* Drama. Mit einem ›Autobiographischen Stenogramm‹. Deutsche Bearbeitung des Dramas und Übersetzung des ›Autobiographischen Stenogramms‹: Annemarie und Heinrich Böll. Nachwort: Bernhard Scheller. 1985 (L): 1.–15. Tsd.

1065 *André Breton: Nadja.* Übertragung aus dem Französischen: Max Hölzer. Nachwort: Helmut Melzer. Mit Anmerkungen. 1985 (L): 1.–15. Tsd.

1066 *Elias Canetti: Die Stimmen von Marrakesch.* Aufzeichnungen nach einer Reise. 1987 (L): 1.–15. Tsd.

1067 *Jewgeni [Iwanowitsch] Samjatin: Wie der Mönch Erasmus geheilt ward.* [Russisch (Reprint der Erstausgabe 1922) und deutsch.] Mit Titelzeichnung, 40 Zeichnungen sowie Kopf- und Fußleisten (3 Motive) von Boris [Michailowitsch] Kustodijew und mit dem Essay ›Begegnungen mit B. M. Kustodijew‹ von Jewgeni Samjatin. Übertragung: Andreas Pham. 1986 (L): 1.–15. Tsd.

1068 *Ágnes Nemes Nagy: Dennoch schauen.* Gedichte. Auswahl und Übersetzung aus dem Ungarischen: Paul Kárpati. Nachdichtung und Vorwort: Franz Fühmann. Mit Beiträgen von Franz Fühmann, Paul Kárpati und Ágnes Nemes Nagy im Anhang. 1986 (L): 1.–15. Tsd.

1069 *Gertrude Stein: Picasso.* Erinnerungen. Mit einer Graphik Pablo Picassos als Frontispiz. Übertragung nach der englischen

Version: Ursula von Wiese. Nachwort: Utz Riese. 1986 (L): 1.–15. Tsd.

1070 *Vladimir Komárek: Graphik.* 24 zum Teil farbige Tafeln. Herausgegeben und Nachwort von Ludvík Kundera. Übertragung des Nachwortes aus dem Tschechischen: Eckhard Thiele. Mit einer Vita Komáreks und mit Tafelverzeichnis. 1987 (L): 1.–25. Tsd.

1071 *Die Geschichte von Aucassin und Nicolette.* Mit 16 kolorierten Holzschnitten und mit Musiknoten von Fritz Kredel. Übertragung: Paul Hansmann. [Reprint der 1956 im Insel-Verlag (L) erschienenen, von Martin Schauer kolorierten Vorzugsausgabe von IB 14 – IK 519A.] Nachwort: Wolfgang Lange. 1986 (L): 1.–25. Tsd. – 1987 (F): 36. Tsd. [2. statt 1. Auflage.] – 2 Auflagen

1072 [1A] *Heinrich Vogeler: Dir.* Gedichte [vom Autor handgeschrieben]. Mit Vortitel, Titel, Rahmen und [28] zum Teil kolorierten Vignetten von Heinrich Vogeler. [Reprint eines vom Künstler kolorierten Exemplars des 1899 im Insel-Verlag erschienenen Buches – IK 1842, VA.] Nachwort: Vera Hauschild. 1986 (L): 1.–25. Tsd.

– [1B] – . Nachwort (aus IB 981), neu durchgesehen und durch einen Nachtrag ergänzt: Heinrich Wiegand Petzet. 1987 (F): 1.–12. Tsd. – 1990 (F): 16. Tsd. – 1999: 24. Tsd. – 2001: 26. Tsd. – 2008: 29. Tsd. – 8 Auflagen – Siehe auch IB 981

1073 *Jean Paul: Des Luftschiffers Giannozzo Seebuch.* Almanach für Matrosen wie sie sein sollten. Mit [16 kolorierten] Zeichnungen von Emil Preetorius. [Reprint der Vorzugsausgabe, Insel-Verlag, 1912 – IK 837, VA.] Nachwort: Evi Rietzschel. 1986 (L): 1.–25. Tsd. – 1987 (F): 34. Tsd. [2. statt 1. Auflage.] – 2 Auflagen – Siehe auch IB 434,2 und 1291

1074 *Otto Julius Bierbaum: Gugeline.* Ein Bühnenspiel in fünf Aufzügen. Mit Buchschmuck [Titel- und Schlußzeichnung sowie Vignetten] von Emil Rudolf Weiß. Herausgegeben von Alfred Walter Heymel. [Reprint der 1899 erschienenen ersten Buchveröffentlichung der ›Insel‹ im Verlag Schuster & Loeffler in Berlin – IK 167.] Nachwort: Vera Hauschild. 1986 (L): 1.–25. Tsd.

1075 [1A] *Von dem Fischer un syner Fru.* Ein märchen nach Philipp Otto Runge mit sieben bildern [nach Radierungen] von Marcus Behmer. Textsatz von Marcus Behmer. [Reprint der Erstauflage von IB 315,1A (1920) mit vom Künstler kolorierten Radierungen.] Nachwort: Beate Jahn. 1986 (L): 1.–25. Tsd.

– [1B] –. Mit einer [hochdeutschen] Nacherzählung des Märchens und einem Nachwort von Uwe Johnson. 1987 (F): 1.–10. Tsd. – 1988: 13. Tsd. – 2005: 14. Tsd. – 2011: 17. Tsd. – 5 Auflagen

1076 [1] *Cesare Pavese: Junger Mond.* Roman. Übertragung aus dem Italienischen: Charlotte Birnbaum. 1986 (L): 1.–15. Tsd.

– [2] *Theo Stemmler: Vom Jeu de paume zum Tennis.* Eine Kurzgeschichte des Tennisspiels. Mit 32 Abbildungen im Text und 8 auf Farbtafeln. Mit Bibliographie, Glossarium und Bildnachweisen. 1988 (F): 1.–5. Tsd. – 1988 (F): 8. Tsd. [U. d. T. *Kleine Geschichte des Tennisspiels.*] – 1995: 10. Tsd. – 3 Auflagen

1077 [1] *Aubrey Beardsley: Zeichnungen.* 32 Bildtafeln. Mit einem Anhang von Briefen Beardsleys (Übertragung aus dem Englischen: Karl Heinz Berger.) Auswahl, Nachwort zu den Zeichnungen und Anmerkungen zu den Briefen: Ursula Horn. Mit Abbildungsverzeichnis. 1987 (L): 1.–15. Tsd.

– [2] *Eliza Orzeszkowa: Blumenhochzeit.* Ein Märchen. Mit [5 farbigen] Zeichnungen [und 8 farbigen Vignetten] von Rebecca Berlinger. Übertragung: B. Rogatyn und Karl Dedecius. Nachwort: Karl Dedecius. 1988 (F): 1.–4. Tsd. – 1988 (F): 6. Tsd. – 2 Auflagen

1078 [1] *Heinrich Böll: Die schwarzen Schafe.* [Erzählung.] Mit [10] Illustrationen [und mit Schmuckleisten] von Wiltraut Jasper. 1988 (F): 1.–5. Tsd. – 1995: 8. Tsd. – 1999: 10. Tsd. – 4 Auflagen

– [2] *Marina [Iwanowna] Zwetajewa: Irdische Zeichen.* [Tagebuchnotizen.] Übertragung aus dem Russischen: Marga Erb und Ruth Malez. Nachdichtungen: Roland Erb. Nachwort: Ingrid Schäfer. Mit Quellenverweisen. 1990 (L): 1.–15. Tsd.

1079 *Johannes R[obert] Becher: Wiedergeburt.* Buch der Sonette. Mit Auszügen aus dem Briefwechsel zwischen Anton und Katharina Kippenberg und Johannes R. Becher. Auswahl: Rolf Harder und Ilse Siebert. 1987 (L): 1.–15. Tsd. – Siehe auch IK 114

1080 *Altägyptische Götterfiguren.* 24 farbige Bildtafeln. Aufnahmen: Horst Etzoldt. Auswahl und Nachwort: Renate Krauspe. Mit Zeittafel und erläuterndem Tafelverzeichnis. 1986 (L): 1.–25. Tsd.

1081 *Martin Gregor-Dellin: Schlabrendorf oder Die Republik.* [Roman.] Mit einer Nachbemerkung. 1987 (L): 1.–15. Tsd.

1082 *Peter Rühmkorf: Kleine Fleckenkunde.* Mit 67 zum Teil doppelseitigen ›Kleksographien‹ von Peter Rühmkorf. Nachbemerkung: Klaus Pankow. 1988 (L): 1.–15. Tsd.

1083 *Donald Barthelme: Am Ende des mechanischen Zeitalters.* Ausgewählte Prosa [11 Texte]. Auswahl und Nachwort: Eva Manske. Übertragung: Übersetzergruppe am Englischen Institut der Universität München (Endredaktion Christian Enzensberger) sowie Marianne Frisch, Hanna und Adolf Muschg und Christoph Sorger. Mit Anmerkungen. 1989 (L): 1.–14. Tsd.

1084 *Lob des Steinquells.* Klassische koreanische Lyrik. Übersetzung aus dem Sino-Koreanischen, Nachdichtung, Auswahl und Geleitwort: Ernst Schwarz. Mit einer Zeittafel der koreanischen Dynastien. [Nach der Ausgabe des Gustav Kiepenheuer Verlages, Weimar, 1973.] 1988 (L): 1.–14. Tsd.

1085 *Alexander Olbricht: Zeichnungen.* 24 farbige Abbildungen. Auswahl und Nachwort: Walter Hertzsch. Mit Abbildungsverzeichnis. 1988 (L): 1.–25. Tsd. – 1989: 26.–50. Tsd. – 2 Auflagen

1086 *Frans Masereel: Holzschnitte gegen den Krieg.* 32 Bildtafeln. Nachwort: Gudrun Schmidt. Mit Abbildungsverzeichnis. 1989 (L): 1.–24. Tsd.

1087 *Wladimir [Galaktionowitsch] Korolenko: Der blinde Musiker.* Eine Studie. Mit [21] Zeichnungen [und 19 Vignetten] von Arnd Schultheiß. Übertragung aus dem Russischen: Günter Dalitz. 1991: 1.–5. Tsd.

EDGAR ALLAN POE

Phantastische Erzählungen

MIT ZEICHNUNGEN VON
HANS FRONIUS

IM INSEL-VERLAG

IB 129 Poe · Fronius

Der Jäger.

Ich bin meines Herrn Jäger worn/
Mit mein Hunden vnd Jägerhorn
Ich Bern vnd wild Schwein hetz/
Die Stich ich denn in meinem Netz/
Rehe/Hirschen/Füchß/Wölff vñ Haßn
Müssen die Heut hinder jn laßn/
Den ich nachspür/Wäld/Berg vñ Thal
Fell jr ein jar ein grosse zal.

38

Der Koch.

Ich bin ein Koch/für erbar Gest
Kan ich wol kochen auff das best/
Reiß/Pfeffer/ander gut Gemüß/
Vögel/Fisch/Sültzen/reß vnd süß/
Für den Bauren vnd Handwercksmann/
Hirß/Gersten/Linsen/Erbeiß vnd Bon/
Rotseck/Würst/Suppen/Rübn vñ Kraut
Darmit sie auch füllen jr Haut.

39

IB 133 Amman

16 17

IB 219 Rössing

Robert Louis Stevenson

VILLON

Im Insel-Verlag
1965

IB 234 Stevenson · Klemke

SALOME. Du wirst das für mich tun, Narraboth, und morgen, wenn ich in meiner Sänfte an dem Torweg, wo die Götzenbildhändler stehen, vorbeikomme, werde ich eine kleine Blume für dich fallen lassen, ein kleines grünes Blümchen.

DER JUNGE SYRIER. Prinzessin, ich kann nicht, ich kann nicht.

SALOME *lächelnd.* Du wirst das für mich tun, Narraboth. Du weißt, daß du das für mich tun wirst. Und morgen früh, wenn ich in meiner Sänfte an der Brücke vorbeikomme, wo man Götzenbilder kauft, werde ich unter den Musselinschleiern dir einen Blick zuwerfen, Narraboth, ich werde dich ansehn, kann sein, ich werde dir zulächeln. Sieh mich an, Narraboth, sieh mich an. Ah! wie gut du weißt, daß du tun wirst, um was ich dich bitte! Wie du es weißt ... Ich weiß, du wirst das tun.

DER JUNGE SYRIER *gibt dem dritten Soldaten ein Zeichen.* Laß den Propheten herauskommen ... Die Prinzessin Salome wünscht ihn zu sehen.

SALOME. Ah!

DER PAGE DER HERODIAS. Oh, wie seltsam der Mond aussieht! Wie die Hand einer toten Frau, die das Laken über sich ziehen will.

DER JUNGE SYRIER. Ja, sehr seltsam! Wie eine kleine Prinzessin, mit Augen wie Bernsteinaugen. Durch die Wolken von Musselin lächelt das Gesicht hervor wie eine kleine Prinzessin. *Der Prophet kommt aus der Zisterne. Salome sieht ihn an und weicht langsam zurück.*

JOCHANAAN. Wo ist er, dessen Sündenbecher jetzt voll ist? Wo ist er, der eines Tages im Angesichte alles Volkes in einem Silbermantel sterben wird? Heißt ihn herkommen, auf daß er die Stimme dessen höre, der in den Wüsten und in den Häusern der Könige gekündet hat.

16

IB 247 Wilde · Beardsley

und überall als seine rechte Hand galt; denn obgleich dessen Körperkräfte noch nicht ihr volles Maß erreicht hatten, kam ihm doch nicht leicht jemand an Ausdauer gleich. Margret hatte bisher ihren Sohn nur geliebt, jetzt fing sie an, stolz auf ihn zu werden und sogar eine Art Hochachtung vor ihm zu fühlen, da sie den jungen Menschen so ganz ohne ihr Zutun sich entwickeln sah, sogar ohne ihren Rat, den sie, wie die meisten Menschen, für unschätzbar hielt, und deshalb die Fähigkeiten nicht hoch genug anzuschlagen wußte, die eines so kostbaren Förderungsmittels entbehren konnten.

In seinem achtzehnten Jahre hatte Friedrich sich bereits einen bedeutenden Ruf in der jungen Dorfwelt gesichert durch den Ausgang einer Wette, infolge deren er einen erlegten Eber über zwei Meilen weit auf seinem Rücken trug, ohne abzusetzen. Indessen war der Mitgenuß des Ruhms auch so ziemlich der einzige Vorteil, den Margret aus diesen günstigen Umständen zog, da Friedrich immer mehr auf sein Äußeres verwandte und allmählich anfing, es schwer zu verdauen, wenn Geldmangel ihn zwang, irgend jemand im Dorf darin nachzustehen. Zudem waren alle seine Kräfte auf den auswärtigen Erwerb gerichtet; zu Hause schien ihm, ganz im Widerspiel mit seinem sonstigen Rufe, jede anhaltende Beschäftigung lästig, und er unterzog sich lieber einer harten, aber kurzen Anstrengung, die ihm bald erlaubte,

28

seinem frühern Hirtenamte wieder nachzugehen, was bereits begann, seinem Alter unpassend zu werden, und ihm gelegentlichen Spott zuzog, vor dem er sich aber durch ein paar derbe Zurechtweisungen mit der Faust Ruhe verschaffte. So gewöhnte man sich daran, ihn bald geputzt und fröhlich als anerkannten Dorfelegant an der Spitze des jungen Volks zu sehen, bald wieder als zerlumpten Hirtenbuben einsam und träumerisch hinter den Kühen herschleichend, oder in einer Waldlichtung liegend, scheinbar gedankenlos und das Moos von den Bäumen rupfend.

Um diese Zeit wurden die schlummernden Gesetze doch einigermaßen aufgerüttelt durch eine Bande von Holzfrevlern, die unter dem Namen der Blaukittel alle ihre Vorgänger so weit an List und Frechheit übertraf, daß es dem Langmütigsten zuviel werden mußte. Ganz gegen den gewöhnlichen Stand der Dinge, wo man die stärksten Böcke der Herde mit dem Finger bezeichnen konnte, war es hier trotz aller Wachsamkeit bisher nicht möglich gewesen, auch

29

IB 271 Droste · Unold

beugte sich herab, schoß und traf mit der zweiten Pistole das Ungeheuer durch den Kopf, daß es sogleich niederstürzte und, ausgestreckt in seiner Länge, erst recht die Macht und Furchtbarkeit sehen ließ, von der nur noch das Körperliche übriggeblieben dalag. Honorio war vom Pferde gesprungen und knieete schon auf dem Tiere, dämpfte seine letzten Bewegungen und hielt den gezogenen Hirschfänger in der rechten Hand. Der Jüngling war schön, er war herangesprengt, wie ihn die Fürstin oft im Lanzen- und Ringelspiel gesehen hatte. Ebenso traf in der Reitbahn seine Kugel im Vorbeisprengen den Türkenkopf auf dem Pfahl gerade unter dem Turban in die Stirne; ebenso spießte er, flüchtig heransprengend, mit dem blanken Säbel das Mohrenhaupt vom Boden auf. In allen solchen Künsten war er gewandt und glücklich, hier kam beides zustatten.
Gebt ihm den Rest, sagte die Fürstin, ich fürchte, er beschädigt Euch noch mit den Krallen. – Verzeiht! erwiderte der Jüngling; er ist schon tot genug, und ich mag das Fell nicht verderben, das nächsten Winter auf Eurem Schlitten glänzen soll. – Frevelt nicht! sagte die Fürstin; alles, was von Frömmigkeit im tiefen Herzen wohnt, entfaltet sich in solchem Augenblick. – Auch ich, rief Honorio, war nicht frömmer als jetzt eben; deshalb aber denk ich ans Freudigste: ich blicke dieses Fell nur an, wie es Euch zur Lust begleiten kann. – Es würde mich immer an diesen schrecklichen Augenblick erinnern, ver-

– 26 –

– 27 –

IB 296 Goethe · Reiner

Ängste vergaß. Ein Tag folgte dem andern, und Keawe lebte in ununterbrochener Freude dahin. Sein Lieblingsplatz war der hintere Balkon; dort lebte und aß er und las die Geschichten in der Zeitung von Honolulu. Kam aber jemand, ihn zu besuchen, so führte er ihn herum und zeigte ihm die Zimmer und die Bilder. Weit und breit wurde das Haus berühmt. Man nannte es in ganz Kona „Ka-Hale-Nui", das Große Haus, manchmal auch das „Blanke Haus", denn Kiawe hielt sich einen Chinesen, der den ganzen Tag abstäuben und putzen mußte. Das Glas und das Gold, die schönen Stoffe und die Bilder, alles glänzte so hell wie der Tag. Keawe selbst konnte gar nicht anders, er mußte immer singend durch die Zimmer gehen, so voller Freude war sein Herz; und wenn ein Schiff vorübersegelte, ließ er seine Fahne am Mast flattern.

So ging die Zeit hin, bis Keawe eines Tages eine Besuchsfahrt unternahm ganz bis Kailua, wo er sich nach einem seiner Freunde umsehen wollte. Er wurde dort sehr festlich bewirtet. Am nächsten Morgen aber brach er so früh wie möglich auf und ritt schnell heim, denn er konnte es kaum erwarten, sein schönes Haus wiederzusehen; überdies war die kommende Nacht die Nacht, in der die Toten aus alten Zeiten an den Küsten von Kona umgingen, und da er schon einmal einen Handel mit dem Teufel gehabt hatte, war er um so mehr bedacht, den Toten nicht zu begegnen. Ein Stückchen hinter Honaunau gewahrte er, in die Ferne blikkend, ein Weib, das in der Meeresbucht badete. Es schien ein hübschgewachsenes Mädchen zu sein, aber er dachte nicht weiter daran. Dann sah er, wie sie ihr weißes flatterndes Hemd anzog und ihr rotes Holoku darüberstreifte. Wäh-
24

rend er näherkam, zog sie sich fertig an, stieg vom Strand herauf und blieb am Wegrand stehen, in ihrem roten Holoku. Sie war von dem Bade erfrischt, denn ihre Augen leuchteten und sahen ihn freundlich an. Keawe bemerkte sie nicht eher, als bis er das Pferd anhalten mußte.

„Ich dachte, ich kennte hierzulande jedermann," sagte er, „wie kommt es, daß ich dich noch nie sah?"

„Ich bin Kokua, Kianos Tochter," antwortete das Mädchen, „ich bin gerade von Oahu zurückgekehrt. Wer bist du denn?"

„Das sag ich dir späterhin, wer ich bin," erwiderte Keawe, während er vom Pferd herabstieg, „jetzt noch nicht. Denn mir geht da etwas durch den Sinn, und wenn du wüßtest, wer ich bin, hättest du vielleicht schon allerlei über
25

IB 302 Stevenson · H. A. Müller

Schwänze; Sein Bart war S.H. von Rotz/Geiffer und andern Unluſt in einander gebicht/wie ein grober Filtzhut/ſeine Nägel hatten eine Geſtalt wie Adlers-Klauen/ und ſein Angeſicht lag ſo voller miſtigem Unflaht/daß man dem gemeinen Sprichwort nach/gar wol hätte Rubſamen hinein ſäen können. Nach dem er aber die ſieben Jahr bey nahe überſtanden hatte/kam der Geiſt von ſich ſelbſt und deutet ihm an/daß es nunmehr Zeit war/einmahl mit ihm abzurechnen. Und ihm der Gebühr nach auszuzahlen. Doch ſteckte er ihm zuvor ſeine Hoſenſäcke voller Ducaten und Piſtolen und befahle ihm ſich luſtig zu machen/ und kein Geld zu ſparen. ſondern zu thun und zu laſſen was ſeinem

·16·

·17·

IB 340 Beernhäuter · Behmer

16. Die Himmelskönigin

17. Der Weltrichter

IB 495 Bordesholmer Altar

IB 560 Minnesinger

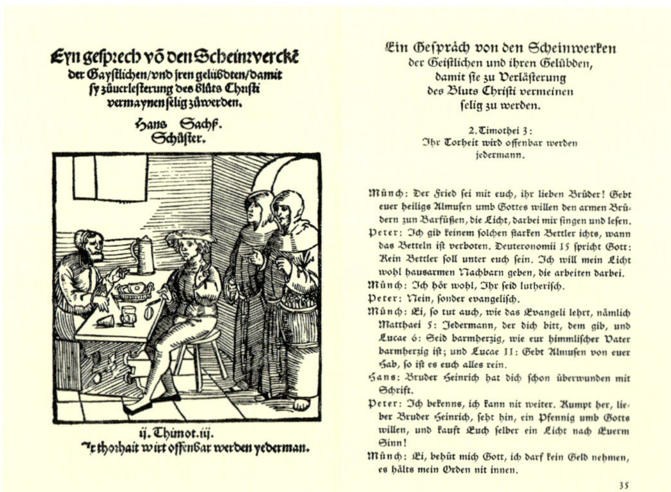

Eyn gesprech võ den Scheinwerckẽ
der Gaystlichen/vnd iren gelübdten/damit
sy zůuerlesterung des blůts Christi
vermaynen selig zůwerden.

Hans Sachß.
Schůster.

ij. Thimot. iij.
Ir thorhait wirt offenbar werden yederman.

Ein Gespräch von den Scheinwerken
der Geistlichen und ihren Gelübden,
damit sie zu Verlästerung
des Bluts Christi vermeinen
selig zu werden.

2. Timothei 3:
Ihr Torheit wird offenbar werden
jedermann.

Münch: Der Fried sei mit euch, ihr lieben Brüder! Gebt euer heiligs Almusen umb Gottes willen den armen Brüdern zun Barfüßen, die Licht, darbei mir singen und lesen.

Peter: Ich gib keinem solchen starken Bettler ichts, wann das Betteln ist verboten. Deuteronomii 15 spricht Gott: Kein Bettler soll unter euch sein. Ich will mein Licht wohl hausarmen Nachbarn geben, die arbeiten darbei.

Münch: Ich hör wohl, Ihr seid lutherisch.

Peter: Nein, sonder evangelisch.

Münch: Ei, so tut auch, wie das Evangeli lehrt, nämlich Matthaei 5: Jedermann, der dich bitt, dem gib, und Lucae 6: Seid barmherzig, wie eur himmlischer Vater barmherzig ist; und Lucae 11: Gebt Almusen von euer Hab, so ist es euch alles rein.

Hans: Bruder Heinrich hat dich schon überwunden mit Schrift.

Peter: Ich bekenns, ich kann nit weiter. Kumpt her, lieber Bruder Heinrich, seht hin, ein Pfennig umb Gotts willen, und kauft Euch selber ein Licht nach Euerm Sinn!

Münch: Ei, behüt mich Gott, ich darf kein Geld nehmen, es hälts mein Orden nit innen.

35

IB 579 Sachs

136

Auf den Laar

Daß Laar nur müßig geh, wie kann man dieses sagen?
Hat er nicht schwer genug an seinem Wanst zu tragen?

137

Ihr Wille und sein Wille

Er: Nein, liebe Frau, das geht nicht an,
Ich muß hier meinen Willen haben.
Sie: Und ich muß meinen haben, lieber Mann.
Er: Unmöglich!
Sie: Was? nicht meinen Willen haben?
Schon gut! so sollst du mich in Monatsfrist begraben.
Er: Den Willen kannst du haben.

138

Grabschrift der Tochter eines Freundes, die vor der Taufe starb

Hier lieget, die Beate heißen sollte
Und lieber sein als heißen wollte.

139

Auf den Marius

Dem Marius ward prophezeiet,
Sein Ende sei ihm nah.
Nun lebet er drauflos, verschwelgt, verspielt, verstreuet:
Sein End ist wirklich da!

50

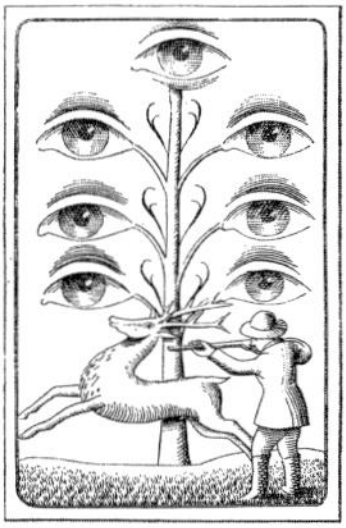

№ 140

IB 581 Lessing · Herfurth

EINER:
Was für ein Lärm?
EIN ANDERER: Horch ... was da für ein Lärm?
Es heult das Volk: da fallen sie, gleich Wellen,
In Reihen nieder ... noch ... und noch! Nun, Freund,
Da kommt es bis zu uns: rasch auf die Knie!
VOLK *auf den Knien, Geheul und Weinen:*
Oh, gnädig sei uns, Vater! Nimm die Krone!
Sei Vater uns, sei Zar!
EINER *leise:* Worüber weint man?
EIN ANDERER:
Wer kann das wissen? Die Bojaren wissen's –
Nichts ist's für uns.
DAS WEIB *mit dem Kind:* Jetzt, da man weinen soll,
Jetzt bist du still! Da kommt er schon, der Wolf!
Wirst du gleich weinen!
Stößt es auf die Erde. Das Kind weint.
Endlich!
EINER: Alles weint –
Komm, Freund, so tun wir's auch.
EIN ANDERER: Ich geb mir Mühe.
Hab keine Tränen.
ERSTER: Ich auch nicht. Hast du
Nicht Zwiebeln, dir die Augen einzureiben?
ZWEITER:
Nein, hab ich nicht. Doch ich versuch's mit Speichel.
Was gibt es noch?
ERSTER: Wer weiß auch, was sie treiben!
VOLK:
Er nahm den Reif! Er will uns Herrscher sein!
Boris ist unser Herrscher! – Heil Boris!

14

IB 625 Puschkin · Masjutin

IB 631 Chi Po-shih

lich neugierig. Am Sonnabend, niemand: und heute bin ich wieder hier und warte auf dieses Mädchen, dessen Traumgott ich bin, und verlange nicht mehr, als die Stellung des Ungeheuers auf der Freske einzunehmen.« »Da kommt sie,« sagte Paul, »jedermann wendet sich, um sie zu sehen ...«

Die Unbekannte errötete, ihre Augen funkelten, als sie Heinrich gewahrte, sie schloß sie – und ging vorüber.

»Und du behauptest, daß sie dich bemerkt«, rief scherzend Paul von Manerville.

Die Dueña sah die beiden jungen Leute fest und aufmerksam an. Als die Unbekannte und Heinrich einander

› 60 ‹

wieder begegneten, streifte ihn das Mädchen und drückte mit ihrer Hand die Hand des jungen Mannes. Dann wandte sie sich um und lächelte voll Leidenschaft, aber die Dueña zog sie mit eiligen Schritten nach dem Gitter der Rue Castiglione fort. Die beiden Freunde folgten dem jungen Mädchen, die prachtvolle Windung ihres Halses bewundernd, dem sich der Kopf durch eine Vereinigung kraftvoller Linien verband und an dem einige Locken kleiner Härchen sich gewaltsam aufrichteten. Das Mädchen mit den Goldaugen hatte jene gut angesetzten, winzigen, eingebogenen Füße, welche lüsternen Vorstellungen so viel Reiz bieten. Auch war sie zierlich beschuht und trug einen kurzen Rock. Sie wendete sich während ihres Ganges von Sekunde zu Sekunde nach Heinrich um und folgte anscheinend ungern der Alten, deren Herrin und Sklavin sie zu gleicher Zeit zu sein schien: sie konnte sie durchpeitschen lassen, aber sie konnte sie nicht fortschicken. Alles das sah man deutlich. Die beiden Freunde kamen ans Gitter. Zwei Diener in Livree klappten den Fußtritt eines geschmackvollen, mit Wappenschilden überladenen Wagens herunter. Das Mädchen mit den Goldaugen stieg zuerst ein, setzte sich auf die Seite, auf der sie gesehen werden mußte, wenn der Wagen umdrehte, legte die Hand ans Fenster und schwenkte, unbemerkt von der Dueña, ihr Taschentuch, ohne sich aus dem ›Was soll man davon denken‹ der Neugierigen etwas zu machen, und Heinrich öffentlich mit Taschentuchwinken zurufend: ›Folge mir ...‹

› 61 ‹

IB 654 Balzac · Kurpershoek

1088 *Walter Benjamin: Kleine Kunst-Stücke.* [Denkbilder. Geschichten.] Auswahl und Nachbemerkung: Klaus-Peter Noack. 1989 (L): 1.–16. Tsd.

1089 *T[homas] S[tearns] Eliot: Das wüste Land.* [Das Begräbnis der Toten. Eine Schachpartie. Die Feuerpredigt. Tod durchs Wasser. Was der Donner sprach. Gedichte.] Mit den Anmerkungen des Autors. Englisch und deutsch. Übertragung: Ernst Robert Curtius. Mit Übersetzung fremdspachiger Stellen. Nachwort: Wolfgang Wicht. 1990 (L): 1.–16. Tsd. – Siehe auch IB 660,1.

1090 *Max Beckmann: Drei graphische Folgen.* [Die Hölle. Jahrmarkt. Berliner Reise.] 32 Bildtafeln und [10] Texte des Künstlers. Mit Abbildungsverzeichnis sowie Quellenverzeichnis und Anmerkungen zu den Texten. Herausgegeben und mit Nachwort von Rudolf Pillep. 1989 (L): 1.–25. Tsd.

1091 *Tao Yüan-ming: Pfirsischblütenquell.* Gedichte [und 2 Prosatexte]. Mit 10 zweifarbigen chinesischen Holzschnitten. Auswahl, Übertragung aus dem Chinesischen, Nachwort und Anmerkungen: Ernst Schwarz. [Nach der 1967 im Insel-Verlag (L) erschienenen Ausgabe – IK 1710.] 1992: 1.–3. Tsd. – 1995: 4. Tsd. – 2000: 6. Tsd. – 3 Auflagen

1092 *Der Heidelberger Totentanz von 1485.* 42 [recte: 41] Holzschnitte. Texte in frühneuhochdeutscher Originalfassung und Übersetzung. Übersetzung, Nachwort, Anmerkungen, Personenverzeichnis und Literaturangaben: Manfred Lemmer. 1991: 1.–6. Tsd.

1093 *Im Schatten des Glücks.* Sieben Versuche die Welt zu bessern. [7] Erzählungen. Auswahl: Marga Erb. Übertragung aus dem Russischen: Alexander Eliasberg, Marga Erb, Roland Erb, Alfred Frank, Karl Nötzel. Mit biobibliographischen Notizen sowie Quellennachweisen. 1990 (L): 1.–4. Tsd.

1094 *Stephan Hermlin: Drei Erzählungen.* [Der Leutnant Yorck von Wartenburg. Reise eines Malers in Paris. Die Zeit der Einsamkeit.] Mit dem Nachwort des Autors zur ersten Auflage von ›Der Leutnant Yorck von Wartenburg‹ in der Insel-Bücherei (1953). Nachbemerkung: Klaus Werner. 1990 (L): 1.–15. Tsd. – Siehe auch IB 118,3; 464,2 und 585.

1095 *Robert Sterl: Zeichnungen.* 32 zum Teil farbige Abbildungen. Aufnahmen: Erwin Döring. Auswahl und Nachwort: Natalia Kardinar. Mit Abbildungsverzeichnis. 1991: 1.–6. Tsd.

1096 *Walter Vogt: Spiegelungen.* [8] Geschichten. Auswahl und Nachwort: Katrin Faber. 1991: 1.–5. Tsd.

1097 *Fäden ins Nichts gespannt.* Deutschsprachige Dichtung aus der Bukowina. Auswahl, Vorwort, editorische Notiz und Quellenverzeichnis: Klaus Werner. 1991: 1.–3. Tsd. – 1994: 4. Tsd. – 1998: 5. Tsd. – 2001: 6. Tsd. – 4 Auflagen

1098 *Inoue Yasushi: Die Berg-Azaleen auf dem Hira-Gipfel.* Erzählung. Übertragung aus dem Japanischen: Oskar Benl. 1991: 1.–5. Tsd. [Teil der Auflage mit falscher Folge der Seiten 26/27.] – 1997: 6. Tsd. – 2 Auflagen

1099 *Federico García Lorca: Tragikomödie des Don Cristóbal und der Doña Rosita.* Farce für Puppen in sechs Bildern und einem Vorspiel. Mit [7] Zeichnungen von García Lorca. Übertragung aus dem Spanischen und Nachwort: Herbert Meier und Pedro Ramírez. 1992: 1.–3. Tsd. – Siehe auch IB 681

1100 *Dieter Kühn: Bettines letzte Liebschaften.* [1. Auflage 1986 nicht IB – it 894.] 1992: 1.–3. Tsd. [Teil der Auflage zurückgezogen.]

1101 *Thomas Bernhard: Die Irren. Die Häftlinge.* 1988 (F): 1.–4. Tsd. – 1988 (F): 6. Tsd. – 2 Auflagen

1102 *Pablo Picasso / Paul Eluard: Le Visage de la Paix / Das Antlitz des Friedens.* [Französisch und deutsch.] 1 Lithographie als Frontispiz und 29 [zum Teil farbige] Zeichnungen von Pablo Picasso mit den Texten von Paul Eluard. Mit 2 weiteren Abbildungen im Nachwort. Übertragung aus dem Französischen: Herma Goeppert-Frank. Herausgegeben und mit Nachwort von Sebastian Goeppert und Herma Goeppert-Frank. Mit Quellen- und Bildnachweisen. [Querformat.] 1988 (F): 1.–5. Tsd. – 1989 (F): 9. Tsd. – 1993: 16. Tsd. – 1998: 23. Tsd. – 1999: 26. Tsd. – 2001: 29. Tsd. – 2004: 37. Tsd. – 2009: 43. Tsd. – 2012: 44. Tsd. – 13 Auflagen

1103 *Ernst Penzoldt: Spiel mit der Schere.* [87] Scherenschnitte. Mit einem Porträtfoto Penzoldts als Frontispiz. Auswahl: Ulla Penzoldt und Jürgen Sandweg. Begleittext: Ulla Penzoldt.

Nachwort: Jürgen Sandweg. Mit Abbildungsnachweisen. 1988 (F): 1.–3. Tsd.

1104 *Oskar Schlemmer: Die Fensterbilder.* 20 Farbtafeln und 21 [schwarz-weiße] Vorstudien auf Tafeln sowie 2 Abbildungen in der Einleitung. Auswahl, Einleitung und Literaturverweise: Reinhold Hohl. Mit Tafelverzeichnis. 1988 (F): 1.–5. Tsd. – 1990 (F): 9. Tsd. – 2 Auflagen

1105 *Wilhelm Hauff: Das kalte Herz.* Ein Märchen. Mit [38 zum Teil zweifarbigen] Illustrationen von Monika Schliephack. [Ausgezeichnet beim Illustrationswettbewerb ›75 Jahre Insel-Bücherei‹.] Mit Anmerkungen. 1989 (F): 1.–4. Tsd. – 1991: 6. Tsd. – 1999: 10. Tsd. – 2002: 12. Tsd. – 2009: 16. Tsd. – 7 Auflagen – Siehe auch IB 479.

1106 *Robert Walser: Der Spaziergang.* [Erzählung.] Mit [11 farbigen] Illustrationen von Rita Berger. [Ausgezeichnet beim Illustrationswettbewerb ›75 Jahre Insel-Bücherei‹.] Mit einer Anmerkung. 1989 (F): 1.–5. Tsd. – 1992: 7. Tsd. – 2 Auflagen

1107 *Fürstin Maria [Nikolajewna] Wolkonskaja: Erinnerungen.* Mit zahlreichen [20 zum Teil farbigen] Abbildungen [auf Tafeln; Porträt der Fürstin als Frontispiz wiederholt]. Übertragung, Nachwort und Anmerkungen: Liselotte Remané. Nachdichtungen: Martin Remané. [Nach der Ausgabe des Verlages Der Morgen, Berlin, 1978; erste Auflage im Insel Verlag 1979.] 1989 (F): 1.–4. Tsd.

1108 *Catherine Pozzi: Agnes.* [Novelle.] Übertragung aus dem Französischen: Georg Cramer. Mit einem Bildnis von Catherine Pozzi als Frontispiz. [Nach der Insel-Ausgabe 1928 – IK 1261.] 1989 (F): 1.–2. Tsd.

1109 *Anekdotenlexikon.* Die schönsten Anekdoten aus dem ›Großen deutschen Anekdoten-Lexikon‹ (1842). Mit 67 Vignetten. Auswahl und Vorbemerkung: Willi Pumin. [1. Auflage 1984 nicht IB – it 413.] 1989 (F): 1.–3. Tsd. – 1991: 6. Tsd. – 1999: 9. Tsd. – 2004: 10. Tsd. – 5 Auflagen

1110 *Gerhard Ebeling: Martin Luthers Weg und Wort.* Mit einem Bildnis Luthers nach Lukas Cranach d. Ä. als Frontispiz und 16 Abbildungen auf Tafeln. Mit einer editorischen Notiz, Anmerkungen und Bildnachweisen sowie einer Zeittafel.

[1. Auflage 1983 nicht IB – it 439; dort ohne Abbildungen.] 1989 (F): 1.–2. Tsd.

1111 *Truman Capote: Das Geheimnis.* [Erzählung.] Mit [10 farbigen] Bildern von Barry Moser. Übertragung aus dem Amerikanischen: Maria Dessauer. Mit einer Nachbemerkung. 1990 (F): 1.–4. Tsd. – 1993: 9. Tsd. – 3 Auflagen

1112 *Ali Baba und die vierzig Räuber.* Mit [9] Holzstichen von Imre Reiner. Übertragung aus dem arabischen Urtext: Enno Littmann. [Reprint der 1961 im Insel Verlag (F) in 750 Exemplaren erschienenen Ausgabe – IK 11.] 1990 (F): 1.–3. Tsd. – 1994: 5. Tsd. – 2 Auflagen

1113 *Anatole France: Crainquebille.* [Erzählung.] Mit 63 Zeichnungen von Théophile-Alexandre Steinlen. Übertragung aus dem Französischen: Ferdinand Hardekopf. 1990 (F): 1.–3. Tsd.

1114 *Allgemeine Erklärung der Menschenrechte.* Verkündet von der Generalversammlung der Vereinten Nationen am 10. Dezember 1948. Mit 30 Radierungen von Christoph Meckel. [1. Auflage 1983 nicht IB – it 682.] 1990 (F): 1.–3. Tsd. – 1996: 6. Tsd. – 1999: 7. Tsd. – 2003: 9. Tsd. – 5 Auflagen

1115 *Hermann Lenz: Hotel Memoria.* [Die Marmorbüste im Sumpf. Das Oleanderblatt. Der Käfer. Die Muse. Frau im Dornbusch. Erinnerung an Europa.] [7] Erzählungen. Mit editorischer Notiz. 1990 (F): 1.–3. Tsd. – 1996: 4. Tsd. – 2 Auflagen

1116 *Robert Gernhardt: Achterbahn.* Ein Lesebuch. Mit 7 Federzeichnungen des Autors und 3 farbigen Bildern von Almut Gernhardt. Mit Quellennachweisen. 1990 (F): 1.–5. Tsd. – 1993: 7. Tsd. – 1998: 10. Tsd. – 2000: 12. Tsd. – 2007: 17. Tsd. – 8 Auflagen

1117 *Theo Stemmler: Heinrich VIII.* Ansichten eines Königs. Mit einem Porträt Heinrichs VIII. nach einem Gemälde von Hans Holbein als Frontispiz, 16 farbigen Abbildungen auf Tafeln und 17 Abbildungen im Text. Mit Zeittafel und Auswahlbibliographie. 1991: 1.–5. Tsd.

1118 *Robert Walser: Fritz Kochers Aufsätze.* Mit [11] Illustrationen [Federzeichnungen] von Karl Walser. Nachwort: Jochen

Greven. 1995: 1.–2. Tsd. – 1999: 8. Tsd. – 3 Auflagen – Siehe auch IB 1057

1119 *Rolf Hochhuth: Tell gegen Hitler.* Historische Studien. Mit einer Rede von Karl Pestalozzi. 1992: 1.–4. Tsd. – 2008: 5. Tsd. – 2 Auflagen

1120 *Jakob Michael Reinhold Lenz: Briefe zu Werthers Leiden.* [Briefe über die Moralität der Leiden des jungen Werthers. Der Waldbruder. Ein Pendant zu Werthers Leiden.] Mit einem Essai von Christoph Hein und einer editorischen Notiz. 1992: 1.–3. Tsd.

1121 *Glückloser Engel.* Dichtungen zu Walter Benjamin. Mit 14 zum Teil farbigen Abbildungen. Auswahl, Nachwort sowie Text- und Bildnachweise: Erdmut Wizisla und Michael Opitz. 1992: 1.–4. Tsd.

1122 *Fernand Braudel: Karl V.* Die Notwendigkeit des Zufalls. Mit einem Bildnis Karls V. nach einem Gemälde von Tizian als Frontispiz. Übertragung aus dem Französischen: Joachim Kalka. 1992: 1.–3. Tsd. – 1994: 4. Tsd. – 2 Auflagen

1123 *Erica Pedretti: mal laut und falsch singen.* Eine Bildgeschichte. Mit 21 Radierungen von Erica Pedretti. Mit einer Vita der Autorin. [Nach der Ausgabe der Eremiten-Presse, Düsseldorf 1986.] 1992: 1.–3. Tsd.

1124 *Bambusregen.* Haiku und [26] Holzschnitte [nach Tuschzeichnungen] aus dem ›Kagebôshishû‹ [Ôsaka 1754]. Auswahl, Übertragung und Nachwort: Ekkehard May und Claudia Waltermann. 1995: 1.–3. Tsd. – 1997: 7. Tsd. – 2000: 9. Tsd. – 2004: 13. Tsd. – 2012: 17. Tsd. – 9 Auflagen

1125 *Cyrano de Bergerac: Die Reise zum Mond.* [Erzählung.] Übertragung aus dem Französischen: Martha Schimper. Nachwort: Falk Peter Weber. Mit Anmerkungen. 1991: 1.–3. Tsd. – 1992: 7. Tsd. – 1997: 13. Tsd. – 2000: 14. Tsd. – 2004: 16. Tsd. – 8 Auflagen

1126 *Ingeborg Weber-Kellermann: Die Kinderstube.* Mit 54 zum Teil farbigen Abbildungen. Mit Literatur- und Quellenverzeichnis. 1991: 1.–8. Tsd.

1127 *Martin Mosebach: Das Kissenbuch.* Gedichte und [8] Zeichnungen. 1995: 1.–2. Tsd. – 2008: 5. Tsd. – 2 Auflagen

1128 *Wilde Beeren.* 12 farbige Bilder von Sabine Schroer-Hofkunst. Texte von E.Y. [eig. Peter] Meyer. 1992: 1.–5.Tsd. [Teilauflage mit Errata-Zettel.]

1129 *Rainer Maria Rilke: In einem fremden Park.* Gartengedichte. Mit [12 farbigen] Fotos von Marion Nickig. Auswahl und Zusammenstellung: Marianne Beuchert. 1993: 1.–5.Tsd. – 1994: 17.Tsd. – 1997: 28.Tsd. – 2000: 31.Tsd. – 2003: 38. Tsd. – 2008: 42.Tsd. – 10 Auflagen

1130 *Die Worte der Ameisen.* Persische Weisheiten. Mit [4 farbigen] kalligraphischen Schmuckblättern aus der Zeit der Moghul-Kaiser. Auswahl, Übertragung, Nachwort sowie Autoren- und Quellenverzeichnis: Cyrus Atabay. 1993: 1.–3.Tsd. – 1996: 4.Tsd. – 2 Auflagen

1131 *Hermann Hesse: Boccaccio.* Der Dichter des Dekameron. Mit 14 zum Teil farbigen Abbildungen. Nachwort und Anmerkungen: Fritz Wagner. Mit Bildverzeichnis. 1995: 1.–3. Tsd. – 1997: 5.Tsd. – 2 Auflagen

1132 [*Friedrich*] *Hölderlin:* [12] *Elegien.* Mit einem Bildnis Hölderlins von Franz Karl Hiemer (1792). Nachwort ›Hölderlins elegische Wanderung‹: Rüdiger Görner. Zweifarbiger Druck. 1993: 1.–3.Tsd. – 1997: 5.Tsd. – 2 Auflagen – Siehe auch IB 807

1133 *Gennadij Ajgi: Veronikas Heft.* Das erste Halbjahr meiner Tochter. [Gedichte.] Mit zwei Prosatexten Ajgis [Kindheit und Dichtung? Antwort auf die Frage eines Freundes. – Schlaf und Poesie. Unzusammenhängende Bemerkungen.] Mit [6] Zeichnungen von Simon Morris. Übertragung aus dem Russischen: Felix Philipp Ingold. Mit einer Vita Ajgis und mit Quellenhinweisen. 1993: 1.–3.Tsd.

1134 *Ludwig van Beethoven: Briefe und Aufzeichnungen.* Mit 15 Porträts Beethovens und seiner Briefpartner. Auswahl, Anmerkungen und Nachwort: Rüdiger Görner. 1993: 1.–3.Tsd. – 1996: 4.Tsd. – 2000: 6.Tsd. – 3 Auflagen – Siehe auch IB 241,1

1135 *Die Jagd.* Mythos, Metapher, Motiv. Eine Anthologie. Mit [10] farbigen Abbildungen. Auswahl, Einleitung sowie Text- und Bildnachweise: Hanno Helbling. 1993: 1.–5.Tsd.

1136 *Herbert Pfeiffer: Wende-Köpfe.* Von der Kunst der drehbaren Bilder. Erster Teil. Zweiter Teil. Mit zwei mal 18 Umkehrbildern. Mit einem Essay ›Der Herr Baron – und sein Sohn. Geschichte und Technik der Umkehrbilder‹ von Herbert Pfeiffer. [›Wendebuch‹.] Mit Abbildungsverzeichnis. 1993: 1.–3. Tsd. – 1998: 6. Tsd. – 3 Auflagen

1137 *Paul Verlaine: Ausgewählte Gedichte.* Titel und [20] Vignetten von Heinrich Wilhelm Wulff [nach der Insel-Ausgabe 1906 – IK 1831]. Übertragen von Wolf Graf von Kalckreuth. 1993: 1.–2. Tsd. – 1998: 5. Tsd. – 3 Auflagen – Siehe auch IB 682,2

1138 *Die Affenkapelle aus Meissener Porzellan.* 21 farbige Tafeln. Aufnahmen: Helfried Kotte. Herausgegeben und Nachwort [mit 3 Abbildungen]: Hans Sonntag. Mit Tafelverzeichnis. 1993: 1.–5. Tsd. – 1995: 8. Tsd. – 2 Auflagen

1139 *Das Evangelium des Johannes.* Mit einem Holzschnitt von Lucas Cranach d. Ä. als Frontispiz. Übersetzung aus dem Griechischen, Nachwort und Bildnachweis: Harald Vocke. Zweifarbiger Druck. 1995: 1.–2. Tsd. – Siehe auch IB 127,3 und 251,1.

1140 *Johann Wolfgang Goethe: Die Tafeln zur Farbenlehre und deren Erklärung.* Mit 17 zum Teil farbigen Tafeln. Nachwort: Jürgen Teller. Editorische Notiz. 1994: 1.–3. Tsd. – 1995: 11. Tsd. – 1999: 25. Tsd. – 2001: 28. Tsd. – 2004: 36. Tsd. – 2009: 43. Tsd. – 11 Auflagen

1141 *Wilhelm Müller: Die schöne Müllerin.* [Gedichtzyklus.] Mit 7 Bildnissen. Nachwort: Ute Wollny. Mit Bildverzeichnis. 1994: 1.–2. Tsd. – 1995: 3. Tsd. – 2 Auflagen

1142 *Alpenblumen im Frühling.* In Holz geschnitten und koloriert von Josef Weisz. 24 farbige Tafeln. Botanische Erläuterungen: Gerd Müller. Nachwort: Josef Weisz. Mit Verzeichnis der Alpenblumen. [Auswahl aus der vierbändigen Mappenausgabe 1960/1963 – IK 1892.] 1994: 1.–4. Tsd. – 1997: 6. Tsd. – 2004: 7. Tsd. – 2008: 9. Tsd. – 4 Auflagen

1143 *Eugène Delacroix: Das Jugendtagebuch 1822–1824.* Mit Anmerkungen von André Joubin. Übertragung aus dem Französischen: Joachim Schultz. Nachwort: Ralph-Rainer Wuthenow. 1994: 1.–3. Tsd.

1144 *Johann Wolfgang Goethe: Gedichte.* Mit [31] Steinzeichnungen von Ernst Barlach. [Nach der vierbändigen Ausgabe von Goethes Gedichten mit Illustrationen zeitgenössischer Künstler, Berlin: Paul Cassirer, 1924–1926.] 1994: 1.–4.Tsd. [Davon 2 Tsd. mit IB 1145, 1146 und 1147 in Kassette] – 1997: 7.Tsd. – 1999: 9.Tsd. – 2001: 10.Tsd. – 5 Auflagen

1145 *Johann Wolfgang Goethe: Gedichte.* Mit [15] Steinzeichnungen von Max Liebermann. [Nach der vierbändigen Ausgabe von Goethes Gedichten mit Illustrationen zeitgenössischer Künstler, Berlin: Paul Cassirer, 1924–1926.] 1994: 1.–4.Tsd. [Davon 2 Tsd. mit IB 1144, 1146 und 1147 in Kassette] – 1997: 5.Tsd. – 2 Auflagen

1146 *Johann Wolfgang Goethe: Gedichte.* Mit [18] Steinzeichnungen von Hans Meid. [Nach der vierbändigen Ausgabe von Goethes Gedichten mit Illustrationen zeitgenössischer Künstler, Berlin: Paul Cassirer, 1924–1926.] 1994: 1.–4.Tsd. [Davon 2 Tsd. mit IB 1144, 1145 und 1147 in Kassette] – 1997: 5.Tsd. – 2 Auflagen

1147 *Johann Wolfgang Goethe: Gedichte.* Mit [20] Steinzeichnungen von Karl Walser. [Nach der vierbändigen Ausgabe von Goethes Gedichten mit Illustrationen zeitgenössischer Künstler, Berlin: Paul Cassirer, 1924–1926.] 1994: 1.–4.Tsd. [Davon 2 Tsd. mit IB 1144, 1145 und 1146 in Kassette]

1148 *Frank Wedekind: Mine-Haha oder Über die körperliche Erziehung der jungen Mädchen.* [Romanfragment.] Mit [der farbigen Abbildung von] ›Nu au miroir‹ von Balthus. Editorische Nachbemerkung: Walter Schmitz und Uwe Schneider. 1994: 1.–3.Tsd.

1149 *Johann Wolfgang Goethe: Skizze zu einer Schilderung Winckelmanns.* Mit dem Bildnis Winckelmanns nach einer Radierung von Angelika Kauffmann als Frontispiz und mit 12 Abbildungen nach zeitgenössischen Vorlagen. Nachwort: Jochen Golz. Mit Quellenverweisen und Bildverzeichnis. 1994: 1.–3.Tsd.

1150 *Rainer Maria Rilke: Wie soll ich meine Seele halten.* Liebesgedichte. Mit einer Graphik von Edward Okun. Nachwort: Siegfried Unseld. Zweifarbiger Druck. 1994: 1.–6.Tsd. –

1996: 14. Tsd. – 1998: 18. Tsd. – 2000: 22. Tsd. – 2005: 34. Tsd. – 2008: 41. Tsd. – 2010: 44. Tsd. – 11 Auflagen – Seit 2012 unter IB 1358

1151 *Guillaume Apollinaire: Bestiarium oder Das Gefolge des Orpheus.* [Französisch und deutsch.] Mit [32] Holzschnitten von Raoul Dufy. Übertragung: Karl Krolow. Mit Anmerkungen. 1995: 1.–2. Tsd. – 1997: 4. Tsd. – 2 Auflagen

1152 *Der Naumburger Dom.* Ein Rundgang. [44 Bildtafeln.] Fotografien von Klaus G. Beyer. Mit einem Essay von Uwe Grüning. Mit einer Zeittafel und einer Lageskizze. 1995: 1.–3. Tsd. – Siehe auch IB 505.

1153 *Rainer Maria Rilke: Weihnachtsbriefe an die Mutter.* Herausgegeben und mit Nachwort von Hella Sieber-Rilke. 1995: 1.–8. Tsd. – 1998: 14. Tsd. – 2001: 16. Tsd. – 2006: 20. Tsd. – 6 Auflagen

1154 *Catull: Gedichte.* Lateinisch und deutsch. Mit [37] Zeichnungen von Bele Bachem. Übertragung [und Anmerkung]: Carl Fischer. 1995: 1.–2. Tsd.

1155 *[Johann Wolfgang von] Goethe: Das Römische Carneval.* Mit den [20] farbigen Figurinen [und der Wiedergabe des Titelblattes] von 1789. Nachwort [mit 4 Abbildungen und Anmerkungen]: Isabella Kuhn. Mit einem Literatur- und Abkürzungsverzeichnis und einer editorischen Notiz. 1995: 1.–4. Tsd. – Siehe auch IB 1292

1156 *Antonia S[usan] Byatt: Die Geschichte von der ältesten Prinzessin und* [4] *andere Märchen.* [Der gläserne Sarg. Godes Geschichte. Der Schein trügt. Drachenodem.] Übertragung aus dem Englischen: Melanie Walz. Mit Nachwort der Autorin. Mit Textnachweisen. 1995: 1.–5. Tsd.

1157 *Marie Luise Kaschnitz: Florens.* Eichendorffs Jugend. Mit [11] Skizzen aus Eichendorffs Jugendtagebuch. Mit Zeittafel und einer editorischen Notiz. 1996: 1.–3. Tsd.

1158 *Władyslawa Włodarzewska: Frauen mit Blumen.* Bilder einer polnischen Bäuerin. 23 farbige Tafeln. Mit einer autobiographischen Skizze ›Über mich‹ und einem Foto der Künstlerin. Vorspruch von Jean Dubuffet. Herausgegeben und mit Nachwort von Hans-Joachim Schauß. 1996: 1.–3. Tsd.

1159 *Joachim Ringleben: Dornenkrone und Purpurmantel.* Theologische Betrachtungen zu Bildern von Grünewald bis Paul Klee. Mit 10 zum Teil farbigen Abbildungen [3 doppelseitig], Anmerkungen und Bildnachweis. 1996: 1.–3. Tsd.

1160 *Rainer Maria Rilke: Über Gott.* Zwei Briefe. Mit dem Vorwort von Carl Sieber zur ersten Ausgabe von 1933 und mit einer editorischen Notiz des Verlags. 1996: 1.–4. Tsd.

1161 *Wolfgang Hildesheimer: Janssen und wir.* Mit 22 farbigen Abbildungen von Horst Janssen. Herausgegeben [und mit Vorwort] von Thomas C. Garbe. Mit Verzeichnissen der Erstdrucke und der Abbildungen. 1996: 1.–5. Tsd. – 1997: 7. Tsd. – 2 Auflagen

1162 *Wilhelm Heinse: Düsseldorfer Gemäldebriefe.* Mit 16 farbigen Abbildungen. Auswahl und Nachwort: Helmut Pfotenhauer. Mit Abbildungsverzeichnis und Bildnachweisen. 1996: 1.–3. Tsd.

1163 *Francesco Petrarca an Francesco Dionigi von Borgo san Sepolcro in Paris: Die Besteigung des Mont Ventoux.* Mit [8, davon 5 doppelseitigen] farbigen Fotografien von Constantin Beyer. Übersetzung aus dem Lateinischen: Hans Nachod und Paul Stern. Nachwort und Schlußbemerkung: Horst Nalewski. 1996: 1.–3. Tsd. – 1998: 8. Tsd. – 2000: 10. Tsd. – 2004: 14. Tsd. – 2010: 18. Tsd. – 8 Auflagen

1164 *Jakob Böhme: Wege zum wahren Selbst.* Aus den Schriften des Mystikers und Theosophen. Herausgegeben und eingeleitet von Gerhard Wehr. Mit editorischer Notiz. 1996: 1.–2. Tsd. – 1997: 3. Tsd. – 2 Auflagen

1165 *Norbert Elias: Die Ballade vom Armen Jakob.* Mit Illustrationen [17 Holzstichen] von Karl-Georg Hirsch. Nachwort: Hermann Korte. 1996: 1.–3. Tsd.

1166 *Gerhard Richter: Abstraktes Bild 825–11.* 69 Details. ›Für Elise‹. [69 farbige Abbildungen und eine farbige Abbildung als Frontispiz.] Nachbemerkung: Hans Ulrich Obrist. 1996: 1.–4. Tsd.

1167 *Franz Schubert: Briefe, Gedichte, Notizen.* Mit einem Bildnis Schuberts als Frontispiz und 9 Abbildungen nach zeitgenössischen Vorlagen. Auswahl, Anmerkungen zur Ausgabe und zu den Abbildungen sowie Nachwort: Rüdiger Görner. 1996: 1.–3. Tsd. – 1997: 7. Tsd. – 2004: 8. Tsd. – 4 Auflagen

1168 *Gerhard Altenbourg: Entwurf eines einsamen Lebens.* [28 farbige] Bilder und Texte. Herausgegeben und mit Nachwort von Dieter Brusberg. Mit Textnachweisen und Bildverzeichnis. 1997: 1.–3. Tsd. – 2000: 5. Tsd. – 2 Auflagen

1169 *Rainer Maria Rilke / Lally Horstmann. Eine Begegnung in Val-Mont.* [Rainer Maria Rilke: Briefe an Lally Horstmann. Lally Horstmann: Rilke in Val-Mont (Übersetzung aus dem Englischen: Ursula Voß).] Mit 4 Abbildungen und 3 Handschrift-Faksimiles Rilkes. Herausgegeben [sowie mit Anmerkungen und Nachwort] von Ursula Voß. Mit Bild- und Textnachweisen. 1996: 1.–3. Tsd.

1170 *Oskar Kokoschka: Die träumenden Knaben. Der weiße Tiertöter.* [Dichtungen.] ›Gustav Klimt in Verehrung zugeeignet.‹ Mit den 8 Farblithographien und den 2 schwarz-weißen Illustrationen von Oskar Kokoschka aus der Erstausgabe, Wien 1908. Nachbemerkung des Verlags. 1996: 1.–4. Tsd. – 1998: 6. Tsd. – 2003: 8. Tsd. – 2010: 11. Tsd. – 5 Auflagen

1171 *Johannes Brahms: Ausgewählte Briefe.* Mit einer Kohlezeichnung von Willy von Beckerath ›Brahms am Klavier‹. Auswahl, Quellenhinweise, Anmerkungen und Nachwort: Rüdiger Görner. 1997: 1.–3. Tsd. – 1997: 4. Tsd. – 2 Auflagen

1172 *Leben und Legende der heiligen Elisabeth.* Nach Dietrich von Apolda. Mit 14 [farbigen] Miniaturen der Handschrift von 1481. Übersetzung und Nachwort: Rainer Kößling. Mit Personenverzeichnis. 1997: 1.–4. Tsd. – 1999: 6. Tsd. – 2002: 8. Tsd. – 2008: 15. Tsd. – 6 Auflagen

1173 *Wasser ist Leben.* Mit [22 farbigen] Bildern [davon 8 doppelseitig] von Friedrich Hechelmann. Nachwort: Gisela Linder. Mit Bilderverzeichnis und Textnachweisen. 1997: 1.–6. Tsd. – 1997: 11. Tsd. – 1999: 14. Tsd. – 2002: 17. Tsd. – 2010: 20. Tsd. – 7 Auflagen

1174 *Karl Krolow: Gedichte, die von Liebe reden.* Mit einer Zeichnung von Pablo Picasso als Frontispiz. Auswahl und Nachwort: Charitas Jenny-Ebeling. Mit einer Vita des Autors und Quellenangaben. 1997: 1.–3. Tsd. – 1998: 4. Tsd. – 2 Aufl.

1175 *Heinrich Heine: Neue Melodien spiel ich.* Gedichte. Mit einer farbigen Abbildung ›Heinrich Heine und seine Frau Mathilde‹ von Ernst Benedikt Kietz. Auswahl und Nachwort: Klaus Briegleb. Mit Text- und Bildnachweis. Zweifarbiger Druck. 1997: 1.–4. Tsd. – 1998: 6. Tsd. – 2001: 7. Tsd. – 2006: 11. Tsd. – 4 Auflagen

1176 *Martin Walser: Umgang mit Hölderlin.* [Hölderlin zu entsprechen.] Zwei Reden. Mit einer editorischen Notiz. 1997: 1.–3. Tsd.

1177 *José Maria Eça de Queiroz: Die Rose.* Mit [10 farbigen] Fotografien von Marion Nickig. Übertragung aus dem Portugiesischen: Ulrich Kunzmann. Begleittext auf lose einliegendem Beiblatt. 1997: 1.–4. Tsd. – 1998: 7. Tsd. – 2000: 9. Tsd. – 2004: 11. Tsd. – 4 Auflagen

1178 *Frauen um Felix Mendelssohn Bartholdy.* In Texten und [26 zum Teil farbigen] Bildern vorgestellt von Brigitte Richter. Vorwort: Johannes Forner. Mit Zeittafel und Bildnachweis. 1997: 1.–3. Tsd. – 1998: 5. Tsd. – 1999: 7. Tsd. – 2004: 8. Tsd. – 4 Auflagen

1179 *Leise rieselt der Schnee.* Texte und [12 farbige] Bilder [davon 1 doppelseitig]. Auswahl und Nachwort: Gisela Linder. Mit Text- und Bildnachweisen. 1997: 1.–7. Tsd. – 2000: 9. Tsd. – 2009: 13. Tsd. – 4 Auflagen

1180 *Theo Stemmler: Kleine Geschichte des Fußballspiels.* Mit 32 [zum Teil farbigen, 3 doppelseitigen] Abbildungen. Mit Auswahlbibliographie und Bildnachweisen. 1998: 1.–4. Tsd. – 1998: 6. Tsd. – 2004: 8. Tsd. [Mit Korrekturzettel.] – 3 Auflagen

1181 *Das Tribschener Idyll. Nietzsche – Cosima – Wagner.* Eine Text-Collage von Dieter Borchmeyer. Mit 14 Abbildungen. Nachwort, Erläuterungen ›Zur vorliegenden Collage‹, Zeittafel und Bildnachweis: Dieter Borchmeyer. 1998: 1.–3. Tsd.

1182 *Rainer Maria Rilke: Die weiße Fürstin.* Eine Szene am Meer. Mit einer farbigen Abbildung nach Arnold Böcklin. Herausgabe, Nachwort und ›Materialien‹: Manfred Engel. 1998: 1.–3. Tsd.

1183 *Roter Mohn.* Texte und [11 farbige] Bilder [davon 1 doppelseitig, sowie eine Vignette]. Auswahl und Nachwort von Gisela Linder. Mit Text- und Bildnachweis. 1998: 1.–4. Tsd. – 1998: 7. Tsd. – 2001: 10. Tsd. – 2007: 14. Tsd. – 5 Auflagen

1184 *Hinter Mauern ein Paradies.* Der mittelalterliche Garten. Mit 24 [recte: 25 zum Teil farbigen] Abbildungen [davon 1 doppelseitig]. Herausgegeben von Peter Cornelius Mayer-Tasch und Bernd Mayerhöfer. Mit ausgewählten Quellen, Text- und Bildnachweisen. 1998: 1.–3. Tsd. – 1999: 9. Tsd. – 2002: 11. Tsd. – 2007: 15. Tsd. – 6 Auflagen

1185 *Otto von Bismarck: Ich sehe so viel Schönes, leider ohne Dich.* Briefe an Johanna [von Bismarck]. Mit einem Scherenschnitt. Auswahl, Nachwort, Zeittafel, Text- und Bildnachweis: Jürgen Teller. 1998: 1.–3. Tsd. – 1998: 5. Tsd. – 2 Aufl.

1186 *Heinrich Hoffmann: Koch-Rezepte für Lina.* Entdeckt und herausgegeben von Monika Hessenberg. Mit 10 farbigen Abbildungen und 15 Vignetten. Vorwort: Monika Hessenberg. Mit Bildnachweis. 1998: 1.–3. Tsd. – 1999: 6. Tsd. – 2004: 7. Tsd. – 2008: 10. Tsd. – 5 Auflagen

1187 *Emily Brontë: Ums Haus der Sturm.* Gedichte. Englisch und deutsch. Auswahl, Übertragung und Nachwort: Wolfgang Held. 1998: 1.–3. Tsd. – 1999: 4. Tsd. – 2004: 5. Tsd. – 3 Auflagen

1188 *Siegfried Unseld: Goethe und der Ginkgo.* Ein Baum und ein Gedicht. Mit 19 zum Teil farbigen Abbildungen. Mit Literaturverzeichnis und Bildnachweisen. 1998: 1.–6. Tsd. – 1998: 12. Tsd. – 1999: 20. Tsd. – 1999: 56. Tsd. – 2000: 64. Tsd. – 2002: 80. Tsd. – 2004: 90. Tsd. – 2006: 100. Tsd. – 2008: 106. Tsd. – 2011: 109. Tsd. – 22 Auflagen – Seit 2012 unter IB 1360

1189 *Johann Wolfgang Goethe: Geschichte meines Herzens.* Briefe an Ernst Wolfgang Behrisch. Herausgegeben und mit einem Anhang [Texte zu Behrisch, Anmerkungen, Bibliographie] sowie einem Nachwort versehen von Wilhelm Große. 1998: 1.–3. Tsd.

1190 *Behalte mich ja lieb!* Christianes und Goethes Ehebriefe. Auswahl und Nachwort von Sigrid Damm. Mit Textnachweis. 1998: 1.–4. Tsd. – 1999: 13. Tsd. – 2000: 16. Tsd. – 2006: 19. Tsd. – 2008: 22. Tsd. – 2011: 24. Tsd. – 10 Auflagen

1191 *Robert Walser: Märchenspiele.* Aschenbrödel. Schneewittchen. Mit [8] Illustrationen [sowie 4 Vignetten] von Albrecht von Bodecker. Mit einem Essay von Siegfried Unseld. 1998: 1.–3. Tsd. – 2000: 4. Tsd. – 2 Auflagen

1192 *Adam Mickiewicz: Dich anschaun.* Liebesgedichte. Polnisch und deutsch. Übertragen und herausgegeben [sowie mit Nachwort] von Karl Dedecius. Mit Textnachweisen. 1998: 1.–3. Tsd. – 1999: 4. Tsd. – 2003: 6. Tsd. – 3 Auflagen

1193 *Romain Rolland: Goethe und Beethoven.* Übertragung aus dem Französischen: Anton Kippenberg. Mit 3 Abbildungen. Mit Text- und Bildnachweisen. 1999: 1.–3. Tsd. – 1999: 5. Tsd. – 2001: 6. Tsd. – 2004: 7. Tsd. – 4 Auflagen

1194 *Hans Christian Andersen: Reise von Leipzig nach Dresden und in die Sächsische Schweiz.* Mit [18] malerischen Ansichten von C. A. und Ludwig Richter sowie [8] anderen zeitgenössischen Abbildungen. Mit Text- und Bildnachweisen. 2000: 1. – 3. Tsd. [Teilauflage zurückgezogen.] – Siehe auch IB 1220

1195 *Alexander [Sergejewitsch] Puschkin: Der eherne Reiter.* Eine Petersburger Erzählung. Mit [30 farbigen] Illustrationen [und 4 Vignetten] von Alexander Benois. Übertragung und Nachwort: Rolf-Dietrich Keil. 1999: 1.–3. Tsd.

1196 *August Jacob Liebeskind: Lulu oder Die Zauberflöte.* [Ein Feenmärchen.] Nachwort: Friedrich Dieckmann. Editorische Notiz. 1999: 1.–3. Tsd.

1197 *Martin Walser: Der edle Hecker. / Johannes Grützke: ›Morgen brechen wir auf ...‹.* Episoden aus dem Heckerzug, 10 [farbige] Bilder nach den Lithographien [und eine Vignette] von Johannes Grützke. [Querformat.] 1999: 1.–4. Tsd.

1198 *Johann Wolfgang Goethe: Die neue Melusine.* Mit 8 Illustrationen [Farblithographien] von Willi Harwerth [nach der Ausgabe des Insel-Verlages von 1922 – IK 600]. Mit einer editorischen Notiz. 1999: 1.–3. Tsd. – 1999: 5. Tsd. – 2 Auflagen

1199 *Karl Kraus: Die chinesische Mauer.* Mit 8 Illustrationen [Lithographien] von Oskar Kokoschka. [Nach der Ausgabe des Kurt Wolff Verlages, Leipzig 1914.] Herausgegeben und mit Nachwort von Friedrich Pfäfflin. 1999: 1.–3. Tsd. – 2005: 5. Tsd. – 2006: 6. Tsd. – 3 Auflagen

1200 *Franz Kafka: In der Strafkolonie.* Mit Illustrationen [8 Acrylstichen] von Karl-Georg Hirsch. 1999: 1.–5. Tsd.

1201 *Ingeborg Bachmann: Die Geheimnisse der Prinzessin von Kagran.* Eine Legende. Mit [4 farbigen] Bildern von Arik Brauer. Mit einer Nachbemerkung. 1999: 1.–5. Tsd. – 2003: 7. Tsd. – 2 Auflagen

1202 *Christian Morgenstern: Sphinx-Geburten.* Gedichte. Mit einem farbigen Klebebild und 6 Vignetten des Autors. Auswahl und Nachbemerkung von Vera Hauschild. 1999: 1.–4. Tsd. – 2001: 5. Tsd. – 2 Auflagen

1203 *Von A bis Zweitausend.* Graphische Neujahrsgrüße 1976 bis 2000. Mit 25 [teils kolorierten] Holzstichen [von 22 Graphikern]. Angeregt und herausgegeben, mit Vorwort und biographischen Angaben zu den Künstlern von Herbert Kästner. Mit Literaturnachweisen. 1999: 1.–5. Tsd.

1204 *Richard Strauss: Ausgewählte Briefe.* Mit einer Frontispizabbildung und einer Abbildung im Nachwort. Herausgegeben, mit einer editorischen Notiz, mit Anmerkungen und Literaturverzeichnis sowie mit Nachwort von Rüdiger Görner. 1999: 1– 3. Tsd.

1205 *Der Dom zu Aachen.* Ein Rundgang. Text von Dieter P. J. Wynands. Mit [33 zum Teil farbigen] Fotografien [von Ann Münchow und Pit Siebigs] und mit einem Kupfer. Mit Grundriß des Doms sowie Literatur- und Bildverzeichnis. 2000: 1– 4. Tsd. – 2000: 6. Tsd. – 2004: 7. Tsd. –2008: 9. Tsd. – 4 Auflagen

1206 *Marc Chagall: Mein Leben.* Mit 20 Radierungen. Nachwort: Werner Schmidt. Mit Bild- und Textnachweisen. 2000: 1.–4. Tsd. – 2001: 6. Tsd. – 2003: 8. Tsd. – 2009: 13. Tsd. – 2012: 14. Tsd. – 6 Auflagen

1207 *Friedrich Nietzsche: Über Wahrheit und Lüge.* Ein Essay, Aphorismen und Briefe. Herausgegeben und mit Nachwort: Steffen Dietzsch. Mit Anmerkungen zum Text und »Zu dieser Ausgabe«. 2000: 1.–4. Tsd. – 2001: 6. Tsd. – 2009: 9. Tsd. – 4 Auflagen

1208 *Rainer Maria Rilke: In und nach Worpswede.* Gedichte. Mit [15 teils farbigen] Bildern [davon 2 doppelseitig] von Heinrich

Vogeler. Mit dem Text »Heinrich Vogeler in Worpswede« von R. M. Rilke. Nachbemerkung sowie Text- und Bildnachweis: Vera Hauschild. 2000: 1.–4. Tsd. – 2001: 6. Tsd. – 2002: 8. Tsd. – 2004: 13. Tsd. – 2008: 19. Tsd. – 2011: 20. Tsd. – 8 Auflagen

1209 *Charles Dickens: Der Weihnachtsabend.* Mit [8 zum Teil farbigen] Illustrationen von John Leech. Übertragen von Leo Feld. 2000: 1.–4. Tsd. – 2000: 6. Tsd. – 2003: 9. Tsd. – 2010: 12. Tsd. – 5 Auflagen

1210 *Bertolt Brecht: Über Verführung.* Erotische Gedichte. Mit [13] Radierungen von Pablo Picasso. Auswahl, Nachwort, editorische Notizen sowie Text- und Bildnachweise: Günter Berg. 2000: 1.–5. Tsd. – 2001: 7. Tsd. – 2003: 10. Tsd. – 2006: 13. Tsd. – 4 Auflagen

1211 *Es werde Licht!* Texte und [12 farbige] Bilder. Auswahl, Nachwort [mit 1 Abbildung] sowie Bild- und Textnachweise von Charitas Jenny-Ebeling. 2000: 1.–4. Tsd.

1212 *Hermann Hesse: Wege nach Innen.* 25 Gedichte. Mit 12 Aquarellen und 12 Handschrift-Faksimiles sowie mit einem Auszug aus Hesses Brief an seinen Sohn Martin. Auswahl und Nachwort: Siegfried Unseld. 2000: 1. – 5. Tsd. – 2000: 10. Tsd. – 2001: 14. Tsd. – 2003: 22. Tsd. – 2004: 27. Tsd. – 2007: 30. Tsd. – 2010: 32. Tsd. – 8 Auflagen – Seit 2012 unter IB 1365

1213 *Julio Cortázar: Im Silvaland.* Mit 15 farbigen Bildern von Julio Silva. Übertragung aus dem Spanischen: Elke Wehr. Mit Nachbemerkungen »Zur Zusammenarbeit zwischen Julio Cortázar und Julio Silva« [vom Verlag; mit 1 Fotografie] und »Wie das Buch ›Im Silvaland‹ entstand« von Julio Silva. 2000: 1.–3. Tsd.

1214 [1A] *Blau, die himmlische Farbe.* Texte und [14 farbige] Bilder [davon 2 doppelseitig]. Auswahl und Nachwort: Gisela Linder. Mit Text- und Bildnachweisen. 2001: 1.–5. Tsd.

– [1B] –. Um 4 Texte erweitert; 1 Tafel ausgetauscht. 2001: 10. Tsd. – 2002: 14. Tsd. – 2004: 18. Tsd. – 2006: 22. Tsd. – 2011: 28. Tsd. – 7 Auflagen – Seit 2012 unter IB 1361. – Siehe auch IB 1248 und 1304

1215 *Zbigniew Herbert: Der Tulpen bitterer Duft.* Mit 9 [farbigen] Abbildungen. Übertragung aus dem Polnischen: Klaus Staemmler. 2001: 1.–5. Tsd. – 2005: 10. Tsd. – 2011: 12. Tsd. – 5 Auflagen

1216 *E[rnst] T[heodor] A[madeus] Hoffmann: Nußknacker und Mausekönig.* Mit 14 farbigen Illustrationen von Monika Wurmdobler. 2001: 1.–4. Tsd. – 2007: 8. Tsd. – 3 Auflagen

1217 *Pablo Picasso: Das Antlitz der Muse.* Ein Bild und seine Vor-Bilder. Mit einer Porträtfotografie Picassos als Frontispiz, 1 Farblithographie, 13 meist farbigen Zustandsdrucken sowie mit 5 Abbildungen. Herausgegeben und kommentiert von Sebastian Goeppert und Herma C. Goeppert-Frank. Mit Literaturhinweisen. 2001: 1.–5. Tsd. – 2003: 7. Tsd. – 2 Aufl.

1218 *Jannis Ritsos: Die Rückkehr der Iphigenie* [Agamemnon. Chrysothemis.] [3] Monologe. Mit 12 farbigen Steinzeichnungen des Autors. Übertragung aus dem Neugriechischen und Nachwort: Asteris und Ina Kutulas. Herausgegeben von Asteris Kutulas. 2001: 1.–4. Tsd.

1219 *Und die Blumen des Sommers, die schön im Winde läuten.* Texte und [28 farbige] Bilder [davon 2 doppelseitig]. Fotografien und Textauswahl: Martina Hochheimer. Mit Bildlegenden und Textnachweisen. Nachbemerkung von Max Frisch. 2001: 1.–5. Tsd. – 2007: 12. Tsd. – 2010: 14. Tsd. – 5 Auflagen – Siehe auch IB 1241, 1273, 1286, 1311 und 1331

1220 *Hans Christian Andersen: Bericht einer Reise in die Sächsische Schweiz.* Mit [18] malerischen Ansichten von Carl August Richter und Ludwig Richter und [8] anderen zeitgenössischen Abbildungen [davon 3 doppelseitig]. Herausgegeben [und mit einer Nachbemerkung] von Ulrich Sonnenberg. Mit Bildnachweisen und Anmerkungen. 2001: 1.–3. Tsd. – 2002: 4. Tsd. – 2004: 6. Tsd. – 2006: 9. Tsd. – 4 Auflagen – Siehe auch IB 1194 [Bildteil wie dort, Textauswahl verändert.]

1221 *Gustav Flaubert: November.* Fragmente irgendwelchen Stils. Übertragung aus dem Französischen, Anmerkungen und Nachwort: Erich Wolfgang Skwara. 2001: 1.–4. Tsd. – Siehe auch IB 319,2 und 686,2

1222 *Ki No Tsurayuki: Elegische Heimreise.* Ein japanisches Tagebuch aus dem Jahre 935. Mit 2 doppelseitigen japanischen Farbholzschnitten. Übersetzung aus dem altjapanischen Originaltext [und Einführung]: Peter Olbricht. Nachwort [und »Weiterführende Hinweise«]: Irmela Hijiya-Kirschnereit. 2001: 1.–3. Tsd.

1223 *Karl Krolow: Die Handvoll Sand.* Gedichte aus dem Nachlaß. Mit 8 Handschrift-Faksimiles. Auswahl und Nachwort [sowie eine editorische Notiz]: Charitas Jenny-Ebeling. 2001: 1.–4. Tsd.

1224 *Thomas Rosenlöcher: Am Wegrand steht Apollo.* Wiepersdorfer Tagebuch. Gedichte [und ein Geleitwort des Autors]. Mit 4 Zeichnungen von Dieter Goltzsche. 2001: 1.–4. Tsd. – 2003: 5. Tsd. – 2 Auflagen

1225 [*Adelbert von Chamisso:*] *Peter Schlemihls wundersame Geschichte. Mitgeteilt von Adelbert von Chamisso.* Mit 12 [zweifarbigen] Zeichnungen von Karl-Georg Hirsch. 2001: 1.–4. Tsd. – 2007: 5. Tsd. – 2 Auflagen – Siehe auch IB 194

1226 *Zauberfest des Lichts. Henri Matisse in Marokko.* [15 farbige] Gemälde [davon 1 doppelseitig] und [17] Zeichnungen [sowie ein Selbstbildnis von Matisse als Frontispiz]. Mit Reiseimpressionen von Pierre Loti. Zusammenstellung und Nachwort von Annette Ludwig. Mit Text- und Bildnachweisen. 2002: 1.–4. Tsd. [Mit Errata-Zettel.] – 2003: 6. Tsd. – 2005: 8. Tsd. – 2007: 10. Tsd. – 4 Auflagen

1227 *Peter Bichsel: Eisenbahnfahren.* [8 Erzählungen.] Herausgegeben und mit einem Nachwort von Rainer Weiss. 2002: 1.–4. Tsd. – 2002: 7. Tsd. – 2003: 9. Tsd. – 2007: 11. Tsd. – 4 Auflagen

1228 *John Elsas: Meine Bilder werden immer wilder.* 33 Blätter mit Versen und [farbigen] Zeichnungen. Herausgegeben von Marion Herzog-Hoinkis unter Mitarbeit von G[erhard] H[ertz] Herzog. Nachwort [mit 5 farbigen Zeichnungen von John Elsas und 6 Abbildungen]: Marion Herzog-Hoinkis. Mit Bildnachweisen und Kurzbiographien der im Nachwort zitierten Autoren. 2002: 1.–4. Tsd. – 2007: 8. Tsd. – 3 Auflagen

1229 *Dagmar von Gersdorff: Goethes erste große Liebe Lili Schönemann.* Mit 13 Abbildungen. Mit Anmerkungen, Literaturhinweisen und einem Abbildungsverzeichnis. 2002: 1.–5. Tsd. – 2004: 7. Tsd. – 2011: 9. Tsd. – 3 Auflagen

1230 *Ted Hughes: Prometheus auf seinem Felsen.* Englisch und deutsch. Mit einem Bilderzyklus [13 farbige Tafeln, davon 4 doppelseitig] von Eva Clemens. Übertragung, Nachwort und Bemerkungen zu dieser Ausgabe und zu den Bildern: Jutta Kaußen. 2002: 1.–4. Tsd.

1231 *Hermann Hesse: Stufen des Lebens.* Briefe. Auswahl und Nachwort: Siegfried Unseld. Mit Anmerkungen, Nachweisen und einer Zeittafel. 2002: 1.–6. Tsd. – 2007: 9. Tsd. – 3 Aufl.

1232 *Ursula Voß: Kleider wie Kunstwerke. Marcel Proust und die Mode.* Mit zahlreichen Abbildungen [4 Zeichnungen von Marcel Proust und 14 zeitgenössische Fotografien von Paul Nadar und Charles Reutlinger]. Mit Anmerkungen und Literaturhinweisen. 2002: 1.–4. Tsd.

1233 *Neue Totentänze.* [42] Holzstiche von Karl-Georg Hirsch. Mit [je 7] Gedichten von Volker Braun, Peter Gosse, Kerstin Hensel, Richard Pietraß, Hubert Schirneck und Kathrin Schmidt. Herausgegeben und mit Nachwort, Literaturhinweisen und Angaben zu Autoren und Graphikern von Herbert Kästner. 2002: 1.–4. Tsd.

1234 *Patrick Roth: Magdalena am Grab.* 2003: 1.–2. Tsd. – 2003: 4. Tsd. – 2004: 5. Tsd. – 2012: 10. Tsd. – 6 Auflagen

1235 *Michelangelo Buonarroti: Zweiundvierzig Sonette.* Zweisprachige Ausgabe. In der Übertragung von Rainer Maria Rilke. Mit 8 [farbigen] Zeichnungen von Michelangelo. Herausgegeben und mit Nachwort von Karin Wais. Mit Text- und Bildnachweis. [Titel in Rot und Schwarz.] 2002: 1.–4. Tsd. – 2003: 6. Tsd. – 2005: 7. Tsd. – 2009: 9. Tsd. – 4 Auflagen

1236 *Thomas Rosenlöcher: Liebst du mich ich liebe dich.* [11] Geschichten zum Vorlesen. 2002: 1.–4. Tsd. – 2002: 6. Tsd. – 2004: 11. Tsd. – 2007: 14. Tsd. – 2010: 16. Tsd. – 6 Auflagen

1237 *Durs Grünbein: Una storia vera.* Ein Kinderalbum in Versen. [Vorspruch und 31 Gedichte.] 2002: 1.–4. Tsd. – 2009: 7. Tsd. – 3 Auflagen

1238 *Arthur Schnitzler: Traumnovelle.* Mit 8 Zeichnungen von Egon Schiele und einem Essay von Hilde Spiel. Mit Text- und Bildnachweis. 2002: 1.–4.Tsd. – 2003: 6.Tsd. – 2005: 9. Tsd. – 2012: 11.Tsd. – 5 Auflagen

1239 *Marcel und Teofila Reich-Ranicki: »Wir sitzen alle im gleichen Zug«.* Bilder und Texte. Mit 24 farbigen Zeichnungen [davon 4 doppelseitig] von Teofila Reich (-Ranicki). Auswahl und Nachbemerkung: Hans-Joachim Simm. Mit Text- und Bildnachweisen. 2003: 1.–5.Tsd. – 2004: 7.Tsd. – 2010: 10. Tsd. – 3 Auflagen

1240 *Johann Wolfgang Goethe: Wie herrlich leuchtet mir die Natur.* Gedichte und [11 farbige] Bilder [davon 9 doppelseitig]. Auswahl und Nachbemerkung: Hans-Joachim Simm. Mit Textnachweisen. 2003: 1.–4.Tsd. – 2003: 7.Tsd. – 2008: 14. Tsd. – 4 Auflagen

1241 *Veilchen träumen schon. Die Blumen des Frühlings.* Texte und [27 farbige] Bilder [davon 3 doppelseitig]. Fotografien und Textauswahl: Martina Hochheimer. Mit Bildlegenden und Textnachweisen. 2003: 1.–4.Tsd. – 2003: 7.Tsd. – 2006:16. Tsd. – 2010: 18.Tsd. – 5 Auflagen – Seit 2012 unter IB 1364 – Siehe auch IB 1219, 1273, 1286, 1311 und 1331

1242 *Paula Modersohn-Becker: Briefwechsel mit Rainer Maria Rilke* [Rilke: Requiem für eine Freundin]. Mit [8 farbigen] Bildern von Paula Modersohn-Becker [auf Tafeln]. Herausgegeben und mit Nachwort von Rainer Stamm. Mit Anmerkungen, Literatur- und Bildnachweisen sowie mit einer editorischen Notiz. 2003: 1.–4.Tsd. – 2003: 9.Tsd. – 2005: 11.Tsd. – 2007: 14.Tsd. – 2008: 17.Tsd. – 2011: 19.Tsd. – 8 Auflagen

1243 *Franz Kafka: Ein Landarzt.* [14] Kleine Erzählungen. Mit 6 lavierten Federzeichnungen von Alfred Kubin. Nachwort: Peter Höfle. 2003: 1.–3.Tsd. – 2005: 5.Tsd. – 2 Auflagen

1244 *Siegfried Unseld: »Und jeder Schritt ist Unermeßlichkeit«.* Gedanken über Goethe. Mit 5 farbigen Abbildungen. Mit einem Geleitwort von Adolf Muschg und der Laudatio »Fortwährende Tätigkeit« auf Siegfried Unseld von Jochen Schmidt, Text- und Bildnachweisen sowie einem Verzeichnis der Goethe-Veröffentlichungen Siegfried Unselds. Auswahl und Nachbemerkung: Hans-Joachim Simm. 2003: 1.–3. Tsd. – 2010: 4. Tsd. – 2 Auflagen

1245 *Pindar: Achte Pythische Ode.* [Griechisch, französisch und deutsch.] Illustriert von Pablo Picasso. [Mit 4 Radierungen von Picasso und 27 weiteren Abbildungen im Kommentarteil.] Herausgegeben und erläutert von Sebastian Goeppert und Herma C. Goeppert-Frank. Übertragung aus dem Griechischen ins Französische: Jean Beaufret; aus dem Griechischen ins Deutsche: Johannes Malms und Herma C. Goeppert-Frank. Mit einer editorischen Notiz zur griechisch-französischen Originalausgabe (1960) und einem Literaturverzeichnis. 2003: 1.–3. Tsd.

1246 *Samuel Beckett: Lang nach Chamfort.* Acht Maximen. [Dreisprachig: französisch, englisch, deutsch.] Mit [einem Porträt Chamforts und 8] farbigen Abbildungen. Übertragung aus dem Englischen und Französischen sowie Nachwort: Wolfgang Held. Mit Literatur- und Abbildungsnachweisen. 2003: 1.–3. Tsd.

1247 *Robert Schindel: Zwischen dir und mir wächst tief das Paradies.* Liebesgedichte. Mit [5] Zeichnungen von Christof Šubik. Mit einem Vorwort von André Heller und einem Quellenverzeichnis. 2003: 1.–3. Tsd. – 2008: 12. Tsd. – 3 Auflagen

1248 *Rot – Farbe der Liebe.* Texte und [11 farbige] Bilder [davon 1 doppelseitig]. Auswahl und Nachwort: Gisela Linder. Mit Text- und Bildnachweisen. 2003: 1.–5. Tsd. – 2004: 10. Tsd. – 2 Auflagen – Siehe auch IB 1214 und 1304

1249 *Johann Gottfried Herder: Laßt in die Herzen sie dringen.* Volkslieder. Mit Porträts von Johann Gottfried Herder und Marie Karoline Herder und mit 3 Handschrift-Faksimiles. Auswahl, Nachwort und Anmerkungen: Christoph Michel. Mit Abbildungsverzeichnis. 2003: 1.–3. Tsd.

1250 *Das ist die Nachtigall, sie singt.* Eine Versammlung der Vögel einberufen von Elisabeth Borchers. Mit 24 farbigen Vignetten. Nachwort von Elisabeth Borchers. Mit Quellenverzeichnis und Bildnachweisen. 2004: 1.–5. Tsd. – 2005: 8. Tsd. – 2006: 10. Tsd. – 3 Auflagen

1251 *Goethe und Tischbein in Rom.* Bilder und Texte. Mit einer farbigen Abbildung ›Goethe am Fenster seiner römischen Wohnung‹ als Frontispiz, 35 Zeichnungen und Gemälden von Johann Heinrich Wilhelm Tischbein [11 farbige, davon 2 doppelseitig] und 5 weiteren Abbildungen im Vorwort. Herausgegeben und mit einem Vorwort »Goethe und Tischbein in Rom. Kurze Geschichte einer Künstlerfreundschaft« von Petra Maisak. Mit Quellen- und Bildnachweisen. 2004: 1.–5. Tsd. – 2006: 7. Tsd. – 2011: 9. Tsd. – 3 Auflagen

1252 *Martin Luther: Lob des irdischen Friedens.* [11 Texte.] Mit einem Bildnis Luthers von Lukas Cranach d. Ä. als Frontispiz. Herausgegeben und mit Nachwort von Klaus Berger. Mit Literatur- und Quellennachweisen. 2004: 1.–4. Tsd.

1253 *Peter Bichsel: Wo wir wohnen.* [17] Geschichten. Herausgegeben und mit einem Nachwort von Rainer Weiss. Mit Textnachweisen. 2004: 1.–5. Tsd.

1254 *Karl Kraus: Wiese im Park.* Gedichte an Sidonie Nádherný. Mit Porträtfotos von S. Nádherný [als Frontispiz] und K. Kraus, 1 Handschrift-Faksimile und 4 Abbildungen im Nachwort. Herausgegeben, mit einem Nachwort und mit Erläuterungen von Friedrich Pfäfflin. 2004: 1.–3. Tsd.

1255 *James Joyce / Mimmo Paladino: Ulysses.* Texte [von James Joyce] und [18 farbige] Bilder [von Mimmo Paladino]. Aus dem Englischen von Hans Wollschläger. Auswahl der Texte und Nachbemerkung von Klaus Reichert. Nachwort [mit 4 farbigen Abbildungen] von Bernd Klüser. 2004: 1.–4. Tsd. – 2004: 6. Tsd. – 2 Auflagen

1256 *Eduard Mörike: Laßt dies Herz alleine haben seine Wonne, seine Pein.* Gedichte. Ausgewählt und eingeleitet [und mit einer editorischen Notiz] von Peter Härtling. Mit einer Zeichnung von Moritz von Schwind. 2004: 1.–4. Tsd. – 2005: 6. Tsd. – 2 Auflagen

1257 *Hans Magnus Enzensberger: Natürliche Gedichte.* Mit einer Nachbemerkung des Autors und mit Anmerkungen und Literaturnachweisen. 2004: 1.–4. Tsd. [Zweifarbiger Druck.]

1258 *Picasso geht spazieren.* Eine poetische Hommage. Gedichte [von 14 Autoren] und [9 zum Teil farbige] Bilder [von Pablo

Picasso]. Auswahl und Nachwort von Joachim Rönneper. Mit Quellenverzeichnis. 2004: 1.–5. Tsd. – 2011: 6. Tsd. – 2 Auflagen

1259 *Volker Braun: Der berüchtigte Christian Sporn. Ein anderer Woyzeck.* Zwei Erzählungen. Mit Illustrationen [13 Zeichnungen] von Joachim John. 2004: 1.–4. Tsd.

1260 *Georg Büchner: Woyzeck.* Mit 19 Zeichnungen von Bernhard Heisig. Mit einer Nachbemerkung und einer Vita Heisigs. 2004: 1.–4. Tsd. – Siehe auch IB 92, 799 und 1056

1261 *Rainer Maria Rilke: Gedichte an die Nacht.* Mit 7 Handschrift-Faksimiles. Herausgegeben mit Nachwort, Nachbemerkung »Zur Edition« und mit Anmerkungen von Klaus E. Bohnenkamp. 2004: 1.–4. Tsd. – 2007: 8. Tsd. – 3 Auflagen

1262 *Clemens Brentano: Die mehreren Wehmüller und ungarischen Nationalgesichter.* [Novelle.] Mit 13 Zeichnungen von Karl-Georg Hirsch. Nachwort »Vom Schlingern der Identität« von Hans Magnus Enzensberger. 2005: 1.–3. Tsd.

1263 *Friedrich Schiller: Die seligen Augenblicke.* Gedichte. Auswahl und Nachwort »Friedrich Schiller: ein poetischer Lump?« von Sigrid Damm. 2005: 1.–5. Tsd. – 2005: 7. Tsd. – 2 Aufl.

1264 *Joachim Ringelnatz: Warten auf den Bumerang.* Gedichte. Mit 5 zweifarbigen Zeichnungen von Robert Gernhardt. Auswahl und Nachwort »Überall ist Ringelnatz«: Robert Gernhardt. 2005: 1.–5. Tsd. – 2008: 10. Tsd. – 2012: 12. Tsd. – 4 Auflagen [Zweifarbiger Textdruck.]

1265 *Dagmar von Gersdorff: Goethes späte Liebe.* Die Geschichte der Ulrike von Levetzow. Mit 21 Abbildungen. Mit Anmerkungen, Literaturhinweisen und Bildnachweisen. 2005: 1.–4. Tsd. – 2006: 6. Tsd. – 2008: 9. Tsd. – 3 Auflagen

1266 *Thomas Rosenlöcher: Wie ich in Ludwig Richters Brautzug verschwand.* [Sandsteindresden.] Zwei Dresdner Erzählungen. Mit einer farbigen Abbildung des »Brautzuges«. 2005: 1.–4. Tsd. – 2005: 7. Tsd. – 2007: 9. Tsd. – 3 Auflagen

1267 *Petronius Arbiter: Das Gastmahl des Trimalchio.* Mit [12] Scherenschnitten [2 doppelseitig] von Luise Neupert. Übertragen von Otto Weinreich. Nachwort »Eine Träne für Petronius«: Durs Grünbein. 2006: 1.–3. Tsd.

1268 *Octavio Paz / Marie José Paz: Figuren und Variationen.* 12 Gedichte [von Octavio Paz] und 12 [farbige] Collagen [von Marie José Paz]. Übertragung aus dem Spanischen: Susanne Lange. Nachwort »Die Gischt der Stunden: Marie José Paz« von Octavio Paz. Editorische Notiz: Hans Meinke. Mit Entstehungsdaten der Werke. [Titel in Rot und Schwarz.] 2005: 1.–3. Tsd.

1269 *Reich mir die Hand.* Buch der Freundschaft und der Versöhnung. Texte und [13 zum Teil farbige] Bilder. Auswahl und Nachwort »Ästhetik der Hand«: Simone Frieling. Mit Text- und Bildnachweisen. 2005: 1.–5. Tsd.

1270 *Hans Traxler: Mein Morgenstern.* 24 [farbige] Bilder [von Hans Traxler] zu 24 Gedichten [von Christian Morgenstern]. Mit einem Porträt Morgensterns als Frontispiz und zwei Vignetten von Hans Traxler. Nachwort »Morgenstern illustrieren« von Hans Traxler. 2005: 1.–6. Tsd. – 2006: 9. Tsd. – 2 Aufl.

1271 *Jörg Steiner: Mit deiner Stimme überlebe ich.* [10] Geschichten [und 1 Gedicht]. Auswahl, Nachwort und Textnachweise: Rainer Weiss. 2005: 1.–3. Tsd.

1272 *Peter Cornelius Mayer-Tasch und Bernd Mayerhofer: Die Himmelsleiter.* Stufen zum Paradies. Mit [26 zum Teil] farbigen Abbildungen [davon 4 doppelseitig]. Mit Anmerkungen und Bildnachweisen. 2005: 1.–4. Tsd.

1273 *Die Blumen in den Wintertagen.* Texte und [27 farbige] Bilder [davon 2 doppelseitig]. Fotografien und Textauswahl [sowie Nachbemerkung] von Martina Hochheimer. Mit Bildlegenden und Textnachweisen. 2005: 1.–5. Tsd. – 2006: 9. Tsd. – 2010: 17. Tsd. – 4 Auflagen – Siehe auch IB 1219, 1241, 1286, 1311 und 1331

1274 *Friedrich Dieckmann: Orpheus, eingeweiht.* Eine Mozart-Erzählung. Mit einer Nachschrift. 2005: 1.–5. Tsd.

1275 *Zwischen Welt und Wüste.* Worte christlicher Araber. Aus dem Syrischen, Äthiopischen, Arabischen und Griechischen übersetzt, herausgegeben [und mit einem Vorwort] von Klaus Berger. Mit Anmerkungen und Literaturhinweisen. Kopfleiste unter Verwendung einer Azulejo-Kachel. 2006: 1.–4. Tsd.

1276 [*Giacomo Casanova:*] *Tief in angenehmen Abenteuern.* Giacomo Casanova über Glück, Liebe, Frauen. Mit [einem Porträt Casanovas von A. Longhi als Frontispiz und] zahlreichen [10 farbigen] Abbildungen. Auswahl und Nachwort: Ursula Voß. Mit Anmerkungen und Quellenangaben. 2006: 1.–4. Tsd. – 2010: 5. Tsd. – 2 Auflagen

1277 *Johann Wolfgang Goethe: Allen Gewalten Zum Trutz sich erhalten.* Gedichte und [14 meist farbige] Bilder [nach Zeichnungen von Goethe]. Mit einer Zeichnung von Johann Heinrich Wilhelm Tischbein ›Goethe am Fenster seiner Wohnung in Rom‹ als Frontispiz. Auswahl, Nachbemerkung, Text- und Bildnachweise: Hans-Joachim Simm. 2006: 1.–5. Tsd.

1278 *Die zehn Tugenden.* [10 farbige] Bilder und Texte. Herausgegeben und mit einer Vorbemerkung von George Mitran. Mit Textnachweisen. 2007: 1.–4. Tsd.

1279 *Es kommt ein neuer Tag, eine neue Nacht.* Ermutigungen. Mit [10 farbigen] Abbildungen. Auswahl und Nachwort: Herbert Schnierle-Lutz. Mit Autoren- und Quellenverzeichnis sowie Bildnachweisen. 2006: 1.–5. Tsd. – 2007: 10. Tsd. – 2012: 16. Tsd. – 6 Auflagen

1280 *Martin Buber: Erzählungen von Engeln, Geistern und Dämonen.* Mit der Nachbemerkung Martin Bubers zur Erstausgabe. Illustriert [mit 15 Bildern, davon 6 doppelseitig] von Regina Gail [hervorgegangen aus einem Illustrationswettbewerb des Verlages und der Fachhochschule Mainz]. Mit einer editorischen Notiz sowie mit Anmerkungen, einer Zeittafel zu Martin Buber und einem Text der Künstlerin zu ihren Illustrationen. 2006: 1.–3. Tsd. – Siehe auch IB 1281

1281 *Martin Buber: Erzählungen von Engeln, Geistern und Dämonen.* Mit der Nachbemerkung Martin Bubers zur Erstausgabe. Illustriert [mit 24 Schabblättern] von Mandy Schlundt [hervorgegangen aus einem Illustrationswettbewerb des Verlages und der Fachhochschule Mainz]. Mit einer editorischen Notiz sowie mit Anmerkungen, einer Zeittafel zu Martin Buber und einem Text der Künstlerin zu ihren Illustrationen. 2006: 1.–3. Tsd. – Siehe auch IB 1280

1282 *Robert Walser: Vor Bildern.* [25] Geschichten und Gedichte. Mit 34 meist farbigen Abbildungen. Herausgegeben und mit Nachwort von Bernhard Echte. Mit Text- und Bildnachweisen. 2006: 1.–4. Tsd. – 2008: 7. Tsd. – 2 Auflagen

1283 *Günter Eich: Maulwürfe.* Mit [8 zweifarbigen] Illustrationen [Zeichnungen] von Florian Ruhig. 2006: 1.–3. Tsd. [Zweifarbiger Textdruck.]

1284 *Wolfgang Hildesheimer: Wo wir uns wohlfühlen.* Mitteilungen aus Italien und Poschiavo. Mit [22 zum Teil farbigen] Abbildungen. Epilog von Urs Widmer. Auswahl und Vorbemerkung: Dietmar Pleyer. Mit Anmerkungen, Text- und Bildnachweisen. 2006: 1.–5. Tsd.

1285 *Patrick Roth: Lichternacht.* Weihnachtsgeschichte. Mit einer doppelseitigen Abbildung. Mit einem Essay »Schwarzer Schnee. Abschied und Übergang in Patrick Roths ›Lichternacht‹« von Michaela Kopp-Marx. 2006: 1.–4. Tsd. – 2007: 6. Tsd. – 2012: 7. Tsd. – 3 Auflagen

1286 *Schönheit dieser Welt.* Die Blumen des Herbstes. Texte und [29 farbige] Bilder [davon 3 doppelseitig]. Fotografien, Textauswahl und Nachwort: Martina Hochheimer. Mit Bildlegenden und Textnachweisen. 2006: 1.–6. Tsd. – 2009: 8. Tsd. – 2 Auflagen – Siehe auch IB 1219, 1241, 1273, 1311 und 1331

1287 [*Heinrich Vogeler:*] *An den Frühling.* Zehn Radierungen [und Titelzeichnung] von Heinrich Vogeler [aus der Mappe 1899/1901, verkleinert – vgl. IK 1841]. Mit Gedichten sowie mit einem Text »Heinrich Vogeler« von Rainer Maria Rilke. Herausgegeben, mit einer Nachbemerkung und Textnachweisen von Hans-Joachim Simm. 2007: 1.–5. Tsd. – 2008: 8. Tsd. – 2 Auflagen

1288 *Peter Rühmkorf: Aufwachen und Wiederfinden.* Gedichte. Mit Textnachweisen. 2007: 1.–4. Tsd. [Zweifarbiger Druck.]

1289 *Volker Braun: Das Mittagsmahl.* [Erzählung. Zwei Gedichte.] Mit [8] Kupferstichen von Baldwin Zettl. 2007: 1.–3. Tsd. – 2008: 5. Tsd. – 2 Auflagen

1290 *Angela Krauß: Triest. Theater am Meer.* Mit [12 historischen] Fotografien von Franz Marc Frei. 2007: 1.–3. Tsd.

1291 *Jean Paul: Des Luftschiffers Giannozzo Seebuch.* Mit 15 Zeichnungen [davon 7 doppelseitig, und 14 Kapitelvignetten] von Jörg Hülsmann. Mit Nachweisen zu Text und Illustrator. 2007: 1.–5. Tsd. – Siehe auch IB 434,2 und 1073.

1292 *Johann Wolfgang Goethe: Das Römische Carneval.* Mit den [20] farbigen Figurinen [von Georg Melchior Kraus auf Tafeln und der Wiedergabe des Titelblattes] von 1789. Nachwort und Textnachweise von Siegfried Unseld. 2007: 1.–4. Tsd. – Siehe auch IB 1155

1293 *Annette Seemann: Die Geschichte der Herzogin Anna Amalia Bibliothek.* Mit [einem farbigen Porträt der Herzogin als Frontispiz und] zahlreichen [23 teils farbigen] Abbildungen. Mit Anmerkungen und Bildnachweis. [Titel in Rot und Schwarz.] 2007: 1.–5. Tsd. – 2007: 8. Tsd. – 2010: 14. Tsd. – 4 Auflagen

1294 *Wolfgang Frühwald: Goethes Hochzeit.* Mit 16 Abbildungen. Nachbemerkung von Wolfgang Frühwald. Mit Hinweisen und Bildnachweis. 2007:1.–4. Tsd. – 2009: 9. Tsd. – 3 Auflagen

1295 *Peter Bichsel:* [10] *Dezembergeschichten.* Herausgegeben und mit einem ›Persönlichen Nachwort‹ von Adrienne Schneider. Mit Quellennachweisen. 2007: 1.–4. Tsd. – 2008: 10. Tsd. – 3 Auflagen

1296 *Thomas Rosenlöcher: Das Flockenkarussell.* Blüten-Engel-Schnee-Gedichte. Mit einem Nachwort ›Engel hab ich mir abgewöhnt‹ des Autors. Mit Literaturnachweisen. 2007: 1.–5. Tsd.

1297 *Uwe Kolbe: Diese Frau.* Liebesgedichte. Mit [8 farbigen] Holzschnitten von Hans Scheib und einer Nachbemerkung des Autors. Mit Text- und Bildnachweisen. 2007: 1.–3. Tsd. [Zweifarbiger Textdruck.]

1298 *Ursula Voß: Dora Maar und Pablo Picasso.* Im Auge des Minotaurus die Wimper der Sphinx. Mit zahlreichen [20 teils farbigen] Abbildungen. Mit Zeittafel, Literaturverzeichnis, Quellen- und Bildnachweisen. 2007: 1.–4. Tsd.

1299 *Paula Modersohn-Becker: »Kunst ist doch das Allerschönste«.* Briefe einer jungen Künstlerin. Mit 39 meist farbigen Abbildungen. Herausgegeben und mit Nachwort von Corona Unger. Mit Verzeichnis der Briefempfänger und mit Text- und Bildnachweisen. 2007: 1.–4. Tsd. – 2008: 11. Tsd. – 2012: 13. Tsd. – 4 Auflagen

1300 *Arthur Rimbaud: Le Bateau ivre. / Das trunkene Schiff.* [Französisch und deutsch.] Übertragen von Paul Celan. Mit Dokumenten [Briefzeugnissen und Auszügen aus zeitgenössischen Rezensionen zu Celans Übersetzung], [13] Abbildungen und einem Nachwort herausgegeben von Joachim Seng. Mit einer editorischen Notiz. 2008: 1.–3. Tsd. – 2010: 5. Tsd. – 2 Auflagen

1301 *Ludwig Harig: Ein Fall für Epikur.* [7] Erzählungen. Nachwort: Benno Rech. Mit Textnachweisen. 2008: 1.–3. Tsd.

1302 *Galsan Tschinag: Das Menschenwild.* Eine Erzählung aus dem Altai. 2008: 1.–4. Tsd. – 2008: 5. Tsd. – 2 Auflagen

1303 *Ton und Krüge.* Texte und Bilder [20 Farbfotos]. Auswahl, Nachwort und eine Danksagung: Monika Steinkopf. Mit Bild- und Textnachweisen. 2008: 1. – 3. Tsd. – 2008: 5. Tsd. – 2 Auflagen

1304 *Grün – Farbe des Lebens.* Texte und [14 farbige] Bilder [davon 2 doppelseitig]. Auswahl und Nachwort: Gisela Linder. Mit Text- und Bildnachweisen. 2008: 1.–5. Tsd. – 2010: 7. Tsd. – 2012: 9. Tsd. – 3 Auflagen – Siehe auch IB 1214 und 1248

1305 *Ursula Voß: Der Katzenkönig der Kinder.* Balthus und Rainer Maria Rilke. Mit zahlreichen [15 meist farbigen] Abbildungen. Mit Literaturverzeichnis und Quellennachweisen. 2008: 1.–3. Tsd.

1306 *Osiris. Mit den Toten reden.* Szenen für vier Sprecher. Aus dem Totenbuch und anderen altägyptischen Quellen zusammengestellt und übersetzt von Jan Assmann. Mit einem farbigen Frontispiz und 15 farbigen Abbildungen. Vorwort und Einführung von Jan Assmann. Mit Text- und Bildnachweisen. 2008: 1.–3. Tsd.

1307 *Oleg [Alexandrowitsch] Jurjew: Zwanzig Facetten der russischen Natur.* Mit 10 [farbigen] Bildern von Kusma Petrow-Wodkin. Mit Nachbemerkung zu Buch und Bildern. 2008: 1.–3. Tsd.

1308 *Durs Grünbein: Lob des Taifuns*. Reisetagebücher in Haikus. [Deutsch und japanisch.] Mit Übertragungen ins Japanische und einem Nachwort ›Wasser und Wolken ziehen wie immer dahin‹ von Yûji Nawata. Mit 4 farbigen Abbildungen. Nachwort »Siebzehn Silben des Augenblicks« von Durs Grünbein. Mit Hinweisen zu Literatur und zu den Abbildungen. 2008: 1.–4. Tsd. – 2009: 6. Tsd. – 2 Auflagen

1309 *Michael Krüger: Reden und Einwürfe*. Gedichte. Nachwort von Michael Krüger. Mit Literaturnachweisen. 2008: 1.–3. Tsd. [Zweifarbiger Druck.]

1310 [*Albert Ostermaier*]: *Wer sehen will*. Gedichte von Albert Ostermaier zu [24] Fotografien von Pietro Donzelli. Herausgegeben [und mit Vorwort] von Renate Siebenhaar. Mit einem Nachwort von Claudius Seidl und mit einer Vita Pietro Donzellis. 2008: 1.–4. Tsd.

1311 *Blumensterne*. Texte und [58 farbige] Bilder [davon 2 doppelseitig]. Fotografien, Textauswahl [und Nachwort]: Martina Hochheimer. Mit Bildlegenden und Textnachweisen. 2008: 1.–5. Tsd. – Siehe auch IB 1219, 1241, 1273, 1286 und 1331

1312 *John Donne: Erleuchte, Dame, unsere Finsternis*. Songs. Sonette. Elegien. Zweisprachige Ausgabe. Mit einem Porträt des Autors als Frontispiz. Übertragung aus dem Englischen, Vorwort und Anmerkungen: Wolfgang Held. Mit einem Essay »Zu John Donnes Alchemie« von Madeline Mary Duff. 2009: 1.–3. Tsd.

1313 *Arno Schmidt:* [8] *Stürenburg-Geschichten*. Herausgegeben und mit einer Nachbemerkung von Thomas Kluge. Mit Textnachweisen. 2009: 1.–4. Tsd.

1314 *Heinrich Hoffmann: Dukatenbilder*. Mit 24 farbigen Bildern von Heinrich Hoffmann und 5 Abbildungen im Vorwort. Herausgegeben von Marion Herzog-Hoinkis und Rainer Hessenberg. Vorwort von Marion Herzog-Hoinkis. Nachwort von Rainer Hessenberg. Mit einem Dank der Herausgeber und mit Abbildungsnachweisen. 2009: 1.–4. Tsd.

1315 *Angela Krauß: Ich muß mein Herz üben*. Gedichte. [26] Bleistiftzeichnungen von Hanns Schimansky. Mit einem Text »Schimansky, der Großonkel und ich« von Angela Krauß.

Mit Quellennachweis und Bemerkungen zum Künstler. 2009: 1.–3. Tsd.

1316 *Musaios: Hero und Leander.* Aus dem Altgriechischen neu übersetzt, herausgegeben [und mit Nachwort] von Marion Giebel. Mit 9 zum Teil farbigen Abbildungen. Mit Literaturverzeichnis und Bildnachweis. 2009: 1.–3. Tsd.

1317 *Maria-Therese Tietmeyer: Weiße Blumen.* [22 farbige] Bilder und Texte. Nachwort von Maria-Therese Tietmayer. Mit Textnachweisen. 2009: 1.–5. Tsd. – 2010: 8. Tsd. – 2 Aufl.

1318 *Carlos Ruiz Zafón: Gaudí in Manhattan.* Eine phantastische Erzählung. Mit 13 farbigen Fotografien. Übersetzung aus dem Spanischen von Peter Schwaar. 2009: 1.–13. Tsd. – 2010: 16. Tsd. – 2 Auflagen

1319 *Hans Christian Andersen: Bilderbuch ohne Bilder.* Herausgegeben und aus dem Dänischen übersetzt von Ulrich Sonnenberg. Nachbemerkung von Ulrich Sonnenberg. Mit Quellennachweisen. 2009: 1.–4. Tsd. – Siehe auch IB 192

1320 *Paul Fleming: Ich habe satt gelebt.* Gedichte. Herausgegeben und mit einem Nachwort ›Der Cantus firmus der Selbstbeharrung‹ von Thomas Rosenlöcher. Mit Anmerkungen, Zeittafel und einer editorischen Notiz. 2009: 1.–3. Tsd.

1321 *Michel Mettler: Der Blick aus dem Bild.* Von Gemaltem und Ungemaltem. Texte und [19 zum Teil farbige] Bilder. Geleitwort von Michel Mettler. Mit Text- und Bildnachweisen. 2009: 1.–4. Tsd.

1322 *Andrzej Stasiuk: Winter* [Pawel. Mietek. Grzesiek. Paris-London-New York.]. Fünf Geschichten. Übertragung aus dem Polnischen von Olaf Kühl und Renate Schmidgall. Mit Textnachweis. 2009: 1.–4. Tsd.

1323 *Uwe Tellkamp: Reise zur blauen Stadt.* 2009: 1.–8. Tsd.

1324 *Annette Seemann: Das Weimarer Residenzschloß.* Mit zahlreichen [24 zum Teil farbigen] Abbildungen. Vorwort und Anmerkungen von Annette Seemann. 2009: 1.–4. Tsd.

1325 *Wilhelm Busch: Der Kuchenteig.* Eine Bildergeschichte. Mit 11 Abbildungen [diese im Essay wiederholt]. Herausgegeben [und mit einem Essay] von Andreas Platthaus. Mit Anmerkungen. 2010: 1.–4. Tsd.

1326 *Friedrich-Karl Praetorius: Botschaften von einem anderen Stern.* Mit 7 farbigen Illustrationen des Autors. 2009: 1.–2. Tsd.

1327 *Peter Hacks: Der Schuhu und die fliegende Prinzessin.* Ein Märchen. [15 farbige] Zeichnungen von Heidrun Hegewald [nach der Ausgabe des Eulenspiegel-Verlages, Berlin 1966]. 2010: 1.–3. Tsd. [Titel in Rot und Schwarz.] – Siehe auch IB 993

1328 *Victor Hugo: Der Rhein.* Mit [14 farbigen] Zeichnungen des Autors. Herausgegeben und übersetzt [sowie mit Vorwort und Anmerkungen] von Annette Seemann. Nachwort: Hermann Mildenberger. 2010: 1.–3. Tsd. – 2010: 5. Tsd. – 2 Auflagen

1329 *Erica Pedretti: fremd genug.* [Erzählung.] Mit 7 Bleistiftzeichnungen der Autorin. 2010: 1.–3. Tsd. – 2010: 4. Tsd. – 2 Auflagen

1330 *Liebesgedichte des Mittelalters. Wie sich minne hebt, daz weiz ich wol.* Zweisprachige Ausgabe. Mit [23] farbigen Bildern aus dem Codex Manesse [und einem farbigen Porträt Oswalds von Wolkenstein]. Herausgegeben, mit Biographien der Minnesinger und einem Nachwort von Hans-Joachim Simm. Mit Text- und Bildnachweisen. 2010: 1.–3. Tsd.

1331 *Oh, wer um alle Rosen wüßte.* Texte und [31 farbige] Bilder. Fotografien und Textauswahl [sowie Nachwort] von Martina Hochheimer. Mit Bildlegenden und Textnachweisen. 2010: 1.–5. Tsd. – 2011: 8. Tsd. – 2 Auflagen – Siehe auch IB 1219, 1241, 1273, 1286 und 1311

1332 noch nicht belegt

1333 *Wilhelm Müller: Die Winterreise.* Mit einer Porträtzeichnung Wilhelm Müllers von Franz Kühlen als Frontispiz und mit 12 farbigen Abbildungen. Mit einem Nachwort ›Fremd zieh' ich wieder aus‹ von Dietrich Fischer-Dieskau. Mit Abbildungsverzeichnis. 2010: 1.–3. Tsd. – 2012: 4. Tsd. – 2 Auflagen

1334 *Peter Kropmanns: Das Atelier im Grünen.* Henri Matisse – Die Jahre in Issy. Mit zahlreichen Abbildungen [Fotografie von Henri Matisse als Frontispiz, 14 Fotos, 13 farbige Gemäldereproduktionen]. Im Anhang Äußerungen von Besuchern, Chronologie, Bibliographie und Bildnachweise. Mit Anmerkungen und einem Dank Peter Kropmanns. 2010: 1.–4. Tsd.

1335 *Wilhelm Raabe: Altershausen.* [Romanfragment.] Mit einem Nachwort von Andreas Maier. 2010: 1.–3. Tsd. – 2011: 5. Tsd. – 2 Auflagen

1336 *Gustav Theodor Fechner: Das Büchlein vom Leben nach dem Tode.* Nachwort ›Welches Leben nach dem Tod?‹ [mit 3 Abbildungen] von Thomas Macho. 2010: 1.–2. Tsd. – Siehe auch IB 187

1337 *Ein rabenschwarzer Schnee.* Groteske Gedichte. Mit Illustrationen [10 zweifarbige Zeichnungen] von Karl-Georg Hirsch. Auswahl und Nachwort von Hans-Joachim Simm. Mit Textnachweisen. 2010: 1.–4. Tsd.

1338 *Gottfried Benn / Thomas Florschuetz: Blumen.* Gedichte und [26 farbige] Fotografien [davon 1 doppelseitig]. Ausgewählt von Thomas Florschuetz und Durs Grünbein. Gedicht ›Bayerischer Platz‹ und Nachwort von Durs Grünbein. Herausgegeben [und mit Nachwort und Werkliste zu den Fotografien von Thomas Florschuetz] von Renate Siebenhaar. Mit Textnachweisen. 2011: 1.–4. Tsd.

1339 *Thomas Bernhard: Der Kulterer.* Erzählung. Mit 8 farbigen Tuschfederzeichnungen von Peter Herzog. Nachwort ›Finsternis – Die Grundfarbe des Paradieses?‹ von Raimund Fellinger. 2011: 1.–4. Tsd.

1340 *Paul Nizon: Goya.* Mit einem farbigen Selbstbildnis von Goya als Frontispiz und 23 meist farbigen Abbildungen [6 doppelseitig]. 2011: 1.–3. Tsd. – 2012: 4. Tsd. – 2 Auflagen

1341 *Joachim Ringelnatz: Im Aquarium in Berlin.* [Gedichte.] Mit [13] Illustrationen [Zeichnungen] von Renée Sintenis. Nachwort [mit einem Porträtfoto von Sintenis] von Matthias Reiner. 2011: 1.–4. Tsd. – 2012: 7. Tsd. – 2 Auflagen

1342 *Ursula Voß: Kindheiten um Marcel Proust.* Mit Abbildungen [8 Fotografien]. Mit Vorbemerkung, Erläuterungen zu den Lebensläufen und mit Literaturverweisen. 2011: 1.–3. Tsd.

1343 *Günter Grass: Lebenslang.* Ausgewählte Gedichte. Auswahl von Raimund Fellinger und Matthias Reiner. Mit einer Radierung von Günter Grass. 2012: 1.–4. Tsd.

1344 *Herman Bang: Ihre Hoheit.* Eine Erzählung. Übertragung aus dem Dänischen und Nachwort von Ulrich Sonnenberg. 2011: 1.–2. Tsd.

1345 *Else Lasker-Schüler: Meine Wunder.* Gedichte. Mit der Abbildung einer illustrierten Gedichthandschrift. Auswahl und Nachwort von Ricarda Dick. 2011: 1.–2. Tsd. – 2012: 5. Tsd. – 2 Auflagen

1346 *Johannes Roth: Gartenlust im Herbst.* Mit [22] farbigen Fotografien von Marion Nickig. 2011: 1.–4. Tsd. – Siehe auch IB 1353

1347 *Bernd Brunner: Die Erfindung des Weihnachtsbaums.* Mit Titelvignette und 14 zum Teil farbigen Illustrationen. Mit Literaturverzeichnis und Bildnachweisen. 2011: 1.–3. Tsd. – 2012: 6. Tsd. – 2 Auflagen

1348 *Hermann Hesse: Schmetterlinge.* Betrachtungen, Erzählungen und Gedichte. Mit [32] farbigen Abbildungen und einer Federzeichnung von Gunter Böhmer. Herausgegeben, mit Nachwort und editorischer Bemerkung von Volker Michels. 2011: 1.–4. Tsd. – 2012: 8. Tsd. – 2 Auflagen

1349 *Peter O. Büttner: Das Ur-Heidi.* Eine Enthüllungsgeschichte. Mit der Erzählung ›Adelaide, das Mädchen vom Alpengebirge‹ von Hermann Adam von Kamp. Mit [9] Abbildungen. 2011: 1.–2. Tsd.

1350 *Rainer Maria Rilke: Die Weise von Liebe und Tod des Cornets Christoph Rilke.* Mit Illustrationen von Karl-Georg Hirsch und einem Nachwort von Matthias Reiner. 2012: 1.–4. Tsd. – Siehe auch IB 1

1351 *Goethes Monde.* Texte und Zeichnungen. Mit zahlreichen Abbildungen. Herausgegeben von Mathias Mayer. 2012: 1.–3. Tsd. – 2012: 6. Tsd. – 2 Auflagen

1352 *Friederike Mayröcker: Von den Umarmungen.* Gedichte. 2012: 1.–3. Tsd.

1353 *Johannes Roth: Gartenlust im Frühling.* Mit farbigen Fotografien von Marion Nickig. 2012: 1.–4. Tsd. – 2012: 7. Tsd. – 2 Auflagen – Siehe auch IB 1346

1354 *Ralf Rothmann: Gethsemane.* [Schicke Mütze. Erzählungen.] Auswahl vom Autor. 2012: 1.–3. Tsd.

1355 *Christa Wolf: Unter den Linden.* [Erzählung.] Mit Aquarellen von Harald Metzkes. 2012: 1.–6. Tsd.

1356 *Bertolt Brecht: Liebesgedichte.* Auswahl von Elisabeth Hauptmann. [1.–119. Tsd. unter IB 852] – 2012: 123. Tsd.

1357 *Das Kopfkissenbuch der Dame Sei Shonagon.* Mit 52 Vignetten [25 Motive] aus einer alten japanischen Gedichtsammlung. Freie Auswahl und Anordnung nach dem japanischen Original (um das Jahr 1000) sowie Nachwort: Helmut Bode. Nachbemerkung zu den Vignetten: Irmtraut Schaarschmidt-Richter. Mit Literaturnachweis. [1.–31. Tsd. unter IB 998,2] – 2012: 35. Tsd.

1358 *Rainer Maria Rilke: Wie soll ich meine Seele halten.* Liebesgedichte. Mit einer Graphik von Edward Okun. Nachwort: Siegfried Unseld. Zweifarbiger Druck. [1.–44. Tsd. unter IB 1150] – 2012: 51. Tsd.

1359 *Honoré de Balzac: Das unbekannte Meisterwerk.* Mit Illustrationen [20 Zeichnungen und 13 Radierungen] von Pablo Picasso [und 63 Holzschnitten von Georges Aubert nach Tuschezeichnungen von Picasso]. Übertragung: Herma Goeppert-Frank. Nachwort: Sebastian Goeppert und Herma Goeppert-Frank. [1.–41. Tsd. unter IB 1031,2] – 2012: 45. Tsd.

1360 *Siegfried Unseld: Goethe und der Ginkgo.* Ein Baum und ein Gedicht. Mit 19 zum Teil farbigen Abbildungen. Mit Literaturverzeichnis und Bildnachweisen. [1.–109. Tsd. unter IB 1188] – 2012: 116. Tsd.

1361 *Blau – die himmlische Farbe.* Texte und [14 farbige] Bilder [davon 2 doppelseitig]. Auswahl und Nachwort: Gisela Linder. Mit Text- und Bildnachweisen. [1.–28. Tsd. unter IB 1214] – 2012: 35. Tsd. – Siehe auch IB 1248 und 1304

1362 *Stefan Zweig: Sternstunden der Menschheit.* Fünf historische Miniaturen. [Die Weltminute von Waterloo. Die Marienbader Elegie. Die Entdeckung Eldorados. Heroischer Augenblick. Der Kampf um den Südpol.] Mit einem Vorwort von Stefan Zweig. [1.–732. Tsd. unter IB 165,2] – 2012: 736. Tsd.

1363 *Edgar Allan Poe: Der Rabe.* Zweisprachige Ausgabe. [3 zweifarbige] Holzschnitte von d'Aragues. Übertragung: Hans Wollschläger. Mit dem Essay ›Die Methode der Komposition‹ von Poe in der Übertragung von Ursula Wernicke. Nachwort: E.Y. [eig. Peter] Meyer. Mit Quellenverweis. [1.–35. Tsd. unter IB 1006,2] – 2012: 39. Tsd.

1364 *Veilchen träumen schon. Die Blumen des Frühlings.* Texte und [27 farbige] Bilder [davon 3 doppelseitig]. Fotografien und Textauswahl: Martina Hochheimer. Mit Bildlegenden und Textnachweisen. [1.–18. Tsd. unter IB 1241] – 2012: 24. Tsd. – Siehe auch IB 1219, 1273, 1286, 1311 und 1331

1365 *Hermann Hesse: Wege nach Innen.* 25 Gedichte. Mit 12 Aquarellen und 12 Handschrift-Faksimiles sowie mit einem Auszug aus Hesses Brief an seinen Sohn Martin. Auswahl und Nachwort: Siegfried Unseld. [1.–32. Tsd. unter IB 1212] – 2012: 39. Tsd.

1366 *Urs Faes: Paris. Eine Liebe.* Erzählung. Mit [6] Zeichnungen von Nanne Meyer. 2012: 1.–4. Tsd.

1367 noch nicht belegt

1368 *Stanisław Lem: Professor A. Donda.* [Erzählung.] Illustriert [mit 10 farbigen, doppelseitigen Zeichnungen und 19 farbigen Vignetten] von Benjamin Courtault. Übertragung aus dem Polnischen von Klaus Staemmler. Nachwort von Matthias Reiner. 2012: 1.–4. Tsd.

1369 *Thomas Rosenlöcher: Hirngefunkel.* Gedichte. 2012: 1.–3. Tsd.

1370 *Johannes Roth: Gartenlust im Winter.* Mit [19] farbigen Fotografien von Marion Nickig. 2012: 1.–6. Tsd.

1371 *Sophie Tieck / Henrik Schrat: Belinde* [Das Reh. Die Quelle der Liebe.]. [3] Märchen [von Sophie Tieck und Schattenrisse von Henrik Schrat.] Mit einem Nachwort von Renate Siebenhaar. 2012: 1.–3. Tsd.

Jubiläumskassetten »75 Jahre Insel-Bücherei«

Im Jahr 1987 haben beide Verlagshäuser aus Anlaß des 75jährigen Bestehens der Insel-Bücherei Jubiläumskassetten herausgegeben. Diese Kassetten enthalten die nachfolgend aufgeführten IB-Nummern; die Bände der Frankfurter Kassette waren auch einzeln erhältlich.
L-Kassette: 1071 – 1072 [1A] – 1073 – 1074 – 1075 [1A]. In Schmuckschuber.
F-Kassette: 1 – 66[2] – 259[1B] – 269[2B] – 284[2B] – 340[1] – 450[1B] – 454[1B] – 996[2] – 1028[2] – 1029[2] – 1030[2] – 1031[2] – 1032[2] – 1034[2] – 1036[2] – 1037[2] – 1038[2] – 1039[2] – 1071 – 1072[1B] – 1073 – 1075[1B] – Bibliographie 75 Jahre Insel-Bücherei [1B]. Schmuckschuber.

Jubiläumskassette »100 Jahre Insel Verlag«

Zum Centenarium des Insel Verlages im Jahr 1999 erschien eine Jubiläumskassette, enthaltend die folgenden IB-Nummern:
28 – 115[2] – 165[2] – 172[2] – 312[2] – 314[1C] – 334[2B] – 351[2B] – 413[1C] – 450[1B] – 454 [1B] – 624[1] – 662[1] – 810[1B] – 832 – 1003[2] – 1030[2] – 1031[2] – 1118 – 1188 – Bibliographie der Insel-Bücherei 1912 – 1999. Schmuckschuber.

Bände ohne Nummer

Die Insel-Bücherei 1912–1937. Mit Beiträgen von Rudolf G. Binding, Annemarie Meiner, Richard Jütte, Severin Rüttgers und einem Bericht des Verlages. Herausgegeben von Friedrich Michael. 1937: 1.–10. Tsd. – 1937: 20. Tsd. – 2 Auflagen

Fünfzig Jahre Insel-Bücherei 1912–1962. [Eine Bibliographie.] Bearbeitet von Heinz Sarkowski. Vorwort »Von den Annehmlichkeiten bibliographischer Lektüre«: Hanns W. Eppelsheimer. Vorwort »Fünfzig Jahre Insel-Bücherei«: Heinz Sarkowski. Mit 63 Abbildungen im Text und 5 Abbildungen auf Tafeln. 1962 (F): 1.–15. Tsd. – 1962 (F): 26. Tsd. [Mit 6 Abbildungen auf Tafeln.] – 2 Auflagen. [Für die Tafeln wurden Minnesinger-Bilder aus IB 450 in wechselnden Kombinationen verwendet.]

75 Jahre Insel-Bücherei 1912–1987. Eine Bibliographie. Mit 44 Abbildungen. Bearbeitet und herausgegeben von Herbert Kästner.
[1A] Vorwort und Vorbemerkung »Zur Anlage der Bibliographie«: Herbert Kästner. 1987 (L): 1.–15. Tsd.
[1B] Vorwort: Siegfried Unseld. Vorbemerkung »Zur Anlage der Bibliographie«: Herbert Kästner. 1987 (F): 1.–10. Tsd. – 2 Auflagen
Die Insel-Bücherei. Bibliographie 1912 – 1999. Bearbeitet und herausgegeben von Herbert Kästner. (Erschienen aus Anlaß des 100jährigen Bestehens des Insel Verlages.) 1999: 1.–4. Tsd. – 2 Aufl.

Ganzlederausgaben in der Insel-Bücherei von 1912 bis 1933

Von einigen Titeln der Insel-Bücherei wurden seit 1913 neben den üblichen Pappbänden auch Ganzlederausgaben hergestellt. Offenbar bestand ursprünglich die Absicht, solche Ausgaben für einen beachtlichen Teil der jeweiligen Jahresproduktion zu fertigen. So sind von den bis Ende 1913 erschienenen 112 Titeln 39, also mehr als ein Drittel, auch in Ganzledereinbänden nachgewiesen. Während des Ersten Weltkrieges und in der Nachkriegszeit war es nicht möglich, diese Entwicklung fortzusetzen. In den zehn Jahren von 1914 bis 1923 erschienen lediglich 10 Lederausgaben, davon 8 als Nachauflagen. Von 1924 bis 1930 gab es dann noch einmal Bindequoten in Ganzleder von etwa 90 Auflagen, vorwiegend von erfolgreichen Titeln der Insel-Bücherei.

Die Bogen für die Ganzlederausgaben sind jeweils der gewöhnlichen Auflage entnommen. Für die schmiegsam gearbeiteten Einbände wurde Ziegenleder in den Farbtönen schwarz, dunkelblau, dunkelbraun, hellbraun, rot, dunkelgrün und hellgrün verwendet. Der Titel ist über die gesamte Höhe des Buchrückens in Gold geprägt, den Vorderdeckel ziert ein von Walter Tiemann eigens entworfenes Signet, ebenfalls in Goldprägung. Die Bandnummer ist nicht angegeben, die Zugehörigkeit zur Insel-Bücherei also im allgemeinen nur der Druckbogen-Signatur zu entnehmen. Für die Vorsätze wurden neben vier Marmorpapieren mehrere für die Insel-Bücherei verwendete Überzugpapiere eingesetzt.

Der Preis eines Ganzlederbandes betrug mit 3 Mark (1913) bzw. 7 Mark (1926) das Sechs- bzw. Siebenfache der Pappausgabe. Die in Ganzleder gefertigten Bindequoten haben wohl 200 Exemplare nie überschritten.

Nachgewiesen sind derartige Ganzlederausgaben von 70 Titeln, die nachstehend in Kurzfassung aufgeführt sind. Sofern es Ganzlederquoten aus mehreren Auflagen gibt, ist deren Anzahl genannt. (In Ganzleder gebundene Vorzugs- bzw. Sonderausgaben von Titeln der Insel-Bücherei siehe S. 234 ff.)

1 Rilke: Cornet – 13 Auflagen
2 Cervantes: Zigeunermädchen
5[1] Verhaeren: Hymnen
7[1A] Bürger: Münchhausen
8 Hofmannsthal: Tod des Tizian – 3 Auflagen
10 Goethe an Auguste zu Stolberg
11[1B] Jacobsen: Mogens – 2 Auflagen
12 Flaubert: Sankt Julianus
13 Hardt: An den Toren des Lebens – 2 Auflagen
14[1A] Aucassin und Nicolette
16[1A] Boccaccio: Fünf Geschichten
21[1A] Novalis: Hymnen
22 Huch: Liebesgedichte – 3 Auflagen
23 Binding: Opfergang – 5 Auflagen
27[1A] Sophokles: Antigone
28 Hofmannsthal: Der Tor und der Tod – 4 Auflagen
30[1] Goethe: Pandora
34[1A] Anakreon
37 Björnson: Synnöve Solbakken
40 Jacobsen: Erzählungen
41[1A] Angelus Silesius: Wandersmann

41[1B] Angelus Silesius: Wandersmann
42[1A] Daudet: Tartarin
43 Rilke: Marien-Leben – 4 Auflagen
46 Sachs: Fastnachtsspiele
48 Björnson: Arne
49[1] Schlaf: Frühling
50[1A] Hölderlin: Gedichte
50[1B] Hölderlin: Gedichte
53[1A] Wilde: Lehren und Sprüche
53[1B] Wilde: Lehren und Sprüche
58 Huch: Wonnebald Pück
59[1A] Hebbel: Gedichte
60[1A] Kinderlieder aus des Knaben Wunderhorn
68 Tolstoi: Volkserzählungen – 2 Auflagen
69 Stifter: Nachkommenschaften
70 Legenden des heiligen Franz
72 Emerson / Goethe: Natur
75[1A] Mörike: Gedichte
75[1B] Mörike: Gedichte – 2 Auflagen
76[1] Flaubert: Herodias
78 Hofmannsthal: Das kleine Welttheater
80 Hebbel: Schnock
81[1A] Von Gottes- und Liebfrauenminne
82 Grillparzer: Spielmann
97[2] Lagerlöf: Gutsgeschichte – 2 Auflagen
103[1] Wagner: Parsifal
122[1] Zweig: Brennendes Geheimnis – 4 Auflagen
149 Dostojewski: Großinquisitor – 3 Auflagen
165[2] Zweig: Sternstunden der Menschheit – 8 Auflagen
192 Andersen: Bilderbuch ohne Bilder – 2 Auflagen
195 Stieler: Winteridyll – 2 Auflagen
201[1A] Li-tai-pe – 2 Auflagen
220[1A] Wilde: Ballade vom Zuchthaus
224[1A] Eichendorff: Taugenichts – 3 Auflagen
230 Mörike: Mozart – 3 Auflagen
246 Storm: Immensee – 2 Auflagen
247 Wilde: Salome

260[2] Bierbaum: Irrgarten der Liebe
271[1A] Droste-Hülshoff: Judenbuche – 2 Auflagen
274[1A] Okakura: Buch vom Tee – 3 Auflagen
285[2] Lagerlöf: Mädchen vom Moorhof – 3 Auflagen
300[2] Meyer: Hutten
302[2] Stevenson: Flaschenteufelchen – 2 Auflagen
315[1A] Von dem Fischer un syner Fru – 2 Auflagen
324 Keller: Romeo und Julia – 2 Auflagen
327[1A] Keller: Legenden – 2 Auflagen
349[1] Zweig: Augen des ewigen Bruders – 7 Auflagen
361[1A] Nietzsche: Gedichte – 4 Auflagen
362 Timmermans: Triptychon – 5 Auflagen
367 Stifter: Waldsteig
390 Wilde: Gespenst von Canterville
394[1A] Verlaine: Gedichte
408[1A] Zweig: Chronik – 2 Auflagen

Für Auflagen, die zwischen 1917 und 1928 erschienen, liegen Ganzlederausgaben auch in einer variierten Ausstattung vor: Es fehlt die Rückenzeile, der goldgeprägte Titel befindet sich nun auf dem Vorderdeckel, den zusätzlich ein kleines goldgeprägtes Zierstück schmückt. Bislang ist die Verwendung von 19 verschiedenen Prägestempeln für solche Schmuckelemente nachgewiesen. Das Vorsatzpapier dieser Bände ist einfarbig. Folgende Titel sind in dieser Ausstattung bekannt:

1[1A] Rilke: Cornet – 3 Auflagen
11[1B] Jacobsen: Mogens – 2 Auflagen
13 Hardt: An den Toren des Lebens
21[1A] Novalis: Hymnen
22 Huch: Liebesgedichte
23 Binding: Opfergang – 2 Auflagen
28 Hofmannsthal: Der Tor und der Tod
40 Jacobsen: Erzählungen
58 Huch: Wonnebald Pück
116 Dostojewski: Die Sanfte
122[1] Zweig: Brennendes Geheimnis – 2 Auflagen

152[2]	Storm: Schimmelreiter
161[1A]	Kleist: Michael Kohlhaas
193	Huch: Judengrab
195	Stieler: Winteridyll
224[1A]	Eichendorff: Taugenichts
230	Mörike: Mozart
246	Storm: Immensee
259	Turgenjew: Gedichte in Prosa
260[2]	Bierbaum: Irrgarten der Liebe
274[1A]	Okakura: Buch vom Tee
276[1A]	Hoffmann: Silvesternacht
296[1A]	Goethe: Novelle
314[1A]	Puschkin: Pique Dame
315[1A]	Von dem Fischer un syner Fru
327[1A]	Keller: Legenden
349[1]	Zweig: Augen des ewigen Bruders
361[1A]	Nietzsche: Gedichte

Von den Nummern 1 (Rilke: Cornet; 6 Auflagen) und 28 (Hofmannsthal: Der Tor und der Tod) gibt es auch Exemplare in Halbleder mit goldgeprägtem Rückentitel und Marmorpapierbezug. Der Textdruck erfolgte auf Büttenpapier.

Vorzugs- und Sonderausgaben

Bereits seit 1913 wurden – neben den Ganzlederbänden (siehe dort) – auch Vorzugsausgaben einiger Titel der Insel-Bücherei herausgegeben. Der Druck erfolgte in der Regel vom Originalsatz, häufig auf besserem Papier – meist Bütten –, Illustrationen wurden handkoloriert oder vom Künstler signiert, und die Einbandgestaltung verrät besondere Sorgfalt. Im Vergleich zu den Normalausgaben sind die Vorzugsausgaben mitunter von größerem Format. Seit 1993 gibt der Verlag auch wieder limitierte Vorzugsausgaben in Leder heraus, und in den Jahren 1996 und 2006 erschienen erstmals Vorzugsausgaben mit einer beiliegenden Originalgraphik.
Des weiteren sind gelegentlich auch Sonderausgaben hergestellt

worden, etwa für den Autor, für die Freunde des Verlags oder als sogenannte »Geschenkausgaben«.

Nachstehend sind in numerischer Ordnung und mit Kurztiteln alle Vorzugsausgaben sowie die vom Verlag edierten Sonderausgaben genannt. Unberücksichtigt bleiben die zwischen 1980 und 1990 zum jährlichen ›Leipziger Buchmarkt‹ ausgegebenen sog. Buchmarkt-Ausgaben, die sich von der jeweiligen Normalausgabe nur durch einen zusätzlichen Druckvermerk unterscheiden (in chronologischer Folge IB 907,1B; 1040,1; 660,2; 674,1; 1039,1; 688,2; 645,2; 1066; 17,1B; 139,1C; 1088). Seit 1997 haben auch die Freunde der Insel-Bücherei aus Anlaß ihrer Treffen jeweils eine Sonderausgabe vorgelegt. Obwohl diese Ausgaben nicht als Verlagseditionen anzusehen sind, werden sie wegen des engen Bezugs des Freundeskreises zum Verlag hier mit aufgenommen.

Für die genauen Titelaufnahmen benutze man den Grundkatalog; hier sind nur die Spezifika der Vorzugs- bzw. Sonderausgaben genannt. Diese Ausgaben sind nicht durch die Register erschlossen.

Mehrfach haben Unternehmen und kulturelle Vereinigungen, die Popularität und Preiswürdigkeit der Insel-Bücherei nutzend, Teil- oder Restauflagen erworben und in anderer Ausstattung als Werbegeschenke ausgegeben. Diese Ausgaben unterscheiden sich von der jeweiligen Verlagsausgabe nur durch zusätzlichen Druckvermerk, Veränderungen in Titelei, Impressum und/oder Einband. Inhaltliche Zusätze enthalten lediglich drei Titel:

892 Voltaire: Über den König von Preußen. 1968: 200 Exemplare als Jahresgabe der Allianz-Versicherung AG, Köln. Schwarzes Leder. Mit einer zusätzlichen Einführung von Raphael Molina.

1188 Unseld: Goethe und der Ginkgo. 2001: 3000 Exemplare als Sonderausgabe für die Edition Volker Huber. Einband wie IB. Mit dem zusätzlichen Text ›Wunderlich und der Ginkgo‹ von Volker Huber und der farbigen Abbildung des Ginkgo-Colliers von Paul Wunderlich.

1294 Frühwald: Goethes Hochzeit. 2007: 1000 Exemplare als Sonderausgabe für den ›Stifterverband für die deutsche Wirtschaft‹. Mit einem zusätzlichen Nachwort von Andreas Schlüter.

Alle diese nicht vom Verlag verantworteten Ausgaben werden im nachfolgenden Verzeichnis nicht genannt.

1 [1A] *Rilke: Cornet.* 1966 (F): Einmalige Sonderausgabe von 200 numerierten Exemplaren (zum 40. Todestag R. M. Rilkes am 29. 12. 1966). Bütten. Braunes Leder mit goldgeprägtem Rückentitel; Schuber. Handeinband: Helmuth Halbach. [IK 1365]

1 [1A] *Rilke: Cornet.* 1987 (L): 1500 Exemplare. Reprint eines unikalen Exemplars [aus dem 651.–700. Tsd.; 1941] mit [20] Federzeichnungen von Max Schwimmer. Nachbemerkung: Hans-Peter Schulz. Halbpergament mit goldgeprägtem Rückentitel; Schuber. [Teil der Auflage mit Korrekturzettel.]

14 [1A] *Aucassin und Nicolette.* 1956 (L): 500 Exemplare. 16 [statt 17] Holzschnitte, koloriert. Neusatz. Bütten. Halbpergament mit Farbschnitt und goldgeprägtem Rückentitel; Schuber. Handeinband: Gerhard Prade. Formatgrößer. [IK 519 A]

14 [1B] *Aucassin und Nicolette.* 1955 (W): 500 numerierte Exemplare, von Fritz Kredel signiert. Holzschnitte nach Vorlagen des Künstlers koloriert von Martin Schauer. Büttenkupferdruck. Halbpergament mit Kopfgoldschnitt und goldgeprägtem Rückentitel; Schuber. Handeinband: Willy Pingel. [IK 519]

27 [1B] *Sophokles: Antigone.* 1959 (W): ca. 100–150 Exemplare (für den Herausgeber?). Grünes Halbleder mit goldener Deckel- und Rückenprägung. Handeinband: Willy Pingel.

39 [1] *Die Schön Magelona.* 1913: 205 numerierte Exemplare. Holzschnitte handkoloriert. Bütten. Pergament und Pappe. [IK 1520]

43 *Rilke: Marien-Leben.* 1913: 200 numerierte Exemplare. Van-Gelder-Bütten. Nr. 1 – 50 blaues Leder mit Kopfgoldschnitt, Handeinband der Kunstgewerbeschule Weimar nach einem Einbandentwurf von Henry van de Velde, Schrift und Dekor goldgeprägt. Nr. 51 – 200 violettes Leder mit Kopfgoldschnitt, Handeinband nach einem (anderen) Entwurf von

Henry van de Velde, Schrift und Dekor goldgeprägt. [IK 1351]

56 [1A] *Till Ulenspiegel.* 1913: 200 numerierte Exemplare. Holzschnitte handkoloriert. Bütten. Pergament und Pappe. [IK 433]

71 [1] *Historie eines edlen Fürsten.* Herzog Ernst von Bayern und von Österreich. 1913: 200 numerierte Exemplare. Holzschnitte handkoloriert. Bütten. Pergament und Pappe. [IK 736]

152 [1] *Buch Ruth.* 1914: 200 (?) Exemplare, davon 50 Exemplare auf Pergament mit goldgehöhten Initialen, goldener Deckelprägung, Rundumgoldschnitt, in grünem Ledereinband der Kunstgewerbeschule Weimar; 20 Exemplare auf Bütten der Ernst-Ludwig-Presse, Kopfgoldschnitt, goldene Deckelprägung, in Pergamenteinband. Die weiteren Exemplare auf Bütten, Rundumgoldschnitt, goldene Deckelprägung, in schwarzem Leder. [IK 1383, dort andere Auflagenangabe. Es existieren auch Exemplare in Halbpergament in unbekannter Auflagenhöhe, möglicherweise als eigene Ausgabe der Ernst-Ludwig-Presse.]

202 [1A] *Busoni: Ästhetik der Tonkunst.* 1974 (F): 500 numerierte Exemplare. Faksimile eines Exemplars der Erstauflage von IB 202, 1A, ergänzt um die handschriftlichen Anmerkungen von Arnold Schönberg. Mit Transkription der Anmerkungen und einem Nachwort heraugegeben von H[ans] H[einz] Stuckenschmidt. Nr. 1 – 50 braunes Leder mit goldgeprägtem Rückentitel; Schuber. Nr. 51 – 500 Pappe (wie IB); in Schuber. Formatgrößer. (Anläßlich des 50. Todestages von F. Busoni und des 100. Geburtstages von A. Schönberg.)

203 [1B] *Das Gilgamesch-Epos.* 1958 (L): 500 Exemplare. Holzschnitte und Zierleiste in zweiter Farbe. Bütten. Halbpergament mit Kopffarbschnitt und goldgeprägtem Rückentitel; Schuber. Handeinband: Gerd Prade. Formatgrößer. [IK 530]

213 [1] *Gezelle: Gedichte.* 1916: 20 numerierte Exemplare (nicht im Handel). Insel-Bütten. Rückentitel und Deckelvignette goldgeprägt. Schwarzes Leder mit Kopfgoldschnitt. [IK 524]

215 [1] *Streuvels: Der Arbeiter.* 1916: 20 numerierte Exemplare (nicht im Handel). Zanders-Bütten. Rückentitel und Deckelvignette goldgeprägt. Dunkelblaues Leder mit Kopfgoldschnitt. [IK 1689a]

281 [2] *Das kleine Blumenbuch.* 1933: Bindequote der 2. Auflage. [»Geschenkausgabe«.] Pergament; Schuber. Handeinband: Gerhard Prade. [IK 926a]

296 1A *Goethes Novelle.* 1920: 100 numerierte Exemplare. Bütten. Pappe mit Kopfgoldschnitt und goldener Deckelprägung. Formatgrößer. [IK 601]

302 [1] *Binding: Legende von der Keuschheit.* 1919: 50 Exemplare (nicht im Handel). Van-Gelder-Bütten. Pergament und Halbpergament mit Kopfgoldschnitt. Formatgrößer. [IK 179a]

302 [2] *Stevenson: Flaschenteufelchen.* 1925: 120 numerierte und von Hans Alexander Müller signierte Exemplare. Holzstiche vom Stock gedruckt. Japan. Gelbes Leder und Halbpergament, beides mit Kopfgoldschnitt und goldgeprägtem Rükkentitel; Schuber. Formatgrößer. [IK 1663]

307 [2A]*Hardy: Der angekündigte Gast.* 1928: 120 numerierte, von Alfred Kubin signierte Exemplare. Holländisches Bütten. Blaues Leder mit goldgeprägtem Deckel und Halbpergament mit Kopfgoldschnitt und goldgeprägtem Rückentitel. Formatgrößer. [IK 677]

309 [2] *Hey: Fünfzig Fabeln für Kinder / 402 Hey: Noch fünfzig Fabeln für Kinder.* [Farbiger Einband von Walter Tiemann mit Einbandtitel »Hundert Fabeln für Kinder mit Bildern von Otto Speckter«.] 1929 (?): Sonderausgabe von IB 309,2 und IB 402 in einem Band. Leinen. [IK 724]

328 [1A] *Keller: Schmied seines Glückes.* 1921: 120 numerierte Exemplare. Van-Gelder-Bütten. Halbpergament mit Kopfgoldschnitt; Schuber. Formatgrößer. [IK 898]

350 *Geistliche Auslegung des Lebens Jesu Christi.* 1923: 200 numerierte Exemplare. Holzschnitte handkoloriert. Bütten. Pergament mit Rundumfarbschnitt und farbiger Deckelillustration. [IK 515]

360 *Es war einmal.* 1922: 200 numerierte Exemplare (Vorausex-

emplare für die Freunde des Verlages, Weihnachten 1922). Bütten. Kopffarbschnitt. Pappe. [IK 449]

362 *Timmermans: Tryptichon* [recte: Triptychon] *von den Heiligen Drei Königen*. 1923: 250 numerierte Exemplare (Vorausexemplare für die Freunde des Verlages, Weihnachten 1923). Bütten. Halbleinen mit Kopfgoldschnitt und goldgeprägtem Titelschild. [IK 1754]

368 [2A] *Rede des Perikles*. 1938: 6 Exemplare. Neusatz. Zweifarbiger Druck der Mainzer Presse. Pappe (wie IB). [IK 1229a]

421 [I] *Nietzsche: Freundesbriefe*. 1931. Bindequote der Erstauflage als »Fünfte Jahresgabe der Gesellschaft der Freunde des Nietzsche-Archivs«. Leinen und Halbpergament. [IK 1202]

450 [IA] *Minnesinger*. 1933: Bindequote einer 1933 erschienenen Auflage. [»Geschenkausgabe«.] Pergament; Schuber. Handeinband: Gerhard Prade. [IK 1111c]

450 [IB] *Minnesinger*. 1962 (F): 250 numerierte Exemplare. Text auf Bütten. Halbpergament mit goldgeprägtem Rückentitel; Schuber. Handeinband: Willy Pingel. [IK 1112] – (Einmalige Sonderausgabe aus Anlaß des fünfzigjährigen Bestehens der Insel-Bücherei im Juni 1962.)

507 *Busch: Hernach*. 1937: Bindequote der Erstauflage. ›Den Mitgliedern der Wilhelm-Busch-Gesellschaft aus Anlaß des fünfundzwanzigjährigen Jubiläums der Insel-Bücherei zur Einweihung des Wilhelm-Busch-Museums am 13. Juni 1937 zugeeignet vom Insel-Verlag‹. Pappe (wie IB).

543 [IB] *Ebner-Eschenbach: Aphorismen*. 1948 (W): Quote des 98.–102. Tsd. Hahnemühle-Bütten. Pappe.

673 [I] Fürstliches Jagen. 1962 (F): 400 Exemplare. Grünes Leder mit goldgeprägtem Rückentitel. Handeinband: Willy Pingel. [IK 500b]

706 [IB] *Lazarillo von Tormes*. 1965 (L): 1500 Exemplare. Holzschnitte handkoloriert von Ernst Schauer. Zusätzlich ein Titelholzschnitt. Neusatz. Bütten. Halbpergament mit Kopffarbschnitt und goldgeprägtem Rückentitel; Schuber. Handeinband: Gerd Prade. Formatgrößer. [IK 996]

726 *Sophokles: König Oidipus*. 1960 (W): ca. 100–150 Exemplare (für den Herausgeber?). Rotbraunes Halbleder mit goldener Deckel- und Rückenprägung. Handeinband: Willy Pingel.

775 [1A] *Bamberger Apokalypse.* 1962 (F): Bindequote der Erstauflage. Halbpergament mit goldgeprägtem Rückentitel. Handeinband: Willy Pingel. [IK 95 a]

779 *Hofmannswaldau: Helden-Briefe.* 1962 (F): 500 Exemplare (für Freunde des Insel-Verlages zum Jahreswechsel 1962/63). Ingres-Bütten. Pappe mit goldgeprägten Rückentitel und Deckelvignette; Schuber. Handeinband: Willy Pingel. [IK 779]

789 *Picasso: Minotaurus.* 1963 (F): 50 Exemplare. Bütten. Halbpergament. Handeinband: Willy Pingel. [Querformat.] [IK 1245 a]

796 *Hofmannsthal: Buch der Freunde.* 1963: 600 Exemplare (für die Freunde des Verlages zum Jahreswechsel 1963/1964). Vorausexemplare ohne den Anhang von Ernst Zinn. Pappe mit goldgeprägtem Rückentitel. Druck auf Werkdruckpapier. Handeinband: Willy Pingel. [IK 760 c]

860 *Koptische Stoffe.* 1967 (L): 250 Exemplare (für Freunde des Verlages zum Jahreswechsel 1967/68). Halbpergament mit goldgeprägtem Rückentitel und blindgeprägtem Deckelornament; Schuber. Handeinband: Gerd Prade. [IK 961 b]

870 *Das Leben Buddhas.* 1967 (L): 250 Exemplare (für Freunde des Verlages zum Jahreswechsel 1967/68). Halbpergament mit goldgeprägten Deckelornament und Rückentitel; Schuber. Handeinband: Gerd Prade. [IK 995 a]

900 *Thomas Mann: Deutsche Hörer!* 1970 (L): Bindequote der Erstauflage. Rotes Leder mit goldgeprägtem Rückentitel; Schuber. Handeinband: Gerd Prade.

920 *Graphikspiegel.* 1969 (L): Bindequote der Erstauflage (für Freunde des Verlages zum Jahreswechsel 1969/70). Pappe (Bezugspapier wie IB, Titel- und Rückenschild verändert); Schuber.

921 *Goethe: Mann von funfzig Jahren.* 1971 (L): Bindequote der 1971 erschienenen Erstauflage (nicht im Handel). Pappe mit Büttenpapierbezug und goldgeprägtem Rückentitel; Schuber.

1003 [2B] *Vergil: Bucolica.* 1999: 850 Exemplare. Grünes Leder mit goldgeprägtem Rückentitel und geprägter Deckelvignette

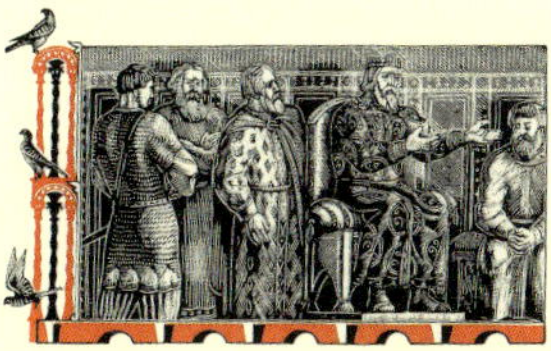

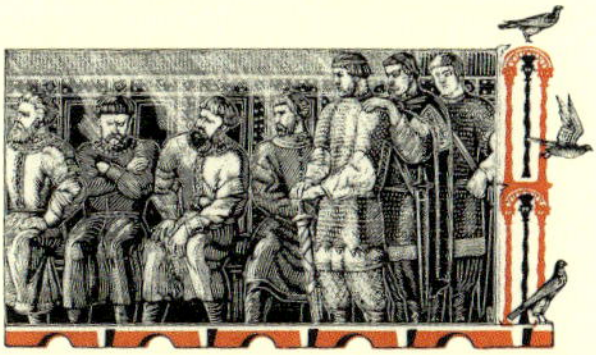

Und Deutsche und Venezianer, Griechen und Slawen singen Swjatoslaws Ruhm; aber sie tadeln den Fürsten Igor, weil er Reichtümer einstampfte in das polowzische Flußbett und die Kajala vollgoß mit russischem Gold. Dort siedelte Fürst Igor aus dem goldenen Sattel in die Pritsche des Knechts. Mutlosigkeit schlug sich in die Städte, und alle Froheit ging ein.

7

Swjatoslaw aber sah diese Nacht ein trübes Traumbild auf den Bergen zu Kiew. »Gegen Abend«, erzählte er den Bojaren, »lag ich auf bloßen Brettern, und man deckte eine schwarze Decke über mich; bläulichen Wein schöpfte man mir, darin Gift war. Und aus den leeren Köchern heidnischer Polowzer schüttete jemand schwere Zahlperlen mir auf die Brust und tat zärtlich mit mir. Aber oben auf meiner goldgedeckten Halle fehlte das Firstholz. Und die ganze Nacht seit Abend krächzten rauchgraue Raben; und zwischen den Wällen von Pleskow war eine Waldschlucht; die aus Kiew aber waren schon ans Meer gegan-

22

gen ...« Und die Bojaren sprachen zum Fürsten: »Fürst, der Sinn davon ist die Trauer. Da sind diese zwei Falken fortgeflogen von des Vaters goldenem Thron, um die Stadt Tmutorakan zu suchen oder aus dem Helme zu trinken vom Don. Aber schon haben unchristliche Säbel den Falken die Flügel zerschlagen, und sie selbst liegen in eisernen Lagern. Dunkel war es am dritten Tag: zwei Sonnen verfinsterten sich, es erloschen die beiden roten Planeten, und mit ihnen vergingen zwei Monde im Dunkel: Oleg und Swjatoslaw; sie sind ertrunken im Meer, große Dreistheit einflößend dem Khane. – Dunkel hat das Licht abgelöst am Kajala-Fluß, und die Polowzer haben sich ausgebreitet über das russische Land gleich einer Pantherbrut. Tadel hat sich erhoben über das Loblied, über den Willen ist die Gewalt gekommen, und der Drache hat sich herab auf die Erde gestürzt. Da fangen die schönen Mädchen der Goten am Gestade des blauen Meeres zu singen an, klirrend von russischem Gold; sie singen die Tage des Bus und hätscheln den Rächer des Scharo-Khan ... Doch wir, dein Gefolge, sind fremd allem Froh-

23

IB 689 Igorlied · Faworskij

ALPHONSE DAUDET

PORT-TARASCON

Die letzten Abenteuer des berühmten Tartarin

1967

Erschienen im Insel-Verlag

IB 873 Daudet · Quevedo

schien gar nicht verändert zu sein, und es war kein Wunder, daß er noch immer als jugendlicher Liebhaber auf dem Theater erscheinen konnte. – Du betrachtest mich aufmerksamer, als billig ist, sprach er endlich den Major an; ich fürchte sehr, du findest den Unterschied gegen vorige Zeit nur allzu groß. – Keineswegs, versetzte der Major; vielmehr bin ich voll Verwunderung, dein Aussehen frischer und jünger zu finden als das meine; da ich doch weiß, daß du schon ein gemachter Mann warst, als ich, mit der Kühnheit eines wagehalsigen Gelbschnabels, dir in gewissen Verlegenheiten beistand. – Es ist deine Schuld, versetzte der andere, es ist die Schuld aller deinesgleichen; und ob ihr schon darum nicht zu schelten seid, so seid ihr doch zu tadeln. Man denkt immer nur ans Notwendige; man will sein und nicht scheinen. Das ist recht gut, solange man etwas ist. Wenn aber zuletzt das Sein mit dem Scheinen sich zu empfehlen anfängt und der Schein noch flüchtiger als das Sein ist, so merkt denn doch ein jeder, daß er nicht übel getan hätte, das Äußere über dem Innern nicht ganz zu vernachlässigen. – Du hast recht, versetzte der Major und konnte sich fast eines Seufzers nicht enthalten. Vielleicht nicht ganz recht, sagte der bejahrte Jüngling; denn freilich bei meinem Handwerke wäre es ganz unverzeihlich, wenn man das Äußere nicht so lange aufstutzen wollte, als nur möglich ist. Ihr andern aber habt Ursache, auf andere Dinge zu sehen, die bedeutender und nachhaltiger sind. – Doch gibt es Gelegenheiten, sagte der Major, wo man sich innerlich frisch fühlt und sein Äußeres auch gar zu gern wieder anfrischen möchte.

13

IB 921 Goethe · Walch

HEINRICH HEINE

DEUTSCHLAND

Ein Wintermärchen

Mit dreizehn Holzstichen
von
Gerhard Kurt Müller

1972

Insel-Verlag · Leipzig

IB 973 Heine · G. K. Müller

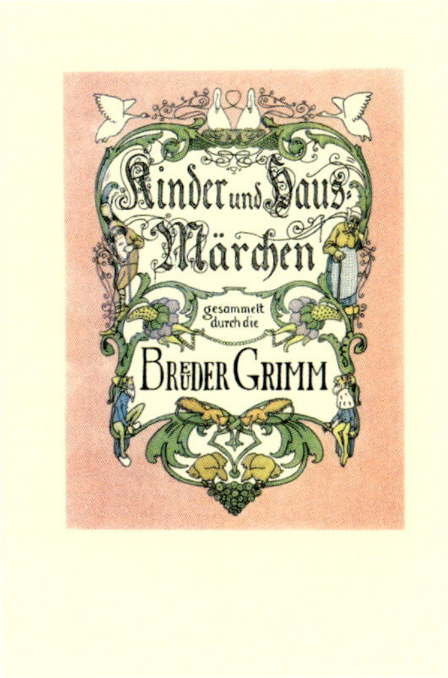

IB 992 Jorinde · Vogeler

VERGIL BUCOLICA

HIRTENGEDICHTE

LATEINISCH & IN DEUTSCHER
ÜBERSETZUNG VON
RUDOLF ALEXANDER SCHRÖDER
MIT HOLZSCHNITTEN VON
ARISTIDE MAILLOL
INSEL VERLAG

IB 1003 Vergil · Maillol

Das bucklicht Männlein

Ein altes Lied
in Bild und Schrift gesetzt
versehen mit einer Einleitung
von Christoph Meckel
und mit einer Erinnerung
von Walter Benjamin
Insel

IB 1011 Bucklicht Männlein · Meckel

Christel und Chloe

Chloe: O lieber Bruder, bleib doch hier!
Ich schenk auch meine Puppe dir.
Christel: Hab Dank, du gutes Schwesterchen!
Die Glocke ruft, muß in die Schule gehn.
Chloe: Ach, was willst in der Schule machen?
Christel: Da lern ich lauter schöne Sachen
und werd ein gutes, frommes Kind.
Chloe: Will mit dir gehn, geschwind, geschwind!

14

C.

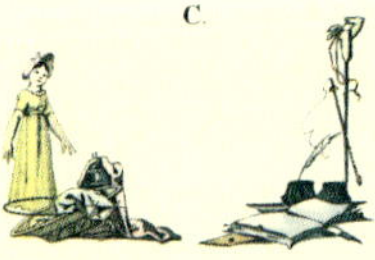

IB 1020 Campe

in dieſem walde nachforſchen läßt und man mich findet! Was auch mit dir geſchehen mag, mich wird man töten!'
‚Wahrlich, herzliebe freundin, ich würde darob über die maßen betrübt ſein; aber wenn ich es vermag, ſo ſollen ſie dich nicht haben!'

52

Und er ſtieg auf ſein pferd und nahm ſeine freundin vor ſich; und ſie ritten unter herzen und küſſen ins offene land.

Nun wird geſungen.

ritt aus tiefem waldesgrund,
in den armen Nicolette
vor ſich auf dem ſattelbogen,
küßt die augen ihr, die ſtirn
und den mund, das ſchöne kinn,
doch ſie ſpricht verſtändge worte:
‚Aucaſſin, mein ſüßer freund,
wohin wollen wir nun reiten?'
‚Nicolette, ſüße freundin,
ach, was ſchiert's mich, wo wir weilen,
ob in wäldern, wilden klüften,
wenn in meinem arm du ruhſt!'
Ziehn durch täler, über berge
und an ſtadt und burg vorbei

53

IB 1071 Aucassin · Kredel

JEAN PAUL

Des Luftschiffers Giannozzo Seebuch

Almanach für Matrosen wie sie sein sollten

INSEL-VERLAG ZU LEIPZIG
1912

IB 1073 Jean Paul · Preetorius

Von allen Dingen

Von allen Dingen, die wir im Gespräche streifen,
erfreut uns die Rede vom Geliebten zumeist,
den Seelenatem belebt die Botschaft des Geliebten.
Nutzlos brennt die Kerze,
wenn nicht für den Geliebten;
wenn er gegenwärtig, ist's hell auch ohne Licht.
Hast du je von einem gehört,
der anwesend und abwesend zugleich?
Mitten unter euch bin ich und mein Herz anderswo.
Die Menge ergeht in Au und Gärten sich,
Garten und Au der Liebergriffenen ist deine Gasse.
Mein Leben will ich freudig dir zu Füßen legen,
nur fürchte ich, diese Gabe sei zu gering.
Würde der Geliebte, der sich von uns wandte,
doch wiederkehren, denn der Sehnsuchtsblick
ist auf seine Tür gerichtet!
Mein Herz hast du verbrannt wie Holz der Aloe,
und mein Atem ist wie Rauch aus Feuerbecken.
Die Nächte ohne dich sind Grabesnächte
in Gedanken, und ohne dich erwachend,
mein' ich, es wär' der jüngste Tag.
Sadi, vergebens hoffst du auf Vereinigung,
die Trennung kostet das Leben,
und der Wahn währet immer noch!
Entsage dieser langen Hoffnung deines Herzens,
weh, über diese ausweglose Täuschung deines Herzens!

48

IB 1130 Worte der Ameisen

Schlafende

IB 1170 Kokoschka

den Wasserkübel, »aber sie bedeuten die Heimat; wir wollen nicht die Heimat verlieren. – Nun sehen Sie aber diesen Apparat«, fügte er gleich hinzu, trocknete die Hände mit einem Tuch und zeigte gleichzeitig auf den Apparat. »Bis jetzt war noch Händearbeit nötig, von jetzt aber arbeitet der Apparat ganz allein.« Der Reisende nickte und folgte dem Offizier. Dieser suchte sich für alle Zwischenfälle zu sichern und sagte dann: »Es kommen natürlich Störungen vor; ich hoffe zwar, es wird heute keine eintreten, immerhin muß man mit ihnen rechnen. Der Apparat soll ja zwölf Stunden ununterbrochen im Gang sein. Wenn aber auch Störungen vorkommen, so sind es doch nur ganz kleine, und sie werden sofort behoben sein.«
»Wollen Sie sich nicht setzen?« fragte er schließlich, zog aus einem Haufen von Rohrstühlen einen hervor und bot ihn dem Reisenden an; dieser konnte nicht ablehnen. Er saß nun am Rande einer Grube, in die er einen flüchtigen Blick warf. Sie war nicht sehr tief. Zur einen Seite der Grube war die ausgegrabene Erde zu einem Wall aufgehäuft, zur anderen Seite stand der Apparat. »Ich weiß

9

IB 1200 Kafka · Hirsch

Möwenlied

Die Möwen sehen alle aus,
als ob sie Emma hießen.
Sie tragen einen weißen Flaus
und sind mit Schrot zu schießen.

Ich schieße keine Möwe tot,
ich laß sie lieber leben –
und füttre sie mit Roggenbrot
und rötlichen Zibeben.

O Mensch, du wirst nie nebenbei
der Möwe Flug erreichen.
Wofern du Emma heißest, sei
zufrieden, ihr zu gleichen.

8

9

IB 1270 Morgenstern · Traxler

Ungleichheit der Chancen

Komm laß dich anschaun
Wenn du die Straße passierst
Und mir entgegenkommst bei grünem Licht
Komm schöne Frau komm Braunhäutige
Du mit dem schlanken Hals
Mit deinen zarten Armen komme auf mich zu.

Geh bitte an mir vorüber auch
Wenn du bemerktest was geschah:
Ich sah dich an errötete
Und blieb es
Bis herab zum Bauch
Bis über den Rücken hinunter.

Ja gehe weiter und schau dich nicht um
Wenn du auch weißt
Daß nichts mehr für mich geht
Daß ich dir nachblick hoffnungslos.
Etwas ist gewachsen und ändert sich
Und ich bin ohne Ausweg.

28

IB 1297 Kolbe · Scheib

bindet uns nichts als unsere Seelenblindheit. Als diese Straße da, auf der man sich nur noch zufällig trifft, nachmittags nach dem Sündenfall. Da wir alle die Sünde der Lieblosigkeit kennen, wird niemand sich mehr ihrer erinnern. Das werden wir Glück nennen.

Ach, mein Lieber, sagte ich. Ich kann die Liebe nicht vertagen. Nicht auf ein neues Jahrhundert. Nicht auf das nächste Jahr. Um keinen einzigen Tag.

Dies wenigstens im Traum gesagt zu haben tat mir wohl. Auf Antwort hatte ich nicht zu rechnen. Ich gab mir Weisung, gruß- und abschiedslos auf und davon zu gehen. Durch Erfahrung weiß ich: Der, den ich zu treffen wünsche, wird niemals da sitzen, wo ich hinsehe, doch noch einmal schlug eine irrsinnige Hoffnung in mir hoch. In der Tür wendete ich mich um, was aus guten Gründen von alters her verboten ist. Sein Platz war leer. Unsere Zeit war abgelaufen.

In meiner bitteren Schande trat ich auf die Straße. Ich spottete ihrer: Schnurgerade Straße, höhnte ich. Straße ans Herz der Dinge ... Zufallsstraße, beschimpfte ich sie. Zeitungsstraße.

Sauber und ordentlich lag sie mir zu Füßen. Ein Stein neben dem anderen, gute Arbeit. Was hatte ich mir von ihr versprochen? Eine Ablenkung zwischen zwei Arbeiten. Ein neues Kleid. Einen nebensächlichen Dialog in einem Café. Das alles hatte sie mir korrekt gegeben.

Anders als vorher bediene ich mich jetzt der nützlichen Erfindung des Spazierengehens.

70

IB 1355 Ch. Wolf · Metzkes

(von Aristide Maillol) ; Schuber. Handeinband: Christiane Hiemenz.

1004 [2] *Über die Kunst mit Vögeln zu jagen.* 1996: 1800 Exemplare. Rotes Leinen mit goldgeprägtem Rückentitel. Farbig illustrierter Schuber. [Querformat.]

1031 [2] *Balzac: Meisterwerk.* 1992: 750 Exemplare. Schwarzes Leder mit goldgeprägtem Rückentitel und Blindprägungen (nach Holzschnitten von Georges Aubert) auf den Deckeln. Handeinband: Willy Pingel. (Zum achtzigjährigen Jubiläum der Insel-Bücherei 1992.)

1137 *Verlaine: Gedichte.* 1993: 850 Exemplare. Dunkelblaues Leder mit goldgeprägten Rückentitel und Deckelvignette. Vignette und Vorsatzpapier von Heinrich Wilhelm Wulff [nach der Insel-Ausgabe 1906; vgl. IK 1831.] – (Zum 150. Geburtstag Paul Verlaines, dem 30. März 1994.)

1150 *Rilke: Wie soll ich meine Seele halten.* 1994: 850 Exemplare. Rotes Leder mit goldgeprägten Rückentitel und Deckelvignette. Vorsatz Musterpapier.

1151 *Apollinaire: Bestiarium.* 1995: 850 Exemplare. Schwarzes Leder mit goldgeprägten Rückentitel und Deckelvignette. Vorsatz Musterpapier.

1165 *Elias: Ballade vom Armen Jakob.* 1996: 900 Exemplare. Mit einem beiliegenden, zusätzlichen, von Karl-Georg Hirsch bezeichneten (»Tanz unter ... «), datierten und signierten Originalholzstich. Halbleinen in illustriertem Schuber.

1166 *Richter: Abstraktes Bild.* 1996: 1000 numerierte Exemplare. Mit handschriftlicher Widmung »Für Elise« und Signatur von Gerhard Richter. Pappe (wie IB); in Schuber.

1168 *Altenbourg: Entwurf eines einsamen Lebens.* 1997: 110 numerierte Exemplare. Exemplare 1 – 10 in Halbpergament mit goldgeprägtem Rückentitel; Handeinband: Gerd Prade. Exemplare 11 – 110 in Pappe (wie IB). – (Mit Eindruck zum Treffen der Freunde der Insel-Bücherei 1997 in Offenbach am Main.)

1175 *Heine: Neue Melodien spiel ich.* 1997: 850 Exemplare. Blaues Leder mit goldgeprägten Rückentitel und Namenszug auf dem Deckel. Vorsatz Musterpapier.

1188 *Unseld: Goethe und der Ginkgo.* 1998: 850 Exemplare. Rotes Leder mit goldgeprägtem Rückentitel und gedruckter Dekkelvignette; Schuber. Bindung: Ernst Ammering. Vorsatz Musterpapier.

1188 *Unseld: Goethe und der Ginkgo.* 1999: 2000 Exemplare (Jahresgabe Suhrkamp/Insel 1999. Nicht im Handel.) Blaue Pappe mit goldgeprägtem Rückentitel und Pappe (wie IB).

1203 *Von A bis Zweitausend.* 1999: 110 numerierte und vom Herausgeber Herbert Kästner signierte Exemplare. Exemplare 1 – 12 in Halbpergament mit einer beiliegenden originalgraphischen Neujahrskarte des Herausgebers; Handeinband: Gerd Prade. Exemplare 13 – 110 Pappband (wie IB). (Mit Eindruck zum Treffen der Freunde der Insel-Bücherei 1999 in Marbach am Neckar.)

1212 *Hesse: Wege nach Innen.* 2000: 850 Exemplare. Dunkelblaues Leder mit goldgeprägten Rückentitel und Namenszug auf dem Deckel; Schuber. Handeinband: Christiane Hiemenz.

1224 *Rosenlöcher: Am Wegrand steht Apollo.* 2001: 100 numerierte und vom Autor signierte und datierte Exemplare. Exemplare 1 – 12 in grünem Leder mit goldgeprägten Rückentitel und Namenszug auf dem Deckel; Schuber. Exemplare 13 – 100 Pappband (wie IB). (Mit Eindruck zum Treffen der Freunde der Insel-Bücherei 2001 in Weimar.)

1225 *Chamisso: Peter Schlemihl.* 2001: 850 Exemplare. Schwarzes Leder mit goldgeprägtem Titel auf Rücken und Deckel; Schuber. Vorsatz Einbandillustration von IB 1225. Handeinband: Christiane Hiemenz.

1235 *Michelangelo Buonarroti: Sonette.* 2002: 850 Exemplare. Rotes Leder mit goldgeprägtem Titel auf Rücken und Deckel; Schuber. Vorsatz Musterpapier. Handeinband: Christiane Hiemenz.

1243 *Kafka: Ein Landarzt.* 2003: 120 numerierte Exemplare. Exemplare 1 – 16 in schwarzem Leder mit goldgeprägten Rückentitel und Namenszug auf dem Deckel; Schuber. Exemplare 17 – 120 Pappband (wie IB). Handeinband: Christiane Hiemenz. (Mit Eindruck zum Treffen der Freunde der Insel-Bücherei 2003 in Leipzig.)

1245 *Pindar: Achte pythische Ode.* 2003: 850 Exemplare. Weißes Leder mit goldgeprägtem Rückentitel und blinden Deckelprägungen; Schuber. Handeinband: Christiane Hiemenz.

1255 *Joyce/ Paladino: Ulysses.* 2004: 850 Exemplare. Schwarzes Leder mit goldgeprägtem Rückentitel und geprägter Deckelvignette; Schuber. Handeinband: Christiane Hiemenz.

1260 *Büchner: Woyzeck.* 2005: 850 Exemplare. Rotes Leder mit goldgeprägtem Rückentitel und geprägter Deckelvignette; Schuber. Handeinband: Christiane Hiemenz.

1270 *Traxler: Mein Morgenstern.* 2006: 850 Exemplare. Hellbraunes Leder mit goldgeprägten Rückentitel und Deckelvignette; Schuber. Handeinband: Christiane Hiemenz.

1270 *Traxler: Mein Morgenstern.* 2006: 150 römisch numerierte Exemplare. Hellbraunes Leder mit goldgeprägten Rückentitel und Deckelvignette. In Kassette mit einer signierten Original-Farblithographie von Hans Traxler. Handeinband und Kassette (31,0×22,5 cm): Christiane Hiemenz.

1287 *Vogeler: An den Frühling.* 2007: 800 Exemplare. Grünes Leder mit goldgeprägten Rückentitel und Deckelvignette (von Heinrich Vogeler); Schuber. Einband: Christiane Hiemenz.

1293 *Seemann: Geschichte der Herzogin Anna Amalia Bibliothek.* 2007: 850 Exemplare. Braunes Leder mit goldgeprägten Rückentitel, Deckelvignette und Deckelrahmen; Schuber. Einband: Christiane Hiemenz.

1308 *Grünbein: Lob des Taifuns.* 2008: 800 numerierte Exemplare. Schwarzes Leder mit goldgeprägtem Titel auf Rücken und Deckel; Schuber. Handeinband: Christiane Hiemenz.

1308 *Grünbein: Lob des Taifuns.* 2008: 100 numerierte Exemplare. Pappe (wie IB). (Mit Eindruck zum Treffen der Freunde der Insel-Bücherei 2008 im Goethe-Museum Düsseldorf.)

1323 *Uwe Tellkamp: Reise zur blauen Stadt.* 2009: 800 numerierte, vom Autor signierte Exemplare. Blaues Leder mit goldgeprägtem Rückentitel. Schuber. Handeinband: Christiane Hiemenz.

1337 *Ein rabenschwarzer Schnee.* 2010: 700 numerierte Exemplare. Schwarzes Leder mit goldgeprägten Rückentitel und Vignette; Schuber. Handeinband: Christiane Hiemenz.

1337 *Ein rabenschwarzer Schnee.* 2010: 125 Exemplare. 25 römisch numerierte Exemplare in schwarzem Leder mit goldgeprägten Rückentitel und Vignette. Mit signiertem Originalholzstich von Karl-Georg Hirsch; Schuber. 100 arabisch numerierte Exemplare, Pappband (wie IB). (Mit Eindruck zum Treffen der Freunde der Insel-Bücherei 2010 in Dresden.)

1350 *Rainer Maria Rilke: Die Weise von Liebe und Tod des Cornets Christoph Rilke.* 2012: 650 numerierte und vom Illustrator Karl-Georg Hirsch signierte Exemplare. Pappe mit originalem Musterpapier von Gisela Reschke und Lederrückenschild. Handeinband: Christiane Hiemenz.

ohne Nr. *Fünfzig Jahre Insel-Bücherei 1912 – 1962.* 1962 (F): 25 Exemplare. Halbpergament mit goldgeprägtem Rückentitel; Handeinband: Willy Pingel. – Außerdem eine Bindequote als durchschossene Ausgabe. Leinen

ohne Nr. *75 Jahre Insel-Bücherei 1912 – 1987.* 1987 (L): 80 Exemplare als durchschossene Ausgabe. Leinen mit goldgeprägten Rückentitel und Insel-Signet

ohne Nr. *Die Insel-Bücherei. Bibliographie 1912 – 1999.* 1999: 80 Exemplare als durchschossene Ausgabe. Leinen mit goldgeprägtem Rückentitel.

Insel-Bücherei im Wettbewerb ›Schönste Bücher‹

Angeregt durch die Internationale Buchkunst-Ausstellung 1927 in Leipzig, nahm man 1930 auch in Deutschland die zuvor bereits in den USA, den Niederlanden, der Tschechoslowakei und in England eingeführte Prämierung der schönsten Bücher, beginnend mit dem Jahrgang 1929, auf. Doch schon das Ergebnis des Wettbewerbs um die ›Schönsten Bücher des Jahres 1932‹ konnte nicht mehr veröffentlicht werden, da einige Entscheidungen der Jury nicht die Zustimmung der nationalsozialistischen Kulturbehörden fanden. Von 1933 bis 1945 hat es keine derartigen buchkünstlerischen Leistungsvergleiche in Deutschland gegeben. Nach dem Zweiten Weltkrieg wurde die Tradition dieses Wettbewerbs durch die Börsenvereine beider deutscher Staaten neu belebt [seit Editionsjahrgang 1951 (in

Frankfurt/M., BRD) bzw. 1953 (in Leipzig, DDR)], und seit 1990 werden wieder jährlich die ›Schönsten deutschen Bücher‹ gekürt.

Unter diesen ›Schönsten‹ sind mehrfach Bände der Insel-Bücherei gewesen; sie sind nachfolgend in numerischer Ordnung mit Kurztiteln genannt. Nach dem Titel ist in Klammern angegeben, in welchem Jahr und wo (L oder F) die Auszeichnung erfolgte. Bei Titeln mit mehreren Auflagen bezieht sich die Prämierung stets auf die in dem genannten Jahr erschienene Auflage.

14 Aucassin und Nicolette (1956, L; Vorzugsausgabe)
27[1A] Sophokles: Antigone (1959, F)
49[2] Heraklit: Urworte der Philosophie (1952, F)
132[1C] Rollwagenbüchlein (1958, L)
169[2] Der König und der Bettler (1953, F)
198[1C] Tepl: Der Ackermann und der Tod (1957, F)
203[1B] Das Gilgamesch-Epos (1958, L; Vorzugsausgabe)
222 Labé: Sonette (1954, F)
252[1A] Barrett-Browning: Sonette (1959, F)
321[1B] Keller: Landvogt (1969, L)
334[2A] Carossa: Doktor Bürger (1930)
368[2B] Rede des Perikles (1954, F)
407 Omar der Zeltmacher (1929)
444[2A] Michelangelo: Handzeichnungen (1965, L)
566[1] García Lorca: Zigeuner-Romanzen (1953, F)
575[1] Hindemith: Bach (1953, F)
577 Matisse: Frauen (1953, F)
578[1] Jiménez: Platero (1953, F)
579[1A] Jean Paul: Horn und Flöte (1953, F)
580[2] Irving: Rip van Winkle (1976, L)
581[2] Lessing: Epigramme (1976, L)
595[1] Marcks: Tierplastik (1954, F)
600 Barlach: Taschenbuch-Zeichnungen (1955, L)
604 Maillol: Hirtenleben (1954, F)
606 Deutsche Holzschnitte (1955, F)
611 Japanische Farbenholzschnitte (1955, F)
630 Frühe italienische Tafelbilder (1957, L)
636[1A] Ch'i Po-shih: Pinselzeichnungen (1956, L)

643 Daumier: Parlament der Juli-Monarchie (1959, L)
656[I] Ali, der Meisterdieb (1957, F)
658[I] Valéry: Herr Teste (1957, F)
678[I] Maler der Brücke (1958, F)
690 Busch: Drei Märchen (1959, L)
692 Kuan Liang: Peking-Oper (1959, L)
697 Abraham a Santa Clara: Adams-Kinder (1959, F)
706[IB] Lazarillo von Tormes (1965, L; Vorzugsausgabe)
727 Sechzehn Lohans (1962, L)
760 Kinderzeichnungen (1967, L)
878 Beer: Jungfer-Hobel (1968, L)
921 Goethe: Mann von funfzig Jahren (1971, L)
973 Heine: Deutschland (1973, L)
1200 Kafka, In der Strafkolonie (1999; außerdem 3. Preis der Stiftung Buchkunst)
1280 Buber, Erzählungen von Engeln, Geistern und Dämonen (2006; ›Anerkennung‹)

Insel-Bücherei. Mitteilungen für Freunde

Seit 1990 erscheint im Insel Verlag das Periodikum *Insel-Bücherei. Mitteilungen für Freunde* (Sigel IB.M.), im Zeitraum von 1990 bis 1999 als Halbjahresschrift, ab 2001 in jährlichem Erscheinungsrhythmus (ausgenommen 2005), das sich literarischen, bibliographischen und verlagshistorischen Themen aus dem Umkreis der Insel-Bücherei und verwandter Reihen zuwendet. Darüber hinaus versteht es sich als Informations- und Kommunikationsorgan für Freunde und Sammler der Insel-Bücherei.

Nachstehend sind die bislang erschienenen Hefte aufgeführt; IB.M. 20 enthält ein Register der in den ersten zwanzig Heften veröffentlichten Beiträge. In das Register der vorliegenden Bibliographie wurden die Beiträge aus IB.M. nicht aufgenommen; jedoch sind bibliographisch wichtige Untersuchungen im Literaturverzeichnis auf den Seiten 17-19 genannt. Die Auflage der ›Mitteilungen‹ liegt in der Regel zwischen 1000 und 1500 Exemplaren.

IB.M. 1 (April 1990). Beiträge von Hans-Eugen Bühler, Dorothee Hoppe, Gerhard Jonas, Elke Lipp, Norbert Niechoj und Gerd Plantener.

2 (September 1990). Beiträge von Erich Fitzbauer, Jochen Lengemann, Elke Lipp und Gerd Plantener.

3 (April 1991). Beiträge von Edelgard Bühler, Erich Fitzbauer, Dorothee Hoppe, Elke Lipp / Herbert Kästner und Max A. Schönwälder.

4 (September 1991). Beiträge von Herbert Kästner, Jochen Lengemann, Elke Lipp und Rolf Neuparth.

5 (März 1992). Beiträge von Erich Fitzbauer, Patrick Storrs Fox, Herbert Kästner, Jochen Lengemann, Elke Lipp, Norbert Niechoj und Donald Prater.

6 (September 1992). Beiträge von Edelgard Bühler, Hans-Eugen Bühler, Dorothee Hoppe, Jochen Lengemann, Norbert Niechoj und Christian Scheffler.

7 (März 1993). Beiträge von Hans-Eugen Bühler / Klaus Kirbach, Jochen Lengemann, Norbert Niechoj und Gerhard Schuster.

8 (September 1993). Beiträge von Herbert Kästner, Klaus Kirbach / Hans-Eugen Bühler und Jochen Lengemann.

9 (März 1994). Beiträge von Klaus Kirbach / Hans-Eugen Bühler / Elke Steenbeck, Jochen Lengemann und Norbert Niechoj.

10 (September 1994). Beiträge von Jochen Lengemann, Elke Lipp und Andreas Radzioch.

11 (März 1995). Beiträge von Klaus Kirbach / Eberhard Wesemann / Hans-Eugen Bühler, Gerhard Jonas, Jochen Lengemann und Roger Tavernier.

12 (September 1995). Beiträge von Jens Förster, Gerhard Jonas, Karl-Hartmut Kull, Jochen Lengemann, Norbert Niechoj und Barbara Salver.

13 (März 1996). Beiträge von Sigrid Freytag, Karl-Hartmut Kull, Jochen Lengemann und Elke Lipp.

14 (September 1996). Beiträge von Jens Förster, Sigrid Freytag, Karl-Hartmut Kull, Jochen Lengemann, Elke Lipp und Norbert Niechoj.

IB.M. 15 (März 1997). Beiträge von Sigrid Freytag, Marcus Haukke und Jochen Lengemann.

16 (September 1997). Beiträge von Jens Förster, Marcus Haucke, Elke Lipp und Ingeborg Schnack.

17 (März 1998). Beiträge von Jens Förster, Christa Hirschler, Jochen Lengemann, Elke Lipp und Norbert Niechoj.

18 (September 1998). Beiträge von Sigrid Freytag, Rätus Luck, Barbara Salver / Karl-Hartmut Kull und Siegfried Unseld.

19 (März 1999). Beiträge von Arthur Lamke, Elke Lipp, Rätus Luck, Ralf Schnabel und Klaus-Henning Schroeder.

20 (September 1999). Beiträge von Jochen Lengemann und Norbert Niechoj. Register IB.M. 1–20.

21 (März 2001). Beiträge von Karl-Hartmut Kull und Heinz Sarkowski.

22 (März 2002). Beiträge von Karl-Hartmut Kull, Elke Lipp und Heinz Sarkowski.

23 (Frühjahr 2003). Beiträge von Herbert Kästner, Thilo Krau, Heinz Sarkowski, Frieder Schmidt, Ralf Schnabel und Joachim Seng.

24 (Frühjahr 2004). Beiträge von Elke Lipp, Heinz Sarkowski und Hans-Ulrich Treichel.

25 (Frühjahr 2006). Beiträge von Dorothee Hoppe und Karl-Hartmut Kull. Redaktioneller Artikel zu den Ergebnissen eines Illustrations-Wettbewerbes.

26 (Frühjahr 2007). Beiträge von Beate Jahn, Herbert Kästner, Karl-Hartmut Kull und Elke Lipp.

27 (Frühjahr 2008). Beiträge von Beate Jahn, Rolf Neuparth, Gabriele Prein, Gerhard Rechlin und Horst Wanetschek.

28 (Frühjahr 2009). Beiträge von Karl-Hartmut Kull. Rolf Neuparth, Norbert Niechoj und Wolfgang Schopf.

29 (Herbst 2010). Beiträge von Karl-Hartmut Kull, Oliver Matuschek, Norbert Niechoj und Gerd Zimmermann.

30 (Herbst 2011). Beiträge von Raimund Fellinger, Karl-Hartmut Kull, Gisela Reschke, Gerd Zimmermann und Stefan Zweig.

ÖSTERREICHISCHE BIBLIOTHEK

In der ›Österreichischen Bibliothek‹ erschienen zwischen 1915 und 1917 insgesamt 26 Titel in einer Auflage von meist je zehntausend Exemplaren. Die Herausgabe besorgte Hugo von Hofmannsthal im Verein mit Leopold Freiherrn von Andrian, August Fournier, Heinrich Friedjung, Max von Hoen, Richard von Kralik, Max Mell, Robert Michel, Josef Redlich, Hans Schlitter, Anton Wildgans, Franz Zweybrück und anderen. Die Reihe ist ihrer Ausstattung nach ein Seitenstück der Insel-Bücherei: die Bändchen hatten das Format der Insel-Bücherei und wie diese aufgeklebte Titel- und Rückentitelschilder; das Überzugpapier der Pappbände war einfarbig gelb. Nach dem Ersten Weltkrieg wurde die schwer verkäufliche Reihe nicht weitergeführt; Restbestände wurden in rotem Umschlagkarton broschiert (1 bis 7, 10, 11, 14, 15, 17, 20, 23 bis 26) oder in die Insel-Bücherei übernommen (8, 13, 16, 19, 21, 22).

1 *Grillparzers politisches Testament.* Auswahl und Vorwort: Hugo von Hofmannsthal. 1915
2 *Heldentaten der Deutschmeister 1697–1914.* Auswahl und Nachwort: Max Mell. 1915
3 *Heinrich Friedjung: Custoza und Lissa.* Mit Vorwort. 1915
4 *Bismarck und Österreich.* Auswahl und Einleitung: Franz Zweybrück. Mit Quellenangaben. 1915
5 *Audienzen bei Kaiser Joseph.* Nach zeitgenössischen Dokumenten zusammengestellt und mit einem Nachwort versehen von Felix Braun. Mit Literaturnachweis. 1915
6 *1809. Dokumente aus Österreichs Krieg gegen Napoleon.* Auswahl und Nachwort: Otto Zoff. 1915
7 *Fürst Friedrich zu Schwarzenberg, ›der Landsknecht‹: Bilder aus Alt-Österreich.* Auswahl und Einleitung: Helene Bettelheim-Gabillon. Mit Literaturnachweis. 1915
8 *Abraham a Sancta Clara.* Auswahl, Einleitung und Schlußwort: Richard von Kralik. 1915: 1.–10. Tsd. – 1917 (?): 15. Tsd. [Restbestände unter IB 90,2]
9 *Beethoven im Gespräch.* Auswahl und Nachwort: Felix Braun. 1915 – Siehe auch IB 346,2

10 *[Josef] Radetzky. Sein Leben und sein Wirken.* Nach Briefen, Berichten und autobiographischen Skizzen zusammengestellt. Auswahl, Vorwort und Literaturhinweise: Ernst Molden. 1915

11 *Robert Michel: Auf der Südostbastion unseres Reiches.* 1915

12 *Anton Wildgans: Österreichische Gedichte* (1914/1915). 1915

13 *[Johann Amos] Comenius und die Böhmischen Brüder.* Auswahl, Einleitung und bibliographische Nachbemerkung: Friedrich Eckstein. 1915 [Restbestände unter IB 96,2]

14 *Die österreichischen Lande im Gedicht.* Auswahl: Max Mell. 1916

15 *Franz Grillparzer: Ein Bruderzwist in Habsburg.* Trauerspiel in fünf Aufzügen. 1916 – Siehe IB 417,2 [Dort mit Nachwort]

16 *Nikolaus Lenau an Sophie Löwenthal.* Auswahl und Nachbemerkung: Stefan Zweig. 1916 [Restbestände unter IB 101,2]

17 *Prinz Eugen [von Savoyen]. Aus seinen Briefen und Gesprächen.* Auswahl, Schlußwort und Quellennachweis: Irma Hift. 1916

18 *Adam Müller-Guttenbrunn: Deutsches Leben in Ungarn.* Auswahl und Nachwort: Adam Müller-Guttenbrunn. Mit einer politischen Vorbemerkung auf Begleitzettel. 1916

19 *Walther von der Vogelweide: Gedichte und Sprüche in Auswahl.* Auswahl: Konrad Burdach. Anmerkungen: Fritz Adolf Hünich. 1916 [Restbestände unter IB 105,2A]

20 *Briefe aus Wien.* Auswahl und Nachwort: Wilhelm Bauer. 1916

21 *Tschechische Anthologie.* [Jaroslav] Vrchlický – [Antonín] Sova – [Otokar] Březina. Auswahl, Übertragung und Nachwort: Paul Eisner. 1917 [Restbestände unter IB 106,2]

22 *Adalbert Stifters Briefe.* Auswahl: Richard Smekal. 1917 [Restbestände unter IB 207,2A]

23 *Ein österreichischer Kanzler. Der Fürst [Klemens v.] Metternich.* Auswahl und Nachwort: Ernst Molden. Mit Literaturhinweisen. 1917

24 *Alpensagen.* Auswahl und Einleitung: Max Pirker. Mit bibliographischen Nachweisen. 1917

25 *Maria Theresia als Herrscherin.* Aus den deutschen Denkschriften, Briefen und Resolutionen (1740–1756). Auswahl und Nachwort: Josef Kallbrunner. 1917

26 *Schubert im Freundeskreis.* Ein Lebensbild aus Briefen, Erinnerungen, Tagebuchblättern der Freunde. Auswahl und Nach-

wort: Felix Braun. 1917 – Siehe auch IB 68,2A [Auswahl leicht verändert]

SAMMLUNG ›PANDORA‹

In der Sammlung ›Pandora‹, die eine Auslese von Werken der Weltliteratur geringeren Umfangs in der Originalsprache bot, erschienen in den Jahren 1920/1921 insgesamt 52 Titel in je einer Auflage von meist zehntausend Exemplaren. Ein den Texten gelegentlich beigegebenes Geleitwort (in den Bänden 1, 5, 6, 7, 8, 10, 11, 14, 15, 16, 17, 19, 20, 21, 22, 34, 37, 47, 51, 52) – meist eine Vita des Autors – war ebenfalls in der jeweiligen Originalsprache verfaßt. Auch diese Reihe ist von ihrer Ausstattung ein Seitenstück zur Insel-Bücherei: die Pappbände im Format der Insel-Bändchen waren wie jene mit mehrfarbigen Buntpapieren überzogen und trugen Titel- sowie Rückentitelschilder. Überdies erhielt die Sammlung ›Pandora‹ ein besonderes Signet. Die Bände 1–40 erschienen 1920, die restlichen im Jahr 1921; Restbestände deutschsprachiger Titel wurden 1924 in die Insel-Bücherei übernommen.

1 *[William] Shakespeare: Sonnets* – Deutsche Ausgabe vgl. IB 898
2 *J. B. [Jean Baptiste] Molière: Le Malade Imaginaire*
3 *Immanuel Kant: Zum ewigen Frieden. Ein philosophischer Entwurf.* [Ferner: Idee zu einer allgemeinen Geschichte in weltbürgerlicher Absicht. Aus der Abhandlung ›Über den Gemeinspruch: Das mag in der Theorie richtig sein, taugt aber nicht für die Praxis‹. Aus den ›Metaphysischen Anfangsgründen der Rechtslehre‹.] – Siehe auch IB 228,1
4 *Ralph Waldo Emerson: On Nature.* With Goethe's Natur – Deutsche Ausgabe vgl. IB 72
5 *Don Pedro Calderon de la Barca: La vida es Sueño*
6 *Giacomo Leopardi: Pensieri*
7 *Cornelii Taciti Germania.* Mit Übersichtskarte – Deutsche Ausgabe vgl. IB 77
8 *Joseph von Eichendorff: Aus dem Leben eines Taugenichts* [Restbestände unter IB 224,1B]

9 *Frédéric de Stendhal (Henri Beyle): Vittoria Accoramboni. Les Cenci*
10 *Washington Irving: Christmas at Bracebridge Hall*
11 *Alexander Pope: The Rape of the Lock* – Deutsche Ausgabe vgl. IB 99,2 und 879
12 *Friedrich Schiller: Wilhelm Tell.* Ein Schauspiel
13 *Charles Dickens: A Christmas Carol.* With six illustrations by John Leech
14 *Jean Racine: Athalie.* Tragédie en Vers
15 *Lord [George Noel Gordon] Byron: Marino Faliero, Doge of Venice.* An historical tragedy in five acts. Mit Vor- und Nachwort
16 *[Johann Wolfgang von] Goethe: Hermann und Dorothea.* In neun Gesängen [Restbestände unter IB 363]
17 *Elizabeth Barrett-Browning: Sonnets from the Portuguese* – Deutsche Ausgabe vgl. IB 252
18 *Henry W[adsworth] Longfellow: Evangeline.* A tale from Acadie
19 *Thomas Babington Macaulay: Essay on William Pitt, Earl of Chatham*
20 *Francesco Petrarca: Trionfi in vita e in morte di Madonna Laura*
21 *Pierre Corneille: Le Menteur.* Comédie
22 *Percy Bysshe Shelley: The Cenci*
23 *Miguel de Cervantes: Novela de Rinconete y Cortadillo*
24 *Prosper Mérimée*: Carmen – Deutsche Ausgabe vgl. IB 57
25 *Ф. М. Достоевскiй: Великiй инквизиторъ. Чортъ. Кошмаръ Ивана Федоровича.* [F. M. (Fjodor Michailowitsch) Dostojewski: Der Großinquisitor (Deutsche Ausgabe vgl. IB 149). Der Teufel. Iwan Fjodorowitschs Alptraum]
26 *Honoré de Balzac: Jésus-Christ en Flandre. Le Chef-d'œuvre inconnu*
27 *Françoys Villon: Le Testament*
28 *John Milton: Minor Poems.* [Comus. Lycidas. Il Penseroso. L'Allegro. Sonnets]
29 *Les Aventures du Calife Haroun-al-Raschid.* Tirées des Mille et une Nuits. Dans la version de [Antoine] Galland
30 *Jeremias Gotthelf: Das Erdbeeri-Mareili* [Restbestände unter IB 364]
31 *Adalbert Stifter: Der Waldsteig.* Eine Erzählung [Restbestände unter IB 367]

32 *Voltaire: Zádig ou La Destinée* – Deutsche Ausgabe vgl. IB 171,2
33 *Sei novelle molto aggradevoli di Messer Giovanni Boccaccio da Certaldo.* Con sette incisioni [und 6 Initialen aus der Ausgabe 1492] – Deutsche Ausgabe (in veränderter Auswahl) vgl. IB 16
34 *Aus des Angelus Silesius Cherubinischem Wandersmann nebst Geistlichen Liedern* [Restbestände unter IB 41,1B]
35 *E. T. A. [Ernst Theodor Amadeus] Hoffmann: Das Fräulein von Scuderi.* Eine Novelle – Siehe auch IB 190
36 *Alfred de Musset: Le Fils du Titien. Mimi Pinson*
37 *Jean de la Fontaine: Fables.* Avec des gravures sur bois de Virgil Solis – Deutsche Ausgabe (in veränderter Auswahl) vgl. IB 185
38 *Edgar Allan Poe: The Raven and other* [6] *Poems.* Preceded by The Philosophy of Composition – Zweisprachige Ausgabe (ohne die ›anderen Gedichte‹) vgl. IB 1006,2
39 *И. С. Тургеневъ: Стихотворенія въ прозѣ* [I. S. (Iwan Sergejewitsch) Turgenjew: Gedichte in Prosa] – Deutsche Ausgabe vgl. IB 259
40 *Charles de Coster: Smetse Smee.* Légende Flamande
41 *Н. В. Гоголь: Шинель Носъ.* [N. W. (Nikolai Wassiljewitsch) Gogol: Der Mantel (Deutsche Ausgabe vgl. IB 24). Die Nase]
42 *Giovanni [di] Boccaccio: Vita di Dante* – Deutsche Ausgabe vgl. IB 275
43 *Gustave Flaubert: Trois Contes.* [Un Cœur Simple. La Légende de Saint Julian d'Hospitalier. Hérodias] – Deutsche Ausgaben vgl. IB 319,1; 12; 76,1
44 *Jacques-Bénigne Bossuet, Évêque de Meaux: Deux Oraisons Funèbres* [Oraison Funèbre de Henriette-Marie de France, Reine de la Grand-Bretagne. Oraison Funèbre de Henriette-Anne d'Angleterre, Duchesse d'Orléans]
45 *Л. Н. Толстой: Народные разсказы.* [L. N. (Lew Nikolajewitsch) Tolstoi: Volkserzählungen. (Volkslegenden. Texte aus den Volksbilderbogen. Drei Gleichnisse)] – Deutsche Ausgabe (in veränderter Auswahl) vgl. IB 68
46 *Dante Alighieri: Vita Nuova* – Deutsche Ausgabe vgl. IB 101,3
47 *Françoys Villon: Lais.* Poésies diverses. Ballades en Jargon. Avec Index et Glossaire. Notice biographique: Werner Mulertt
48 *Jacobus a Varagine: Legenda aurea*

49 *Нѣмецкіе поэты въ русскихъ переводахъ.* [Deutsche Dichter in russischen Übertragungen. Auswahl: Arthur Luther und Alexander Eliasberg]

50 *The Summoning of Everyman*

51 *Fioretti di San Francesco* – Deutsche Ausgabe (in veränderter Auswahl) vgl. IB 70

52 *Great Political Documents of the United States of America.* Herausgegeben von Paul Darmstädter

REGISTER

Autoren, Herausgeber, Übersetzer und Titel ohne Verfasserangabe

Das Register verzeichnet in alphabetischer Folge die Namen der Autoren, Herausgeber, Übersetzer sowie alle im Grundkatalog genannten weiteren Mitarbeiter, also z. B. auch Photographen, sowie die Titel von Bänden ohne Verfasserangabe. Jedem Namen folgen zunächst die (Kurz-)Titel der selbständigen Veröffentlichungen in der Reihenfolge der Bandnummern, sodann die Nummern jener Bände, für die Beiträge, Übersetzungen, Nachworte o. ä. verfaßt wurden. Titel ohne Verfasserangabe sind unter dem ersten Stichwort eingeordnet; um das Auffinden zu erleichtern, werden gelegentlich weitere Stichworthinweise gegeben.

Buchkünstler und Illustratoren sowie die Gestalter von Überzugpapieren sind in besonderen Registern (siehe Seite 300 ff.) erfaßt.

Wurde ein Titel später unter einer anderen Nummer erneut aufgelegt, so sind beide genannt (zum Beispiel ›Alte deutsche Liebeslieder‹ 4,2/281,1). Das Register enthält auch die Editionen der ›Österreichischen Bibliothek‹ (ÖB) und der Sammlung ›Pandora‹ (P). Umlaute sind aufgelöst.

Buchkünstler und Illustratoren

Das Register verzeichnet die Namen aller Künstler, die mit Illustrationen, Buchschmuck bzw. anderen graphischen oder bildkünstlerischen Beiträgen – ausgenommen photographischen Aufnahmen – an Text- oder Bildbänden beteiligt sind. Unter jedem Namen sind zunächst die Illustrationsfolgen mit Angabe von Kurztitel und IB-Nummer der betreffenden Bände aufgeführt; bei den darauf folgenden Einzelbeiträgen ist nur die IB-Nummer genannt. Auf Einzelbeiträge in thematischen Sammelbänden, wie z. B. ›Deutsche Künstler des 20. Jahrhunderts in Selbstbildnissen‹ oder ›Graphikspiegel‹, wird nicht verwiesen.

Gestalter von Überzugpapieren

Die Gestalter der Musterpapiere können heute leider nur noch zu einem Teil benannt werden, da sie in den Impressen oft ungenannt bleiben und auch die Verlagsunterlagen dazu, besonders aus den Jahren vor 1945, sehr lückenhaft sind. Dieses Verzeichnis enthält die Namen aller Künstler, die nachweislich Überzugpapiere für die Insel-Bücherei entworfen haben. Zu jedem der Künstler werden die IB-Nummern genannt, für die ein von diesem gestaltetes Musterpapier Verwendung fand. Da diese Musterpapiere häufig von Auflage zu Auflage, gelegentlich sogar innerhalb einer Auflage wechseln, ist dem Register eine eindeutige Zuordnung nicht stets zu entnehmen; bisweilen dient eine in Klammern gesetzte Jahresangabe als weitere Orientierungshilfe.

Seit Mitte der 1990er Jahre hat der Verlag für den Entwurf von Musterpapieren mehrfach auf die Bestände des Deutschen Buch- und Schriftmuseums der Deutschen Nationalbibliothek in Leipzig, insbesondere auf die Sammlungen Bartsch und Seeger, zurückgegriffen. Die Bände enthalten nun auch genauere Angaben zu Herkunft und Inventarnummer der Vorlage. Sofern die Designer bekannt sind, wurden sie in nachstehendes Verzeichnis aufgenommen, obwohl diese Papiere ursächlich nicht für die Insel-Bücherei entworfen wurden; in Klammern gesetzte Jahreszahlen verweisen auf den Zeitpunkt ihres Entstehens. Gleiches gilt für IB-Bände, für deren Einbandgestaltung Buchschmuck aus älteren Ausgaben des jeweils gleichen Titels herangezogen wurde (z. B. IB 1072 Vogeler, Dir, nach der Insel-Ausgabe 1899).

Nicht berücksichtigt wurden Überzugpapiere italienischer, japanischer oder anderer regionaler Provenienz, z. B. jene der Kollektion Rizzi und der Artistischen Anstalt Emil Hochdanz (Gestalter nicht zu benennen), sowie einige Musterpapiere, bei deren Entwurf ein fremdes Bildmotiv benutzt wurde (zum Beispiel IB 970: Überzuggestaltung von H.-J. Walch nach einem Motiv von L. Cranach d. Ä.).